SHIZAI JIAOYU
GAIGE LU
YANGGUANG PINGJIA
TUO XINTU

十载教育改革路
阳光评价拓新途

中小学学业质量综合评价改革的"广州方案"

广州市教育研究院智慧阳光评价项目组 ▷ 编著

上海社会科学院出版社
SHANGHAI ACADEMY OF SOCIAL SCIENCES PRESS

图书在版编目(CIP)数据

十载教育改革路　阳光评价拓新途：中小学学业质量综合评价改革的"广州方案" / 广州市教育研究院智慧阳光评价项目组编著. — 上海 ：上海社会科学院出版社，2024.

ISBN 978-7-5520-4381-5

Ⅰ.①十… Ⅱ.①广… Ⅲ.①中小学教育—教育质量—综合评价—教育改革 x 研究—广州　Ⅳ.①G632.0

中国国家版本馆 CIP 数据核字(2024)第 086443 号

十载教育改革路　阳光评价拓新途——中小学学业质量综合评价改革的"广州方案"

编　　著：	广州市教育研究院智慧阳光评价项目组
责任编辑：	王　芳
封面设计：	杜静静
出版发行：	上海社会科学院出版社
	上海顺昌路 622 号　邮编 200025
	电话总机 021-63315947　销售热线 021-53063735
	https://cbs.sass.org.cn　E-mail: sassp@sassp.cn
照　　排：	北京林海泓业文化有限公司
印　　刷：	上海颛辉印刷厂有限公司
开　　本：	889 毫米×1194 毫米　1/16
印　　张：	16.75
字　　数：	365 千
版　　次：	2024 年 12 月第 1 版　2024 年 12 月第 1 次印刷

ISBN 978-7-5520-4381-5/G·1314　　　　　　　　　　　定价：95.00 元

版权所有　翻印必究

目 录

序 ……………………………………………………………………………… 1
绪 论 ……………………………………………………………………………… 1
 一、研究背景 …………………………………………………………………… 1
 二、概念解析 …………………………………………………………………… 4
 三、文献综述 …………………………………………………………………… 6
 四、研究思路 …………………………………………………………………… 9
 五、研究意义 ………………………………………………………………… 12

第一章 阳光评价指标体系的研制 …………………………………………… 14
 一、细化指标的基本原则 …………………………………………………… 14
 二、细化指标的具体思路 …………………………………………………… 16
 三、评价指标的内容演绎 …………………………………………………… 17
 四、完善学科学业质量标准 ………………………………………………… 43

第二章 阳光评价测评工具的研发 …………………………………………… 48
 一、核心素养视野下学科学业质量测试工具 …………………………… 48
 二、学科素养水平的影响因素问卷 ………………………………………… 64
 三、非学业综合素质测试量表 ……………………………………………… 77
 四、基于网络条件的在线测试平台 ………………………………………… 99

第三章 多种分析工具的综合运用 …………………………………………… 101
 一、统计与分析理论 ………………………………………………………… 101
 二、抽样设计与方法 ………………………………………………………… 111
 三、数据采集及分析工具 …………………………………………………… 113
 四、测评计分和分数标定 …………………………………………………… 114

第四章 区域学业质量的综合表达 …………………………………………… 116
 一、建立学科学业水平考试年报制度 ……………………………………… 116

二、从单一学科评价走向基于核心素养的综合评价 ……………………………………… 131
　　案例一　2018年T区八年级数学国家质量监测结果分析改进报告 …………………… 134
　　案例二　广州市L区智慧阳光评价中学测评结果的类别比较：基于聚类分析的视角 … 144

第五章　阳光评价测评结果的运用 ……………………………………………………… 154
一、阳光评价测评报告的类型 …………………………………………………………… 154
二、测评报告的应用价值 ………………………………………………………………… 154
三、阳光评价测评运用的广州特色 ……………………………………………………… 179
　　案例一　"至善"领航，成人成才——J校基础教育综合评价报告 …………………… 188
　　案例二　为学生阳光成长扬帆启航——K校基础教育综合评价研究 ………………… 212
　　案例三　解读智慧阳光评价：找关键、重关联、理关系
　　　　　　——以广州市天河区M校为例 ……………………………………………… 223
　　案例四　持续默读对小学高年级学生英语阅读理解的影响研究
　　　　　　——以广州市越秀区Z校为例 ……………………………………………… 234
　　案例五　广州市智慧阳光评价小学数学测评数据的提取和分析策略 ………………… 244

第六章　问题与反思 ……………………………………………………………………… 255
一、实施经验 ……………………………………………………………………………… 255
二、研究启示 ……………………………………………………………………………… 256
三、研究局限 ……………………………………………………………………………… 257
四、研究展望 ……………………………………………………………………………… 257

序

教育质量评价具有重要的导向作用,是教育综合改革的关键环节。2018年9月10日,习近平总书记在全国教育大会上发表重要讲话,他指出,要深化教育体制改革,健全立德树人落实机制,扭转不科学的教育评价导向,坚决克服唯分数、唯升学、唯文凭、唯论文、唯帽子的顽瘴痼疾,从根本上解决教育评价指挥棒问题。2018—2019年,中共中央、国务院先后出台了《关于学前教育深化改革规范发展的若干意见》《关于深化教育教学改革全面提高义务教育质量的意见》《关于新时代推进普通高中育人方式改革的指导意见》三个重要文件,均明确提出要建立以发展素质教育为导向的科学的基础教育评价体系,把立德树人成效作为检验学校一切工作的根本标准;要树立正确的教育政绩观、科学的教育质量观,克服"唯分数""唯升学"倾向。习近平总书记的重要讲话和党中央、国务院的系列重要文件为科学评价中小学学业质量指明了努力方向,提供了根本遵循。

学业质量是学校教育质量的重要内容,改革和完善学业质量评价体系是教育质量综合评价改革的重要任务。推进中小学教育质量综合评价改革,是推动中小学全面实施素质教育、落实立德树人根本任务的重要举措,也是建设教育强国、推进教育治理体系和治理能力现代化的必然要求。广州是国家重要的中心城市,也是粤港澳大湾区的核心城市。广州教育在创新性、信息化、现代化等方面具有比较扎实的基础。**自2003年全面进入新一轮基础教育课程改革至今,广州市已经构建并且不断完善区域中小学教育质量管理体系。过程经历四个阶段:第一阶段(2002—2013年)是智慧阳光评价的初创期。**该阶段构建了突出促进发展的评价功能,实施市、区、校三级管理的区域质量管理体系,并以构建学业质量评价标准为突破点,进一步完善了质量管理体系。从2003学年开始对全市中小学生德、智、体、美各个方面的发展试行全面监测、发布监测报告。**第二阶段(2014—2016年)是智慧阳光评价探索期。**2014年1月,广州市被教育部确定为30个国家中小学教育质量综合评价改革实验区之一。随即启动了中小学生综合素质评价改革阳光评价体系研究,经过3年的努力,广州实验区为实施中小学教育质量评价改革初步奠基,从无到有,初步建立起"六个一":一套指标体系、一套评价标准、一套测评工具、一支专兼职评价队伍、一个协同推进机制、一个新的教育质量观。**第三阶段(2017—2019年)是智慧阳光评价推广期。**该阶段完善了阳光评价指标体系及阳光评价测量工具;综合运用了多重科学分析方法,充分、全面地刻画、描述学生的发展情况;全方位借助网络信息技术,完全实现无纸化的在线测试;更关注学生发展状况及差异性,从定性及定量方面带来更精准全面的描述和诊断;尝试"一套指标两种用途"通过对同一学生群体持续追踪,形成"一生一案"。**第四阶段(2020—2023年)是智慧阳光评价的升级期。**2019年,广州市入选首批全国"智慧教育示范区",为了配合智慧教育示范区建设,2020年将阳光评价创新升级为智慧阳光评价,实现了大数据、云计算等新一代信息技术与教育评价改革相融合的科技创新。在推进中小学教育质量综合评价改革实践中,"智慧阳光评价"持续追踪480多所中小学,测评50多万名学生、教师、校长、家长,发布了50多万份专业报告;推广辐射粤港澳大湾区9座城市,已经建立起以学生全面发展为核心、科学多元的智慧阳光评价体系,形成中小学教育质量综合评价改革的"广州经验",产生了巨大的社会效益。同时,"智慧阳光评价"还产出多项相关研究成果,并获得了国家、省、市的奖励或认定及推广应用。"智慧阳光评价"已经成为推动广州市建设高质量教育体系的重要抓手。

《十载教育改革路 阳光评价拓新途——中小学教育质量综合评价改革的"广州方案"》这本专著提炼总结了20年来广州市推进中小学教育质量综合评价改革的实践经验。本书围绕广州市中小学教育质量综合评价改革展开,详细介绍了智慧阳光评价项目探索、实施、升级的全过程。

中小学教育质量综合评价改革是一种复杂的教育实践,需要长期不断探索研究。尽管广州市已取得了一定的实践探索经验,但社会、家长普遍认同的传统评价观念和评价模式仍存在一定固化。今后,广州市仍需要从完善评价指标体系、健全工具体系、建立综合素质评价常态化测评机制、完善测评结果应用链、优化中小学综合素质评价平台等方面,进一步深入推进智慧阳光评价,不断丰富和完善学业质量评价理论体系和实践操作体系,促进教育内涵发展与学生可持续发展,推动区域教学质量优质均衡发展,建设广州教育新生态。同时,要继续深化理论研究和经验性成果的总结提炼,把好的理念、好的做法辐射到其他地区,为解决教育评价指挥棒问题提供"广州方案"。

智慧阳光评价是一项集结众人智慧对义务教育评价改革的探索,而本书则是对广州市探索区域学业质量评价的阶段性总结。首先要**感谢**原广州市教育局教学研究室主任黄宪、广州市教育研究院原院长朱华伟,他们在课题的申报、开题和研究的早期阶段全面构思布局,为区域学业质量的科学评价打下了坚实基础。**感谢**原广州市教育局教学研究室林少杰书记、谭国华副主任,他们对学科学业质量标准的研制和运用进行具体指导,为完善区域学业质量评价体系作出了重要贡献。**感谢**《促进区域教育发展的学业质量评价体系研究》国家社会科学基金课题组的全体成员,他们具体参与了义务教育阶段各学科学业质量评价标准的研制和运用,以及阳光评价学科学业素养(阅读、数学、科学、历史、地理)测试命题及试题分析等具体工作,他们是钟阳、邹立波、杨健辉、王亚芸、姚顺添、赵淑红、马学军、陈坪、曹国玲、伍晓焰、符东生、李南萍、何琼、李莉芸、陈玉萍、朱则平、钟卫东,也**感谢**胡志桥、张海水、蒋亚辉、侯煜群、李柯柯、林玉莹、李渊浩、姚炜、何琳等老师在不同时期参与智慧阳光评价有关工作。**感谢**华南师范大学莫雷教授、张敏强教授、张卫教授等专家对阳光评价测试工作的指导,他们对阳光评价指标的定义和观测点的界定给出了专业的意见。**感谢**教育部课程教材发展中心张珊珊博士、中国教育学会秦建平教授、上海市教委教研室纪明泽教授、中山大学黄崴教授等领导、专家学者对广州市实施阳光评价改革的支持和指导。**感谢**广州市教育局原局长屈哨兵、副局长江东等领导对阳光评价改革工作的领导和支持。**感谢**广州市教育研究院现任院长方晓波,推动广州阳光评价升级为广州智慧阳光评价,并不遗余力在粤港澳大湾区内进行推广,让更多的学校及其师生受益。**特别感谢**广东省心理学会、北京朗从科技有限公司(北京译泰教育测评研究院)等第三方机构的合作与协同创新,一起解决了诸多大规模学业测试中的技术难题。

　　本书是基于探索研究的实践总结与思考,不足之处,在所难免。推动构建学业质量科学评价体系任重道远,更需要脚踏实地地探索及思考,望广大教育界同仁能够为完善学业质量评价体系共同奋斗。

绪　论

教育质量评价具有重要的导向作用,是教育综合改革的关键环节。2018年9月10日,习近平总书记出席全国教育大会并指出,要深化教育体制改革,健全立德树人落实机制,扭转不科学的教育评价导向,坚决克服唯分数、唯升学、唯文凭、唯论文、唯帽子的顽瘴痼疾,从根本上解决教育评价指挥棒问题。

一、研究背景

(一) 国家中长期教育发展规划背景下的学业质量综合评价改革

学业质量是学校教育质量的重要内容,改革和完善学业质量评价体系是教育质量综合评价改革的重要任务。推进中小学教育质量综合评价改革,是推动中小学全面贯彻党的教育方针、全面实施素质教育、落实立德树人根本任务的重要举措,是引导社会和家长树立科学的教育质量观、营造良好育人环境的迫切需要,是建设教育现代化强国、加强和改进教育宏观管理、提升教育综合治理水平和能力现代化的必然要求。

《国家中长期教育改革和发展规划纲要(2010—2020年)》提出:"提高义务教育质量。建立国家义务教育质量基本标准和监测制度。"教育部2013年6月3日印发的《关于推进中小学教育质量综合评价改革的意见》(教基二〔2013〕2号)指出:"教育质量评价具有重要的导向作用,是教育综合改革的关键环节。"并进一步提出我国中小学教育质量综合评价改革的总体目标是"基本建立体现素质教育要求、以学生发展为核心、科学多元的中小学教育质量评价制度,切实扭转单纯以学生学业考试成绩和学校升学率评价中小学教育质量的倾向,促进学生全面发展、健康成长"。

2019年6月,中共中央、国务院《关于深化教育教学改革全面提高义务教育质量的意见》中把教育评价作为关键领域改革,指出:"建立以发展素质教育为导向的科学评价体系,国家制定县域义务教育质量、学校办学质量和学生发展质量评价标准。县域教育质量评价突出考查地方党委和政府对教育教学改革的价值导向、组织领导、条件保障和义务教育均衡发展情况等。学校办学质量评价突出考查学校坚持全面培养、提高学生综合素质以及办学行为、队伍建设、学业负担、社会满意度等。学生发展质量评价突出考查学生品德发展、学业发展、身心健康、兴趣特长和劳动实践等。坚持和完善国家义务教育质量监测制度,强化过程性和发展性评价,建立监测平台,定期发布监测报告。"

(二)发展学生核心素养亟须专项学业质量的综合评价

教育部在2014年下发《关于全面深化课程改革落实立德树人根本任务的意见》(教基二〔2014〕4号)指出,要研究制订学生发展核心素养体系和学业质量标准。要根据学生的成长规律和社会对人才的需求,把对学生德智体美劳全面发展总体要求和社会主义核心价值观的有关内容具体化、细化,深入回答"培养什么人、怎样培养人"的问题。要研究制订中小学各学科学业质量标准和高等学校相关学科专业类教学质量国家标准,根据核心素养体系,明确学生完成不同学段、不同年级、不同学科学习内容后应该达到的程度要求,指导教师准确把握教学的深度和广度,使考试评价更加准确地反映人才培养要求。各级各类学校要从实际情况和学生特点出发,把核心素养和学业质量要求落实到各学科教学中。核心素养将成为当下和今后很长一段时间统领课程和教学改革的顶层设计。

以核心素养为导向的课程实施与课堂教学,必须跳出单一以学科成绩和升学来衡量学生学业成就的窠臼,指向学生的全面发展。"核心素养是学生在接受相应学段的教育过程中,逐步形成的适应个人终身发展和社会发展需要的必备品格与关键能力。核心素养是所有学生应具有的最关键、最必要的共同素养,是知识、能力和态度等的综合表现。"[1] 辛涛、姜宇和刘霞在《我国义务教育阶段学生核心素养模型的构建》一文中也提到,素养并不指向某一学科知识,而是包括了学生知识、技能、情感态度价值观等多方面能力。[2] 国家中小学教育质量综合评价改革的战略目标就是构建基于核心素养的教育质量综合评价体系,从学科学业质量评价转向关注学生综合评价,深化素质教育理念,促进学生的全面发展。

(三)广州市将实施阳光评价作为破解教育难题、全面提升教育质量的关键举措

广州是国家重要的中心城市,历史文化悠久,目前普通中小学有1500多所,在校学生约142万人。广州教育在创新性、信息化、现代化等方面具有比较扎实的基础。2013年,教育部颁布《关于推进中小学教育质量综合评价改革的意见》(教基二〔2013〕2号)。继而,广州市申报国家中小学教育质量综合评价改革实验区并获得批准,2014年1月,广州市被教育部确定为30个国家中小学教育质量综合评价改革实验区之一,广州市的基础教育围绕上述教育质量综合评价改革步入新的阶段。作为贯彻落实党的十八届三中全会精神、全面深化改革的一项重要任务,"阳光评价"被写入《中共广州市委贯彻落实〈中共中央关于全面深化改革若干重大问题的决定〉的意见》中,

---

[1] 林崇德. 中国学生核心素养研究[J]. 心理与行为研究,2017,51(2):145-154.
[2] 辛涛,姜宇,刘霞. 我国义务教育阶段学生核心素养模型的构建[J]. 北京师范大学学报:社会科学版,2013(1):5-11.

并明确提出,要着力推进教育领域综合改革,构建与素质教育相称的中小学教育质量阳光评价体系,做大做强基础教育。随后,"阳光评价"改革被纳入《广州市教育事业发展"十三五"规划》。

广州市全面推进中小学教育质量综合评价改革,作为破解新型城市化背景下教育发展瓶颈的重要工作,旨在建立广州市中小学教育质量阳光评价机制,提高基础教育课程改革管理水平,进一步提升广州作为国家中心城市的教育质量。推进中小学教育质量综合评价改革也是应对城乡一体化进程、城市化进程和国家化进程中广州教育面临的各种挑战的需要。

广州市积极推进教育改革,是全面贯彻党的教育方针、践行社会主义核心价值观、落实立德树人根本任务的重要举措,改变以学生学业考试成绩和学校升学率来评价中小学教育质量的局面,突出强调培养学生的社会责任感、创新精神和实践能力,促进学生全面发展,使学生成为中国特色社会主义合格建设者和可靠接班人。

(四)实施阳光评价是广州市进一步完善区域教育质量评价体系的需要

从2003年全面进入新一轮基础教育课程改革至今,已基本构建区域中小学教育质量管理体系,该体系在实践过程中不断得到完善。这个过程大体分为三个阶段:第一阶段(2003—2007年)是质量管理体系的框架构建与运行阶段;第二阶段(2007—2010年)是基于标准评价的质量管理体系进一步完善阶段;第三阶段(2010年至今)是以测量指标更为全面和测量技术取得突破为主要内容的教育质量综合评价发展阶段。

2003年,与全面进入义务教育新课程实验同步,广州市启动了基础教育质量监测工作。在开展学生教育质量管理过程中,不同程度出现了监测的内容把握不准,注重终结性考试结果;监测滥化,造成学校、教师压力以及学生学业负担加重的偏向。研究发现,导致教育质量监测乱象的一个重要原因,就是对教育质量的评价没有一个明确、系统的标准,导致教师在教学中目标不够清晰,不明确学生该掌握什么程度的学习内容。于是,教师普遍拔高教学要求,对学生进行提高训练,通过这些方式来应对学业质量管理和监测。这样的乱象直接导致学生学业负担加重,扭曲了教育质量评价功能。

进一步研究探讨发现,虽然国家通过多种形式组织开展了教育质量评价与监测,但是这些质量评价与监测缺乏一个统一的标准,从而影响了学业质量综合评价的效度和信度。与此同时,教师们普遍反映国家的课程标准比较笼统,对具体教学应该达到什么水平、要求没有清晰界定。在国家中小学生学业质量标准建立全国统一标准之前,全国各区域应该积极研制体现国家课程标准、符合本地实际的学业质量标准,并在此基础上建立包含评价方式和手段、评价实施操作的评价体系,以此来规范课堂教学和学生学业成就评价,降低地区教育质量管理可能产生的负面影响,保证学业质量管理工作健康发展。[①] 因此,本课题研究旨在促进学生学业质量评价标准与监测的科学、统一、规范,充分发挥好评价和监测对教育实践和决策的积极作用,以促进区域教育优质、均衡发展。

2013年,教育部启动中小学教育质量综合评价改革以后,对学生学业的评价进一步转向学生德智体美劳全面发展的评价,不仅关注学生包含学业成绩在内的德智体美劳全面发展状况,还关注从学校、家长、社会等不同角度,描述和分析影响学生全面发展的过程性因素和环境因素,这是一种综合评价视野下的学业质量观,跳出了单一学科的范畴,也突破了传统的知识技能的范畴,是学业评价和教育质量管理的一次深刻变革。广州实验区以此为契机,需要在原有基础上进一步完善综合评价视野下的指标体系,需要进一步开发和完善学业质量评价工具,需要引入新的统计和分析技术,需要进一步建立新的学业质量状况的表达范式,以及在这一基础上完善学业质量综合评价的运用策略。所有这些,都是本研究需要重点解决的问题。

二、概念解析

(一) 核心素养

中国学生发展核心素养,简称"核心素养",主要指学生应具备的,能够适应终身发展和社会发展需要的必备品格和关键能力。2014年,教育部研制印发《关于全面深化课程改革落实立德树人根本任务的意见》(教基二〔2014〕4号),提出"教育部将组织研究提出各学段学生发展核心素养体系,明确学生应具备的适应终身发展和社会发展需要的必备品格和关键能力"。2016年,教育部课题组公布了核心素养课题组研究的有关成果。核心素养是党的教育方针的具体化,是连接宏观教育理念、培养目标与具体教育教学实践的中间环节。党的教育方针通过核心素养这一桥梁,可以转化为教育教学实践可用的、教育工作者易于理解的具体要求,明确学生应具备的必备品格和关键能力,从中观层面深入回答"立什么德、树什么人"的根本问题,引领课程改革和育人模式变革。核心素养以培养"德智体美劳全面发展的人"为核心,分为文化基础、自主发展、社会参与三个方面,综合表现为人文底蕴、科学精神、学会学习、健康生活、责任担当、实践创新六大素养,具体细化为国家认同等18个基本要点。各素养之间相互联系、互相补充、相互促进,在不同情境中整体发挥作用。

(二) 学业质量

学业质量是学生在完成本学科课程学习后的学业成就表现。首先,学业质量与学科内容有关;其次就是掌握本学科内容之后学生表现的学业成就。根据新课标,学业质量已经从单纯看学

[①] 黄宪,张经纬,钟阳,等. 构建区域中小学生学业质量管理体系的实践与思考——以广州市为例 [J]. 基础教育课程,2010(11):57-59.

科内容的掌握程度过渡到关注学生的学习过程和学习之后的实践,过渡到对学生学业质量的过程性评价。本课题在广泛的范围内研究学业质量,不仅包括学生在对应学科内容的知识点上的达标,对评价领域知识的记忆和掌握,还从学生综合素质评价的角度衡量学生的全面发展和进步。核心是关注学生的全面发展。课题中涉及的学业质量指义务教育阶段的学业质量。

(三) 评价

评价是对评价对象的变化进行价值判断的过程。本课题不仅对评价对象的现实状况进行评估,而且对存在的问题和产生的原因做深入探讨。值得注意的是,本课题中的评价只是一种手段,最终也是为了促进评价对象的发展。

(四) 学业质量综合评价

学生学业质量综合评价是在教育学范畴内的评价,是对学生学业成就的变化进行价值判断的过程的总称。本课题基于学生发展核心素养,从德智体美劳全面发展的角度系统地搜集学业质量评价数据,包括过程数据、影响因素,并分析、整理,对学生学业质量进行价值判断,使学生不断自我完善,也为学校、区域教育决策和教育教学改进提供依据。课题中涉及的学业质量综合评价是针对义务教育阶段的学业质量。

(五) 学业质量综合评价体系

学生学业质量综合评价体系是以课程标准及区域的阳光评价指标体系为依据,运用恰当、有效的评价方案、评价方式、评价方法(工具),系统地搜集学生学业的各种信息(包括影响学业的各种信息),科学地进行分析、处理和反馈的系统。本课题旨在构建一个学生学业质量综合评价体系,包括科学的评价标准、有效的评价方式、专业的评价工具,推进义务教育阶段教育综合评价改革。这样的学生学业质量综合评价体系作为区域教育质量评价和监测的基础,能促进区域义务教育质量优质、均衡发展。

(六) 义务教育

依据《中华人民共和国义务教育法》规定,义务教育是国家统一实施的所有适龄儿童、少年必须接受的教育,是国家必须予以保障的公益性事业。2006年修订的《中华人民共和国义务教育法》规定,促进义务教育均衡发展是各级政府的法定责任。我国自2011年底全面普及九年义务教育之后,均衡发展成为义务教育的战略性任务。本课题研究领域以义务教育阶段为主,旨在构建提升区域义务教育阶段质量的学业质量综合评价体系,并积极探索与高中阶段综合素质评价的有效衔接,部分研究成果迁移至高中阶段。

(七) 区域

本课题研究涉及的地理范围主要在广州市(含11个区)。研究领域以义务教育阶段为主,其研究成果部分迁移至高中阶段。本课题涉及的区域同时也属于行政区域划属。

三、文献综述

（一）国外基础教育质量监测的研究综述

现代学生学业成就调查研究始于19世纪末，到20世纪70年代，欧美大部分国家都相继建立了基础教育阶段的国家监测制度，以提供教育整体运行信息，供教育决策以及社会问责使用。目前，随着世界各国教育改革的发展，全面或部分实施教育教学质量监控与评价的国家日趋增加，其中美国的"国家教育进步评价系统"（NAEP）、欧盟的"欧洲教育质量指标"、新西兰的"国家教育监测项目"（1995—2010年）、荷兰的"教育质量综合评价框架"、英国的"学校教育质量评价指标"、法国的"预测与评估司"（DEP，后来叫作DEPP）等都是典型代表。

国际上基础教育质量评价监测什么？美国的"国家教育进步评价系统"（NAEP）明确指出学业成就评价不仅要反映学生当前的学业成就，也要反映学生长期的知识和技能。[1] 法国"预测与评估司"（DEPP）开展的基础教育质量测评，它的重点是关注学生能力的发展，不仅仅局限于评价领域知识的记忆和掌握，而是关注学生的能力发展，促进学生终身发展。[2] 另外一项有影响的大型国际教育评估项目"国际数学与科学趋势研究项目"（TIMSS），每四年一轮，通过测试和问卷评估学生在数学和科学领域的学习状况，并了解影响学业成就的不同因素。除TIMSS以外，另一项同由国际教育成就评价协会（IEA）开展的"国际阅读素养进步研究"（PIRLS），也是一项大型国际比较研究项目，除了评估学生阅读水平及发展趋势，也收集丰富的数据和信息来探究影响学习的因素，比如学校资源、学生态度、教学实践、家庭支持等是否影响学生的学业成就。特别是1998年以来，由经济合作与发展组织（OECD）发起建立的"国际学生评估项目"（PISA）以"素养"为测试核心的评价更是广受关注。该项目通过对学生进行三年一轮、三轮共九年的跟踪调查，利用系统、连贯的量表来全面测评学生的阅读能力、数学素质和科学素质，以及学生在这三个领域内应该获得的知识操作技能、运用相关知识的能力等。PISA项目的建立是基于终身学习的理念，除了评估15岁学生的知识及技能外，还要求学生报告学习情况，从而了解他们的学习动机及学习模式。PISA测试的项目主要是阅读、数学和科学素养，这三个项目都指向学生今后适应社会所需要的知识和技能；此外，该测试注重考查学生这些素养背后的学习动机和环境因素。国外测评的这些新方向、新思路都值得我们在构建学生学业质量评价标准时参考。总结以上论述，近年来国外和国际大型学业质量评价不再囿于测评学生对学科知识点的掌握程度，不再局限于考查易量化的知识和技能，而是关注测评学生的全面发展和可持续发展所需要的能力，关注学生准备应

---

[1] PAMPEY B D, DION G S, DONAHUE P L. NAEP 2008: Trends in Academic Progress. NCES 2009 - 479[J]. National Center for Education Statistics, 2009: 56.
[2] 杨涛,辛涛,董奇.法国基础教育质量测评体系探析[J].比较教育研究,2013,35(4):60-65.

对将来社会发展的挑战所需要的知识和技能。

随着测评理论的发展、新理论的构建、新科学技术的涌现,国际大规模教育质量测评与监控系统也在不断地发展。虽然由不同组织和国家开展的教育质量测评在测评理念、测评目标、测评手段等方面不尽相同,但是当前国外教学质量监控与评价呈现一些共性和特点,主要体现在以下五个方面:(1)评价体系注重系统性和开放性,力图建立一个多指标综合评价体系;(2)评价对象主要围绕学生的全面素质与未来发展;(3)评价的功能主要体现它的诊断性和发展性功能;(4)评价内容体现现实性和综合性;(5)运用多种评价方式与科学的评价技术。

(二) 国内基础教育质量监测的研究综述

我国关于义务教育质量监测的研究,主要集中在教育质量监测的重要性、必要性,教育质量监测的体系、框架,教育质量监测的组织实施、信息反馈、结果应用等方面。张传誉在《义务教育质量综合分析及构建监控体系的理论思考》中提出"义务教育质量的监测、评价系统,应由三个体系构成:教学育人管理体系、行为保证体系和质量评估体系",在行为保证体系中有行为督导机构,质量评估体系中有质量监控机构。[①] 张祥明在论文《重建教育质量评价观》中提出"教育质量是政府、社会和家长关注的焦点问题,评价的本质是价值判断,价值判断又以一定的价值观为指导,认为教育质量是一个动态的概念,应以发展性、多元性、适应性、全面性的观念来树立质量评价观"。[②] 崔允漷在《试论建立国家义务教育质量监测体系的价值》一文中从不同角度考察建立国家义务教育质量监测体系的价值,以进一步阐明建立国家义务教育质量监测体系的必要性和意义。[③] 王少非则在《国家义务教育质量监测:一个模型构想》中提出了一个国家义务教育质量监测体系的模型,并对该模型的运行以及所涉制度进行构想。[④] 这些研究尝试从不同的层面论证了国家义务教育质量监测的重要性和必要性,并对建立国家义务教育质量检测体系提出了设想。

在义务教育质量监测具体实践上,我国从1999年开始基础教育课程改革。随着基础教育课程改革的全面铺开与调查研究的逐步深入,学业质量宏观监测的实践研究也逐步开展起来。2003年,教育部基础教育课程教材发展中心开始推进"建立中小学生学业质量分析、反馈、指导系统"项目。2007年11月30日,教育部基础教育质量监测中心成立。近年来,该中心在全国抽样组织了小学和初中学生语文阅读能力、数学学习能力、科学素养和心理健康状况监测工作。2013年6月3日,教育部颁布《关于推进中小学教育质量综合评价改革的意见》(教基二〔2013〕2号),提出"基本建立体现素质教育要求、以学生发展为核心、科学多元的中小学教育质量评价制度"的中

[①] 张传誉. 义务教育质量综合分析及构建监控体系的理论思考[J]. 普教研究,1996(6):24-27.
[②] 张祥明. 重建教育质量评价观[J]. 天津市教科院学报,2003(2):29-32.
[③] 崔允漷. 试论建立国家义务教育质量监测体系的价值[J]. 教育发展研究,2006(5):1-4.
[④] 王少非. 国家义务教育质量监测:一个模型构想[J]. 教育发展研究,2006(5)5-9.

小学教育质量综合评价改革总体目标。

在国家逐步推进基础教育质量监测工作的同时,全国各省市也积极开展各种形式的学业质量监测与评价的研究。例如,2008年起,广州、大连、南京、成都、厦门、武汉、重庆、天津、长春、哈尔滨10个中心城市组成教研部门协作体,把研究制定义务教育阶段学科学业质量评价标准作为探索、破解基础教育均衡发展瓶颈的一个研究项目。这些合作研究在全国产生了积极的影响。大连市、成都市和广州市分别正式出版了义务教育阶段学科学业质量评价标准,并取得了一系列阶段性的研究成果。广州市于2009年颁发了《广州市义务教育阶段学科学业质量评价标准(2009第一版)》。2011年,上海市教委颁发《上海市教育委员会关于〈上海市中小学生学业质量绿色指标(试行)〉的实施意见》,构建起义务教育学业质量"绿色评价"体系。2012年,广州市根据《全日制义务教育课程标准(2011年版)》,并参照广州市中小学现行使用的教材制定对《广州市义务教育阶段学科学业质量评价标准(2009第一版)》进行修订,发布了《广州市义务教育阶段学科学业质量评价标准(2012第二版)》。全国各省市基于国家尚未建立起统一的义务教育阶段学科学业质量标准,区域先行探索,研究制定区域义务教育阶段学科学业质量评价标准。为推动国家层面统一义务教育阶段学科学业质量的制定提供借鉴与参考。教育部于2013年启动了我国大中小学生核心素养指标体系研究的重大攻关课题。该研究认为,学生核心素养指标体系的建构必须以人的全面发展为出发点,全面反映新时期社会对人才的新要求,反映世界教育与经济发展的趋势,同时,立足我国的国情,认真剖析中华民族的文化本性,并挖掘中华民族的教育智慧。基于以上考虑,该研究提出,核心素养是学生在接受相应学段的教育过程中逐步形成的适应个人终身发展和社会发展需要的必备品格与关键能力。它具有以下三个基本特征:核心素养是所有学生应具有的最关键、最必要的共同素养,是知识、能力和态度等的综合表现;核心素养可以通过接受教育来形成和发展,既表现出发展的连续性,也具有发展的阶段性;核心素养兼具个人价值和社会价值,其作用发挥具有整合性。教育部关于学生核心素养指标体系的研究,对我们研究基于学科的核心能力模型、构建具有区域特色的学业质量综合评价体系具有重要的参考和指导价值。在新形势下推进核心素养内涵下的教育质量评价和监测是我国教育质量改革的重中之重。

(三)简要结论

我国近年来对义务教育质量监控体系的研究成果,主要是在体系的构建上提出一个较完整的义务教育质量监测体系,是由机构设置、制度建设和实施推行三大部分构成的。比较国外研究其创新之处为:(1)提出实施基于标准的检测,并基于课程标准制定相应的质量标准,检测学生达成标准的状况;(2)提出建立常规化的公开报告,即报告呈送的对象是多元的;(3)对监测结果实施问责与干预。

最后,总结国外、国内基础教育质量监测情况可以看出,新形势下顺应世界教育改革发展趋势,大力提高我国教育国际竞争力,推动我国教育质量监测,明确开展教育质量评价改革的必要性和重要性。教育质量评价和监测是了解本国教育质量的重要途径,也是教育决策和服务重要的依据和来源。新形势下世界各国和国际大型学业质量评价内容不再拘泥于各学科、学段的特有知识点,已经转向综合能力和素养测评,当前我国仍然存在以学生学业考试成绩为导向的教育质量评价倾向,"重分数轻能力""重升学率轻素质"的教育评价观束缚了对学生创新精神、实践能力、社会责任感的培养,严重影响学生的全面健康发展。在新的国际形势下,我国教育质量测评与监控应跳出单一学科知识点,核心素养应作为学业质量评价标准的重要内涵,注重学生个体的全面发展和可持续发展。因此,借鉴国际经验和吸收国内优秀成果,以核心素养为导向构建新时期学业质量评价新标准,根据新的评价标准开发标准的测量工具,积极建立和完善我国基础教育质量评价与监测体系是我国教育质量评价改革的首要任务。

四、研究思路

(一)研究假设

1. 研究假设一

本课题从学业质量评价与监测的角度,寻找深化素质教育的突破口,实现评价转型,从单一的学科学业评价转向基于学生全面发展的综合评价。国家中小学教育质量综合评价改革意见提出,构建以关注学生核心素养为导向的教育质量综合评价体系,深化素质教育理念,以评价促发展,促进学生全面发展。这是国家中小学教育质量综合评价改革对地方实践的指导。

2. 研究假设二

积极探索学业质量评价与监测的区域特色,努力走出一条专业化与科研化相结合的区域教育质量可持续发展之路。广州市作为国家中心城市,积极探索基于广州教育的实际状况,构建体现素质教育要求的科学、系统的评价指标体系,建立可操作的评价标准,开发科学、专业的评价工具,探索出广州特色的中小学教育质量综合评价之路。这是国家中小学教育质量综合评价改革政策与地方政策、实践的有机结合。

3. 研究假设三

广州实验区作为国家中小学教育质量综合评价改革的先行者,为国家制定教育质量国家标准、建立教育质量保障体系提供丰富、鲜活的实践案例。广州市在实践中完善教育评价改革的理论与技术,总结经验和教训,推动广州市中小学教育质量综合评价改革向纵深发展,同时也把试验区教育质量评价改革的经验、成果推广到全国其他地区。这是区域经验对国家中小学教育质量综合评价改革政策不断地总结和升华。

(二) 研究对象

本研究主要以国家颁布的中小学教育改革相关的教育政策、国内外基础教育质量评价研究成果(包括中国学生发展核心素养的研究)、区域性中小学教育质量综合评价政策和实践、广州市中小学教育质量阳光评价测评(针对广州市480所样本学校合计18万中小学生)等研究和实践为研究对象,探讨基于核心素养的区域学业质量综合评价。在研究中提高,在实践中发展,建立、健全、完善学业质量综合评价体系,最终形成具有广州特色的学业质量综合评价体系,提升区域教育质量。

(三) 研究方法

本课题综合运用文献研究、调查研究、案例研究、比较研究、实证研究、专家研讨等方法开展研究,梳理相关文献,总结国内外学业质量评价的理论和实践。在开展区域中小学生综合素质改革实践中积累数据,合理解读数据,为教育评价改革提供客观、科学的依据,形成具有区域特色的学业质量综合评价体系,促使区域教育水平的提升。

1. 文献研究法

通过文献研究法梳理和总结国内外教育质量评价和监测的相关文献资料,对国内外学生学业质量评价的理论和实践成果进行分析和研究,从而确定本课题研究的理论基础和创新点。

2. 调查研究法

调查研究法是指有目的、有计划、有系统地收集有关研究对象的资料,并通过对资料的分析来认识现象、发现规律的研究方法。问卷调查法是调查研究法中的一种。本研究具体使用量表、问卷收集信息,采用"学生学业测试＋学生问卷调查＋学生非学业量表＋家长量表＋教师量表＋校长量表"相结合的方式,从多层面对学生学业质量和教育质量进行评价:(1)对学生进行学业测试,了解学生学业发展水平;(2)对学生进行和学业测试配套的问卷调查,探讨影响学生学业发展的相关因素;(3)对学生进行非学业量表调查,从多方面了解和评价学生的综合素质;(4)在实践基础上后期加入家长、教师、学校(校长)作为测量对象,利用多维度、多角度、多对象、多层次的测量方法对中小学教育质量进行综合评价。问卷、量表设计采用统一的框架及统一的标准化指标。通过测评,全面了解学生的学业水平,综合评价区域中小学教育质量,对区域教学质量进行有效的监测。

3. 案例研究法

第一,本研究在义务教育阶段选取480所广州市中小学教育质量阳光评价试点学校作为样本案例,进行综合分析评价学业质量指标体系相关的内容,形成所要测评对象的指标体系条目,被试学生超过5万人(注:不同测试阶段人数不一样)。第二,选取广州市11个区的测评结果作为案例,总结广州市中小学教育质量阳光评价改革实践的一些经验和教训,深入研究了核心素养、

"评价落地"、科学测评,不断完善具有区域特色的评价指标体系。

4. 比较研究法

基于素质教育的要求,课题深入研究教育部发布的中小学教育质量综合评价改革体系,与此领域的研究学者开展研讨,同时对教育部其他中小学教育质量综合评价改革实验区的不同模式进行对比研究,并实地调研,分析教育部提出的整体指标体系和有地区特色的指标体系的差异,深度把握综合评价的内涵和外延,为构建具有广州特色的阳光评价体系提供借鉴和启示。

5. 实证研究法

本课题研究分别制定针对学生、家长、教师、学校(校长)的调查问卷,对各研究对象进行测评并收集数据,运用统计分析方法对调查数据进行量化分析,根据分析结果对学生学业质量进行综合评价,全面了解广州市中小学生的学业质量和区域教育质量,分析存在的教育问题,找到区域教育评价和监测提升区域教育质量的着力点。

6. 专家研讨法

本研究采用专家研讨法来确定广州市中小学教育质量阳光评价指标体系。通过召开该领域测评专家、教育管理专家、一线教学专家等各种座谈会,根据专家意见归纳出测评对象的考察维度;通过召开该领域高校或研究机构专家、教育管理专家、一线教师的座谈会,进行半结构式座谈,根据访谈的内容总结出各指标的考察点与评分标准。

(四)技术路线

(1)对当前国外、国内义务教育学业质量评价和监测的理论与实践进行梳理,明晰学业质量、教育质量、学业评价、教育评价等相应的概念系统,并解析其内涵,澄清有关的模糊认识,明确课题研究的核心内容。

(2)以测量、教学、心理学、评价、统计学等基础学科的先进理论为指导,对各个学科的学业质量、学科素养等评价目标做出具体、清晰、准确的阐释,并对实现这些教学目标的条件和方法进行可行性分析。

(3)以具体学科知识的教学、测试、评价和反馈为载体,分学科研究发现、分析和解决学业质量评价中的具体问题,形成立得住、行得远、可操作的系列策略与方法。

(4)运用系统方法论,将学业质量评价的研究、教师的学科教学知识、学生的学科素养等内容结合起来开展研究,探讨构建义务教育阶段学科学业质量评价标准,建立区域义务教育质量的基本标准。

(5)研究运用义务教育阶段学科学业质量评价标准,实施素质教育,形成具有区域特色的学业质量评价体系指标,推进中小学教育质量综合评价改革,为国家中小学教育质量综合评价改革提供鲜活的实践案例。

具体研究的实施路径如下图所示。

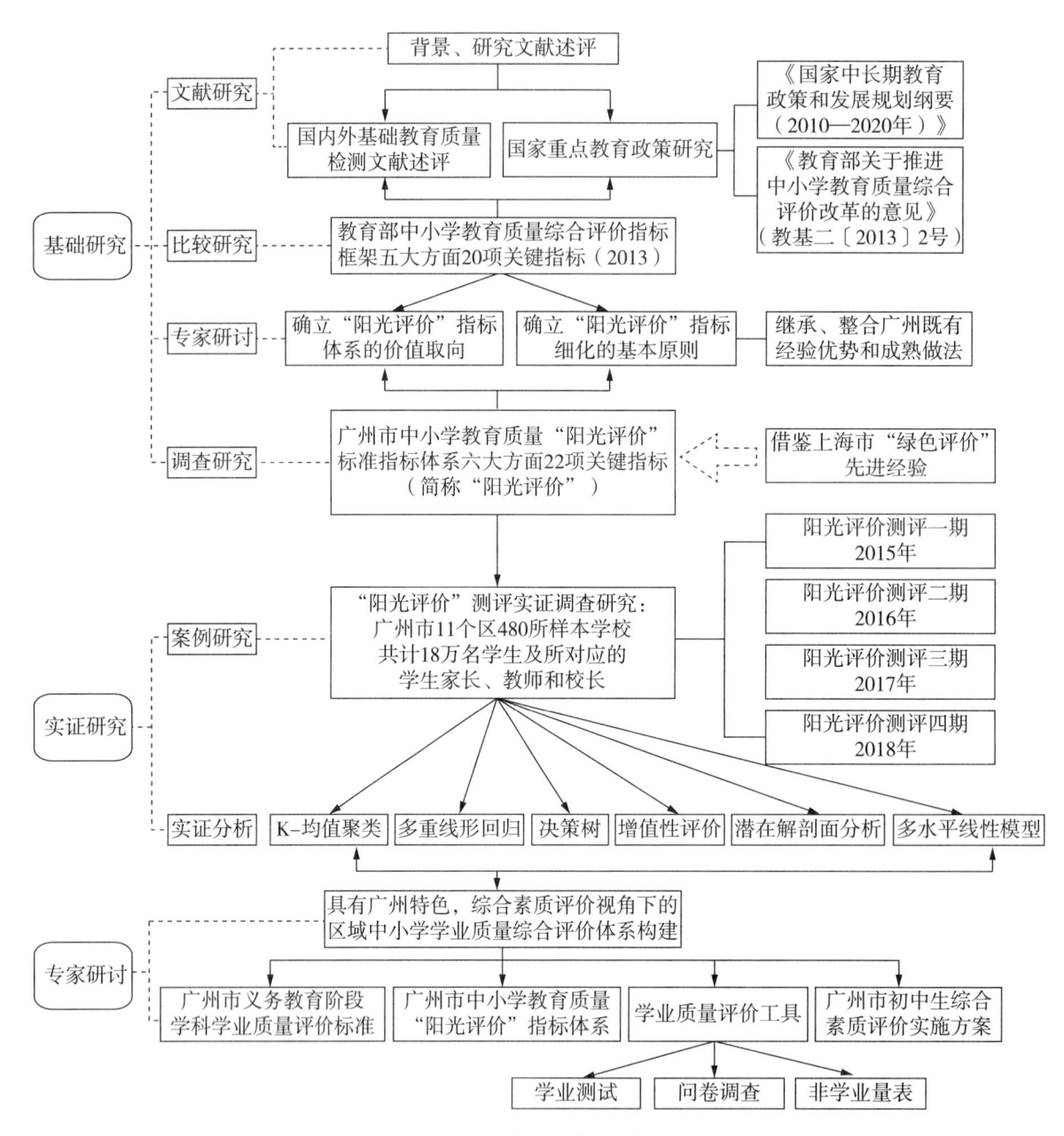

```
基础研究
├─ 文献研究 ──── 背景、研究文献述评
│                    ├─ 国内外基础教育质量检测文献述评
│                    └─ 国家重点教育政策研究 ──《国家中长期教育政策和发展规划纲要（2010—2020年）》
│                                               《教育部关于推进中小学教育质量综合评价改革的意见》（教基二〔2013〕2号）
├─ 比较研究 ──── 教育部中小学教育质量综合评价指标框架五大方面20项关键指标（2013）
├─ 专家研讨 ──── 确立"阳光评价"指标体系的价值取向 / 确立"阳光评价"指标细化的基本原则 ── 继承、整合广州既有经验优势和成熟做法
└─ 调查研究 ──── 广州市中小学教育质量"阳光评价"标准指标体系六大方面22项关键指标（简称"阳光评价"）── 借鉴上海市"绿色评价"先进经验

实证研究
├─ 案例研究 ──── "阳光评价"测评实证调查研究：广州市11个区480所样本学校共计18万名学生及所对应的学生家长、教师和校长
│                    ├─ 阳光评价测评一期 2015年
│                    ├─ 阳光评价测评二期 2016年
│                    ├─ 阳光评价测评三期 2017年
│                    └─ 阳光评价测评四期 2018年
└─ 实证分析 ──── K-均值聚类 / 多重线形回归 / 决策树 / 增值性评价 / 潜在解剖面分析 / 多水平线性模型

专家研讨 ──── 具有广州特色，综合素质评价视角下的区域中小学学业质量综合评价体系构建
              ├─ 广州市义务教育阶段学科学业质量评价标准
              ├─ 广州市中小学教育质量"阳光评价"指标体系
              ├─ 学业质量评价工具 ── 学业测试 / 问卷调查 / 非学业量表
              └─ 广州市初中生综合素质评价实施方案
```

图 0.1 具体研究的实施路径

五、研究意义

本课题研究有着重要的理论和现实意义。深入研究学业质量评价，构建与实施促进区域教育质量发展的学业质量综合评价体系，是在广州多年来开展中小学学业质量评价探索的基础上，瞄准影响区域教育教学质量的关键性问题，为进一步规范学生学业质量评价、落实国家中长期教

育改革与发展规划纲要、推进中小学教育质量综合评价改革、促进区域教育均衡与优质发展而进行的开拓性研究。该研究在国内拥有领先地位,为国家制定中小学生学业质量标准、开展基于标准的教育质量综合评价进行积极的先行探索并提供实践经验,具有较大的学术价值和应用价值。

(一)理论价值

在理论层面,我国的教育评价理论研究起步相对较晚,现有的理论也是阐述多,实践差距大。本研究综合运用教育学、心理学、管理学等相关理论,运用文献研究、调查研究、案例研究、比较研究、实证研究等研究方法并辅以量化研究工具,围绕课题研究构建学业质量综合评价体系:(1)搭建具有广州特色的中小学教育质量学业质量阳光评价体系;(2)制定义务教育阶段学科学业质量评价标准;(3)开发评价工具,使学业质量评价建立在科学的基础上。

(二)政策价值

在理论研究的基础上,本课题通过推进中小学教育质量阳光评价改革实践深入研究,以评价数据为各级各类教育行政、教育研究、教学部门提供专业服务。把教育质量综合评价的结果作为制定教育政策措施、加强教育宏观管理的重要参考,作为评价考核区域及学校工作的主要依据,提出促进区域教育发展的对策、建议,为教育决策部门和学校发展提供参考。

(三)实践价值

本课题是针对教育质量评价改革促进区域教育发展开展的实践研究。课题的实践研究以科学的评价引领教师规范教学,促进学生改进学习方法,为课程实施保驾护航。其中对广州市内不同层次区域的一些学校进行案例研究具有典型意义。本课题总结了一些学校教学存在的不足,横向比较不同区域的优劣势,提出了在学校管理、课程实施、课堂教学方面提高、改进的办法等,这些内容具有重要的实践价值。

第一章 阳光评价指标体系的研制

研制指标体系是推动教育质量综合评价改革的逻辑起点。2013年,广州市被教育部确定为国家中小学教育质量综合评价改革实验区之后,把细化和完善阳光评价指标体系作为整个实验工作的起点和关键环节,在落实和执行教育部的指标框架方面走出一条具有广州特色的创新之路。

一、细化指标的基本原则

通过设置具体维度和观测指标反映评价内容,是科学教育质量观的体现,也是开展评价工作的起点和依据,作为"指挥棒"更会对今后全市中小学教育教学的各方面产生深远的影响。因此,确立了研制阳光评价指标体系的基本原则。

（一）前瞻性

作为民生工程和城市功能的重要组成部分,广州教育在新型城市化发展道路上占有特别重要的地位,也面临着一定的挑战。一是城市发展要从"重物轻人"转向"以人为本",不断满足人民群众的幸福感、获得感和安全感。教育服务社会主义现代化建设和服务群众的功能不断凸显,同时也进入从普及型向提高型转变,从量的扩张向质的提升转变,从常规建设向教育现代化迈进的发展关键时期。二是城市发展从城乡二元分割向城乡一体化发展转变,从城市"摊大饼"式的外延扩张向多中心、组团式、网络型的集约高效城市发展格局转变,教育也必须转向城乡一体化设计布局。三是城市国际化进程中,教育必须为城市建设和发展提供源源不断的精神动力和智力支持,培养具有岭南文化情怀和国际视野、通晓国际规则、能够参与国际事务与竞争的国际化人才。

前瞻性还体现在界定指标体系时对标先进指标体系。1998年,经济合作与发展组织（OECD）发起建立的"国际学生评估项目"（PISA）在全世界范围引起广泛关注。2010年12月7日,国际经济合作发展机构发布2009年度PISA结果,在65个参与国家与地区中,首次参加该测评的中国上海,在阅读、数学和科学三个领域都位列第一,表明我国在学生学业质量评价方面终于与世界接轨。广州要充分利用中小学教育质量综合评价改革的契机,不仅自我比较,更要积极参与国际学生质量评价,培养符合全球化需要的国际型人才。

(二) 导向性

教育部文件明确提出"基本建立体现素质教育要求、以学生发展为核心、科学多元的中小学教育质量评价制度,切实扭转单纯以学生学业考试成绩和学校升学率评价中小学教育质量的倾向,促进学生全面发展、健康成长"的评价改革总体目标。开展中小学教育质量综合评价改革,不是简单地评价学生个体的综合素质,而是通过对学生全面发展各方面指标和相关性因素,以及学生学习成长过程的评价,描述和评价学校的办学质量,诊断和改进教育教学,达到全面实施素质教育,促进学生、学校、区域教育优质均衡发展的目的。

指标的研制,要改变过去的评价理念,树立科学的质量观和评价观,树立"评价是一种服务"的理念。全面推进中小学教育质量综合评价改革,构建区域学业质量监测体系,建立广州市中小学学生学业质量常模,有利于各级教育行政部门充分利用教育质量监测结果提供丰富、科学、准确的信息、数据,为政府和教育行政部门制定教育政策提供决策参考,有利于改变过去强调甄别和简单分等定级的做法,有利于改变单纯强调结果和忽视进步程度的倾向,推动中小学提高教育教学质量、办出特色,解决区域之间和学校之间的教育水平差异。

(三) 整合性

评价的目的是促进学生和学校的全面可持续发展,阳光评价指标体系的构建不是增量改革,不是增加学生和学校的负担,不是"另起炉灶",而是存量改革,整合、优化和创新,将广州市原有的分散的学业质量评价标准、学校德育工作绩效评估、学生体质健康评价纳入新的阳光评价指标体系中。如广州市在2008—2012年义务教育阶段17个学科学业质量评价标准的研制以及实施取得的成果,就可以直接在学生的学业评价方面发挥重要作用。所需要做的就是通过修改、完善,使现有的学业质量评价标准与新的阳光评价指标进行衔接和整体融合。再如,广州市原来进行的学校德育工作绩效评估和学生体质健康评价,均应根据教育部文件精神纳入新的阳光评价指标体系中,并有机融合。

(四) 实操性

指标体系的构建要充分体现广州市中小学教育发展的实际和需求,考虑区域和校际发展的差异性。明确市、区、校各自的职责,阳光评价指标体系由市统一制定,由市统一组织对区县一级进行评价,由区统一组织对学校进行评价,建立和逐步完善为区域、学校提供教育质量综合评价"体检"报告的制度。

制定的阳光评价指标体系要比教育部的框架更具体、更有可操作性,比如对各项指标在小学、初中、高中不同学段的表征,对各项指标的解释、评价方法和工具的说明等,要更明确、具体,不能太模糊、太缺乏原则性。

二、细化指标的具体思路

(一) 指向学生发展核心素养

研究构建大中小学生发展核心素养体系被写入了教育部 2014 年工作要点。广州在启动研制阳光评价体系时，敏锐地意识到核心素养将成为今后一段时期我国基础教育改革的关键主题。因此，广州市教育局与华南师范大学、中山大学等高校建立了基础教育协同创新平台，充分发挥高校的专业力量，在建构阳光评价指标体系时，始终坚持落实以立德树人为根本任务的价值取向，参考了关于学生发展核心素养的最新研究成果，将核心素养中有关社会交往、文化素养、自主发展等指标融入进来，初步构建了涵盖小学、初中、高中三个学段，包括学生的"品德与社会化水平、学业发展水平、身心发展水平、兴趣特长潜能、学业负担状况、学校认同"六个方面 22 项关键指标的广州市中小学教育质量阳光评价指标体系。

(二) 以学生为主体的表达范式

全面推进中小学教育质量综合评价改革，就是坚持以人为本，既关注学业水平，又关注品德发展和身心健康；既关注共同基础，又关注兴趣特长；既关注学业结果，又关注学习过程和效益，切实遏制简单追求学生学科成绩的冲动，减轻学生学业负担，促进学生健康、全面发展。

与其他对学校的教育质量的评估不同，广州市的阳光评价指标体系，所有的评价要素全部围绕学生发展，通过学生的德智体美劳全面发展的状况来反映和衡量学校的办学质量，从多角度、多层次来描述和分析影响学生全面发展的环境因素，以此作为学生质量观的重要组成部分，这是一种基于核心素养、运用综合评价的全新视野。

(三) 涵盖教育部的评价指标框架

这些指标体系，总体上涵盖教育部指标框架（试行稿）提出的核心素养的五大方面，原则上保留了 20 个关键性指标，同时在评价内容上增加了学校文化认同等项，以反映广州市中小学近年来开展的以学校特色发展促进区域教育均衡、优质发展的成果，体现了地方特色。教育部文件明确指出，各地完善指标体系的要求是：(1)注意导向，必须涵盖教育部指标框架的五大方面；(2)突出重点，原则上要保留 20 个关键性指标，具体到不同学段时可以有删减，但不宜做大的改动；(3)可操作，将关键指标转化为可测量的要点；(4)纳入相关因素，考虑影响教育质量的相关因素和环境变量。这些要求为广州市制定阳光评价指标体系指明了方向。

(四) 借鉴发达地区的先进做法

上海市中小学生学业质量绿色指标在全面、真实反映学生学业状况，引导学校、家长和全社会形成全面的教育质量观，提高教育教学管理科学性，减轻学生学业负担，促进学生全面发展等方面的做法和经验值得学习。特别是对影响质量相关性因素的分析，学生满意度的引进，以及提供"体检"报告的服务理念，是广州市应重点借鉴的内容。

（五）继承广州市的成熟经验

从 2003 年全面进入新一轮基础教育课程改革至今，广州市已经构建并且不断完善了区域中小学教育质量管理体系。广州市前期进行的义务教育阶段 17 个学科学业质量评价标准的研制取得了先行先试的经验，其成果先后获得广东省教学成果一等奖、首届国家基础教育教学成果二等奖。该学业质量评价标准的研制依据课程标准，基于学科能力，重点解决了学业评价内容表现性指标的细化问题，对国家指标框架中有关学业发展如何测评的标准是一个很好的补充。

三、评价指标的内容演绎

（一）对统一指标的具体细化

对于评价内容，基于核心素养的理念和科学的教育质量观，初步形成了学生的"品德与社会化水平、学业发展水平、身心发展水平、兴趣特长潜能、学业负担状况、学校认同"六个方面。其中，学业发展水平、兴趣特长潜能、学业负担状况是广义的学生的学业及其影响因素，即"智"；品德与社会化水平，属于传统意义上的"德"；加上身心健康、学生的满意度（对学校和老师），构成了一个"3+1+2"的结构，每个评价内容涵盖若干关键指标。共六大评价内容、22 项关键指标。这些指标体系，总体上涵盖教育部提出的核心素养的五大方面，原则上保留了 20 项关键指标，如图 1.1 所示。

品德与社会化水平	学业发展水平	身心发展水平	兴趣特长潜能	学业负担状况	对学校的认同
道德品质	学会学习	身体健康	审美修养	学习时间	文化认同
社会责任	知识技能方法	心理健康	爱好特长	课业质量	教学方式
国家认同	科技与人文素养	自我管理	实践能力	课业难度	师生关系
国际理解			创新意识	学习压力	家校关系

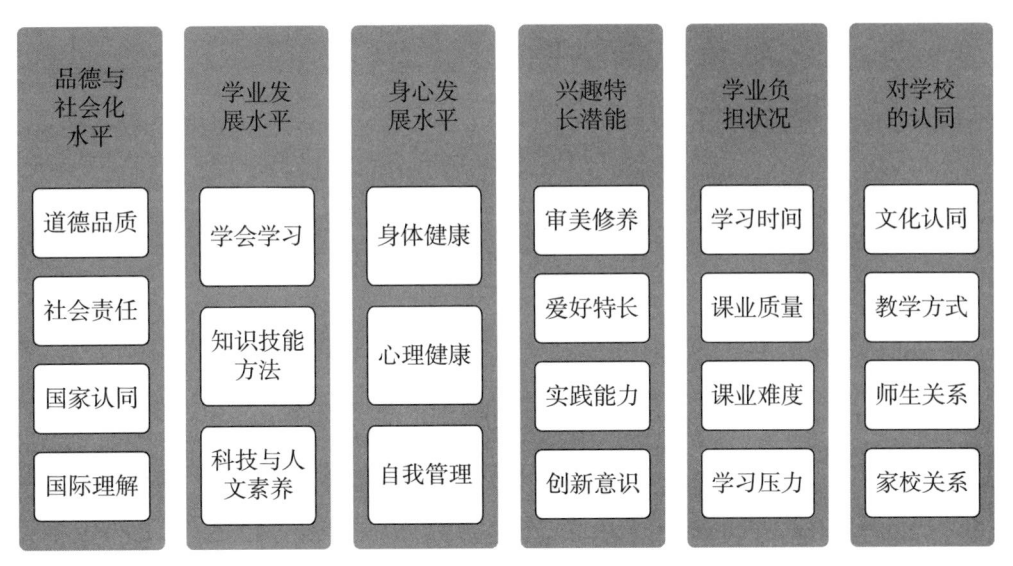

图 1.1 广州市阳光评价指标体系关键指标

对比教育部的"中小学教育质量综合评价指标框架（试行）"，见表 1.1。

表 1.1　教育部中小学教育质量综合评价指标框架(试行)

评价内容	关键指标	指标考查要点	评价主要依据
品德发展水平	行为习惯	学生在文明礼貌、勤俭节约、热爱劳动、爱护环境等方面的认知和表现情况	社会主义核心价值观、义务教育课程方案和相关学科课程标准、普通高中课程方案和相关学科课程标准、《中小学德育工作规程》《中共中央国务院关于进一步加强和改进未成年人思想道德建设的若干意见》《中小学生守则》《小学生日常行为规范(修订)》《中学生日常行为规范(修订)》《中小学文明礼仪教育指导纲要》等
	公民素养	学生在珍爱生命、遵纪守法、诚实守信、团结友善、乐于助人等方面的认知和表现情况	
	人格品质	学生在自尊自信、自律自强、尊重他人、乐观向上等方面的认知和表现情况	
	理想信念	学生的爱国情感、民族认同、社会责任、集体意识、人生理想等方面的情况	
学业发展水平	知识技能	学生对各学科课程标准要求的基础知识、基本技能的理解和掌握情况	义务教育课程方案和各学科课程标准、普通高中课程方案和各学科课程标准以及其他相关规范性文件等
	学科思想方法	学生对各学科思想和方法的理解和掌握情况	
	实践能力	学生关注现实生活、参加社会实践和志愿服务活动、解决实际问题、进行职业准备等方面的情况	
	创新意识	学生独立思考、批判质疑、钻研探究,解决问题的思路、方式方法等方面的情况	
身心发展水平	身体形态机能	学生身高、体重、肺活量和身体运动能力等达到《国家学生体质健康标准》要求的情况以及视力状况等	《国家学生体质健康标准》《国务院办公厅转发教育部等部门关于进一步加强学校体育工作若干意见的通知》《中小学生近视眼防控工作方案》《中小学健康教育指导纲要》《中小学心理健康教育指导纲要(2012年修订)》《学校艺术教育工作规程》《教育部办公厅关于在义务教育阶段中小学实施"体育、艺术 2+1 项目"的通知》以及其他相关规范性文件等
	健康生活方式	学生对健康知识与技能的了解和掌握情况,生活与卫生习惯,参加课外文娱体育活动等方面的情况	
	审美修养	学生在审美情趣和艺术修养等方面的发展情况	
	情绪行为调控	学生对自己情绪的觉察与排解、对行为的自我约束情况,应对和克服学习、生活中遇到的困难的态度和表现情况	
	人际沟通	师生关系、同伴关系、亲子关系等方面的情况	
兴趣特长养成	好奇心求知欲	学生对某些知识、事物和现象的专注、思考和探求情况	义务教育课程方案和相关学科课程标准、普通高中课程方案和相关学科课程标准
	爱好特长	学生课余生活的丰富性,在文学、科学、体育、艺术等领域表现出的喜好、付出的努力和表现的结果	
	潜能发展	学生在某些方面表现出的突出素质和进一步发展的能力	
学业负担状况	学习时间	学生上课时间、作业时间、补课时间、睡眠时间等	义务教育课程方案和各学科课程标准、普通高中课程方案和各学科课程标准、《中共中央国务院关于加强青少年体育增强青少年体质的意见》《中小学生近视眼防控工作方案》《教育部关于当前加强中小学管理规范办学行为的指导意见》以及其他相关规范性文件等
	课业质量	课程教学、作业和考试(测验)的有效程度以及学生的感受和看法	
	课业难度	课程教学、作业和考试(测验)的难易程度以及学生的感受和看法	
	学习压力	学生在学习过程中表现出的快乐、疲倦、焦虑、厌学等状态	

（二）体现关键指标的区域特色

在评价内容上增加了学校文化认同等项，以反映广州市中小学近些年开展的以学校特色发展促进区域教育均衡、优质发展的成果，体现了地方特色。

（三）分学段的过程化评价标准

按照教育部的要求，必须划分不同学段，细化指标体系。广州市的分学段指标体系，一方面是合理确定关键指标的内涵，并转化为可测量的要点，具体而言，就是按照由低到高、循序渐进的原则，将学生全面发展的各项关键指标在不同学段的发展水平界定清楚；另一方面是对应提出具体的操作定义和评价建议。如下示例：

表1.2 小学阶段学生品德与社会化水平发展指标体系

关键指标	考查要点	操作定义
国家认同	热爱祖国	知道我国的国旗、国徽、国歌，自觉参加升国旗礼；认同自己的中国公民的身份；知道祖国的发展强大是个人幸福的保证
	……	

表1.3 初中阶段学生品德与社会化水平发展指标体系

关键指标	考查要点	操作定义
国家认同	热爱祖国	了解和欣赏祖国的文化、历史与发展；具有民族自尊心、自信心和自豪感；自觉维护国家利益，维护民族团结
	……	

表1.4 高中阶段学生品德与社会化水平发展指标体系

关键指标	考查要点	操作定义
国家认同	热爱祖国	树立中国特色社会主义共同理想，能将个人与国家命运相联系，以振兴中华、建设中国特色社会主义为己任
	……	

（四）提出了具体的测评建议

整合创新，研制科学、简洁的评价工具体系，着力解决"评价落地"的问题。在测评方面，采用了"学业测试＋学业问卷调查＋非学业量表"综合评价新模式，对学生进行多层面评价；通过学业测试，了解学生学业发展水平；通过与学业测试配套的学业问卷调查，探讨影响学生学业发展的相关因素；通过非学业量表，从多方面了解和评价学生的综合素质。

附：广州市中小学教育质量阳光评价指标及各学段细化表达

表 1.5 广州市中小学教育质量阳光评价指标基本框架(试行)

评价内容	关键指标	指标内涵	测评建议
品德与社会化水平	道德品质	● 具有宽厚仁爱的品质,心怀感恩,宽以待人; ● 具有诚实守信的品质,对事负责,言行一致; ● 明辨是非,待人对事公正,富有正义感	1. 问卷法(行为核查表); 2. 基于观察的评价; 3. 成长档案袋
	社会责任	● 具备基本的礼仪规范,举止得体,礼貌待人; ● 积极交往,有效沟通,学会包容,善于处理矛盾; ● 具有法律与规则意识,遵纪守法,依法行使公民权利,积极履行公民义务	
	国家认同	● 了解社会主义核心价值体系的主要内容; ● 欣赏祖国的历史文化,了解我国的基本国情,具有民族自尊心、自信心、自豪感; ● 爱国家,爱家乡,懂得个人与国家的关系,立志为中国特色社会主义做贡献	
	国际理解	● 认识人类发展的相互依赖性,关注全球动态与发展现状,理解我国与世界发展的关系; ● 了解世界各地、各民族的文化,理解、尊重和包容文化的多样性和差异性; ● 以全球化视角看待世界,积极追求全人类和谐共处、共同发展	
学业发展水平	学会学习	● 具有积极的学习态度和动机,敬业乐学,有终身学习的意愿; ● 能够合理利用多样化的学习资源与途径,采用有效的学习策略与方法; ● 能够自主学习,善于自我反省,在经验中获得成长	1. 问卷法; 2. 表现性评价方法; 3. 成长档案袋; 4. 学业成就测验; 5. 引进新的测试理论、方法、技术、手段
	知识技能方法	● 理解和掌握各学科课程标准所要求的基础知识、基本技能; ● 理解学科知识的内在价值,掌握学科思想和方法	
	科技与人文素养	● 学会开展科学探究,应用相关科技知识解释科学及社会问题,具有正确的科学伦理观; ● 有效地获取、分析、评价并准确使用信息,正确认识和处理与信息有关的道德及法律问题; ● 理解生命的意义,关注人、尊重人、帮助人	
身心发展水平	身体健康	● 身体机能和体能素质达到《国家学生体质健康标准》要求的情况以及视力状况等; ● 养成文明、健康的生活方式	1. 现场测试类的表现性评价; 2. 基于观察的评价; 3. 问卷法
	心理健康	● 了解心理健康的标准,掌握有利于心理健康的知识和技能; ● 能够觉察与排解自己的情绪,约束自我行为,并应对和克服学习、生活中遇到的困难; ● 自尊自信,有效应对日常生活和学习环境变化,具有坚强的意志力和良好的精神面貌	
	自我管理	● 认识自己,具备自我评估、自我发展的意识和能力; ● 能够独立自主地行动,生活自理,行为自律,对自己的行为负责; ● 学会自我规划,能根据环境要求做出适当的调整并付诸实践	

续表

评价内容	关键指标	指标内涵	测评建议
兴趣特长潜能	审美修养	● 感受和欣赏各种美的事物,理解其中的思想、经验和情感表达,提升日常生活品质	1. 现场测试类的表现性评价; 2. 实验、项目或课题等类型的表现性评价; 3. 行为示范与展示、戏剧表演等类型的表现性评价; 4. 基于观察的评价; 5. 问卷法; 6. 成长档案袋
	爱好特长	● 课余生活丰富,喜好文学、科学、体育或艺术,具有某个领域的特长	
	实践能力	● 结合已有知识技能设计和实施行动方案,解决实际问题; ● 关注社会现实,热爱劳动,积极参加社会实践、志愿者服务活动	
	创新意识	● 对事物保持好奇心和开放态度,具有问题意识、反思能力、质疑能力、批判精神和批判能力; ● 具有探索精神,能提出个人见解和有价值的想法并付诸实践	
学业负担状况	学习时间	● 学生上课时间、作业时间、补课时间、户外体育锻炼时间、睡眠时间等	1. 问卷法; 2. 学业测试比较,建立纵向追踪分析; 3. 引进新的测试理论、方法、技术、手段
	课业质量	● 课程教学、作业和考试(测验)的有效程度以及学生的感受和看法	
	课业难度	● 课程教学、作业和考试(测验)的难易程度以及学生的感受和看法	
	学习压力	● 学生在学习过程中表现出的快乐、疲倦、焦虑、厌学等状态	
学校认同	文化认同	● 学生认同学校的历史和文化标志(校训、校歌等); ● 学生喜欢学校并愿意参加学校组织的活动,同学关系好,无孤独感	问卷法
	教学方式	● 教师面向全体学生因材施教,方法得当,课堂组织注重调动学生的积极性	
	师生关系	● 学生尊重和信任老师,老师公正、公平地对待学生	
	家校关系	● 学校与家庭联系密切,家长认同并支持学校的教育教学工作	

表1.6 广州市小学教育质量阳光评价指标(试行)

评价内容	关键指标	指标内涵	测评建议
品德与社会化水平	道德品质	● 谦让、仁爱,心怀感恩,宽以待人; ● 言行一致,信守承诺,有责任心; ● 明辨是非,待人对事公正,富有正义感	1. 问卷法(行为核查表); 2. 基于观察的评价; 3. 成长档案袋
	社会责任	● 具备日常生活中的礼仪规范,礼貌待人; ● 积极交往,在交往中会包容伙伴,会分工协作做事;有正确的规则常识,有遵守社会和集体规则的习惯,做事有考虑后果的习惯; ● 勤俭节约、热爱劳动、爱护公物、爱护环境	
	国家认同	● 认同自己的中国公民身份,认识国旗、国徽、国歌等; ● 了解和欣赏祖国的历史文化,具有民族自豪感	
	国际理解	● 关注国际时事,了解我国和世界各国的关系; ● 了解世界不同文化,感知不同文化的差异性; ● 初步树立追求人类和平、和睦共处的意识	

续表

评价内容	关键指标	指标内涵	测评建议
学业发展水平	学会学习	● 对身边事物保持好奇心,对学习产生兴趣,积极参与各种学习活动; ● 逐步养成良好的学习习惯,利用多样化的学习资源与途径独立完成学习任务	1. 问卷法; 2. 表现性评价方法; 3. 成长档案袋; 4. 学业成就测验; 5. 引进新的测试理论、方法、技术、手段
	知识技能方法	● 理解和掌握各学科课程标准所要求的基础知识、基本技能; ● 认识学科知识的意义和价值,初步掌握学科思想和方法	
	科技与人文素养	● 能初步运用相关科技知识解释科学和社会问题,正确评价科学的作用; ● 会有效地运用各种媒介获取和使用信息,有根据不同信息分析判断其准确性的习惯; ● 珍爱生命,关心他人,亲近社会	
身心发展水平	身体健康	● 学生身体机能和体能素质达到《国家学生体质健康标准》要求的情况以及视力状况等; ● 养成良好的饮食和卫生习惯,掌握护眼、护齿的技能; ● 了解日常生活中的安全避险常识	1. 现场测试类的表现性评价; 2. 基于观察的评价; 3. 问卷法
	心理健康	● 了解身心健康的标准,掌握有利于身心健康的知识和技能; ● 自尊、自信,会调节自己的情绪,有效应对日常生活、学习变化,能积极面对挫折; ● 养成健康的生活和卫生习惯,能处理好学习与体育锻炼、休闲的关系,积极适应各种环境变化	
	自我管理	● 能正确认识自己和别人的异同,具备一定的评估自我发展的意识和能力; ● 生活自理,行为自律,学会对自己的事情负责; ● 学会制订学习计划并予以落实,逐步规划自己的发展方向并努力付诸实施	
兴趣特长潜能	审美修养	● 会感受和欣赏生活中的美,并获得愉悦的体验	1. 现场测试类的表现性评价; 2. 实验、项目或课题等类型的表现性评价; 3. 行为示范与展示、戏剧表演等类型的表现性评价; 4. 基于观察的评价; 5. 问卷法; 6. 成长档案袋
	爱好特长	● 课余生活丰富,在文学、科学、体育、艺术等领域表现出喜好,逐步发展某个领域的特长	
	实践能力	● 关注身边的生活,热爱劳动,积极参加村镇社区活动,学会运用已有知识技能和经验解决实际问题	
	创新意识	● 对事物保持好奇心,对现象进行思考、质疑和提出见解; ● 具有探索精神,能提出有价值的想法并付诸实践	
学业负担状况	学习时间	● 学生上课时间、作业时间、补课时间、户外体育锻炼时间、睡眠时间等	1. 问卷法; 2. 学业测试比较,建立纵向追踪分析; 3. 引进新的测试理论、方法、技术、手段
	课业质量	● 课程教学、作业和考试(测验)的有效程度以及学生的感受和看法	
	课业难度	● 课程教学、作业和考试(测验)的难易程度以及学生的感受和看法	
	学习压力	● 学生在学习过程中表现出的快乐、疲倦、焦虑、厌学等状态	

续表

评价内容	关键指标	指标内涵	测评建议
学校认同	文化认同	● 学生认同学校的历史和文化标志(校训、校歌等); ● 学生喜欢学校并愿意参加学校组织的活动,同学关系好,无孤独感	问卷法
	教学方式	● 教师面向全体学生因材施教,方法得当,课堂组织注重调动学生的积极性	
	师生关系	● 学生得到老师的尊重和信任,老师公正、公平地对待学生	
	家校关系	● 学校与家庭联系密切,家长认同并支持学校的教育教学工作	

表1.7 广州市初中教育质量阳光评价指标(试行)

评价内容	关键指标	指标内涵	测评建议
品德与社会化水平	道德品质	● 谦让、仁爱,心怀感恩,宽以待人; ● 信守承诺,对事负责,言行一致; ● 明辨是非,待人对事公正,富有正义感	1. 问卷法(行为核查表); 2. 基于观察的评价; 3. 成长档案袋
	社会责任	● 具备基本的礼仪规范,礼貌待人,勤俭节约,爱护公物,爱护环境; ● 积极交往,在交往中会包容、协作,具有领导才能和团队合作意识,人际关系良好; ● 了解法律与规则常识,树立权利和义务相统一的观念,自觉遵守社会公德和法律法规	
	国家认同	● 了解社会主义核心价值体系的主要内容; ● 欣赏祖国的历史文化,了解我国的基本国情,具有民族自尊心、自信心、自豪感; ● 爱国家,爱家乡,懂得个人与国家的关系,立志为中国特色社会主义做贡献	
	国际理解	● 关注全球时事,认识各国发展的相互依赖性; ● 了解世界各国、各地、各民族的文化,尊重和包容不同文化的差异性,与身边不同国籍的人和谐共处; ● 初步树立人类和平的观念	
学业发展水平	学会学习	● 能认识到学校课程与学习活动对自己终身学习的作用,在学习活动中表现积极、自信; ● 合理利用多样化的学习资源与途径,掌握正确的学习策略与方法,提高学习效率; ● 形成良好的学习习惯,一定的自学能力	1. 问卷法; 2. 表现性评价方法; 3. 成长档案袋; 4. 学业成就测验; 5. 引进新的测试理论、方法、技术、手段
	知识技能方法	● 理解和掌握各学科课程标准所要求的基础知识、基本技能; ● 理解学科知识的意义和价值,掌握学科思想和方法	
	科技与人文素养	● 理解科学定理形成过程,会应用相关科技知识解释科学和社会问题,具有正确的科学伦理观; ● 学会有效地运用各种媒介获取和使用信息,有基本的信息准确性分辨能力,会分析与信息有关的道德问题; ● 理解生命的意义和价值,珍爱生命,关心他人,具有人文关怀	

续表

评价内容	关键指标	指标内涵	测评建议
身心发展水平	身体健康	● 学生身体机能和体能素质达到《国家学生体质健康标准》要求的情况以及视力状况等； ● 了解生活方式与健康的关系； ● 掌握预防食物中毒、性病预防知识以及自救、互救的基本技能	1. 现场测试类的表现性评价； 2. 基于观察的评价； 3. 问卷法
	心理健康	● 了解心理健康的标准，掌握有利于心理健康的知识和技能； ● 自尊、自信，有效应对日常生活、学习变化，会调节自己的情绪，具有良好的意志力，能积极面对挫折； ● 养成健康的生活方式和卫生习惯，能处理好学习与体育锻炼、休闲的关系，积极适应各种环境变化	
	自我管理	● 具备评估自我发展的意识和能力； ● 有按计划进行学习、生活的习惯，合理安排学习时间和调控学习过程； ● 学会有目的地规划学习、生活，能根据环境要求做出适当的调整并付诸实践	
兴趣特长潜能	审美修养	● 会感受和欣赏各种美的事物，理解其中的思想和情感表达，提升日常生活品质	1. 现场测试类的表现性评价； 2. 实验、项目或课题等类型的表现性评价； 3. 行为示范与展示、戏剧表演等类型的表现性评价； 4. 基于观察的评价； 5. 问卷法； 6. 成长档案袋
	爱好特长	● 课余生活丰富，喜好文学、科学、体育或艺术，具有某个领域的特长	
	实践能力	● 关注社会现实生活，热爱劳动，积极参加社会实践，初步运用已有知识技能解决实际问题	
	创新意识	● 有对事物、现象进行反思、质疑和探究的习惯，具有一定的批判精神和批判能力； ● 具有探索精神，能提出个人见解和有价值的方案并付诸实践	
学业负担状况	学习时间	● 学生上课时间、作业时间、补课时间、户外体育锻炼时间、睡眠时间等	1. 问卷法； 2. 学业测试比较，建立纵向追踪分析； 3. 引进新的测试理论、方法、技术、手段
	课业质量	● 课程教学、作业和考试(测验)的有效程度以及学生的感受和看法	
	课业难度	● 课程教学、作业和考试(测验)的难易程度以及学生的感受和看法	
	学习压力	● 学生在学习过程中表现出的快乐、疲倦、焦虑、厌学等状态	
学校认同	文化认同	● 学生认同学校的历史和文化标志(校训、校歌等)； ● 学生喜欢学校并愿意参加学校组织的活动，同学关系好，无孤独感	问卷法
	教学方式	● 教师面向全体学生因材施教，方法得当，课堂组织注重调动学生的积极性	
	师生关系	● 学生得到老师的尊重和信任，老师公正、公平地对待学生	
	家校关系	● 学校与家庭联系密切，家长认同并支持学校的教育教学工作	

表 1.8　广州市高中教育质量阳光评价指标(试行)

评价内容	关键指标	指标内涵	测评建议
品德与社会化水平	道德品质	● 初步了解社会职业道德规范,尊重个体差异性,宽容友爱,乐于助人; ● 理解感恩孝悌的文化内涵,并付诸生活实践; ● 理解诚实守信的社会价值,形成正确的是非观,待人、对事公正,言行一致,诚信待人	1. 问卷法(行为核查表); 2. 基于观察的评价; 3. 成长档案袋
	社会责任	● 遵纪守法,遵守社会公德,能识别与应对常见犯罪行为,具备处理突发危机事件的知识与技能; ● 具有良好的领导能力和团队合作意识,积极参加社会活动,主动建立和维持良好人际关系,懂得与异性交往; ● 理解人与自然及社会的关系,形成可持续发展观,关心生态、保护环境	
	国家认同	● 理解并认同我国现行的社会主义核心价值观体系; ● 热爱和欣赏中国的优秀历史文化,具有强烈的民族自豪感; ● 关心国情,理解和认同中国特色社会主义,热爱祖国和家乡,将个人前途与国家命运相联系,立志为振兴中华、建设中国特色社会主义做贡献	
	国际理解	● 关心国际社会,关注国际事务,具有参与国际活动和全球化问题解决的意识; ● 具备与异国文化对话交流的能力,树立世界公民意识; ● 了解世界各国、各地、各民族的文化,理解、尊重和包容文化的多样性,初步形成和平共处、和谐发展的人类共同价值观	
学业发展水平	学会学习	● 理解学习的意义,具备积极、主动学习的动机与终身学习的意愿; ● 结合自身特征,掌握和发展有效学习策略与方法; ● 具备良好的学习习惯并能自主坚持,有较强的自学能力,能独立进行深入思考和总结	1. 问卷法; 2. 表现性评价方法; 3. 成长档案袋; 4. 学业成就测验; 5. 引进新的测试理论、方法、技术、手段
	知识技能方法	● 理解和掌握各学科课程标准所要求的基础知识、基本技能及经验; ● 理解和掌握各学科的思想和方法	
	科技与人文素养	● 掌握科学探究的基本方法,初步具备设计与执行实验的能力,具备严谨的科学态度与求真精神,理解科学与社会发展的关系; ● 提高在大数据时代有效地获取、分析、评价并准确使用信息的能力,具备相应的法律意识与伦理行为; ● 形成历史地、辩证地看待事物和分析问题的能力,具有珍爱生命、关爱他人、亲近社会的人文精神	

续表

评价内容	关键指标	指标内涵	测评建议
身心发展水平	身体健康	● 学生身体机能和体能素质达到《国家学生体质健康标准》要求的情况； ● 合理膳食,劳逸结合,适当运动,抗逆能力强,自觉培养良好生活习惯； ● 了解常见身心疾病并学会防治,具有营养学、体育学、性保健以及舒缓压力的相关知识与技能	1. 现场测试类的表现性评价； 2. 基于观察的评价； 3. 问卷法
	心理健康	● 了解心理健康的标准,掌握有利于心理健康的知识和技能； ● 能觉察和排解自己的情绪,应对和克服学习、生活中遇到的困难； ● 具备积极乐观、坚韧进取、自尊自信等积极心理品质,提升自我价值感	
	自我管理	● 综合各种信息,学会自我反思,通过群体比较,合理认识自我和接纳自我； ● 具备有效管理时间和目标的能力,并初步具备生涯规划的能力； ● 有自主行动的意识和动机,能根据环境要求约束和调整自己的行为,为人处世有责任感	
兴趣特长潜能	审美修养	● 能发现和欣赏各种美的事物,具有积极的审美态度和审美情趣； ● 具有一定的审美知识,能采用艺术的方式来表达思想、经验和情感	1. 现场测试类的表现性评价； 2. 实验、项目或课题等类型的表现性评价； 3. 行为示范与展示、戏剧表演等类型的表现性评价； 4. 基于观察的评价； 5. 问卷法； 6. 成长档案袋
	爱好特长	● 课余生活丰富,在文学、科学、体育或艺术等领域表现出喜好,具有某个领域的特长	
	实践能力	● 能提出问题,综合各种资源,运用系统知识和逻辑推断能力,合理解决现实问题,并有效地表达结果； ● 关注社会现实生活,热爱劳动,积极参加社会实践、志愿者服务活动	
	创新意识	● 具有强烈的探索意识与批判精神,以开放的心态和辨证的思维看待事物； ● 能尝试从不同视角分析问题,具备发散性思维,运用已有知识创新性解决问题	
学业负担状况	学习时间	● 学生上课时间、作业时间、补课时间、户外体育锻炼时间、睡眠时间等	1. 问卷法； 2. 学业测试比较,建立纵向追踪分析； 3. 引进新的测试理论、方法、技术、手段
	课业质量	● 课程教学、作业和考试(测验)的有效程度以及学生的感受和看法	
	课业难度	● 课程教学、作业和考试(测验)的难易程度以及学生的感受和看法	
	学习压力	● 学生在学习过程中表现出的快乐、疲倦、焦虑、厌学等状态	
学校认同	文化认同	● 学生认同学校的历史和文化标志(校训、校歌等)； ● 学生喜欢学校并愿意参加学校组织的活动,同学关系好,无孤独感	问卷法
	教学方式	● 教师面向全体学生因材施教,方法得当,课堂组织注重调动学生的积极性	
	师生关系	● 学生得到老师的尊重和信任,老师公正、公平地对待学生	
	家校关系	● 学校与家庭联系密切,家长认同并支持学校的教育教学工作	

(五)基于测试结论优化指标体系

2016年9月,教育部以北京师范大学课题组的名义向社会发布了包括文化基础、自主发展、社会参与三个方面六大素养十八个基本点的中国学生发展核心素养总体框架,并提出要建立基于核心素养的教育质量评价体系。2015—2017年,广州市在两次大规模测试的基础上,根据测试结论,进一步对先期设计的指标体系进行优化,重点是基于广州市阳光评价指标基本框架的内涵,结合核心素养的新理念、新要求,同时考虑指标的可测量特性,构建广州市中小学教育质量评价体系。

1. 一级指标保持稳定

本次构建的广州市中小学教育质量评价体系的一级指标与原先阳光评价的一级指标基本保持一致,主要考虑到原一级指标基本是依据教育部精神设立的,并且已经实施多年,有很强的社会共识。

一级指标中将原来的"品德与社会化水平",改为了"品德社会化水平"。"品德与社会化水平"从字面上可以看出其关键指标应该既包括品德的内容,又包括社会化的内容。所谓"品德",是指个人依据一定的道德行为准则行动时所表现出来的某些稳固的特征,它是个性中具有道德评价意义的核心部分。个人的品德主要是在社会道德舆论的熏陶和家庭、学校道德教育的影响下形成的,是社会现实在人脑中的反映(潘菽,1986)。所谓"社会化",是个比较大的概念,指个体在特定的社会文化环境中,学习和掌握知识、技能、语言、规范、价值观等社会行为方式和人格特征,适应社会并积极作用于社会、创造新文化的过程。个人品德本身也是其社会化的结果之一。通过对原框架中四个对应关键指标及其内涵进行深入分析,发现"道德品质""社会责任""国家认同"和"国际理解"都是品德社会化的结果,而基本没有涉及其他社会化过程,因此,将这一指标改成"品德社会化水平"。

"学业发展水平""身心发展水平""兴趣特长潜能""学业负担状况"和"学校认同"五个一级指标维持不变。

2. 二级指标丰富内涵

对"品德社会化水平"的二级指标进行了修改,将原来的"社会责任"和"国家认同"变成三级指标,二级指标则是两者的上级指标"公民素养"。公民素养是指一个国家的人民对自己国家的认知、情感与行为表现,主要体现为"社会责任"和"国家认同"两个方面。这样一来,品德社会化水平下的三个指标就有了从个人到国家到国际的层次性。

对"学业负担状况"的二级指标进行了修改。学业负担是指学生身心所承受的一切与学习活动有关的负荷量,包括学习的物理负荷量和学习的心理负荷量,前者是实际的学业负担,后者是学生主观上感受到的学业负担。原指标框架中的学业负担与教育部文件一致,基本也可分为这两大类。由于每个学生在身体耐力、知识基础、智力水平、学习动机和个性品质等诸多因素上存在巨大的差异,不同学生对同样的物理负荷量所产生的心理负荷量可能是不同的。对于一定的负荷量,究竟是不是负担,应该是负担的承受者最为清楚,所以针对每一个独立的个体,相比于学习的物理负荷量,学习的心理负荷量的意义更重大。而任何心理过程都包括知、情、意三个方面。因此,我们将本部分的二级指标设计为对学习负担的"认知倾向""情绪感受"和"行为倾向"三个方面。

对"学校认同"这一指标做了修改,这一指标设计的出发点是党的十九大报告中指出的"办好人民满意的教育",原先的四个指标,"文化认同""教学方式""师生关系"和"家校关系",名称相对模糊,不能清楚地反映测量内容,因此,将其改为"学校文化认同""教学方式认同""师生关系认同"以及"家长对学校的认同"四个方面,以测查学校教育是否符合学生和家长的预期。

"学业发展水平""身心发展水平"和"兴趣特长潜能"三个一级指标下的二级指标维持不变。优化后的测评指标还增加了对校长、教师、家长的观测,具体见下表:

(1) 学生测评指标

表1.9 学生品德社会化发展观测表

测评方面	解释	关键性指标	解释	考查要点	解释
品德社会化水平	指学生依据一定的社会道德准则和规范行动时,对社会、他人、周围事物所表现出来的较稳定的心理特征和行为倾向。	社会责任	指学生能够坚持实践正义的原则,遵循社会道德要求,积极参加社会公益活动,具备乐于奉献的优良品质。	社会行为	个体经过多次重复而形成的符合社会行为规范的日常行为。
				社会价值观	个体采取行为时所具有的判断标准、价值意识。
		国家认同	指学生对自己所归属国家的认知及情感评价。	爱国情感	学生能够热爱祖国,忠于祖国,具有国家认同感、归属感、荣誉感和使命感,能以自己的能力报效祖国,并能够不断升华的优良品质。
				民族认同	学生能够了解和欣赏祖国各民族的文化、历史与发展,具有民族自尊心、自信心和自豪感,具备自觉维护国家利益和民族团结的优良品质。

表 1.10 学生艺术素质观测表

测评方面	解释	关键性指标	解释	科目	解释	考查要点	解释
艺术素质	指学生对艺术的欣赏能力和表现能力的综合体现。	审美修养	学生在审美情趣和艺术修养等方面的发展情况,体现为学生对美的接受和欣赏能力。	音乐能力	学生在掌握音乐常识的基础上,能够欣赏作品的艺术美感,并用各种各样的形式表达内心的感受。	常识	掌握音乐领域的基础知识,了解国内外历史文化中各种音乐作品或其他形式的作品。
						欣赏	运用音乐术语进行口头或书面的描述,欣赏音乐作品的内容和形式,感受创作人所要表达的情绪与情感,并引发自身与作品的共鸣。
						表现	运用自然声音、乐器或其他材料进行模仿和创造,锻炼演唱、演奏、综合性艺术表演、识读乐谱等方面的能力。
				美术能力	学生在掌握美术常识的基础上,能够欣赏作品和生活中的美,并用一定的方式进行表达和创造。	常识	掌握美术领域的基础知识,了解中国传统历史文化中各种美术作品或其他形式的作品。
						欣赏	运用美术术语进行口头或书面的描述,欣赏美术作品或自然美的内容和形式,感受创作人所要表达的情绪与情感。
						表现	运用美术形式和美术技巧,选择适当的材料来表现所见所闻、所感所想的事物,形成自己独特的作品成果。

表 1.11 学生身心健康水平观测表

测评方面	解释	关键性指标	解释	考查要点	解释
身心健康水平	考查学生身体素质和心理素质等方面的情况，包括身体健康水平（身体形态机能、健康生活方式、安全意识与行为）、心理健康水平（情绪行为调控、压力应对）。	身体形态机能	学生身高、体重、肺活量和身体运动能力等达到《国家学生体质健康标准》要求的情况以及视力状况等。	—	—
		健康生活方式	学生对健康知识与技能的了解和掌握情况、学生的日常生活与卫生习惯，以及参加学校体育活动等方面的情况。	健康知识与技能	学生所属年龄阶段需要了解的关于安全知识、日常营养和运动锻炼等方面的知识。
				个人习惯	学生在日常生活中的作息、卫生情况及运动锻炼习惯。
				参与学校体育活动	学生参与学校组织的各种体育锻炼活动。
		安全意识与行为	学生对相关安全知识的了解，自我保护意识，以及在不同情境下对相应安全行为的掌握情况。	—	—
		情绪行为调控	学生在日常生活中的情绪状态，以及对于自我与他人情绪状态的觉察、理解，并通过自我行为约束或者心态改变来调整情绪的能力。	情绪状态	指学生在日常学习与生活中的一般情绪状态，以及身体愉悦放松的程度。
				情绪理解	指对自己和他人的情绪状态、感受和情绪变化的识别能力，并对自己和他人产生某种情绪或情绪变化的原因的理解的能力。
				情绪调控	指根据自己和他人情绪状态进行心态调整与情绪疏导的能力。
				行为调控	指学生能够根据目标对自己的行为进行自我约束，应对与克服困难。
		压力应对	学生对学习和生活中出现的不平衡状态所采取的认知和行为措施。	—	—

表 1.12　学生学业发展水平观测表

测评方面	解释	关键性指标	解释	考查要点	解释
学业发展水平	考查学生对各学科课程标准所要求内容的掌握程度,包括知识技能方法(知识技能、学科思想方法)和学会学习(学习动机、学习策略、学习能力)。	知识技能	学生对各学科课程标准要求的基础知识、基本技能的理解和掌握情况。	—	—
		学科思想方法	与特定学科知识相联系,适合特定学科知识的学习程序、规则、方法、技巧及调控方式。	元认知策略	在不同学科的学习中,所要使用的计划、监控调节及反思策略。
				基本认知策略	在不同学科的学习中,学习相应学科所有内容都要用到的通用策略。
				具体认知策略	促进各学科具体内容学习的策略。
				寻求支持策略	在学科学习中,自己主动寻求资源,独立解决问题与向他人求助,包括向老师、同学有效求助的策略。
		学习动机	引发与维持学生的学习行为,并使之指向一定学业目标的一种动力倾向。它是直接推动学生进行学习的内部动因,是制约学习行为和学习质量的关键因素。	求知进取	个体渴求知识,努力学习取得进步的倾向。
				害怕失败	个体对学习过程中的挫折、失败的恐惧程度。
				自我效能	个体认为自己有能力完成学习活动的信心水平。
				丧失学习动机	个体学习动机的丧失程度。
				归因方式	个体对于学习中的成功和失败归因于内部(努力、智慧)或外部因素(运气、任务难度)的倾向。
		学习策略	学习者在学习活动中有效学习的程序、规则、方法、技巧以及调控方式。	认知策略	学生用来选择和调整其注意、记忆和思维过程的方法和技术的统称。
				元认知策略	学生对自己整个学习过程的有效监督及控制的策略。
				资源管理策略	学生对学习所需的各项资源进行统筹管理的策略。
		学习能力	个体获得知识、发现问题、解决问题的能力,这些方面是和智力息息相关的能力。	记忆力	人脑对外界信息进行识记、保持、回忆和再认的能力,是进行一切高级神经活动的基础。
				推理能力	学生从具体事物或现象中归纳出一般规律或者根据一般原则推导出新结论的能力。
				注意力	心理活动指向和集中一定事物的能力。它是完成信息处理过程的重要心理条件,保证了对事物有清晰的认识、更准确的反应和更可控有序的行为。

表 1.13　学生学业负担观测表

测评方面	解释	关键性指标	解释	考查要点	解释
学业负担	学生身心所承受的一切与学习活动有关的负荷量，包括学习的物理负荷量和学习的心理负荷量。	认知倾向	主要测查学生对学业负担轻重程度的认识和评价。	对课业量的认知	学生对课业量的多少、对于减负后的学业负担量的轻重及对由课业量引起的结果的认识。
				对教学方式和考试制度的认知	学生对升学考试、教育教学方式所引起的学习压力的认知。
				对课业难度的认知	学生对于教材内容、课程内容、考试及作业的课业难度的认知。
				对考试排名的认知	学生对于考试后排名次这种学习评价方式所引起的心理压力的认知。
				对家长期望的认知	学生对于由家长对自己的期望所引起的心理压力的认知。
		情绪感受	主要测查学生感受到学业负担的沉重程度。	学习乏味	学生对学习、考试、上课、做作业等学习活动的不感兴趣程度。
				学习焦虑	学生由于对课堂教学、课业难度、考试方式和结果等方面的担心而引起的焦虑反应。
				减负后的情绪体验	学生对待减负后学业负担的情绪体验。
				对课业量的情绪体验	学生对家长或老师所布置的作业量、课外学习任务以及额外学习资料的情绪体验。
		行为习惯	主要测查学生面对学业负担而选择的行为策略。	学习被动	学生在课堂教学、家庭作业和各种考试情境中的行为是否被动。
				学习不适	学生面对作业、考试、课堂学习和额外学习活动时的行为适应程度。
				学习无序	学生在完成家庭作业时是否自觉,学习是否有秩序。

表 1.14　学生学校认同观测表

测评方面	解释	关键性指标	解释
学校认同	学生对学校在认知、情感和心理上的认同和投入，愿意承担作为学校一员的各项责任和义务,乐于参与学校活动,包括学校文化认同、教师教育教学、师生关系。	学校文化认同	学生对学校历史、文化在认知上的理解、情感上的支持赞同以及行为上的践行。
		教学方式认同	学生对教师在要求学生获取知识、提高能力、获取学习方法的过程中所采用方式的认同。
		师生关系认同	学生与教师之间以认知、情感和行为交往为主要表现形式的人际关系的认同。

（2）校长测评指标

表1.15 校长测评指标观测表

测评方面	解释	关键性指标	考查要点	解释
校长领导力	校长基于个人教育的理念及专业素养，为达成学校目标，致力于发展学校愿景、提升教学品质、促进教师专业成长、增进学生学习成效、营造支持环境等积极的领导作为。	学校发展	目标愿景的达成	校长与全校教职工共同塑造愿景，指定学校发展方向；规划学校本位课程；向师生及家长说明教育理念；带动全校师生、教职工共同进步。
			管理制度的落地	坚持依法治校，崇尚以德立校，倡导民主管理和科学管理，不向学生推销商品谋利；建立健全学校人事、财务、资产管理等规章制度，提高学校管理规范化水平；熟悉校园网络、安全保卫与卫生健康等管理实务，正确应对和妥善处置学校突发事件。
			外部资源的协调	建立家校合作育人机制及教师家访制，积极发挥学校在社区建设中的作用，鼓励并组织学校师生参与服务社会（社区）的有益活动；建立并发挥家长委员会的作用，引导社区和有关专业人士参与学校管理和监督，接受改进学校工作的合理建议。
			关注课程与教学	了解学校课程与教学设计规划情况；根据教师专长排课；关心教师教学情况，对教学遇到困难的老师给予帮助；巡视课堂教学实施情况；保障教学时间不被其他活动占用。
		教师发展	教师专业发展	领导相关行政人员，妥善规划教师培训课程，鼓励教师参加培训；鼓励教师致力于教学革新，协助教师专业成长；对于新进教师，在必要时给予专业上的指导和协助。
			教师个人发展	建立健全推进教师专业发展的相关制度，维护和保障教师合法权益和待遇，关爱教师身心健康，建立优教优酬的激励制度。
		学生发展	育人目标	从人与教育的共同需要出发，基于国家的培养目标，建立起具体、便于在实践中落实、能切实引领学生发展的学校育人目标。
			育人文化	坚持教书育人、管理育人、服务育人；全面加强学校德育体系建设，广泛涉猎自然科学与人文社会科学知识，培养良好的艺术修养和相应的艺术欣赏与表现的知识；对优秀学生公开给予表扬，并鼓励学生学习；主动关心学生学习情况，对学习有困难的学生采取补救措施。
		自身发展	职务晋升	所做的各项教学和管理工作，如课程改革等，有利于自身职务的晋升。
			能力提升	所做的各项教学和管理工作，如课程改革等，主要是为了培养个人综合素质、提升各项能力，如管理能力、人际关系建设能力等。

(3) 教师测评指标

表 1.16 教师教学能力观测表

测评方面	解释	关键性指标	解释	考查要点	解释
教学能力	指教师在教学活动过程中表现出的影响教学活动效率的能力特征。	教学设计能力	指教师在课前采用系统科学的方法，运用现代教育理论、学习理论和教学理论的原理对教学目标、教学内容、教学方法、教学策略等进行具体教学设计的能力。	学生特征分析	指教师深入分析学情、确定学生各方面学习特征的能力。
				教学目标编制能力	指教师能够在教育教学理论的指导下，根据学科特点、学生学情等情况，制订出一系列切实可行的教学活动预期目标。
				教学内容分析能力	指教师根据实际教学情境的需要，对教学内容包括教科书和教学参考书以及课外学习资料等进行分析、适度改编、拓展和开发，从而更好地适应学生学习的一种教学选择能力。
				教学过程设计能力	指教师能够在教学目标的指引下，系统设计安排教学步骤、教学活动、教学方法及教学时间，使教学过程层次清楚、节奏流畅、有吸引力。
				教学策略选择能力	指教师能够根据教学目标、教学对象、教学情境的不断变化，科学选择有利于每个学生都可以达到教学目标的教学工具、技术及方案等，并将其有机地优化组合。
				弹性设计能力（课堂预测）	指教师预测课堂可能出现的变化，为教学活动预留弹性空间，动态调整教学策略，积极促进达成课堂生成目标的能力。
		教学实施能力	指教师在实施教学过程中所体现出的教学媒体和技术的应用能力、教学表达和示范能力、交流与沟通能力等。	教学媒体和技术的应用能力	指教师在课堂教学中，恰当地运用教学媒体以辅助教学目标得以顺利实现所应具备的能力。
				教学表达和示范能力	指教师在课堂教学过程中，通过言语、肢体动作、板书设计等表达方式，传递教学信息和与学生相互交流所应具备的能力。
				交流与沟通能力	指教师在教学活动中，为了使教学目标顺利完成及与学生建立良好的师生关系而进行的沟通行为所应具备的能力。
		教学管理能力	指为实现教学目标、协调各教学要素之间关系的能力，如教学自我管理、学生管理、教学进程控制、师生关系的协调等。	课堂调控能力	指教师为了保证教学的成功、达到预期的教学目标，而在教学的全过程中，将教学活动本身作为意识的对象，不断地对物理环境、心理环境、教学气氛和外部环境进行控制和调节的能力。
				教学自我管理能力	指教师对自己的品德和能力进行管理，使自己拥有良好的师德品质（忠诚、爱生、自重和向善）和课堂教学能力。

续表

测评方面	解释	关键性指标	解释	考查要点	解释
教学能力	—	教学管理能力	指为实现教学目标、协调各教学要素之间关系的能力,如教学自我管理、学生管理、教学进程控制、师生关系的协调等。	学生管理能力	指教师在教学过程中应与学生积极互动、共同发展,要处理好传授知识与培养能力的关系,注重培养学生的独立性和自主性,引导学生质疑、调查、探究,在实践中学习,促进学生主动学习的能力。
		教学评估能力	指对教学设计、教学开发结果的评价,对教学实施过程的评价和对学生学习过程与学习结果的评价,以及评价结果的反馈、研究与报告。	课堂教学效果评价	指教师在限定的时间段内科学地调查、收集、综合、处理课堂教学活动中各种有用的信息,按照多种指标对教学效果做出判断的能力。
				学生学习评价	指教师在教学过程中收集资料,运用各种评价方法了解学生的学习状况,以判定教师是否完成了既定的教学目标,学生是否达到了既定的学习目标,从而根据反馈信息来补救或改进教学工作的能力。
				教学反思能力	指教师对自身的教学主要包括教学选择、教学过程、教学效果等进行检讨与反省,并且根据教学评价结果来改进教学品质的能力。
		教学研究能力	指能采用合适的方法对教学过程与结果进行研究,通过研究反思与审查教学效果,发现教学规律,得出科学结论,最终促进教学。	—	—

表 1.17　教师职业压力观测表

测评方面	解释	关键性指标	解释
职业压力	工作压力是由于个体所知觉到的工作要求与应对资源之间的不一致而产生的一种即时反应,伴随有心理上和生理上的症状。	自我发展需要	反映教师自我发展的需求得不到满足时所产生的压力。
		工作负荷	反映教师的主观工作量对教师的压力。
		家庭人际	反映家庭人际关系对教师的压力。
		考试压力	反映学生考试成绩因素对教师的压力。
		学生因素	反映学生相关因素对教师的压力。
		职业期望	反映教师对自我职业的愿望得不到满足时所产生的压力。

表 1.18　教师职业倦怠观测表

测评方面	解释	关键性指标	解释
职业倦怠	教师不能顺利应对工作压力时的一种极端反应，是教师在长期压力下产生的情感、态度和行为的衰竭状态。	情感衰竭	表现为个体身心处于极度疲劳状态，工作热情完全丧失，是倦怠的个体压力维度。
		去社会化	表现为个体以一种消极、否定、麻木不仁的态度来对待自己的同事和服务对象，是倦怠的人际关系维度。
		低个人成就	表现为个体倾向于对自己工作的意义和价值产生消极的评价，自我效能感丧失，是倦怠的自我评价维度。

（4）家长测评指标

表 1.19　家长测评指标观测表

测评方面	解释	关键性指标	解释
亲子关系	父母在教育子女过程中，与其相互作用而形成的相对稳定的人际交往模式，是双向互动的。	亲密性	父母感受到的子女与自己的感情联系的亲近程度。
		冲突性	父母感受到的子女与自己的矛盾水平，主要包括言语、情绪、身体冲突等。
		依赖性	父母感受到的孩子对自己的依赖程度。
家庭教养方式	父母对子女抚养教育过程中所表现出来的相对稳定的行为方式，是父母各种教养行为的特征概括。	鼓励	家长单向指引的方式——用言语、行动鼓励孩子。
		沟通	双方互动的方式——双方有倾听并互有回应。
		亲密	双方互动的方式——双方互信并有共同行动。
		期待	家长单向指引的方式——对孩子有期望且有培养行为。
		独立	家长单向指引的方式——让孩子独立且有培养行为。

3. 测评点增加可测性

测评点是在广州市阳光评价指标的基本内涵基础上，结合教育部文件和核心素养的概念体系，同时考虑现有的成熟量表体系进行设计的。大部分体现为三级指标，还有部分在三级仍无法明确测评点的指标将进行四级甚至五级的指标设计，直到落实测评点。

（1）品德社会化水平

"道德品质"这一指标下设计了四个测评点"感恩孝悌""团结友善""诚实守信""公平正义"，分别代表个体对长辈、同辈、他人、社会具备的四个层次的核心道德品质。

"公民素养"下的三级指标是"社会责任"和"国家认同"，最终落到十八个测评点。社会责任是指个体作为公民对国家或社会公共利益方面应尽的责任或义务，包括社会行为和社会价值观两个方面，最终落在五级指标十六个测评点上。社会行为是指个体在涉及公共利益的社会活动中表现出来的行为活动方式，落在了文明礼貌、勤俭节约、热爱劳动、爱护环境、珍爱生命、遵纪守法、诚实守信、团结友善、乐于助人和自律自强十个测评点上；社会价值观是指个体作为公民的观点与信念，落在了自尊自信、尊重他人、乐观向上、责任意识、集体意识和理想信念六个测评点上。

国家认同是指个体作为公民对国家的认知评价和情感体验,落在爱国情感和民族认同两个测评点上。

"国际理解"是指个体关心国际事务、尊重多元文化,具有关注全球议题的意识或能力,落在国际知识和国际意识两个测评点上。

(2) 学业发展水平

"学会学习"是指为实现个体发展和适应社会发展而运用学习方法、形成学习能力,保持学习动机的持续过程,包括学习动机、学习策略和学习能力三个方面,最终落在二十个测评点上。学习动机是引发与维持学生的学习行为,并使之指向一定学业目标的一种动力倾向,落在求知进取、害怕失败、自我效能、丧失学习动机、归因方式五个测评点上。学习策略是指学习者在学习活动中有效学习的程序、规则、方法、技巧以及调控方式,包括认知策略、元认知策略、资源管理策略三个方面,落在十个测评点上。其中,认知策略是学习者用来选择和调整其注意、记忆和思维过程的方法和技术的统称,落在理解策略、组织策略和精细加工策略三个测评点上;元认知策略是指学生对自己整个学习过程的有效监督及控制的策略,落在元认知计划、元认知监控和元认知调节三个测评点上;资源管理策略是指学生对学习所需的各项资源进行统筹管理的策略,落在时间管理、努力管理、物资资源利用和社会资源利用四个测评点上。学习能力是指顺利完成学习所必需的并直接影响活动效率的能力,包括注意力、记忆力和推理能力三个方面,最终落在五个测评点上。其中,注意力是一种注意品质,它使得学生的注意力能够在一定时间内保持在某个对象或某项活动上,落在注意稳定性这一个测评点上。记忆力是指个体对外界输入的信息进行编码、储存和提取的能力,落在视觉机械记忆和听觉机械记忆这两个测评点上。推理能力是指学生从具体事物或现象中归纳出一般规律,或者根据一般原理推导出新结论的思维活动,落在图形推理能力和常识推理能力这两个测评点上。

"知识技能方法"是指学生对知识技能和学科思想方法的掌握情况,包括知识技能和学科思想方法两个方面,最终落在三十五个测评点上。其中,知识技能是指学生对基础学科的掌握情况,落在三个测评点(语文、数学和英语三科的学业成绩)上。学科思想方法是指学生进行不同学科学习时所采取的认知策略,包括元认知策略、基本认知策略、具体认知策略和寻求支持策略四个方面,落在三十二个测评点(即八个学科×四种策略)上。

"科技与人文素养"是指个体掌握有关自然界(物理、化学、生物、地理等)、信息技术(计算机)和人文(历史、哲学、文学、政治、经济等)的知识与方法的能力,对中小学生而言,主要体现在学业成绩上,包括科学素养、人文素养和信息素养三个方面,落在七个测评点(即七科的学业成绩)上。

(3) 身心发展水平

"身体健康"是指个体的身体健康状况,以及与身体健康相关的意识和行为表现,落在身体形态技能(即体测成绩)、健康生活方式和安全意识与行为三个测评点上。

"心理健康"是指学生对内外环境的良好适应,表现为情绪稳定、行为适度、具备一定的抗压能力。包括情绪行为调控和压力应对两个方面,落在四个测评点上。情绪行为调控是指个体监控自己和他人的情绪情感,识别、利用这些信息指导自身思想和行为的能力,又称为情感智力、情感智慧或情绪智能,落在情绪表达、情绪理解、情绪调节三个测评点上。压力应对是指个体对学习和生活中出现的不平衡状态所采取的认知和行为措施,落在压力应对策略这一测评点上。

"自我管理"是指个体对自我的认知与评价,以及对日常生活行为的自我主导和自觉调控的能力,包括自我认知、自我规划和自我行动三个方面,落在六个测评点上。其中,自我认知是指个体对自我的认知与评价,落在自我评估和自我接纳两个测评点上。自我规划是指个体对自己的事情主观构思,包括确定目标、拟订达到目标的计划、选择有效的途径和方法等,落在计划和实施两个测评点上。自我行动是指个体对自我生活、心理与行为的控制、调节作用,落在自理和自控两个测评点上。

(4) 兴趣特长潜能

"审美修养"是指具有理解美学(音乐、美术)知识和鉴赏美学作品的能力,落在常识、欣赏和表现三个测评点上。

"爱好特长"是指个体喜欢、精通的事情。落在喜好表现、努力程度和结果呈现三个测评点上。

"实践能力"是指保证个体顺利运用已有知识、技能去解决实际问题所必须具备的能力素质,包括一般实践能力、专项实践能力和情景实践能力三个方面,落在五个测评点上。其中,一般实践能力是指个体在实践中需要具备的基础能力,它不指向解决具体问题,但却影响问题解决的效果,落在信息收集与处理这一测评点上。专项实践能力是指个体在解决具体问题过程中所表现出的专项技能,落在工具使用能力和职业准备能力这两个测评点上。情境实践能力是指个体在具体、真实的情境中,根据自身能力和具体情境条件,恰当地选择行动路线并付诸实现的能力,落在分析能力和策划能力这两个测评点上。

"创新意识"是指个体根据社会和个体生活发展的新需要,引起创造前所未有的事物或观念的动机,并在创造活动中表现出的意向、愿望和设想。落在独立思考、批判质疑、钻研探究和思维创新四个测评点上。

(5) 学业负担状况

"认知倾向"是指个体对学业负担的认知状况。落在对课业量的认知、对教学方式和考试制度的认知、对课业难度的认知、对考试排名次的认知和对家长期望的认知五个测评点上。

"情绪感受"是指个体伴随着认知和意识过程而产生的对学业负担的态度。落在学习乏味、减负后的情绪体验和对课业量的情绪体验三个测评点上。

"行为倾向"是指对学习负担做出某种反应的行为意向。落在学习被动、学习不适、学习无序和满意度四个测评点上。

（6）学校认同

其测评点就是对学校文化、教学方式、师生关系的认同状况调查，以及家长对学校的认同状况调查。优化后的阳光评价指标框架如下：

表 1.20　优化后的阳光评价指标框架表

一级指标	二级指标	三级指标	四级指标	五级指标
品德社会化水平	道德品质	感恩孝悌		
		团结友善		
		诚实守信		
		公平正义		
	公民素养	社会责任	社会行为	文明礼貌
				勤俭节约
				热爱劳动
				爱护环境
				珍爱生命
				遵纪守法
				诚实守信
				团结友善
				乐于助人
				自律自强
			社会价值观	自尊自信
				尊重他人
				乐观向上
				责任意识
				集体意识
				理想信念
		国家认同	爱国情感	
			民族认同	
	国际理解	国际知识		
		国际意识		

续表

一级指标	二级指标	三级指标	四级指标	五级指标
学业发展水平	学会学习	学习动机	求知进取	
			害怕失败	
			自我效能	
			丧失学习动机	
			归因方式	
		学习策略	认知策略	理解策略
				组织策略
				精细加工策略
			元认知策略	元认知计划
				元认知监控
				元认知调节
			资源管理策略	时间管理
				努力管理
				物资资源利用
				社会资源利用
		学习能力	注意力	注意稳定性
			记忆力	视觉机械记忆
				听觉机械记忆
			推理能力	图形推理能力
				常识推理能力
	知识技能方法	知识技能	语文、数学、英语	
		学科思想方法	元认知策略	八科
			基本认知策略	
			具体认知策略	
			寻求支持策略	
	科技与人文素养	科学素养	物理、化学、生物、地理	
		人文素养	历史、政治	
		信息素养	计算机	

续表

一级指标	二级指标	三级指标	四级指标	五级指标
身心发展水平	身体健康	身体形态技能	体测	
		健康生活方式		
		安全意识与行为		
	心理健康	情绪行为调控	情绪表达	
			情绪理解	
			情绪调节	
		压力应对	压力应对策略	
	自我管理	自我认知	自我评估	
			自我接纳	
		自我规划	计划	
			实施	
		自我行动	自理	
			自控	
兴趣特长潜能	审美修养（音乐、美术）	常识		
		欣赏		
		表现		
	爱好特长	喜好表现		
		努力程度		
		结果呈现		
	实践能力	一般实践能力	信息收集与处理	
		专项实践能力	工具使用能力	
			职业准备能力	
		情境实践能力	分析能力	
			策划能力	
	创新意识	独立思考		
		批评质疑		
		钻研探讨		
		思维创新		

续表

一级指标	二级指标	三级指标	四级指标	五级指标
学业负担状况	认知倾向	对课业量的认知		
		对教学方式和考试制度的认知		
		对课业难度的认知		
		对考试排名次的认知		
		对家长期望的认知		
	情绪感受	学习乏味		
		减负后的情绪体验		
		对课业量的情绪体验		
	行为倾向	学习被动		
		学习不适		
		学习无序		
		满意度		
学校认同	学校文化认同			
	教学方式认同			
	师生关系认同			
	家长对学校的认同			

4. 工具与内容匹配说明

按照指标体系的设计，在"学业发展水平"下，"知识技能方法"中的"知识技能"依据学生基础课程的学业成绩进行测量，"身心发展水平"下的"身体健康"中的"身体形态技能"依据学生的体测成绩进行测量。其他所有的指标都采用量表或问卷工具进行测量。具体如下表所示：

一级指标	测量内容	测量工具	备注
品德社会化水平	公民素养	量表	
学业发展水平	学习动机	量表	
	学习策略	量表	
	学习能力	量表	
	知识技能	学习成绩	
	学科思想方法	量表	

续表

一级指标	测量内容	测量工具	备注
身心发展水平	身体形态技能	体测成绩	
	健康生活方式	量表	
	安全意识与行为	量表	
	情绪行为调控	量表	
	压力应对	量表	
兴趣特长潜能	审美修养(音乐)	量表	
	审美修养(美术)	量表	
学业负担状况	学业负担状况	量表	
学校认同	对学校的认同	问卷	

四、完善学科学业质量标准

学科课程是学生学习的核心内容，也是实现育人的主要载体。建立和完善基于学科课程标准的质量标准，是检验和衡量课程实施的关键环节。学业质量评价标准是学完本课程后的学习结果，这一结果是分水平层次、用规范的行为动词描述其可测性的规范性表征。学业质量评价标准是衡量和比较学生学业成绩的主要参照依据之一，也是衡量区域和学校教学质量的主要参照依据之一。目前在国家义务教育阶段，缺乏一个统一的学业质量评价标准，这影响了学业质量评价的信度和效度。与此同时，教师们普遍反映国家的课程标准比较笼统，贯彻起来较难界定具体教学应该达到什么水平及层次。据此，我们认为，在国家义务教育阶段学科学业质量标准建立之前，研制体现国家课程标准、符合本地实际的学业质量标准，并在此基础上建立包含评价方式和手段、评价实施操作的评价体系，以此来规范课堂教学和学生学业成就评价、降低地区学业质量管理可能产生的负面影响、保证学业质量管理工作健康发展，是一件有意义的先行探索。基于这个考虑，广州市从2008年上半年起，在原市教育局教学研究室主持下，12个区(县级市)教研部门共同参与了义务教育阶段语文、数学、英语、政治、物理、化学、生物、历史、地理等学科的学业质量评价标准的研制，历时1年多，研发出《广州市义务教育阶段学科学业质量评价标准》。2012年，教育部新颁发《全日制义务教育课程标准(2011年版)》，2013年6月教育部颁发《教育部关于推进中小学教育质量综合评价改革的意见》(教基二〔2013〕2号)，提出"基本建立体现素质教育要求、以学生发展为核心、科学多元的中小学教育质量评价制度"的改革目标。广州市参考阳光评价改革实验，瞄准学生发展核心素养的最新研究成果，在继承的基础上实现了新的突破。

（一）修订的基本原则

这次新修订的《广州市义务教育阶段学科学业质量评价标准》(以下简称《评价标准》)，严格依据《全日制义务教育课程标准(2011年版)》,参照广州市中小学现行使用的教材,融入了广州市推进中小学教育质量综合评价改革的新成果。修订时主要遵循了以下基本原则:

1. 坚持把规范与引领作为根本目的

规范与引领是研制与完善《评价标准》的根本目的。期望通过评价改革,在全市进一步推进义务教育新课程的实施,进一步深化教学领域的素质教育;同时,为教育行政、教研部门和义务教育阶段中小学校的质量监测提供测评依据,通过规范目前区域、学校的质量监测,指导课堂教学,减轻学生不必要的学业负担,全面提高教学质量,促进区域教育发展。

2. 坚持把普遍达标和目标参照作为基本定位

义务教育阶段学业质量评价是学生学习阶段的形成性的水平评价,是目标参照性评价。其目的是在特定的学习阶段,全面、准确地评估学生达到《全日制义务教育课程标准(2011年版)》所规定的学习目标程度。

学业质量评价标准,是对学生学习达成课程标准规定的目标的结果(成就、水平)的评价(检测)标准。因此,学业质量评价标准属于一种基本标准(或称之为最低标准),即地区统一的特定年级学生学科最低水平的描述和指标体系。这一方面是由义务教育面向每一位学生发展的性质决定的;另一方面也因为课程标准的目标并不要求学生一下子全部达到,教师不应该担心评价而把要求拔高。如果存在高于课程标准的要求,即使属于学科教师广泛认可的符合本地教学与学生实际水平的要求,或者是仅仅适用于优质学校和优秀学生的要求,原则上也不应列入评价指标。

3. 坚持"学教评一致性"的编写思路

实施基于目标的评价,以评价杠杆规范教与学的活动,是研制和修订《评价标准》的主要初衷,所以,标准的确立充分考虑到使用对象的需求和特点,学业质量评价标准表述简明扼要,具体明确,深入浅出,通俗易懂,示范有效,明确表明正在接受基础教育的学生在完成不同学段相关学科学业应该达到的基本水平,将"学有目标、教有依据、评有标准"的思路贯彻始终。

4. 坚持标准表达的"具体化"和"过程化"思路

将课程标准的终结性课程目标,转化为不同年级和单元的过程性目标;将课程标准规定的课程目标,细化为教学和评价中的可操作目标。课程标准在评价方面的规定性相对而言是比较弱的,由于按照学段进行设计是课时目标的累积期望,对学生认知的具体要求并不十分明确,这就使课程标准的规定性显得比较"含糊",作为评价标准则显得规定性不足。因此,在设计基于标准的学生学业质量评价的时候,地方和学校直接采用课程标准比较困难,而要对课程标准进行一定的转化处理。

5. 紧跟学生发展核心素养的改革趋势和要求

一是不仅要关注学生学科知识掌握情况,更要关注学生核心素养的达成度,特别是中小学生的品德与社会化水平、身心发展水平、兴趣特长潜能等非学业素养,恰恰是学生发展的短板,也是在学业质量评价标准中需要补齐的短板。

二是在进一步科学界定学科"基础知识"和"基本技能"的同时,要关注学生终身发展和应对未来挑战所需要的科学思想方法、实践能力和创新意识等"基本素养"和"基本活动经验",要关注学生在学习学科知识技能过程中形成的基本体验、认识积累与基本思想等,更要关注学生跨学科的与社会适应相关的素养及其表现和评价。

三是把阳光评价体系中包括学生品德与社会化水平、学业发展水平、身心发展水平、兴趣特长潜能、学业负担状况、学校认同等方面内容渗透进相应的学科。

（二）修订后的学科学业质量评价标准的基本框架

《评价标准》的体例包括学习内容、评价标准(或评价要点、水平达标要求等)、评价方式、评价示例等基本内容。

1. 学习内容

《评价标准》学习内容部分具体呈现有两种模式:一是依据最新的课程标准,参考新教材,按照学段的学习任务来呈现学习内容;二是依据教材按照教学的内容顺序来呈现学习内容。过程与方法的呈现,提炼出相近学科(语文、数学、理科、文科)的共性,归纳出分类标准后,分类阐述要求,突出基本方法,兼顾情感态度价值观的评价。

2. 评价标准

评价标准(或评价要点、水平达标要求)是《评价标准》基本框架的核心部分,按照学习过程,逐个编写学习内容,尽可能采用可操作的行为动词表述,它是学生在学完本课程后应该达到的学业成就的描述,是学生学业评价必须达到的基本水平的规定,各学科的表达方式基本上和课程标准一致。这次修订,既尊重现行的课程体系内知识与技能、过程与方法、情感态度价值观三个维度的达成情况,又考虑到学生后续学习要求和未来发展所需的必备知识和关键能力及品质等的培养。在新的义务教育阶段课程标准修订之前,选择个别学科试点核心素养视野下的学业标准的表达方式,比如音乐学科,从核心素养、学业质量和综合能力三个方面对学生展开全面评价。具体框架见图1.2。

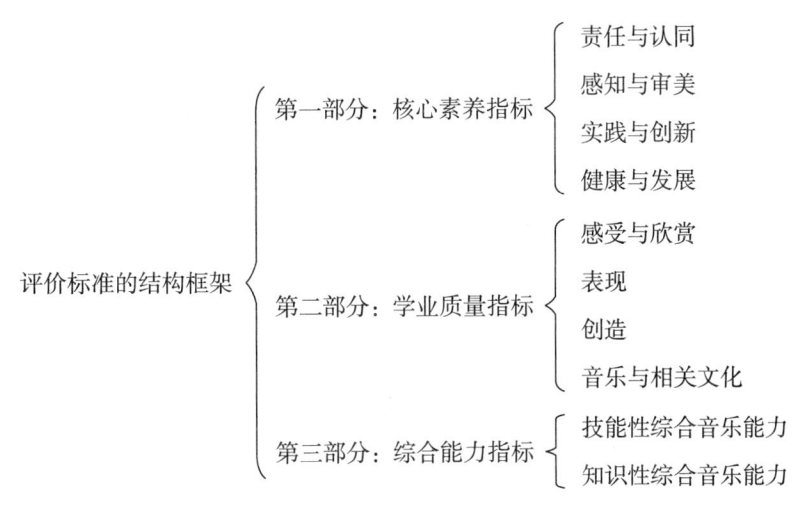

评价标准的结构框架
- 第一部分：核心素养指标
  - 责任与认同
  - 感知与审美
  - 实践与创新
  - 健康与发展
- 第二部分：学业质量指标
  - 感受与欣赏
  - 表现
  - 创造
  - 音乐与相关文化
- 第三部分：综合能力指标
  - 技能性综合音乐能力
  - 知识性综合音乐能力

图1.2 音乐学科评价标准的结构框架

3. 评价方式

本次修订，在传统的学科纸笔测试的基础上，重点解决深化学业评价的综合性表达以及非纸笔评价，为建立以"事实＋数据"为特征的教育质量大数据确立依据。针对每个评价标准（或评价要点、水平达标要求）给教师提供评价方式建议。除了常见的纸笔测试（书面测验）外，各学科还提供了比较丰富的、针对学生过程性评价方式。如地理学科提供的描绘地图、绘制地图图表、实地观测观察等方式；物理、化学等学科提供的实验操作、调查报告等方式；政治、历史等学科提供的角色扮演、小论文的方式，体现了评价方式的多元化。

4. 评价示例

评价示例是对某种评价方法的具体示范，为教师运用某种评价方法提供一个范例，它是对标准的要求做更具体的说明或限定。评价示例来自教学实践，有效、可效仿。教师在合适的情景中能直接使用该评价示例，也可以模仿或改编该示例。

这次修订对评价示例做了进一步补充、完善，更加注重评价示例的情境化和综合化，也就是在复杂的真实的情境下学生运用所学知识分析和解决现实问题的能力。这样的评价，不仅考查了学生对课程标准所规定的知识技能的掌握程度，更关注实际应用，特别是适应未来学习的要求以及社会发展所需要的必备知识和关键能力，这正是核心素养所强调的。

（三）修订后的学科学业质量评价标准的主要特征

1. 突出学科性质

《评价标准》虽然在基本框架上有共性，但在具体内容的陈述上又有学科差异性，充分凸显了各学科的性质乃至同一学科在不同学段的特点。如初中语文学科根据易懂、实用、易操作的原则编写，细化各项评价要求，总体分为"语文基础知识积累与运用，阅读与鉴赏，表达与交流"三大块，每块又分若干评价项，构建起点、线、面相结合的语文学业水平评价体系；小学语文学科根据评价主体学生的学习特点与学习要求，将内容大致分为"语文基础知识，阅读，习作，专项评价（口语交际、语文综合性学习等）"四个部分，并配有详细的专项表现性评价说明。

2. 明确基准要求

《评价标准》是广州地区统一的特定年级学生学科最低水平的描述和指标体系，属于"最低标准"，或称为基准要求。它明确要求以达到国家课程标准要求为准则，体现了义务教育的面向每一位学生的公平教育的基本要求。明确基准要求，能有效地规范各种类型的学业质量评价，减轻学生的学业负担。

3. 评价目标多元

《评价标准》在准确评价学生基本知识和基本技能的同时，重视学生高层次思维能力发展，努力探索对学生在过程与方法、情感态度价值观方面发展的评价，充分体现了"德育为先、能力为重、全面发展"的学生核心素养培养的发展趋势。

4. 评价方式多样

与评价目标多元这一特点相对应的是,各学科都力争在评价中实现多种评价方式的结合:自评、互评、教师评等相结合,纸笔测试与非纸笔测试相结合,质性评价与量化评价相结合,等等。为具体指导各种评价方式的使用,各科《评价标准》都提供了大量的评价示例,为教师更好地理解评价标准、运用评价方式起了示范作用。

(四)《评价标准》的功能

《评价标准》的功能主要体现在如下四个方面:第一,规范义务教育阶段学科教学,保障国家课程方案的全面落实;第二,为区域和学校科学开展学科学业质量评价提供依据;第三,提升区域教研部门与学校的课程实施和教学指导管理能力;第四,促进教师改善教学和学生学业进步。

总体而言,《评价标准》淡化教育评价对外满足公众问责的要求,强化教育评价对内满足学生学习方法改善的要求;淡化学业质量评价的鉴定和区分功能,强化学业质量评价的诊断和导向功能。

第二章 阳光评价测评工具的研发

研制测评工具是影响学业质量综合评价科学性和可靠性的关键环节。评价的基本内容由三个方面组成：学业评价、与学业相关的影响因素评价、非学业评价。为全方位测试学生核心素养视野下的学业质量，在义务教育阶段采用了"学业测试＋学业问卷调查＋非学业量表"综合评价新模式，通过整合创新，研制科学的评价工具体系，着力解决"评价落地"的问题。对学生进行多层面评价：通过学业测试，了解学生学业发展水平；通过与学业测试配套的学业问卷调查，探讨影响学生学业发展的相关因素；通过非学业量表，从多方面了解和评价学生德智体美劳等方面的综合素质以及它们与学生学科学业质量的相关性。

一、核心素养视野下学科学业质量测试工具

传统的教育质量评价往往侧重学业评价，以考试分数的高低来评判优劣。但这样的评价方式不能找出影响学业情况的因素，未能起到学业诊断作用。并且根据多年的教育质量监测评价工作经验，如果评价工作过多，额外增加教师和学生负担，干扰正常的教学任务，那么任务实施的难度就会大大增加，测评成效也会大打折扣，最后导致评价工作也受人诟病，无法持续进行，难以将质量检测工作常规化、日常化。

在学业测试命题时，突出学科核心素养和能力立意，创新学业评价新方法，充分依照《全日制义务教育课程标准(2011年版)》和《广州市义务教育阶段学科学业质量评价标准》的相关要求，实现对学生学业掌握程度的诊断评价，改变以往学业测试单纯指向学科知识技能的偏向。同时，编制学业测试配套问卷，探讨影响学生学业发展的相关因素，探讨扎实提升学生学业水平的措施。

（一）学科试卷的命制

测评对象是广州市义务教育的学生学业质量，由于是反映学校和区域的学业质量，不针对学生个体，所以采取学科抽测的方式。小学主要测试阅读素养和数字能力，对应的主要学科是语文和数学，后来增加到高年级英语。初中主要是阅读素养、数学能力、科学素养和人文社科素养，对应的学科主要是语文、英语、数学、物理、地理、历史。其中，小学、初中的语文和数学每年进行测试，初中按照文理兼顾的原则，物理、地理、生物、历史交叉进行测试。

1. 六年级阅读素养

六年级阅读测试的依据是《义务教育语文课程标准》(2011 年版)中课程总目标的相关表述：要求学生具有独立阅读的能力，学会运用多种阅读方法。有较为丰富的积累和良好的语感，注重情感体验，发展感受和理解的能力。能阅读日常的书报杂志，能初步鉴赏文学作品，丰富自己的精神世界。能借助工具书阅读浅易文言文。背诵优秀诗文 240 篇(段)。在九年义务教育阶段，学生的课外阅读总量应在 400 万字以上。其中第三学段(五六年级)的学段目标如下：

(1) 能用普通话正确、流利、有感情地朗读课文。

(2) 默读有一定的速度，默读一般读物每分钟不少于 300 字。学习浏览，扩大知识面，根据需要搜集信息。

(3) 能联系上下文和自己的积累，推想课文中有关词句的意思，辨别词语的感情色彩，体会其表达效果。

(4) 在阅读中了解文章的表达顺序，体会作者的思想情感，初步领悟文章的基本表达方法。在交流和讨论中，敢于提出看法，作出自己的判断。

(5) 阅读叙事性作品，了解事件梗概，能简单描述自己印象最深的场景、人物、细节，说出自己的喜爱、憎恶、崇敬、向往、同情等感受。阅读诗歌，大体把握诗意，想象诗歌描述的情景，体会作品的情感。受到优秀作品的感染和鼓励，向往和追求美好的理想。阅读说明性文章，能抓住要点，了解文章的基本说明方法。阅读简单的非连续性文本，能从图文等组合材料中找出有价值的信息。

(6) 在理解课文的过程中，体会顿号与逗号、分号与句号的不同用法。

(7) 诵读优秀诗文，注意通过语调、韵律、节奏等体味作品的内容和情感。背诵优秀诗文 60 篇(段)。

(8) 扩展阅读面。课外阅读总量不少于 100 万字。

根据语文课程标准要求，提炼出以下几条作为主要考察的内容：

(1) 独立阅读力——主体性。

(2) 理解力——获取信息、连接与推断、分析与概括。

(3) 感受力——感受、体验、感悟。

(4) 欣赏评价力——欣赏，享受美好，领略趣味；喜欢，表示称赞；判断、分析后得出结论。

(5) 阅读速度：300 字/分。

结合布卢姆认知目标分类以及加涅的学习结果的有关论述，考查几种著名的国际阅读测试 PIRLS、PISA、NAEP 以及祝新华六层次的划分方法，结合广州市依据《义务教育语文课程标准》(2011 年版)制定的《广州市义务教育阶段学科学业质量评价标准·语文(1—6 年级)》的实施情况，确定了四层次的阅读层级水平作为测试的体系，重视对学生阅读过程中认知水平的评价，与以往相比，将阅读思维水平具体化、外显化，更易于把握，并且将《义务教育语文课程标准》（2011年版）中教师所熟知的教学术语与国际知名测试中的相关内容相联系，使阅读能力的测评更具有国际视野，并且符合广州市教学的实际情况，具有更好的适应性。

在确定层级的基础上，进行技能描述、层级说明及考点的具体化，如六年级阅读能力层次分析表（表2.1）所示。

表 2.1　六年级阅读能力层次分析表

阅读技能	技能描述	能力层次说明	考点
获取与解释	在文本中寻找特定的信息，这些信息是在文本中明确、直接地表述出来的	认读原文；抄录词语；指出事实；用自己的话语解释词语、表面句意	1. 指出某种事实。 2. 找到得出某种结论的事实（依据）。 3. 解释文中的词语、短语的意义。 4. 解释语句表层的意义（命题的意义）。
连接与推论	对文本明确给出的信息进行连接，得到从文本信息不可以直接得到的客观推论	引申含义、拓展内容（4种）	1. 推断句子的深层意义（功能意义、实际意义）。 2. 推断篇外的信息，想象篇章为阐述而又有理据可推得的内容。 3. 推断作者、文中人物某些言行隐含的观点、态度。 4. 推出篇章隐含的中心、主题、主旨及全篇的写作意图。
分析与整合	在进行文本信息处理时，需要加入个人背景知识和阅读经验，因而建构出来的意义可能随阅读者的不同而不同	分析篇章结构，抽取特定的信息、概括段落意义（6种）	1. 理清段落篇章内容关系。 2. 根据篇章段落内容分段、分层。 3. 从篇章段落某处提取特定的信息。 4. 从篇章段落多处提取信息。 5. 概括段意或层意。 6. 概括全文内容。
感悟与评价	关注的重点不是意义构建，而是阅读者对文本本身的批判性思考	评说思想内容，鉴赏语言表达；提出新想法、独到感悟，运用所读的信息解决实际问题（5种）	1. 评说人物与思想内容：人物特点、做法、建议、思想、观点等。 2. 鉴赏语言：鉴赏精妙的字词、精彩的句子。 3. 鉴赏表达技巧：表达方式、表达手法、篇章结构、修辞手法。 4. 提出富有创意的方法或独到的感悟。 5. 运用所读信息解决问题。

根据上述的命题依据与理念，形成了此次阳光评价六年级的阅读测试试卷，试卷具有以下特点：

（1）试题全部原创，文段全部选自课外。这与平时各区及学校实施的阅读测试试题是不同的。

（2）本次测试全部为选择题型。以测试学生的阅读能力为主，每题突出一个能力测试点，避免因其他因素影响试卷的效度。

(3) 试题命题标准与《义务教育语文课程标准》(2011年版)要求相符。

(4) 阅读材料为课外阅读,不与课本课文相关联;阅读材料的多样化,采用文学类文本2篇、实用类文本(含非连续性文本)2篇。

(5) 运用题目属性表,对每道题目所涉及的能力层次、题型、文本体裁、考点、满分值、答案等项目进行设置,提高命题测试点的精准程度。

(6) 明确每道题目具体考查的专项能力,尽量不出综合型题目。各选项涉及文本内容不应重复相叠。

从具体内容来看,六年级的阅读试卷包括四篇短文,每篇短文所考查的阅读技能具体是:

短文一:获取与解释2题/连接与推论2题/分析与整合1题/感悟与评价3题。
短文二:获取与解释3题/连接与推论4题/分析与整合1题/感悟与评价2题。
短文三:获取与解释3题/连接与推论1题/分析与整合2题/感悟与评价2题。
短文四:获取与解释2题/连接与推论1题/分析与整合1题/感悟与评价3题。

表2.2 六年级阅读试卷题目属性表

短文	题号	满分值	题型	能力层次	文本体裁	考点	核心素养	答案
短文一	1	3	选择	获取与解释	寓言	找到得到某种结论的某事实(依据)	语言建构与运用(积累与整合)	
	2	3	选择	分析与整合	寓言	从文章段落处提取特定的信息	语言建构与运用(语感与语理)	
	3	3	选择	获取与解释	寓言	解释文中词语的意思	审美鉴赏与创造(体验与感悟)	
	4	3	选择	连接与推论	寓言	推断篇外信息	文化理解与传承(理解与借鉴)	
	5	3	选择	感悟与评价	寓言	评说人物特点	审美鉴赏与创造(理解与鉴赏)	
	6	3	选择	感悟与评价	寓言	鉴赏表现手法	审美鉴赏与创造(理解与鉴赏)	
	7	3	选择	感悟与评价	寓言	鉴赏篇章结构	审美鉴赏与创造(理解与鉴赏)	
	8	3	选择	连接与推论	寓言	推出文章的主旨	思维发展与提升(辨识与批判)	

续表

短文	题号	满分值	题型	能力层次	文本体裁	考点	核心素养	答案
短文二	9	3	选择	获取与解释	散文	找到得到某种结论的某事实（依据）	语言建构与运用（积累与整合）	
	10	3	选择	获取与解释	散文	解释文中词语的意思	审美鉴赏与创造（体验与感悟）	
	11	3	选择	分析与整合	散文	从篇章段落某处提取特定的信息	语言建构与运用（语感与语理）	
	12	3	选择	获取与解释	散文	指出某种事实	语言建构与运用（积累与整合）	
	13	3	选择	连接与推论	散文	推断文章隐含的信息	思维发展与提升（辨识与批判）	
	14	3	选择	连接与推论	散文	推出篇章隐含的主题主旨	思维发展与提升（实证与推理）	
	15	3	选择	感悟与评价	散文	鉴赏表达方法（比喻句）	审美鉴赏与创造（体验与感悟）	
	16	3	选择	连接与推论	散文	推断句子的深层意义	文化理解与传承（理解与借鉴）	
	17	3	选择	感悟与评价	散文	鉴赏表达方法（篇章结构）	审美鉴赏与创造（体验与感悟）	
	18	3	选择	连接与推论	散文	推出全篇的写作意图	思维发展与提升（辨识与批判）	
短文三	19	3	选择	获取与解释	说明文	找到得到某种结论的某事实（依据）	语言建构与运用（积累与整合）	
	20	3	选择	分析与整合	说明文	概括段意	语言建构与运用（语感与语理）	
	21	3	选择	获取与解释	说明文	找到得到某种结论的某事实（依据）	语言建构与运用（积累与整合）	
	22	3	选择	获取与解释	说明文	找到得到某种结论的某事实（依据）	语言建构与运用（积累与整合）	
	23	3	选择	感悟与评价	说明文	鉴赏用词精妙	审美鉴赏与创造（理解与鉴赏）	
	24	3	选择	分析与整合	说明文	从文章段落处提取特定的信息	语言建构与运用（语感与语理）	
	25	3	选择	连接与推论	说明文	推断篇外的信息	思维发展与提升（实证与推理）	
	26	3	选择	感悟与评价	说明文	鉴赏表达方法（说明方法）	审美鉴赏与创造（理解与鉴赏）	

续表

短文	题号	满分值	题型	能力层次	文本体裁	考点	核心素养	答案
短文四	27	3	选择	获取与解释	非连续文本	找到得到某种结论的某事实(依据)	语言建构与运用（语感与语理）	
	28	3	选择	获取与解释	非连续文本	找到得到某种结论的某事实(依据)	语言建构与运用（积累与整合）	
	29	3	选择	连接与推论	非连续文本	推出篇章隐含的写作意图	思维发展与提升（实证与推理）	
	30	3	选择	感悟与评价	非连续文本	运用所读信息解决问题	思维发展与提升（反思与创造）	
	31	3	选择	分析与整合	非连续文本	从文章段落处提取特定的信息	思维发展与提升（辨识与批判）	
	32	3	选择	感悟与评价	非连续文本	运用所读信息解决问题	思维发展与提升（辨识与批判）	
	33	3	选择	感悟与评价	非连续文本	运用所读信息解决问题	思维发展与提升（实证与推理）	

从题目所测试的能力层次上看,获取与解释题目占总数的 30.3%;连接与推论占 24.2%;分析与整合占 15.2%;感悟与评价占 30.3%。具体结构如下表：

表 2.3　六年级阅读测试卷结构表

分类	具体内容	分值比(%)
文本类型	文学—寓言	24
	文学—散文	30
	实用—说明文	24
	实用—非连续文本	22
小计		100
能力层次	获取与解释	31
	连接与推论	24
	分析与整合	15
	感悟与评价	30
小计		100

2. 六年级数学能力

六年级数学依据课程标准,参照 TIMSS 的框架体系,对数学能力层次的定义与 TIMSS 的定义相一致。测验从三个认知维度、三个方面的考查内容对学生的数学能力进行测查。

六年级数学能力的考查内容分为三个方面:数与代数、几何图形和统计与概率。数与代数分为数的认识和数的运算两个方面。数的认识主要考查对数的理解或数概念的形成。数的运算要求学生理解运算的基本原理,能够根据运算法则或运算规律正确地进行运算,并且能够学会在遇到问题时寻求合适的运算途径解决问题。几何图形主要考查学生理解上中下、左中右方位词的概念和意义,以及掌握空间图形的各种属性特征及含义。统计与概率要求学生培养随机的观念,发展数据分析的意识。各部分考查内容的详细说明详见六年级数学能力测试考查知识模块分析表(表2.4)如下。

表2.4 六年级数学能力测试考查知识模块分析表

阅读技能	技能描述	定义	具体内容
数与代数	数的认识	对数的理解或数概念的形成	1. 循环小数。 2. 因数与倍数:掌握因数和倍数、质数和合数、奇数和偶数等概念,以及2、3、5的倍数的特征;会求100以内的两个数的最大公因数、最小公倍数。 3. 分数的意义和性质:理解分数的意义和基本性质,会比较分数的大小,会把假分数化成带分数或整数,会进行整数、小数的互化,能够比较熟练地进行约分和通分。
	数的运算	理解运算的基本原理,能够根据运算法则或运算规律正确地进行运算,并且能够学会在遇到问题时寻求合适的运算途径解决问题	1. 小数乘、除法。 2. 分数的加法和减法:理解分数加、减法的意义,掌握分数加、减法的计算方法,比较熟练地计算简单的分数加、减法,会解决有关分数加、减法的简单实际问题。
	式与方程		简易方程
几何图形		理解上中下、左中右方位词的概念和意义,以及掌握空间图形的各属性特征及含义	1. 多边形的面积。 2. 图形的形状与相对位置。 3. 长方体和正方体:结合具体情境,探索并掌握长方体和正方体的体积和表面积的计算方法,探索某些实物提及的测量方法。 4. 图形的平移、对称和旋转:能在方格纸上画一个图形的轴对称图形,以及将简单图形旋转90°;欣赏生活中的图案,灵活运用平移、对称和旋转在方格纸上设计图案。 5. 知道体积和容积的意义及度量单位,会进行单位之间的换算,感受有关体积和容积单位的实际意义。
统计与概率			1. 事件发生的可能性及游戏规则的公平性。 2. 中位数的统计意义及计算方法。 3. 众数。 4. 复式折线统计图。

六年级数学能力的认知维度考查分为三个层次:理解、应用和推理。理解主要包括学生需要知道的数学事实、方法和概念。应用是关注学生运用理解的知识和概念解决或回答问题的能力。推理主要考查学生从常规问题的解决迁移到不熟悉的情景、复杂内容和多步骤问题的

解决。各个认知层次所设计的具体内容详见六年级数学能力测试考查的认知能力分析表（表2.5）。

表 2.5 六年级数学能力测试考查的认知能力分析表

能力层次	定义	具体内容
理解	包括学生需要知道的数学事实、方法和概念	1. 回忆定义、术语数的性质、测量单位、几何性质和符号。 2. 辨认数、表达式、数量和形状，辨认数学上相等的量。 3. 根据属性对数、表达式、数量和形状进行分类。 4. 整数、分数、小数和代数式的加、减、乘、除运算，混合运算。 5. 从图像、表格、测量仪器和其他资料中提取数据。 6. 选择测量单位和测量仪器进行测量。
应用	关注学生运用理解的知识和概念解决或回答问题的能力	1. 使用通常方法，确定有效、适当的操作、策略和工具来解决问题。 2. 利用表格或图表展示数据；在问题情境中建立等式和不等式、几何图形、图表建立模型，对数学图形和关系进行等价表征。 3. 利用熟悉的概念和程序，实施策略和行动来解决问题。
推理	从常规问题的解决迁移到不熟悉的情景、复杂内容和多步骤问题的解决	1. 在数、表达、数量和形状中确定、描述或使用关系之间的关系。 2. 联系不同知识单元、相关表征和程序来解决问题。 3. 评价解决问题的不同策略和方案。 4. 在信息和证据的基础上做出有效的结论。 5. 得到更一般或者更广泛的结论。 6. 为方法和策略提供数学支持。

六年级数学试卷的命题过程主要包括以下三个阶段：

（1）第一阶段：原题确定与初审。

根据《课程标准》（2011年版）的目标要求，参照 TIMSS 测试的维度，初步命题。

①知识点是否做到全覆盖，一些重要的内容没有考到。缺少的知识点具体有：简易方程（用字母表示数、方程的意义、解简易方程、用方程解决问题）、组合图形的面积计算、分数的基本性质、分数加减混合运算、小数四则混合运算、分数与小数的互化。

②一些考点有无雷同现象。例如，最大公因数：第20题和第23题类型差不多。

③试题表述是否严谨，有无超出课程标准的现象。例如，第6题：下面哪个图形绕着中点顺时针旋转90°后能与原图完全重合（   ）。学生不理解一个三角形的中点是指哪里。

④一些重要的知识点，所占的比重是否不足。例如，平行四边形、三角形、梯形的面积计算，小数乘、除法等的运算与简便运算，分数加、减法与简便运算。

⑤一些小知识点检测是否反复出现，如循环小数：第29、49、50题都在考这个知识点。如最大公因数，第19、20、23题也在反复考。

⑥能力层次与题目的设定有无偏差。

(2) 第二阶段:测试抽样与调整修改。

测试题在选定某区进行了题样试测,分别在难度、及格率、区分度、信度、效度等方面进行了数据分析,试测平均分为 70.34,难度为 0.78。

根据此次题样试测的情况,进行再次审题,对题样试测中存在的问题进行调整和修改,让测试题目基本成形。比如说,对难度系数低于 0.5 的试题有第 6、10、11、12、21、27、33、35、44 题,对这些题目分别进行了调整,在数据、情境等方面降低了难度。在难度与区分度方面,主要考虑得分题的数量及到位度、难题的题型分布及到位度、难题的层次分布及新意度,对一些不合要求的题目进行了调整。在信度与效度方面,主要关心目标关联效度,看试卷是否与 TIMSS 体系一致,对不一致的地方进行了修改。

(3) 第三阶段:完善测试题目与定稿。

在命题的最后阶段,着重对命题进行以下方面的分析检查:

① 基础性、综合性、现实性、探究性、开放性。

② 双基为本、能力立意(新情境、新设问角度、知识迁移)、考查学科能力。

③ 细节问题的评价:看表达是否明确、规范,看是否有容易误解或疏忽的地方,题意是否严密,看选择题选项设置是否合理。

分析检查后,在对测试题目进行了再一次的修改、调整与完善的基础上,最后定稿。最终形成了六年级数学测试卷结构,如表 2.6 所示。

表 2.6 六年级数学测试卷结构表

分类	具体内容	分值比(%)
知识模块	式与代数	58
	几何图形	36
	统计与概率	6
小计		100
能力层次	理解	48
	应用	36
	推理	16
小计		100

3. 九年级阅读素养

九年级阅读测试的对象是刚升上九年级的学生,测试的内容及水平参考、借鉴国内外阅读测试评价的主流方向,尤其是 PISA 考试的阅读素养测试模式和理念,综合考查学生的阅读素养。同时,参考了《义务教育语文课程标准》(2011 年版)中对八年级阅读知识和能力的基本要求,按照广州市阳光评价体系的整体结构意见,体现综合性、诊断性的评价原则。

九年级阅读测试试题在命制时遵循以下基本原则:①参照 PISA 阅读测试模式,不设主观题,全部为选择题型。试题命题标准与课标要求相符,题意完整,表述简明。②以测试学生的阅读能力为主,不限于知识性测验的考核,每题突出一个能力测试点。每道题目有具体考查的专项能力,尽量不出综合型题目。③阅读材料为课外阅读,注意阅读材料文本类型的多样化,尽可能采用多种体裁的文本。试题全部原创,不照搬成题、"熟题",尽量回避各地考查过的文段。④设置题目属性表,明确每道题目所涉及的能力层次、题型、文本体裁、考点、满分值、答案等项目,其中能力层次的设置参考不同测试文本对阅读认知能力层次的要求。

阅读的评价,要综合考查学生阅读过程中的感受、体验和理解,要关注其阅读兴趣与价值取向、阅读方法与习惯,也要关注其阅读面、阅读量和阅读速度,以及对不同类型阅读材料的适应能力。重点评价学生对阅读材料的综合理解能力,以及学生的情感体验和创造性地理解。实用类文本阅读的评价侧重考查学生能否从阅读材料中捕捉有用信息,能否把握阅读材料的大意,考查理清思路、概括要点、分析内容等方面的情况,以及读懂不同文体文章的能力。文学类文本阅读的评价,着重考查学生感受形象、体验情感、品味语言的水平,对学生独特的感受和体验应加以鼓励。古代浅易文言文阅读的评价,重点考查学生的文言积累,进一步加强对把握古代经典作品中丰富情感和思想内涵能力方面的评价。因此,本次阳光评价九年级阅读测试考查的文本类型包括了文学类和实用类两个大类,每个类别文本都涉及筛选与整合、解析与推论、感悟与评价三个层次的认知能力的考查。本次阳光评价九年级阅读测试所涉及的文本类型和认知能力及其具体内容详见九年级阅读素养测试考查的文本类型及认知能力分析表(表2.7)。

表2.7 九年级阅读素养测试考查的文本类型及认知能力分析表

测试文本	能力层次	具体要求
文学类—非文言文	筛选与整合	1. 获取文本直接表达的时空、人物、事件、因果等信息。 2. 辨识明确的主题句、关键句。 3. 厘清内容层次,梳理文章的顺序,划分段落层次。 4. 概括文章中心主旨或把握文本的整体信息。 5. 找出代名词的指代对象。
	解析与推论	1. 解析主题与背景、人物或时间之间的关系。 2. 解析文本的布局谋篇、表达手法与特色。 3. 推断重要词语、句子或关键细节隐含的深层意思。 4. 推断文本潜在表达的信息,如作者、文中人物某些言行隐含的观点、态度。 5. 推断文本隐含的中心、主题、写作意图。
	感悟与评价	1. 发表对文章所述事件、观点的看法。 2. 鉴赏评价文本的布局谋篇、遣词造句及表达技巧。 3. 鉴赏评价文章中的观点、人物形象、作者的情感态度。 4. 根据作品内容详细探究,阐述个人独特的感悟和体验,多角度、有创意地进行解读。

续表

测试文本	能力层次	具体要求
文学类—文言文	筛选与整合	1. 获取文本直接表达的时空、人物、事件、关系、观点等信息。 2. 辨识明确的主题句、关键句。 3. 厘清内容层次,梳理文章的顺序,划分段落层次。 4. 概括文本主要内容和主要观点。
	解析与推论	1. 解析常用文言实词和虚词的意义和用法。 2. 解析主题与背景、人物或事件之间的关系,推断文中人物的情感。 3. 推断重要词语、句子或关键细节隐含的深层意思,准确翻译重要的句子。 4. 解析各部分之间的逻辑关系。 5. 推断文本隐含的中心、主题、写作意图、作者的观点或看法。
	筛选与整合	1. 鉴赏评价作品中的形象、语言及表达技巧。 2. 评价文章的思想内容和作者的观点态度。
实用类—连续性信息	筛选与整合	1. 获取文本直接表达的事实、关系、观点和论据等信息。 2. 找出说明事物特点的关键词句。 3. 找出文本中某个术语或概念的定义。 4. 厘清内容层次,梳理文章的顺序,划分段落层次。 5. 概括文本主要内容和主要观点。 6. 借助关键词语归纳说明事物的特点。
	解析与推论	1. 理解文本的内容层次及段落之间的逻辑关系(因果、时间、对比、材料、观点等)。 2. 根据事物特点做出相关信息的联想或推论。 3. 推论文本潜在表达的信息。 4. 辨识文本的说明或论证的方式。
	筛选与整合	1. 联系事物的特点,结合实际谈感悟。 2. 对文章的语言或表达方法提出自己的看法,如对语言的准确性和形象性做出评价。 3. 评价文本构思、议论或说明方法。 4. 评价作者的态度和观点。 5. 对文本内容或形式加以发挥、引申。 6. 运用文本有关观点或信息解决新问题。
实用类—非连续性信息	筛选与整合	1. 辨识获取文本直接表达的重要信息,如表格传递的重要信息,漫画中表达的重点内容,地图中方位、相对位置、车站、举例等主要信息。 2. 提取文本的一处或多处信息。 3. 概括文本的整体内容,如归纳表格的整体信息。
	解析与推论	1. 理解文本中关键要素的关系和作用,如漫画中要素的关系和作用。 2. 归纳文本的主旨或主要观点。 3. 分析各部分之间的逻辑关系。 4. 推断文本潜在表达的信息。
	筛选与整合	1. 评价文本信息的呈现方式。 2. 评价文本在现实生活中的应用程度或现实意义。 3. 应用文本信息解决实际问题,如结合实际选择或设计路线、交通提示等。 4. 评价某个建筑位置的合理性。 5. 选择或说明漫画的意图或蕴含的道理,或结合漫画具体内容,联系实际生活谈个人感受。

阳光评价九年级阅读素养试卷包括 8 个现代文段,1 个文言文段,总的测试时间为 80 分钟。试卷具体结构及各部分分值详见九年级阅读测试试卷结构表。

表 2.8　九年级阅读测试试卷结构表

分类	具体内容	分值比(%)
文本类型	文学－文言文	12
	文学－非文言文	45
	实用－连续性文本	30
	实用－非连续性文本	13
小计		100
能力层次	筛选与整合	26
	解析与推论	41
	感悟与评价	33
小计		100

4. 九年级数学能力

九年级数学能力测试试题的命制与六年级的思路和程序一致,也是从三大考查内容和三个认知维度进行考查。九年级的三个认知维度与六年级一致,但在三大考查内容所包含的具体考查内容方面有所差异,如九年级数学能力考查内容分析表(表 2.9)。

表 2.9　九年级数学能力考查内容分析表

考查内容	具体内容
数与代数	整式的乘法与因式分解;分式;二次根式;一次函数
几何图形	三角形;全等三角形;轴对称;勾股定理;平行四边形
统计与概率	加权平均数;中位数;众数;极差;方差

根据上述的试题命制理念与依据,最终确定了本次阳光评价的九年级数学测试试卷,试卷具体结构及各部分分值详见九年级数学测试试卷结构表(表 2.10)。

表 2.10　九年级数学测试试卷结构表

分类	具体内容	分值比(%)
知识模块	几何图形	50
	统计与概率	5
	数与代数	45
小计		100
能力层次	理解	42.5
	应用	40
	推理	17.5
小计		100

5. 九年级生物

阳光评价九年级生物试题从广州市基础教育学业质量监测系统的题库中抽取,试卷具体结构及各部分分值详见九年级生物试卷结构表(表2.11)。

表2.11 九年级生物试卷结构表

分类	具体内容	分值比(%)
知识模块	生物的多样性	48
	动物的运动和行为	8
	生物与环境	4
	生物的生殖、发育与遗传	28
	健康生活	12
小计		100
能力层次	识记	52
	理解	40
	掌握	8
小计		100

6. 九年级地理

阳光评价九年级地理试题从广州市基础教育学业质量监测系统的题库中抽取,试卷具体结构及各部分分值详见九年级地理试卷结构表(表2.12)。

表2.12 九年级地理试卷结构表

分类	具体内容	分值比(%)
知识模块	行政区、人口与民族	12
	区域地理差异	28
	自然环境和自然资源与农业	52
	交通与工业	8
小计		100
能力层次	识记	40
	理解	44
	运用	16
小计		100

7. 九年级历史

阳光评价初中历史测试考查内容为《历史》(八年级上、下),考查对象为九年级的学生。测试题严格遵循《义务教育历史课程标准》(2011年版)的基本要求,以培养和提高学生的历史素养为宗旨,从培养历史思维能力、提高历史学科素养的立意出发,把考查学生历史知识与学生学习能力相结合,重视运用新材料、新情境,力求体现"思想性、基础性、人文性、综合性"的学科特征,考查广州市初三学生对《义务教育历史课程标准》(2011年版)所规定的"中国近代史"和"中国现代史"课程内容的学习效果与目标达成度。命题坚持以下几条原则：

① 基础性原则：立足《义务教育历史课程标准》(2011年版)要求，依据《广州市义务教育阶段学科学业质量评价标准·历史》及初中生的心理特征和认知水平，面向全体学生。

② 思想性原则：充分发挥历史学科的思想教育功能，增强学生热爱祖国的情感及社会责任感。

③ 时代性原则：贴近学生生活，联系社会现实，关注时政热点，体现时代特征。

④ 综合性原则：关注学生对所学知识纵向、横向的联系与比较，考查学生综合运用所学知识和方法分析问题、解决问题的能力。

⑤ 科学性原则：题量适中，难易恰当，试题结构合理，能够真实反映出学生的学业水平。

测试题目凸显"诊断"与"引导"的功能，根据九年级学生的心理特征和认知水平，坚持素养立意，突出核心主干知识的考查，引领学生掌握基本的、重要的历史知识和技能。测试题目涵盖了《历史》(八年级上、下)的学科核心主干知识，覆盖面广，易于发现问题与不足。

试题凸显历史学科的学科特色，通过文献材料、图片、图表、实物、遗址、影像以及历史文学作品等多种历史呈现方式创设新情境，注重考查学生对历史信息进行完整、准确、合理解读的能力，提高历史的阅读能力和观察能力，引导学生学会从多种渠道获取历史信息，了解以历史材料为依据来解释历史的重要性，从而成功地实现了"过程与方法"这一学习目标的考查。试题较好地发挥了寓教于考的功能，重在引导学生用唯物史观阐释历史的发展与变化，认同中华民族的优秀文化传统，增强爱国主义情感，坚定社会主义信念。具体考点与核心素养的对应关系如表2.13所示。

表2.13 《历史》(八年级上、下)具体考点与核心素养对应关系表

考点	主要考核能力与学科素养
鸦片战争对中国近代社会的影响	知道重要的历史事件，准确理解历史事件在历史发展进程中的地位和作用
中日甲午战争、邓世昌与黄海海战	理解试题提供的图文材料，对历史信息进行完整、准确、合理的解读，认识历史人物在历史中的作用
洋务运动	对历史信息进行完整、准确、合理的解读，准确把握历史概念，理解历史史实
辛亥革命的历史意义	对历史信息进行完整、准确、合理的解读，准确理解历史史实，认识历史发展的时代特征和历史发展的基本趋势
新文化运动的兴起	知道重要的历史事件，准确理解历史史实
"五四"爱国运动	对历史信息进行完整、准确、合理的解读，准确理解历史史实，认识历史事物的本质
中国共产党的成立	知道重要的历史事件，准确理解历史史实
第一次国共合作，黄埔军校的创办	知道重要的历史事件，准确理解历史事件在历史发展进程中的地位和作用
红军长征	识别历史地图，最大限度地获取有效信息并进行完整、准确、合理的解读，在历史的时空中理解历史史实

续表

考点	主要考核能力与学科素养
全民族抗战的开始	对历史信息进行完整、准确、合理的解读,准确理解历史史实,认识历史事件在历史发展进程中的地位和作用
日军侵华的罪行、南京大屠杀	知道重要的历史事件,准确理解历史史实
"全民族抗战",抗日民族统一战线的建立	了解历史的时序,在具体时空条件下考查以及处理历史信息
重庆谈判	理解试题提供的历史信息,辨别历史事物,准确描述和解释历史事物的特征
近代民族工业的发展	理解试题提供的历史信息,对历史信息进行完整、准确、合理的解读,认识历史人物在历史中的作用
中国近代社会生活的变迁	理解试题提供的图文材料,对历史信息进行完整、准确、合理的解读,认识历史发展的时代特征,养成重视历史证据的意识
民国时期的社会特征	了解历史的时序,认识历史发展的时代特征
"一五计划"	对历史数据进行完整、准确、合理的解读,准确理解历史史实,认识历史发展的时代特征
"大跃进"	理解试题提供的图文材料,最大限度地获取有效信息并进行完整、准确、合理的解读,准确理解历史史实,认识历史事物的本质
党的十一届三中全会的召开	理解试题提供的历史信息,对历史信息进行完整、准确、合理的解读,认识历史事件在历史发展进程中的作用
家庭联产承包责任制	理解试题提供的历史信息,对历史信息进行完整、准确、合理的解读,准确把握历史概念,理解历史事实
民族区域自治制度	知道重要的历史事件,准确理解历史史实
中国恢复在联合国的合法席位	识别历史图片,最大限度地获取有效信息并进行完整、准确、合理的解读,准确理解历史史实
"一国两制"的含义	准确把握历史概念,理解历史事实
"科教兴国"发展战略	知道重要的历史事件,准确理解历史事件在历史发展进程中的地位和作用
袁隆平和籼型杂交水稻	理解试题提供的信息,对信息进行完整、准确、合理的解读,认识历史人物在历史中的作用

8. 九年级物理

阳光评价学业测试九年级物理试卷以《义务教育物理课程标准》(2011年版)、人教版义务教育教科书为命题依据,力求体现课程标准要求的各项指标。对基本知识、基本技能、过程与方法进行较全面的考查;重视对学生科学素养的考查;重视考查学生在获得知识的同时是否掌握科学研究的方法和物理学科的思维方法;重视考查学生是否能应用物理知识解释生产、生活方面的问题;重视与科学、技术、社会的联系。根据物理学科的特点,题目中的物理情景要有实际意义,避免故意编造;试题注意联系实际,避免死记教科书中的条文,适当加强试题的开放性、探究性,不设置偏题、"怪题",确保试题的科学性、公平性。

第一,以课标为纲,以教材为本,考查学生的科学素养。着重对学科知识体系的主干知识(如受力分析、电路分析、物体平衡条件、机械运动、机械能、能量守恒、电功率、欧姆定律等)进行全面考查。

第二,突出物理学科特点,注重考查学生是否有经历实验过程;创设合理的探究情境,有效考查学生的科学探究能力。部分探究题考查学生是否具有实践智慧,考查学生能否利用物理知识解决日常生活中的问题,真正体现了"从生活走向物理,从物理走向社会"的课程理念。

第三,以生活、生产中常见的现象为背景,考查学生"理论联系实际"的能力,考查学生是否能应用物理知识解释、解决问题。

第四,强调对物理概念、规律定义的理解。考查学生根据概念、规律的定义解决问题的能力。试卷考查学生对概念、规律的理解,特别注意考查学生是否准确把握了概念的含义。

表 2.14 九年级物理考点及得分情况分析

层次分项	考点	满分	平均分	得分率
内容层次	物质	25	13.87	0.55
	能量	10	4.38	0.44
	运动和相互作用	65	36.94	0.57
能力层次	了解	30	17.90	0.60
	理解	70	37.22	0.53

(二) 学科试卷的质量分析

表 2.15 难度、区分度、信度分析

学段	测验	难度	区分度	信度
六年级	阅读素养	0.76	0.31	0.76
	数学能力	0.69	0.38	0.86
九年级	阅读素养	0.60	0.41	0.85
	数学能力	0.65	0.59	0.93
	生物	0.64	0.43	0.76
	地理	0.73	0.43	0.85

从上述分析结果(见表 2.15)来看,本次评价的学科试卷难度均在 0.6—0.8,属于中等偏易的难度;区分度均在 0.3 以上,说明具有很高的区分性;信度除小学阅读和初中生物之外,其他都达到了 0.8 以上,说明此次评价所使用的学科试卷有着较高的一致性,结果较为可靠。

具体来说,九年级阅读测试注重阅读文本类型、阅读认知过程及阅读能力的综合考查,这也是参考了布卢姆教学理论的认知过程和能力综合测试。尤其在非连续文本和跨学科阅读素养的考查上,进行了一定的探索,取得了一定的突破,如地理学科文本阅读、生活实用阅读(药品说明书、旅游指南)等。阅读内容考查面广,较好地评价了学生的阅读知识面和解决实际问题的能力,为整体判断学生的综合阅读素养提供了较为可靠的评价参考。

对阅读认知过程的考查中,从题量、分值比例看,筛选与整合占28%,解析与推论占44%,感悟与评价占28%,既覆盖了三种重要阅读素养的考查,又突出重点,便于全面了解和有效区分学生的阅读水平。从考查难度结果看,筛选与整合为0.76,解析与推论为0.64,感悟与评价为0.51,符合学生的认知能力合理的梯度表现。

难度系数代表题目的难易程度。从此次阳光评价六年级学科试题的难度来看,六年级阅读试题有16道题的难度值在0.8以上,占比接近一半;六年级数学试题有13道题的难度值在0.8以上,占比为26%;九年级阅读试题有4道题的难度值在0.8以上,占比为8.7%,1道题在0.2以下;九年级数学试题有2道题的难度值在0.8以上,占比为5%;九年级生物试题有5道题的难度值在0.8以上,占比为20%;九年级地理试题有6道题的难度值在0.8以上,占比为24%。

由九年级阅读各个题目的难度结果可知,学生对文学类文本中推断重要句子隐含的深层意思,鉴赏评价文章中的人物形象和思想内容,解析人物与事件之间的关系以及鉴赏评价文本的表达技巧的能力较差;对文言文阅读文本中解析常用文言虚词的意义和用法,评价文章的思想内容和作者的观点态度的能力较差;对实用类文本中概括文本主要内容和主要观点,运用文本有关观点或信息解决新问题,评价文本构思、表达的方法,应用文本信息解决实际问题的能力较差。

区分度代表题目区分优劣的程度,一般地,区分度在0.2以下,表明区分能力不佳。从此次阳光评价六年级学科试题的区分度来看,六年级阅读试题有9道题的区分度值在0.2以下,占比约为27%;六年级数学试题有4道题的区分度值在0.2以下,占比为8%;九年级阅读试题有2道题的区分度值在0.2以下,占比约为4%;九年级数学试题的区分度值均在0.2以上,无区分能力不佳题目;九年级生物和地理试题均有1道题目的区分度值在0.2以下。

整体来看,此次阳光评价的学科试题,除六年级阅读试题外,其他学科试题的难度和区分度分布均较为合理。

二、学科素养水平的影响因素问卷

由于传统的教育质量评价更多关注学业情况,对于如何造成学业发展水平的差异、学业影响因素有哪些,并未展开深入和科学的探讨,故无法实现评价工作常态化。

学业影响因素也是来源于多个方面的,既与教师、学校相关,也与家长、学生自身相关,这给数据采集带来了极大的难度。如何保障数据采集的客观性和真实性?怎样进行数据的方便取样以免过多增加评价负担?这些问题都给学业影响因素的评价带来挑战。

学生学业质量的形成是内外多重因素起作用的结果。为综合探究影响学生学业质量的因素,我们借鉴PISA模式,在对学科核心素养及能力层次进行评价的同时,学业评价还从学业影响因素着手,编制学业测试配套问卷,探讨影响学生学业发展的相关因素,对学生学业状况进行科学归因，深度挖掘学业水平差异背后的隐藏信息，探讨有针对性和实效性的着实能够提升学生学业水平的措施。学生在回答完学科试题后同步完成问卷测试。

（一）配套问卷编制说明

六年级和九年级的阅读素养和数学能力测试都设计了配套的学科调查问卷，问卷主要面向学生本人，目的在于从学生自身综合评价学生阅读素养和数学能力。阅读素养的配套问卷包括学生的阅读量、阅读兴趣、阅读策略、阅读能力、家庭学习资源、家庭阅读氛围、学校阅读资源利用、课堂参与等方面；数学能力的配套问卷包括数学学习态度、数学学习兴趣、数学学习方法策略等方面。

数学配套问卷（包括六年级和九年级）除了学习时间这个维度的分值范围是1—3分外，其他维度的分值范围均为1—4分。阅读配套问卷（包括六年级和九年级）各个维度的分值范围都是1—4分。问卷依据教育与心理测量学关于测评工具开发的科学程序进行编制，主要包括确定主题和设计方案、确定维度、编制项目、施测、项目分析等步骤，以确保调查结果的准确性与可靠性。

（二）配套问卷质量分析

从学科配套问卷的信度分析结果来看，九年级和六年级的数学和阅读配套问卷的总体信度都在0.86以上，结果比较可靠。问卷分维度由于题量很少（大部分维度的题量为2—5道），因此信度大部分在0.8以下。信度分析表（表2.16、表2.17）如下。

表2.16 阅读素养测试配套问卷的信度分析表

学科	维度	信度
九年级阅读	总体	0.920
	总阅读量	0.686
	阅读兴趣	0.797
	理解策略	0.659
	记忆策略	0.708
	监控策略	0.818
	精致策略	0.827
	阅读积极动机	0.805
	阅读消极动机	0.724
	学校阅读支持力	0.725
	家庭阅读支持力	0.605
	数字阅读工具	0.723
	数字阅读浅阅读	0.574
	数字阅读深阅读	0.709
	上网学习或获取信息	0.774
	网上娱乐	0.784

续表

学科	维度	信度
六年级阅读	总体	0.862
	阅读兴趣	0.718
	理解策略	0.667
	记忆策略	0.678
	监控策略	0.797
	精致策略	0.756
	阅读积极动机	0.707
	阅读消极动机	0.667
	数字阅读	0.505
	上网娱乐	0.646
	网上娱乐	0.631

表 2.17 数学能力测试配套问卷的信度分析表

学科	维度	信度
九年级数学	总体	0.926
	学习时间	0.583
	学习态度	0.725
	学习兴趣	0.787
	学习方法策略	0.660
	学习投入	0.732
	自我效能	0.778
	思维能力	0.469
六年级数学	总体	0.901
	学习时间	0.491
	学习态度	0.693
	学习兴趣	0.749
	学习方法策略	0.670
	学习投入	0.382
	自我效能	0.761

以小学语文阅读素养测试为例。

六年级阅读素养测试题

本试卷共 11 页,33 小题。满分 100 分。用时 60 分钟。

> 注意事项:
>
> 答卷前,考生务必用黑色墨水的签字笔将自己的学校、班级、姓名、座号以及准考证号填写在答题卡上。用 2B 铅笔在答题卡上的相应位置填涂准考证号。
>
> 本试题所有题目都为单项选择题,四个选项中只选一个答案。
>
> 每小题选出答案后,用 2B 铅笔把答题卡上对应题目选项的答案信息点涂黑;如需改动,用橡皮擦干净后,再选涂其他答案。答案不能答在试卷上。
>
> 考生必须保持答题卡的整洁。考试结束后,将试卷和答题卡一并交回。考试开始前禁止翻开试卷册答题。
>
> 测试题考试结束后将进行关于阅读能力影响因素的调查,调查问卷附在试卷后,请考生认真如实作答。

短文一(24分)

狼和狐狸

拉·封丹

有只狐狸很羡慕狼有肥羊当餐,很想变成狼。

狐狸对狼说:"亲爱的,我的饭菜通常总是一只老公鸡,不然就是些瘦瘦的小鸡。见到这饭菜我就倒胃口。你的饭菜比我的丰富得多,所担的风险又小。"

狼听了,既得意又惊讶:"你想怎样做呢?"

狐狸说:"好哥们,行个方便吧!把你的本事教给我吧,让我成为狐狸中最棒的一只,我真想能在铁叉上烧烤一只肥羊慢慢享用。我绝不会忘恩负义的。"

狼热情地说:"我乐意为你效劳。我的一个兄弟刚巧死了,你赶紧去把它的皮拿来穿上。"狐狸兴高采烈地把狼皮拿来披上。狼又说道:"假如你想甩掉看守羊群的猎狗,你非得学会一些必要的本领不可。"

狐狸披上了狼皮,反复操练着狼老师告诉它的动作要领。开始时的动作还不太像,多练几次后就惟妙惟肖了,简直可以以假乱真。

狐狸刚学会狼的本领,恰巧就有一群羊从此地经过。这只披着狼皮的狐狸立刻飞奔了过去,就像巴特洛克尔穿上他朋友希腊英雄阿喀琉斯的盔甲代他出征一样,一时间恐怖的气氛笼罩了山野,狗、羊群和牧羊人都朝村子里狂奔逃命,只有一只母羊跑得慢,眼看马上就要被这只披着狼皮的狐狸抓住了。

然而,就在几步之遥的危急关头,狐狸忽然听到一只公鸡的鸣叫声,这只伪装的狼马上调头朝公鸡窜了过去,什么母山羊、动作要领、狼老师啦,全部都抛到了脑后,就连狼老师给的那件狼皮工作服也跑飞了。

伪装毫无作用,关键时候,狐狸立刻故态复萌,它最向往的猎物还是那只令它垂涎的鸡。

1. 狐狸想变成狼的最主要原因是(　　)。(3分)
   A. 有肥羊当餐　　B. 能吃上公鸡　　C. 学习狼的本事　　D. 变成最棒的狐狸
2. 对于狐狸提出的要求,狼的回应是(　　)。(3分)
   A. 得意　　B. 惊讶　　C. 热情　　D. 乐意效劳
3. 对第2自然段中加点词语"倒胃口"理解正确的一项是(　　)。(3分)
   A. 因吃多了呕吐　　B. 因厌烦而不想吃　　C. 因太多了吃不下　　D. 因反胃吃不了
4. 第7自然段中提到英雄人物阿喀琉斯,你认为他应该出自的作品是(　　)。(3分)
   A. 安徒生童话　　B. 伊索寓言　　C. 希腊神话　　D. 格林童话
5. 文中狐狸的主要特点是(　　)。(3分)
   A. 贪生怕死　　B. 忘恩负义　　C. 故态复萌　　D. 狡猾多变
6. 文章没有采用的表达方法是(　　)。(3分)
   A. 拟人　　B. 对话描写　　C. 动作神态描写　　D. 借景抒情
7. 对文章结尾的写法,下列说法中错误的一项是(　　)。(3分)
   A. 点明中心　　B. 总结全文　　C. 设置悬念　　D. 提示寓意
8. 对寓意表述最恰当的一项是(　　)。(3分)
   A. 无论怎样乔装打扮,狐狸都不能变成狼。
   B. 假的真不了,伪装的狐狸改不了本性。
   C. 伪装的狐狸在关键时候还是露出自己真实的本性。
   D. 狐狸虽然想吃肥羊,但是实际上还是最爱吃鸡。

短文二(30分)

落叶

杜渐坤

落叶在春天纷纷而下,这是南国特有的奇观。北国的朋友也许以为怪异。因为,在北方,落叶在秋而不在春。当峭厉的西风把天空刷得愈加高远的时候;当陌上阡头的孩子望断了最后一只南飞雁的时候;当辽阔的大野无边的青草被摇曳得株株枯黄的时候——当在这个时候,便是秋了,便是树木落叶的季节了。

北国的落叶,渲染出一派多么悲壮的气氛!落叶染作金黄色,或者竟是朱红绀赭。最初坠落的,也许只是那么一片两片,像一只两只断魂的金蝴蝶。但接着,便有沙沙哗哗的金红的阵雨了。接着,便在树下铺出一片金红的地毯。而在这地毯之上,铁铸似的,竖着光秃秃的疏落的树干和枝丫,直刺着高远的蓝天和淡云。

南国落叶却不是这般情景。落叶的颜色是浓重的苍青,在地上铺出苍青的织锦。而在树上,也是浓重的繁密的苍青色,叫你抬头看不见一点蓝天的影子。可是,在这浓密的苍青的树冠上,你看吧,春潮般地泛起来多少嫩绿的新叶的波浪!

这是万木争荣的季节。在遥远的地平线上,威严地站立着的,已不是冷酷的冬。老叶不必变黄,或者说不必作那悲壮的自我牺牲来保护树木挨过冷酷的冬吧。在这里,就连冬天的阳光也灿烂如碎金,雨水温润而充足,地表下有取之不尽的营养。万木在和风中一样做它们欢乐的梦。

时序如轮旋。秋天过去了,冬天过去了,司春之神于是欣然驾临。蜂蝶成群来起舞,百鸟结队来唱歌,杂花纷然披陈于枝梢上。氤氲的南国,这时已装载不下旺盛的勃发的生机。

而这时,我无论走在哪一个林子里,哪一棵树下,都欣喜地看见,每一棵树上都蓬勃地怒发出新叶,我看见新叶高标出老叶覆满的树冠。我听见新叶在歌唱,唱它们新生代的歌。我听见新叶在呼唤,呼唤未来的鲜花和甘果。

于是,我看见老叶意识到自己历史使命的即将完成。

老叶沙沙哗哗而下了。然而,老叶没有悲戚。老叶也一样唱着它们雄壮豪迈的进行曲。**老叶融入春泥,老叶化作玉露琼浆,滋润着大树上新叶的成长。**

这是一幅多么伟大的充满希望的图画!

于是,无论在哪一棵树下或哪一片林子里,我的思想都进入一种庄严的忘我的思考。

9. 南国特有的奇观指的是( )。(3分)

A. 落叶在春天纷纷而下　　　　　　　B. 落叶在秋天纷纷而下

C. 落叶在冬天纷纷而下　　　　　　　D. 落叶在夏天纷纷而下

10. 对第1自然段中加点的词"峭厉"理解正确的一项是( )。(3分)

A. 陡峭,形容水石之陡峻。　　　　　B. 料峭尖利,形容寒风或寒意。

C. 锋利,形容文笔奇特。　　　　　　D. 严肃,形容人的性情。

11. 对第1自然段中加点的词"这个时候"理解正确的一项是( )。(3分)

A. 春天树木落叶的季节　　　　　　　B. 夏天树木落叶的季节

C. 秋天树木落叶的季节　　　　　　　D. 冬天树木落叶的季节

12. 南国落叶的颜色是( )。(3分)

A. 金黄色　　　B. 苍青色　　　C. 朱红色　　　D. 深绿色

13. 下面不是描写南国春天的句子的是( )。(3分)

A. 雨水温润而充足。　　　　　　　　B. 树下铺出一片金黄的地毯。

C. 蜂蝶成群来起舞。 D. 百鸟结队来唱歌。

14. 作者笔下的南国落叶景象,给人的感觉是(　　)。(3分)

A. 悲凉　　　　B. 悲壮　　　　C. 欢乐　　　　D. 孕育生机

15. 下面是比喻句的一项是(　　)。(3分)

A. 也许只是那么一片两片,像一只两只断魂的金蝴蝶。

B. 在遥远的地平线上,威严地站立着的,已不是冷酷的冬。

C. 我听见新叶在呼唤,呼唤未来的鲜花和甘果。

D. 我看见老叶意识到自己历史使命的即将完成。

16. 第8自然段中加粗的句子"老叶融入春泥,老叶化作玉露琼浆,滋润着大树上新叶的成长",与其含义最吻合的诗句是(　　)。(3分)

A. 零落成泥碾作尘,只有香如故。　　B. 雨打芭蕉云落叶,风吹杨柳花飞絮。

C. 落红不是无情物,化作春泥更护花。　　D. 无边落木萧萧下,不尽长江滚滚来。

17. 这篇文章描绘落叶图景采用的写法是什么?请选出表述最准确的一项(　　)。(3分)

A. 北方和南方作对比　　　　B. 用北方引出南方

C. 用北方衬托南方　　　　D. 用南方衬托北方

18. 作者写作本文的目的,以下说法最恰当的一项是(　　)。(3分)

A. 作者细致描写南方和北方的落叶景象,赞美落叶那悲壮的自我牺牲精神。

B. 作者通过描绘老叶落下,新叶勃发的现象,抒发对大自然和人类社会的新陈代谢、新旧交替的感慨和思考。

C. 作者通过南北落叶景象的对比,赞美南国春天那旺盛勃发的生机景象。

D. 作者通过描绘老叶落下,新叶勃发的现象,感叹人生短暂,表示要珍惜美好时光。

短文三(24分)

黑匣子

① 每当飞机发生空难,广播、电视或报纸总是在报道中提到"黑匣子"。那么,"黑匣子"到底是什么呢?

② "黑匣子"是一个密封的金属盒,有普通鞋盒那么大。它实则是飞行数据记录仪,里面装有两种飞行记录系统。其中一种是无线电话记录系统,可以把飞机驾驶舱内每个人的谈话和机场地面指挥及外界的通话全部接收下来,记录在"黑匣子"中的磁带上。飞机一起飞,无线电话记录器便开始不停地工作。由于磁带最大的录音量只有30分钟,录满30分钟,就会抹去旧的声音,再录下新的声音,因此磁带上总能保留飞机出事前最后30分钟驾驶舱内每个人的谈话和通话的信息。

③ "黑匣子"中另一个系统是数据记录系统。它可以记录飞机起飞后的飞行速度、方位、高度

和航向,发动机工作参数,驾驶员动作反应时间等多种数据。它的记录时间为50分钟,以后就除掉旧的数据,再记录新的数据。

④ 一旦飞机发生灾难,专家便可以根据"黑匣子"中记录的各种声音和数据来分析飞机失事的原因。因此,空难发生后,除了营救机上人员,寻找"黑匣子"也就成了刻不容缓的事情。

⑤ 早期"黑匣子"的外壳是黑色的,后来为了便于在各种复杂环境条件下寻找,它的外壳已不再是黑色,而是涂成了国际通用的荧光橘红色。它被安装在飞机尾部最安全的部位。"黑匣子"能承受很大的冲击力,能耐1100℃的高温30分钟,在30米深的水下30天内匣子不渗水,能承受近2吨的静压力不变形。匣子里记录的多种信号和数据还不受外界无线电波干扰和磁力效应等方面的影响。有些"黑匣子"还装有用电池作能源的微型声波发射机,可连续发射一种超声波信号。由于有这么多特点,在飞机机毁人亡后,"黑匣子"往往是唯一的"幸存者",即使"黑匣子"随飞机残骸散落在丛林、沙漠、海底、深谷等人迹罕至的地方,也能迅速被人发现寻获。

⑥ 目前,"黑匣子"不仅使用在飞机上,许多国家的交通运输部门在高速火车和汽车上也安装了"黑匣子"。"黑匣子"的用途变得越来越广泛了。

19. "黑匣子"到底是什么呢?下列说法最准确的一项是(   )。(3分)

A. 它是一个密封的金属盒,有普通鞋盒那么大。

B. 它是飞行数据记录仪。

C. 它的外壳都是黑色的。

D. 它安装在飞机尾部最安全的部位。

20. 对第②、③自然段主要内容概括最恰当的一项是(   )。(3分)

A. 黑匣子装有两种飞行记录系统。

B. 黑匣子装有无线电话记录系统。

C. 黑匣子装有数据记录系统。

D. 黑匣子装有无线电话记录和飞行数据记录两种系统。

21. "黑匣子"的无线电话记录器可以(   )。(3分)

A. 记录飞机上每个人的谈话和机场地面指挥及外界的通话内容

B. 保留飞机出事前最后50分钟驾驶舱内每个人的谈话和通话的信息

C. 保留飞机出事前最后30分钟驾驶舱内每个人的谈话和通话的信息

D. 保留飞机出事前最后30分钟飞机上每个人的谈话和通话的信息

22. 某航空公司飞机失事,有关方面找到"黑匣子",就可以对飞机失事前(   )的速度、方位、高度和航向等数据进行分析。(3分)

    A. 30分钟   B. 40分钟   C. 50分钟   D. 60分钟

23. 第⑤自然段中加点词"唯一"的表达作用是(　　)。(3分)
A. 形象生动　　　B. 准确严谨　　　C. 形象具体　　　D. 准确具体

24. 飞机失事后,对"黑匣子"易于寻找的原因表述不正确的是(　　)。(3分)
A. 有橘红色的荧光。
B. 耐高温,不易渗水,不易变形。
C. 不受外界无线电波干扰和磁力效应的影响。
D. 所有的"黑匣子"都可连续发射一种超声波信号。

25. 根据文章内容和自己的推断,下列说法不正确的一项是(　　)。(3分)
A. "黑匣子"安装在飞机尾部。　　　B. "黑匣子"不会轻易被毁。
C. "黑匣子"只是在飞机上使用。　　　D. "黑匣子"可以帮助专家进行空难调查。

26. 对文章的写法表述正确的一项是(　　)。(3分)
A. 文章用"黑匣子"打比方,形象生动地介绍其构造特点及作用。
B. 文章用了列数字的方法,能使文章显得科学性强,真实可信。
C. 文章用了作比较的写法,能使读者对所写内容印象深刻。
D. 文章用举例子的方法,使文章读起来特别形象生动。

短文四(22分)

【材料一】

2016年中国暴雨成灾

据《中国侨报》报道,自6月30日以来,长江中下游沿江地区及江淮、西南东部等地出现入汛以来最强降雨过程,已造成湖北、江西、湖南、江苏、广西、贵州等省份不同程度上受灾,近百条河流发生超警戒水位洪水。强降雨导致的房屋倒塌、洪涝灾害、泥石流、山体滑坡频现,上千万人受灾,经济损失巨大。

【材料二】

南方暴雨肆虐,汛期提前——不少人把"罪魁祸首"指向厄尔尼诺事件,也对今年汛期形势有了更多的担忧。

去年是厄尔尼诺年,导致今年气候异常。几乎每次厄尔尼诺现象之后,长江流域都会发生洪水,比如1983年、1998年都是如此。来自国家气候中心的监测显示,这次厄尔尼诺事件都已经超过了1997/1998年和1982/1983年,堪称有观测记录以来的"史上最强"厄尔尼诺。

新京报记者发现,此次灾情中,"失守"的主要是中小河流。根据国家防总最新统计数据,6月30日以来,长江中下游五省各类堤防共发生险情733处,其中长江干堤3处,其他堤防177处。

为什么中小河流频频失守?中国水利水电科学研究院防洪领域专家程晓陶认为,我国中小河流量多面广,建设标准低,防洪能力弱。他指出,中小河流堤防、小型水库、一般圩堤多为土堤,如遇超标准洪水,很容易出险、漫溃。此外,由于农村青壮劳力进城务工,传统冬修、春修水利的制度取消,因此中小河流失守在所难免。还有,近年来迅猛的城镇化进程,挤占了河湖,扰乱了水系,水利基础设施欠账太多。目前已进入主汛期,受厄尔尼诺影响,可预见极端洪水发生的概率很大,需要高度警惕,加强灾害天气的研判与预防,做好防汛工作。

【材料三】

应对洪水灾害自救六招

1. 洪水到来时,来不及转移的人员,就近向高地、避洪台等地转移,或爬上屋顶、大树等高地暂避

2. 如洪水继续上涨,暂避的地方已难自保,可用门板、桌椅、大块泡沫塑料等能漂浮的材料扎筏逃生

3. 如已被洪水包围,设法与防汛部门、公安消防取得联系;不要游泳逃生,不可攀爬带电的电线杆、铁塔

4. 如已被卷入洪水中,尽可能抓住固定的或能漂浮的东西,寻找机会逃生

5. 远避倾斜的高压线铁塔或断头下垂的电线,防止直接触电或因地面"跨步电压"触电

6. 洪水过后,做好各项卫生防疫工作,预防疫病流行

27. 根据材料一的文字与图示,6月中旬后,我国受灾人数最多的省份是(　　)和(　　)。(4分)

    A. 广西　　　　B. 江苏　　　　C. 安徽　　　　D. 湖北

28. 根据材料二,堪称有观测记录以来的"史上最强"厄尔尼诺事件出现在(　　)。(3分)

    A.1984年　　　B. 1997年　　　C.1998年　　　D. 2015年

29. 根据材料二,关于文中引用防洪专家说法的目的,以下说法最准确的一项是(　　)。(3分)

    A. 为了找出暴雨肆虐的罪魁祸首。

    B. 为了说明哪次是"史上最强"厄尔尼诺。

    C. 为了说明此次灾情中中小河流"失守"的原因。

    D. 为了说明此次灾情中中小河流"失守"的原因并提出积极建议。

30. 根据材料二,你认为防洪措施不恰当的一项是(　　)。(3分)

    A. 加固河流堤防　　　　　　　　　　　　B. 加快城镇化进程

C. 加强灾害天气的预报　　　　　　　　D. 加强水利基础设施建设

31. 综合材料一与材料二,对于2016年暴雨成灾的原因表述错误的一项是(　　)。(3分)

A. 今年6月强降雨导致长江中下游沿江地区大面积受灾。

B. 今年入汛早、暴雨多,强对流天气多发等,造成了大面积的洪涝灾害。

C. 我国中小河流量多面广,建设标准低,防洪能力弱。

D. "罪魁祸首"是厄尔尼诺。今年是厄尔尼诺年,长江流域不例外都会发生洪水。

32. 小何家住在某市的海滨大道,他家已被决堤的洪水包围,根据材料三,小何应该采取正确的自救方法有(　　)和(　　)。(3分)

A. 爬上附近的大树　　　　　　　　　　B. 爬上附近的电线杆

C. 游泳逃生　　　　　　　　　　　　　D. 找到木板木盆等能漂浮的材料扎筏逃生

33. 洪水过后要做好卫生防疫,你认为特别容易出现的流行疫病是(　　)。(3分)

A. 头疼　　　　B. 高血压　　　　C. 疟疾　　　　D. 感冒

仍然以上述小学六年级的阅读素养测试为例,分析和界定影响六年级学生阅读素养的因素。

六年级阅读素养测试配套问卷维度说明

大维度	测量内容	定义	题目	项目数
阅读行为	阅读量	一学年阅读课外书、经典著作的数目	2～3	2
	理解策略	为了理解阅读材料,而有意识使用的阅读活动计划	8～10	3
	记忆策略	为了再现记忆中存储的阅读材料内容,而有意识使用的阅读活动计划	11～14	4
	监控策略	确保自己理解阅读材料内容,而有意识使用的阅读活动计划	15～19	5
	精致策略	为获得比简单记忆更深入的理解,探索如何把阅读材料和先前的学习、经验联系起来,探索在其他情境中如何应用阅读材料的知识	20～23	4
阅读态度	阅读兴趣	对阅读的喜爱程度	4～7	4
	阅读内部动机	由阅读活动本身诱发出来的,推动个体积极参与阅读的内部动力	24～26	3
	阅读外部动机	由外界诱发出来的,推动个体积极参与阅读的外部动力	27～30	4
数字阅读及网上使用	数字阅读	进行数字阅读的频率	31～32	2
	网上学习或获取资料	通过数字阅读的形式查找资料或获取信息或进行网上信息获取	33～34	2
	网上娱乐	网上娱乐的频率	35～37	3

六年级阅读素养测试配套调查问卷

本问卷的目的是调查阅读有关的真实情况,问卷答案没有对错之分,请按你的真实想法和第一反应作答,请不要乱答、漏答。感谢你的配合!

【家庭语言】1. 你和家人通常用什么话交流?(　　)

A. 普通话　　　　　B. 方言　　　　　C. 普通话和方言

【总阅读量】2. 你一学年大约读多少本课外书(作文书和教辅书除外)?(　　)

A. 0—5 本　　　B. 6—10 本　　　C. 11—15 本　　　D. 16 本及 16 本以上

【经典著作阅读量】3. 你一学年大约读多少本名著?(　　)

A. 0—2 本　　　B. 3—5 本　　　C. 6—8 本　　　D. 9 本及 9 本以上

4. 请根据你平时的阅读情况和学习情况,回答以下问题:		A. 完全不符合	B. 有点不符合	C. 比较符合	D. 完全符合
阅读兴趣	(1) 我喜欢观察、阅读见到的各种文字,如:广告、通知、图表、海报、电视字幕等				
	(2) 我想要有更多的时间去阅读				
	(3) 我喜欢去书店或图书馆				
	(4) 我经常主动阅读				
理解策略	(5) 读完文章后,我与别人讨论文章的内容				
	(6) 我画出文章的重要内容				
	(7) 我用自己的话转述文章				
记忆策略	(8) 我会努力记住课文的所有内容				
	(9) 我会尽可能多地记住细节内容				
	(10) 我会一遍遍地反复阅读课文				
	(11) 我会把课文读很多遍,直到我能背诵				

续表

4. 请根据你平时的阅读情况和学习情况，回答以下问题：		A. 完全不符合	B. 有点不符合	C. 比较符合	D. 完全符合
监控策略	(12) 我会先找出需要重点阅读的内容				
	(13) 我会检查自己是否理解了阅读的内容				
	(14) 我会确认自己是否记住课文的重点				
	(15) 发现不懂的内容，我会联系上下文进行理解				
	(16) 我会找出自己没有真正理解的内容				
精致策略	(17) 我会通过联系自身的经验来更好地理解阅读材料				
	(18) 我会思考阅读的内容和实际生活的联系				
	(19) 我会将阅读的内容和其他学科的知识相联系				
	(20) 我会思考在课外如何运用阅读中学到的知识				
阅读内部动机	(21) 我阅读是为了丰富自己的知识				
	(22) 我阅读是为了感受阅读的快乐				
	(23) 我阅读是为了提高自身修养				
阅读外部动机	(24) 我阅读是为了和同学、朋友有共同的话题				
	(25) 我阅读是为了得到老师、家长的表扬				
	(26) 我阅读是为了完成老师、家长布置的阅读任务				
	(27) 我阅读是为了考试拿高分				
5. 你从事下列活动的频率是		A. 从不	B. 偶尔	C. 经常	D. 总是
数字阅读	(1) 用电子产品看小说				
	(2) 看微信、博客、论坛的文章				

续表

5. 你从事下列活动的频率是		A. 从不	B. 偶尔	C. 经常	D. 总是
上网学习	(3) 上网学习				
	(4) 在网上查找资料				
上网娱乐	(5) 玩网络游戏				
	(6) 网上聊天（如 QQ、微信）				
	(7) 看视频、听音乐				

三、非学业综合素质测试量表

（一）非学业综合素质量表编制原则

1. 促进学生全面发展的原则

以往的教育质量评价重点主要放在学业质量评价，单纯以学生学业考试成绩和学校升学率评价中小学教育质量，导致忽视学生综合素质和个性发展，不重视学校进步和努力程度，没有起到诊断和改进的作用。教育质量综合评价则是在强调学业评价及其相关影响因素的同时，引进非学业因素的评价，这对于教育质量评价来说是一个新的挑战。

学生德智体美劳全面发展，是所有教育教学活动综合促成的结果。在课堂教学制度下，除了要了解学生各学科学习的效果，还需要对学生的品德与社会化水平，身心发展水平，兴趣爱好特长、艺术素养、实践能力和劳动素养，家校关系和学校文化认同等各方面的发展状况进行全面掌握，并尽可能解释其相关性。

2. 评价项目综合设计的原则

由于阳光评价是对学生德智体美劳的综合评价，评价内容丰富，关键指标超过二十项，每一项又有很多具体的典型行为或态度表现，因此，为便于集中测量这些多维的复杂概念或态度，采用了常用的李克特量表（Likert scale）。

教育部的综合评价指标体系共有十多个评价子项。每个评价子项之间既有关联，又有区别。如果每个评价子项采用不同的评价工具进行测量，则破坏了指标体系内的相互关联性，也大大增加了评价的负担。如果用统一的工具进行测量，虽然方便实施、容易推广，但编制这样具有综合性、涵盖多个子项的评价工具会给问卷编制及评分模式设置带来心理测量及统计方面的难题。

根据六大项分类要求，各项关键指标应体现在六大类评价内容中。各项关键指标不应与六大项分类割裂开来，应该视为整体与局部的关系。如果 20 项关键指标都分别用不同的量表测试，没有考虑量表间的关系，那么六大类与 20 项指标的整体关系将被破坏，难以建立有机联系，也无法合成一个综合分数用于整体评价，更无法进行量数间的分数等值。经过慎重考虑及研发小组的商讨,决定采用"大量表"形式予以实现测试,"大量表"统领"小量表",量表间分工合作,不破坏它们之间的整体关系。

2015年9月份在编制题目及讨论修改的基础上,对广州市番禺区某些初中和小学进行了数据的初步测试。其中,初中共558份有效数据,小学共385份有效数据。

为了验证所测内容是否符合"大量表"六大类20项指标的要求,通过以下步骤对非学业水平测试数据进行统计分析:

首先,对初测数据进行探索性因素分析,发现六大指标均能较好地体现评价内容,小学和初中数据方差总贡献率都在80%以上。

其次,对六大指标分别进行验证性因素分析,发现一些测题负荷相对较低,予以删除。

再次,在删除了一些题目的基础上,分别对六大指标再进行一次验证性因素分析,发现各六大指标的GFI、NFI、CFI、RMSEA等性能指标均较好地达到了测量学要求,其中,GFI、NFI、CFI均大于0.90,RMSEA均在0.08以下。

最后,保留未删除的题目用于正式施测,评价的内容还是包括六大指标和20项关键指标,结果发现,各项指标依然较好地达到了各项性能的要求,这表明六大类20项关键指标的评价结构得到了有效验证,将评价内容划分为六大类20项关键指标的"大量表"建构思想是合理的。

通过探索性因素和验证性因素的分析,最终得以验证"大量表"包含六大类20项关键性指标,它们分别是:

第一大类:品德与社会化水平(道德品质、社会责任、国家认同、国际理解)。

第二大类:学业发展水平(学会学习、科技与人文素养)。

第三大类:身心发展水平(心理健康、自我管理)。

第四大类:兴趣特长潜能(审美修养、爱好特长、实践能力、创新意识)。

第五大类:学业负担状况(学习时间、课业质量、课业难度、学习压力)。

第六大类:学校认同(文化认同、教学方式、师生关系、家校关系)。

3. 对量表各选项与指标的关系予以说明

由于对不同的指标项进行测评,并对评价结果实现科学的综合评分,因此,需要对选项与评价指标的关系予以说明。以广州市教育质量阳光评价"品德与社会化水平"为例,该指标包含了道德品质、社会责任、国家认同、国际理解四个二级指标,每个二级指标又包含若干个三级指标,比如道德品质包含了谦让、仁爱、感恩、宽以待人、承诺、公正等。然后每一个三级指标再设计若干个选项。

道德品质

道德品质是指个人在道德行为中所表现出来的比较稳定的、一贯的特点和倾向。由道德认识、道德情感、道德信念、道德意志和道德行为等因素构成。包括私德和公德。在本测试中具体对应选项分别是：

谦让：1. 我平时会践行"孔融让梨"的精神。

仁爱：6. 我会为设身处地为别人着想。

感恩：9. 我竭尽所能去答谢那些对我好的人。

宽以待人：21. 不管我的家人和好友做了什么，都不能阻止我对他们的爱。

承诺：10. 我对自己所说的话一定做到。

公正：15. 我敢于抵制老师或班干部的不公正行为。

社会责任

社会责任是指在一个特定的社会里，每个人在心里和感觉上对其他人的伦理关怀和义务。了解法律与规则常识，树立权利和义务相统一的观念，自觉遵守社会公德和法律法规。在本测试中具体对应选项分别是：

礼貌礼仪：7. 在公共场合，我会随便喊别人绰号。（反向）

勤俭节约：8. 我不会因为物品旧了或者不喜欢就随意丢弃。

热爱劳动：11. 我在家从来不帮父母做家务。（反向）

爱护公物：12. 我会爱惜学校的器材，正确使用。

爱护环境：2. 无论家里还是外面，我不会将垃圾随手往窗户外扔。

3. 我觉得网络聊天有自己的言论自由，但是也有义务维护网络语言文明。

13. 如果自己被勒索或者敲诈时，我一般会选择私下报复而非寻找法律途径。（反向）积极交往，在交往中会包容他人，具有领导才能和团队合作意识，人际关系良好。

4. 我擅长组织集体活动。

14. 我能够在集体中与他人合作完成任务。

国家认同

国家认同是一个国家的公民对自己归属哪个国家的认知以及对这个国家的构成，如政治、文化、族群等要素的评价和情感，主要包括了解和欣赏祖国的文化、历史与发展，具有民族自尊心、自信心和自豪感等。在本测试中具体对应选项分别是：

5. 对于中国武术、京剧、皮影戏等国粹，我认为需要继承和弘扬。

16. 对于中国成功举办奥运会、世博会,我感到很自豪。

22. 我相信国家会因我们这一代人的努力而变得更加富强。懂得个人与国家的关系,立志为中国特色社会主义做贡献。

17. 我认为没有中华民族的将来就没有我的将来。

23. 我愿意为实现国家富强贡献自己的力量。

国际理解

国际理解是指随着经济全球化、政治多极化、文化多元化等国际形势的发展,各国各民族人民之间通过一定形式的交往,达到相互理解、相互关心、相互学习的过程。主要表现为理解异国文化传统、和平教育、环境教育、全球危机教育,关注全球时事,认识各国发展的相互依赖性等。在本测试中具体对应选项分别是:

24. 关注国内外时事是政治家们的事,和我没关系。(反向)

18. 我认为中国地大物博,可以自给自足,没有必要对外开放,以免让别的国家获得很多好处。(反向)了解世界各国各地各民族的文化,尊重和包容不同文化的差异性,与身边不同国籍的人和谐共处。

19. 我尊重来自不同文化的人的行为方式。初步树立人类和平的观念。

20. 我认为军事强国更应该维护和平而不是发动战争。

最后形成小学、初中、高中阶段非学业综合素质测试量表,以初中为例。

义务教育初中学段阳光评价非学业综合素质测试量表

亲爱的同学：

本问卷的目的是调查教育质量有关的真实情况，问卷答案没有对错之分，请按你的真实想法和第一反应作答，请不要乱答、漏答。本问卷不需要署名，不会给你带来任何影响，请你放心并真实填写，感谢你的配合！

广州市教育质量阳光评价课题组

基本信息：

1. 性别：A. 男　　B. 女

2. 是否独生子女：A. 是　　B. 否

3. 年级：A. 七年级　　B. 八年级　　C. 九年级

4. 年龄：A. 12 岁以下　　B. 12 岁　　C. 13 岁　　D. 14 岁　　E. 14 岁以上

5. 父亲文化程度：A. 小学或以下　　B. 初中　　C. 高中　　D. 中专　　E. 大专　　F. 本科　　G. 本科以上

6. 母亲文化程度：A. 小学或以下　　B. 初中　　C. 高中　　D. 中专　　E. 大专　　F. 本科　　G. 本科以上

7. 你的家庭月平均收入（单位：元）：A. 1000 以下　　B. 1000—1999　　C. 2000—2999　　D. 3000—3999　　E. 4000—5999　　F. 6000—9999　　G. 10000—19999　　H. 20000—99999　　I. 100000 以上　　J. 无收入来源

第一部分　品德与社会化水平

题目	选项				
	1. 完全不符合	2. 比较不符合	3. 不确定	4. 比较符合	5. 完全符合
1. 我平时会践行"孔融让梨"的精神	1	2	3	4	5
2. 无论在家里还是外面，我不会将垃圾随手往窗户外扔	1	2	3	4	5
3. 我觉得网络聊天有自己的言论自由，但是也有义务维护网络语言文明	1	2	3	4	5
4. 我擅长组织集体活动	1	2	3	4	5
5. 对于中国武术、京剧、皮影戏等国粹，我认为需要继承和弘扬	1	2	3	4	5
6. 我会设身处地为别人着想	1	2	3	4	5
7. 在公共场合，我会随便喊别人绰号	1	2	3	4	5
8. 我不会因为物品旧了或者不喜欢就随意丢弃	1	2	3	4	5
9. 我竭尽所能去答谢那些对我好的人	1	2	3	4	5

续表

题目	选项				
	1. 完全不符合	2. 比较不符合	3. 不确定	4. 比较符合	5. 完全符合
10. 我对自己所说的话一定做到	1	2	3	4	5
11. 我在家从不会帮父母做家务	1	2	3	4	5
12. 我会爱惜学校的器材，正确使用	1	2	3	4	5
13. 如果自己被勒索或者敲诈，我一般会选择私下报复而非寻找法律途径	1	2	3	4	5
14. 我能够在集体中与他人合作完成任务	1	2	3	4	5
15. 我敢于抵制老师或班干部的不公正行为	1	2	3	4	5
16. 对于中国成功举办奥运会、世博会，我感到很自豪	1	2	3	4	5
17. 我认为没有中华民族的将来就没有我的将来	1	2	3	4	5
18. 我认为中国地大物博，可以自给自足，没有必要对外开放，以免让别的国家获得很多好处	1	2	3	4	5
19. 我尊重来自不同文化的人的行为方式	1	2	3	4	5
20. 我认为军事强国更应该维护和平而不是发动战争	1	2	3	4	5
21. 不管我的家人和好友做了什么，都不能阻止我对他们的爱	1	2	3	4	5
22. 我相信国家会因我们这一代人的努力而变得更加富强	1	2	3	4	5
23. 我愿意为实现国家富强贡献自己的力量	1	2	3	4	5
24. 关注国内外时事是政治家们的事，和我没关系	1	2	3	4	5

第二部分　学业发展水平

题目	选项				
	1. 完全不符合	2. 比较不符合	3. 不确定	4. 比较符合	5. 完全符合
1. 如果别人不督促我，我很少主动学习	1	2	3	4	5
2. 除了老师指定的作业外，我不想再多看书	1	2	3	4	5
3. 当我读书时，需要很长的时间才能提起精神来	1	2	3	4	5
4. 为了把功课学好，我放弃了许多感兴趣的活动，如体育锻炼、看电影与郊游等	1	2	3	4	5
5. 我觉得读书没意思	1	2	3	4	5
6. 我努力学习是为了增强自己的能力	1	2	3	4	5
7. 对我来说，掌握所学的知识是重要的	1	2	3	4	5
8. 我努力取得好成绩是为了获得家长和老师的表扬	1	2	3	4	5
9. 我通常都能把握学习的重点和难点	1	2	3	4	5

续表

题目	选项				
	1. 完全不符合	2. 比较不符合	3. 不确定	4. 比较符合	5. 完全符合
10. 我努力学习是为了以后有好的前途	1	2	3	4	5
11. 我非常关心自己的学习成绩在班里的排名	1	2	3	4	5
12. 课堂上有不懂的地方,我会在课余休息时向老师请教	1	2	3	4	5
13. 作业发回后,我很关心错在什么地方及教师的评语	1	2	3	4	5
14. 发现自己解题的答案与其他同学不同时,我马上与同学讨论交流	1	2	3	4	5
15. 考试前我会对知识做系统的汇总、总结	1	2	3	4	5
16. 我的生活没有明确的目的	1	2	3	4	5
17. 我明白自己生活的意义	1	2	3	4	5
18. 我做事会考虑别人的感受	1	2	3	4	5
19. 我知道什么东西能使自己的生活有意义	1	2	3	4	5
20. 我对他人不幸的遭遇感同身受	1	2	3	4	5
21. 我设法弄清楚我所学东西在日常生活中应如何发挥效用	1	2	3	4	5
22. 当我想了解某方面知识时,我不知道如何查找相关信息	1	2	3	4	5
23. 我会主动关心家人或朋友	1	2	3	4	5
24. 我已经发现一个让自己满意的生活目的	1	2	3	4	5
25. 我帮助需要帮助的人	1	2	3	4	5
26. 我遵守社会规范和公共秩序	1	2	3	4	5
27. 我的生活有一个清晰的方向	1	2	3	4	5
28. 通常而言,我能够分辨信息的正确性	1	2	3	4	5
29. 我认为只要有想法,我们可以开展任何科学研究	1	2	3	4	5
30. 我能设身处地为别人着想	1	2	3	4	5

第三部分 身心发展水平

题目	选项				
	1. 完全不符合	2. 比较不符合	3. 不确定	4. 比较符合	5. 完全符合
1. 我会坚持不懈以达到目标	1	2	3	4	5
2. 我通常把每天的活动安排成一个日程表	1	2	3	4	5
3. 我对自己持肯定的态度	1	2	3	4	5
4. 我几乎把所有的时间都放在学习上,很少参加其他活动	1	2	3	4	5

续表

题目	选项				
	1. 完全不符合	2. 比较不符合	3. 不确定	4. 比较符合	5. 完全符合
5. 当事情看起来没什么希望时,我不会轻易放弃	1	2	3	4	5
6. 我是诚实的	1	2	3	4	5
7. 我通常都能按计划完成学习和生活上的事情	1	2	3	4	5
8. 我与父母相处得很好	1	2	3	4	5
9. 遇到麻烦时,我会努力寻找解决问题的办法	1	2	3	4	5
10. 当心烦的时候,我总是能找到一种方法,最终使我心情变得更好	1	2	3	4	5
11. 遇到困难时,我认真思考怎样才能更好地解决问题	1	2	3	4	5
12. 即使考试成绩不理想,我也有信心下次考好	1	2	3	4	5
13. 我常因一点小事而大发脾气	1	2	3	4	5
14. 我不能很好地与异性相处	1	2	3	4	5
15. 别人认为我长得好看	1	2	3	4	5
16. 发现学习不专心时我会想办法集中精神	1	2	3	4	5
17. 别人笑我的时候,我会认为是自己做错了什么事	1	2	3	4	5
18. 我不会因失败而气馁	1	2	3	4	5
19. 我能够很好地在短时间内调整情绪	1	2	3	4	5
20. 不能解决问题,我就十分苦恼,并且向家人朋友发泄	1	2	3	4	5

第四部分 兴趣特长潜能

题目	选项				
	1. 完全不符合	2. 比较不符合	3. 不确定	4. 比较符合	5. 完全符合
1. 我喜欢阅读中外名著	1	2	3	4	5
2. 我常常被好的作品感动	1	2	3	4	5
3. 我只阅读/观赏那些能够帮助我考试拿高分的作品	1	2	3	4	5
4. 选择课外书时我只注重趣味性	1	2	3	4	5
5. 我的作文经常得到老师的表扬	1	2	3	4	5
6. 我总能发现生活的美好	1	2	3	4	5
7. 一部好的作品能带给我美的享受	1	2	3	4	5
8. 我注重提高我的艺术修养	1	2	3	4	5

续表

题目	选项				
	1. 完全不符合	2. 比较不符合	3. 不确定	4. 比较符合	5. 完全符合
9. 对我而言,上艺术类课程简直是浪费时间	1	2	3	4	5
10. 我对所有艺术作品都不感兴趣	1	2	3	4	5
11. 我的爱好很多	1	2	3	4	5
12. 我的爱好成为我的特长	1	2	3	4	5
13. 我的课余生活丰富	1	2	3	4	5
14. 我的特长帮助我拿过校级以上的奖励	1	2	3	4	5
15. 我喜好文学、科学、体育或艺术	1	2	3	4	5
16. 我关注时事新闻	1	2	3	4	5
17. 外界发生的事情与我关系不大	1	2	3	4	5
18. 我的动手操作能力低	1	2	3	4	5
19. 我能够运用所学知识解决生活中的问题	1	2	3	4	5
20. 我关心同学	1	2	3	4	5
21. 在我看来,课堂上教的东西没有什么用处	1	2	3	4	5
22. 我总是依靠别人帮我解决困难	1	2	3	4	5
23. 我常常参与志愿者服务	1	2	3	4	5
24. 大家夸奖我能干	1	2	3	4	5
25. 我常常遇到让我不知道该怎么办的事情	1	2	3	4	5
26. 新事物吸引我的注意	1	2	3	4	5
27. 我想知道书本上的所有知识	1	2	3	4	5
28. 我喜欢学习简单的东西	1	2	3	4	5
29. 我喜欢提问那些我不完全理解的问题	1	2	3	4	5
30. 我不喜欢变化	1	2	3	4	5
31. 我对很多事情都提出质疑	1	2	3	4	5
32. 我喜欢探究事物的模式	1	2	3	4	5
33. 我喜欢自己思考问题	1	2	3	4	5
34. 我喜欢研究复杂的、不平常的事物	1	2	3	4	5
35. 我不想知道事物是怎样运作的	1	2	3	4	5

第五部分　学业负担状况

题目	1. 完全不符合	2. 比较不符合	3. 不确定	4. 比较符合	5. 完全符合
1. 我除去吃饭和睡觉,其他时间都在学习	1	2	3	4	5
2. 我觉得上课占用了太多的时间	1	2	3	4	5
3. 我觉得做作业占用了太多的时间	1	2	3	4	5
4. 我觉得补课占用了太多的时间	1	2	3	4	5
5. 我常常睡眠不足	1	2	3	4	5
6. 学习之余,我最想做的事情就是睡觉	1	2	3	4	5
7. 学习之余,我没有时间从事户外体育活动	1	2	3	4	5
8. 对我而言,听课的效果比自学差	1	2	3	4	5
9. 课后作业不能帮助我理解课程内容	1	2	3	4	5
10. 考试或测试能帮助我了解自己的学业水平	1	2	3	4	5
11. 我通过听课能够掌握课程内容	1	2	3	4	5
12. 我觉得许多考试是多余的	1	2	3	4	5
13. 我觉得许多课后作业是简单重复的	1	2	3	4	5
14. 我觉得听老师讲课是浪费时间	1	2	3	4	5
15. 对我而言,学校课程内容显得太难	1	2	3	4	5
16. 我常常听不懂老师的课堂讲授	1	2	3	4	5
17. 考试常常让我没有成就感	1	2	3	4	5
18. 我每次考试都有许多题目不会做	1	2	3	4	5
19. 对我而言,课堂作业很容易	1	2	3	4	5
20. 我经常为听不懂课而深感沮丧	1	2	3	4	5
21. 我经常为不会做课后作业而发愁	1	2	3	4	5
22. 我常常担心考试成绩不理想	1	2	3	4	5
23. 学习让我身心疲惫	1	2	3	4	5
24. 我常常担心达不到父母的期望	1	2	3	4	5
25. 我担心考不上理想的高级中学	1	2	3	4	5
26. 我常常为成绩达不到师长的满意而担忧	1	2	3	4	5
27. 我常常讨厌学习	1	2	3	4	5
28. 学校的功课把我的精力榨干了	1	2	3	4	5

第六部分 对学校的认同

题目	选项				
	1. 完全不符合	2. 比较不符合	3. 不确定	4. 比较符合	5. 完全符合
1. 我为我的学校感到骄傲	1	2	3	4	5
2. 我喜欢学校的校歌	1	2	3	4	5
3. 我喜欢学校的校服	1	2	3	4	5
4. 当听到有人说学校的坏话时,我很生气	1	2	3	4	5
5. 我喜欢学校的活动	1	2	3	4	5
6. 我在学校里受欢迎	1	2	3	4	5
7. 我在学校里有很多朋友	1	2	3	4	5
8. 老师能够按照我的特点来给我安排学习任务	1	2	3	4	5
9. 老师的教学活动能够照顾到大多数同学的水平	1	2	3	4	5
10. 对我而言,听课是一件快乐的事情	1	2	3	4	5
11. 同学们在课堂上都很活跃	1	2	3	4	5
12. 我喜欢老师的教学风格	1	2	3	4	5
13. 老师总是能够激发我对学习的兴趣	1	2	3	4	5
14. 老师给每位同学布置的作业是不同的	1	2	3	4	5
15. 老师信任我	1	2	3	4	5
16. 老师尊重我	1	2	3	4	5
17. 老师对我的批评是公平的、恰当的	1	2	3	4	5
18. 老师常常挖苦我	1	2	3	4	5
19. 当我取得成功时,老师很为我感到自豪	1	2	3	4	5
20. 老师总是认真批改我的作业	1	2	3	4	5
21. 老师对我的一言一行都很关心	1	2	3	4	5
22. 我觉得父母和老师的关系融洽	1	2	3	4	5
23. 父母对学校的工作很配合	1	2	3	4	5
24. 我的父母和班主任经常联系	1	2	3	4	5
25. 父母经常在家里表扬老师	1	2	3	4	5
26. 老师经常跟父母沟通我在学校的情况	1	2	3	4	5
27. 我的父母喜欢我的学校	1	2	3	4	5
28. 我的父母常常参加学校组织的活动	1	2	3	4	5

请最后确认是否有漏答任何题目,感谢你的合作!

需要特别指出的是,量表的编制严格依照一定的程序,并符合测量学的基本指标要求。

（二）非学业综合素质质量分析

1. 信度分析

分析本项目小学和初中的非学业量表信度，结果发现，总量表的内部信度一致性系数为小学0.94，初中0.95。各分量表的内部信度一致性系数除了小学的身心发展水平分量表和学业负担状况分量表由于题量较少，不到0.80，其他分量表的内部信度一致性系数均在0.80以上（详见表2.18），说明本项目小学和初中的非学业量表均具有良好的信度。

表2.18 阳光评价非学业量表信度分析表

评价内容	小学	初中
总量表	0.94	0.95
品德与社会化水平	0.80	0.88
学业发展水平	0.84	0.90
身心发展水平	0.65	0.90
兴趣特长潜能	0.89	0.89
学业负担状况	0.74	0.81
学校认同	0.94	0.94

2. 结构效度分析

分析本项目小学和初中的非学业量表结构效度，结果表明，绝大多数分量表的RMSEA值都在0.08以下，CFI、NFI等拟合指数值也都达到或接近0.90（详见表2.19），说明本项目小学和初中的非学业量表均具有良好的结构效度。

表2.19 阳光评价非学业量表结构效度分析表

学段	评价内容	df	RMSEA（近似误差平方根）	GFI（拟合优度质数）	AGFI	NFI	CFI（离中改善比）	IFT
小学	品德与社会化水平	84	0.04	0.98	0.97	0.93	0.93	0.93
	学业发展水平	169	0.07	0.92	0.90	0.86	0.86	0.86
	身心发展水平	53	0.09	0.93	0.89	0.79	0.79	0.79
	兴趣特长潜能	318	0.05	0.93	0.91	0.87	0.88	0.88
	学业负担状况	269	0.09	0.82	0.79	0.77	0.77	0.77
	学校认同	344	0.06	0.91	0.89	0.90	0.91	0.91

续表

学段	评价内容	df	RMSEA（近似误差平方根）	GFI（拟合优度质数）	AGFI	NFI	CFI（离中改善比）	IFT
初中	品德与社会化水平	183	0.06	0.94	0.93	0.90	0.90	0.90
	学业发展水平	274	0.09	0.79	0.75	0.75	0.75	0.75
	身心发展水平	89	0.07	0.94	0.92	0.93	0.93	0.93
	兴趣特长潜能	293	0.07	0.89	0.87	0.86	0.87	0.87
	学业负担状况	269	0.10	0.74	0.68	0.77	0.77	0.77
	学校认同	293	0.07	0.87	0.85	0.89	0.89	0.89

（三）不断优化和改进测评工具

2016年9月，教育部以北京师范大学课题组的名义向社会发布了包括文化基础、自主发展、社会参与三个方面六大素养十八个基本点的中国学生发展核心素养总体框架，并提出要建立基于核心素养的教育质量评价体系。2015—2017年，广州市在两次大规模测试的基础上，根据测试结论，对先期设计的指标体系进行了优化，重点是基于广州市阳光评价指标基本框架的内涵，结合核心素养的新理念、新要求，同时考虑指标的可测量特性。与之对应的是，对原有测试工具也进行了进一步优化。

1. 品德发展水平问卷

党的十八大关于最新的教育方针是这样表述的：坚持教育为社会主义现代化建设服务、为人民服务，把立德树人作为教育的根本任务，全面实施素质教育，培养德智体美劳全面发展的社会主义建设者和接班人，努力办好人民满意的教育。依据党的教育方针，学校应该把立德树人作为教育的根本任务，教育的最终目标是培养德智体美劳全面发展的人。在《义务教育品德与社会课程标准》（2011年版）中指出：良好品德是健全人格的基础，是公民素质的核心。随着社会的发展，具有良好的公民素质越来越成为人的内在需求。所以在教育部颁布的《中小学教育质量综合评价指标框架（试行）》中将"品德发展水平"列入了评价学校教育质量的主要内容。本次测评中"品德发展水平问卷"紧紧围绕着学生公民素养的测量，与课程标准相契合。

测量的目的是通过学生对问卷题目的回答来综合分析学生的品德发展水平，增强学生注重自身素养的意识，也提升教师进行德育的意识。中小学德育的目的在于为学生的成长和发展打下基础，为学生步入社会打好做人的基础。良好的行为习惯也是依靠德育养成的，行为习惯与道德品质是相辅相成的。德育不仅能够帮助青少年塑造高尚的品德，更能净化一所学校的学习风气。注重品德发展，注重高尚品德的价值，给予品德发展足够的重视与支持，关系着"百年树人"的大计，只有这样，才能培养出更多的社会主义建设者和接班人。

问卷被试选自辽宁省盘锦市、青海省西宁市、重庆市涪陵区、浙江省海宁市、云南省昆明市5

大地区,每个地区分别选取 2 所小学的一年级 100 人、三年级 100 人、五年级 100 人,2 所中学的初一 200 人、初二 150 人、高一 200 人、高二 150 人,有效样本 4521 人。对问卷进行信度(Cronbach's α 系数)分析,结果表明,品德发展水平问卷的总体信度在小学样本中达到 0.929,在中学样本中达到 0.870,均高于 0.70。

2. 学习动机量表

学习动机是推动学生进行学习行为的直接原因和内部动力,学习动机就像学习的发动机,它支配着学习者的学习行为。高水平的学习动机使学生在学习过程中将注意状态、投入水平保持下去,在遇到困难时表现出较高的意志力水平。因此,了解学生的学习动机水平,对于保持和提升学习兴趣、提高学习效率、获得良好的学业成绩具有重要意义。

在日常教学中,我们习惯以简单的"强""弱"界定学生学习动机,但忽略了不同个体间学习动机类型的差异:即使处于同一学习动机水平,不同的学生产生动机的具体原因也不尽相同。根据学习动机的来源看,学习动机可以分为内部动机和外部动机。学习动机的理论可以分为行为主义动机观、人本主义动机观、认知主义动机观三类。其中,针对认知主义动机观的研究和应用最广。认知主义动机观关注的不是外显的可观察的行为,而是内在的不可观察的认知因素。认知论的动机作用理论模型为 S—O—R,其中 O 为中介变量,包括思维过程、观念冲突、期望和意图,以及对周围环境的理解和认识等。认知心理学家对中介变量的理解不同,形成了不同的动机理论,主要包括成就动机论、归因论、自我效能理论等。本测验采取认知主义动机观,综合考虑多个认知中介变量,最后形成从求知进取、害怕失败、自我效能感、归因等多个角度进行测评的学习动机量表。

量表被试来自重庆市涪陵区、云南省昆明市,每个地区 3 所小学的一至六年级学生,每个年级 120 人,3 所中学的初二 150 人、高二 150 人,有效样本 1776 人。

"学习动机量表"总问卷的信度在小学样本中为 0.758,在中学样本中为 0.802,均高于 0.70。以上结果表明,本量表具有良好的测验信度,题项间有良好的一致性,符合心理测量学使用标准。另外,利用 Mplus7.0 软件,采用极大似然估计法对问卷所获得数据进行验证性因素分析,以检验问卷的结构效度。分析结果表明,在小学样本中,本量表的离中改善比(CFI)为 0.995,非规范拟合指数(NNFT 或 TLI)为 0.969,均不小于 0.90。近似误差平方根(RMSEA)为 0.063,低于 0.08。在中学样本中,本量表的离中改善比(CFI)为 0.978,非规范拟合指数(NNFI 或 TLI)为 0.936,均不小于 0.90。近似误差平方根(RMSEA)为 0.11。以上结果表明,理论模型和观测模型的拟合程度达到要求水平,说明本量表结构效度达到了使用要求。

3. 学习策略量表

学习策略是指学习者在学习活动中有效学习的程序、规则、方法、技巧及调控方式(刘电芝,2000)。中小学阶段是学生获得知识和发展能力的重要时期,尤其是学会学习的能力,这对中小学生的学业成绩和身心发展至关重要。如何使中小学生学会学习、掌握科学的学习方法、学好科学文化知识、顺利有效地完成学习任务是当前教育者面临的重要问题。而解决这些问题的关键途径就是加强对中小学生学习策略的研究,指导学生掌握适合自己的学习策略。

美国心理学家杰罗姆·布鲁纳(Jerome Seymour Bruner)在研究人工概念学习过程中发现,如果人们运用一定的策略进行学习,其学习效果可以得到很大提高。1970年,美国心理学家约翰·弗拉维尔(John Hurley Flavell)提出了"元认知"概念,以此为基础迅速形成的元认知理论为学习策略研究提供了理论指导。20世纪80年代以来,丹塞罗(Dansereau,1985)和迈克卡(McKeachie,1990)等人根据学习策略所起的作用及其涵盖的成分进行维度划分,我国学者黄希庭、刘电芝(2002)等人也对通用学习策略进行了相关研究,基于学习策略三因素结构,认为学习策略分为元认知策略、认知策略和资源管理策略,其中,元认知策略包含元认知计划、元认知监控、元认知调节;认知策略包含组织策略、理解策略、精细加工策略;资源管理策略包含时间管理、努力管理、社会资源利用、物资资源利用。为我们进行策略研究的维度划分和题目设置提供了借鉴。

量表被试来自上海市、重庆市涪陵区、云南省昆明市3所小学的一至六年级学生,每个年级学生120人,3所中学的初二学生150人、高二学生150人,有效样本1924人。

对量表进行分析发现,本量表的信度在小学样本中为0.961,在中学样本中为0.967,均远远超过0.70,说明量表具有良好的同质性和稳定性。此外,以验证性因素分析考察结构效度。在小学样本中,离中改善比(CFI)为0.971,非规范拟合指数(NNFI或TLI)为0.958,均不小于0.90。近似误差平方根(RMSEA)为0.099。中学样本中离中改善比(CFI)为0.978,非规范拟合指数(NNFI或TLI)为0.966,均不小于0.90。近似误差平方根(RMSEA)为0.066。因此,模型的拟合情况基本达标。

4. 学习潜能测验

(1) 记忆力测验

记忆是过去学习过的知识、体验过的情感、经历过的事情、从事过的活动等在大脑这块特殊的物质上留下的痕迹,是人脑对外界输入的信息进行编码、存储和提取的能力。记忆联结着人过去和现在的心理活动,是人们学习、工作和生活的基本机能。人们辨认听到和看到的事物,学习各种动作、知识、技能等,都需要从记忆里提取过去的经验,并编码、存储新的经验。记忆力是理解、推理等其他认知能力的基础。记忆力和阅读理解能力、学业成绩等均有关联。记忆能力水平的高低直接影响着学习效果,只有记得牢固,才能促进知识的理解和迁移。

记忆广度是衡量人的记忆能力的一种主要方式。它是指按固定顺序逐一地呈现一系列刺激(数字、词语、图形、颜色等)或一系列刺激同时呈现以后,个体能够立即正确再现刺激系列的最大长度。

记忆风格指学生在记忆过程时擅长运用的感觉通道,主要包括听觉和视觉。课堂学习中,学生也主要是通过"听"和"看"两种方式进行学习和记忆。每个个体通过"听""看"记忆的能力可能是不同的：有的学生只擅长其中的一种方式，比如通过"听"记忆得更快、更牢，但通过"看"记忆效果很差；有的学生则恰好相反；有的学生可能在两种方式下都能达到很好的效果。根据学生的视听记忆能力水平，划分出视听优势型、听觉优势型、视觉优势型和视听劣势型四种记忆风格。

测评中记忆力测评工具采取了数字回忆的方式，数字回忆是最简单、有效的一种测量记忆力的方式，并且可以通过"看"和"听"两条通道进行测量。目的是帮助老师了解学生的记忆力水平和全班学生的记忆风格特点，以开展有针对性地教学，提升教学效果。帮助每个学生了解自己的记忆力水平和记忆风格特点，在学习活动中采用合适的方法，提升学习效率和效果。

（2）注意力测验

注意力是心理活动对于一定事物的指向和集中的能力，它是完成信息处理过程的重要心理条件，保证了对事物更清晰的认识、更准确地反应和更可控有序的行为。注意力的指向性是指对有用的信息进行加工并阻止无关信息进入意识加工的能力，注意力的集中性是指保证意识加工不中断，可以保持一段时间的能力。注意力贯穿整个心理过程，只有先注意到事物，才能进行记忆、推理、思考等其他过程。在学习过程中，学生需要排除一切无关信息的干扰，注意与自己学习目标有关的事物，并且在学习活动上持续一段比较长的时间，而这都得益于注意力的发展。所以，对学生的注意力进行测量，了解学生的注意力水平，对于教师组织课堂、因材施教都具有重要指导意义。

本次测评中的注意力任务是划消测验，是现有的注意力测量工具之一。划消测验要求被测者在规定时间内，从许多图形中选出指定的目标图形。划消测验要求被测者不仅要快速、准明地捕捉到目标图形，还要努力抑制非目标图形的干扰，而且要持续一段时间。划消测验是国内外常用的比较经典的注意力测量工具之一，目的就是为了测量学生的注意力水平。适时测量学生注意力的水平有很大意义。不同个体的注意力水平不同，测量学生的注意力水平，不仅避免给个别发育迟缓的学生戴上"注意力不集中""多动症状"等帽子，造成学生心理压力，还有利于学校教育课程的安排，帮助教育工作者及时发现个别学生注意力发展状况不足的情况，并通过及时的锻炼进行提升和改善。

（3）推理能力测试题

推理能力是个体从具体事物或现象中归纳出一般规律，或者根据一般原理推导出新结论的思维活动。本测评以斯皮尔曼（C. Spearman）的二因素说为理论依据，主要考查个体普遍概括的一般因素，瑞文（J. C. Raven）将一般因素划分为再生性能力和推断性能力。其中，再生性能力是通过教育可以达到的个体当前所具备的能力，推断性能力是个体做出理性判断的能力。以此为基础，本次测评考查的推理能力包含常识推理能力和图形推理能力两个方面。常识推理能力是考查个体对于生活事件之间逻辑顺序的理解能力;图形推理能力使用的是经典的瑞文推理测验,是考查个体对图形结构加工,选择出能够匹配目标图形的能力。

推理能力作为一种高层次的认知能力,是个体创造力和创新思维能力的基础,推理能力的发展是青少年思维的重要组成部分,是个体智力的核心成分。良好的推理能力有助于儿童对于抽象、陌生知识的学习和掌握;能够帮助儿童较快地学习和接受新概念。同时,推理能力与中小学生语文成绩、数学成绩及综合成绩均存在显著相关性,对于中小学生的学业成绩有较高的预测作用。因此,培养良好的推理能力对于今后学习生活非常重要。本测评为青少年推理能力的发展提供直观的数据,以便于家长和教师更好地参考,做出指导和建议,促进青少年推理能力的发展。

由于学习能力各测评量表的特殊性,不适合做信度的计算,因此采用重测信度的方式衡量量表测量的稳定性。分别从北京市、浙江省海宁市、云南省昆明市3个地区先后两次选取被试进行测试,每个地区分别选取3所小学的一年级150人、三年级150人、五年级150人,3所中学的初二150人、高二150人,有效样本2027人。

经统计分析发现,各认知能力任务的重测信度为:注意力0.88、推理能力0.84、记忆力0.82,结果显示,各个测验均表现出较好的跨时间的稳定性。以验证因素分析考查结构效度,量表模型的拟合指数CFI、TLI在小学样本和中学样本中均大于0.90(小学1.000、1.000;中学1.000、1.000),RMSEA值在小学样本和中学样本中均低于0.08(小学0.00,中学0.00),结果表明,模型的拟合情况良好。

5. 学科思想方法量表(语文、数学、历史、物理)

学科思想方法主要考查学生在进行各科学习活动时所运用的学习策略,是指与特定学科知识相联系,适合特定学科知识的学习程序、规则、方法、技巧及调控方式。因此,加强学科思想方法的研究,指导学生掌握更具针对性、更高效的学习方法,是至关重要的任务。

学习策略的类型可以分为通用学习策略与学科学习策略。通用学习策略不与特定学科知识相联系,是适合各门学科知识的学习程序、规则、方法、技巧及调控方式;学科学习策略则相反,是与特定学科知识相联系,适合特定学科知识的学习程序、规则、方法、技巧及调控方式(刘电芝,2006)。已有研究显示,由于不同学科的学科特性和阶段性特点,相对于通用学习策略,学科学习策略对学习效率和成绩的提高有更为直接的作用。

国内关于学科学习策略的研究起步于20世纪90年代,涉及学科众多,针对学科思想方法量表的研究主要结合各学科的特点,从元认知策略、基本认知策略、具体认知策略、寻求支持策略四个维度进行考查。根据不同学科的学科特性和阶段性特征,有针对性地进行题目设置,分为学科思想方法量表(语文)、学科思想方法量表(数学)、学科思想方法量表(物理)、学科思想方法量表(历史)。

量表被试选取上海市、重庆市涪陵区、云南省昆明市,每个地区3所小学的三至六年级学生,每个年级 120 人，3 所中学的初二 150 人、高二 150 人，有效样本 2197 人。

（1）学科思想方法量表（语文）

对量表进行信度分析，结果表明，学科思想方法量表（语文）的总体信度在小学样本中达到 0.937，中学样本中达到 0.94，均高于 0.70，表明量表的可靠性较强。以验证性因素分析考查结构效度，量表模型的拟合指数 CFI、TLI 在小学样本和中学样本中均大于 0.90（小学 0.996、0.988，中学 0.998、0.996），RMSEA 值均小于 0.08（小学 0.07，中学 0.04），因此，模型的拟合状况良好。

（2）学科思想方法量表（数学）

对量表进行信度分析，结果表明，学科思想方法量表（数学）的总体信度在小学和中学样本中均高于 0.95（小学 0.95，中学 0.954），表明量表的同质性和稳定性较强。以验证性因素分析考查结构效度，量表模型的拟合指数 CFI、TLI 在小学样本和中学样本中均大于 0.90（小学 0.999、0.996，中学 0.992、0.978），RMSEA 值在小学样本中为 0.05，中学样本中为 0.11，结果表明，模型的拟合情况基本达标。

（3）学科思想方法量表（物理）

对量表进行分析发现，本量表的信度在中学样本中为 0.991，远远超过 0.70，说明量表具有良好的同质性和稳定性。此外，以验证性因素分析考查结构效度。该量表离中改善比（CFI）为 0.992，非规范拟合指数（NNFI 或 TLI）为 0.976，均不小于 0.90。近似误差平方根（RMSEA）为 0.075，结果表明，量表具有较好的结构效度。

（4）学科思想方法量表（历史）

以广州市本次参测中学生的数据进行分析，发现本量表的信度在初中样本中为 0.964，远远超过 0.70，说明量表具有良好的同质性和稳定性。此外，以验证性因素分析考察结构效度。该量表离中改善比（CFI）为 0.999，非规范拟合指数（NNFI 或 TLI）为 0.998，均不小于 0.90。近似误差平方根（RMSEA）为 0.03，结果表明，模型的拟合状况良好。

6. 健康生活方式量表

《教育部关于推进中小学教育质量综合评价改革的意见》（教基二〔2013〕2 号）中明确提出，学生的身心发展水平是评价中小学教育质量的主要内容之一，而健康生活方式是身心发展的一个关键指标。健康生活方式是个体在一定的社会条件制约和价值观指导下所形成的满足自身需要的有益于健康的生活活动形式和行为特征的总和。它包括健康知识与技能、个人习惯和参与学校体育活动三个方面。健康知识与技能指的是学生对健康知识与技能的了解和掌握情况，包括有关安全、营养、锻炼的相关知识与技能。安全问题是关系到个体生活和生活发展的重大问题；合理膳食、营养均衡能促进身体的正常生长发育；锻炼能增强体质和耐力，提高机体各部位的柔韧性和协调性，提高基本运动能力和适应外界环境的能力，预防疾病的发生，陶冶情操，促进心理健康。个人习惯是指个人的生活与卫生习惯，包括规律、合理的作息，良好的卫生习惯，积极参运动锻炼等。规律、合理的作息能保证睡眠充足,有足够的精力应对学习,提高学习效率。参加课外体育活动是指体育课和大课间的活动情况。积极参与体育课和大课间的活动,经常锻炼身体,能磨炼学生意志力,培养良好的意志品质,培养团队协作意识,形成健康体质。

量表被试选自浙江省海宁市、云南省昆明市,每个地区分别选取 1 所小学的三年级 200 人、五年 200 人,1 所中学的初二 150 人、高二 150 人,有效样本 1054 人。

对量表进行信度分析,结果表明,健康生活方式的总体信度在小学和中学样本中均高于 0.70(小学 0.764,中学 0.707),表明量表的同质性和稳定性达到使用要求。以验证性因素分析考查结构效度,量表模型的拟合指数 CFI、TLI 在小学和中学样本中均大于 0.90(小学 1.000、1.000,中学 1.000、1.000),RMSEA 值在小学和中学样本中均低于 0.08(小学 0.00,中学 0.00),结果表明,模型的拟合情况良好。

7. 安全意识与行为问卷

安全意识是人对身心免受不利因素影响的存在条件与状态所持有的心理活动的总和,它是人们对生产、生活中所有可能伤害自己或他人的客观事物的警觉和戒备的心理状态;安全行为是人们在劳动生产过程中遵守规程并在出现危险和事故时能够保护自身、保护他人、保护设备工具等的一切行为。安全意识最终会落实到安全行为上。随着社会多元化的发展,危及人类生存的安全问题也显现出多样化、复杂化,如自然灾害、环境污染、交通事故、流行疾病等,这些问题随时威胁到我们的安全与健康。而在校学生的年纪比较小,自我保护意识较弱,自我保护能力较差,更容易受到各种外在因素的威胁和侵害。因此,对学生进行安全教育、提升学生的安全意识、培养学生的安全行为习惯势在必行。

测评中安全意识与行为的问卷通过对交通安全、燃气安全、饮食安全、网络安全、安全救援、交往安全、安全常识等方面的提问,来判断学生是否具备本年龄段应具备的安全知识。对学生安全意识和行为的测量,能够反映学生接受的安全教育是否充足,学生是否了解在紧急情况下进行自我保护的基本知识和基本行为。安全教育十分重要,有了安全的环境、健康的体魄,才能更好地学习、生活。因此,对学生进行安全教育、提升学生的安全意识、帮助学生养成良好的安全行为习惯是学校教育中的重要方面。

由于安全意识与行为问卷是第一次使用,且题目具有特殊性,需要采用重测信度的方式衡量问卷的稳定性,故此问卷只做效度分析。被试是本次参测学生的数据,对其进行见证性因素分析来考查结构效度,发现量表模型的拟合指数 CFI、TLI 在小学和中学样本中均达到使用要求(小学 0.950、0.934,中学 0.840、0.820),RMSEA 值在小学和中学样本中均低于 0.08(小学 0.01,中学 0.02),结果表明,模型的拟合情况良好,具有较好的结构效度。

8. 情绪行为调控量表

情绪是对一系列主观体验的统称,比如,喜、怒、哀、乐、忧、愤等都是情绪。而行为是有机体在各种内外部刺激的影响下产生的活动。情绪总是会影响着行为,行为也影响着情绪,二者可以相辅相成,也可以相互制约。了解学生的情绪状态,教会学生理解和调控情绪,进而约束自己的行为,对于学生在校的学习生活非常重要。本次测评依据教育部颁布的《中小学教育质量综合评价指标框架(试行)》,将情绪行为调控分为情绪状态、情绪理解、情绪调控和行为调控四个方面。情绪状态指的是学生在学校生活中的情感体验,包括积极情感和消极情感;情绪理解是对自己和他人的情绪状态、感受和情绪变化的识别能力,并对自己和他人产生某种情绪或情绪变化的原因的理解能力;情绪调控是指学生控制和管理情绪的能力,包括控制冲动和恼怒的情绪,处事灵活、理智,保持稳定、乐观的心态等;行为调控是指个体按照社会标准或自己的意愿,对自己的行为进行约束、管理的能力。

对情绪行为调控的测量可以为学生的情绪发展和行为控制能力发展提供直观的数据,随时监测学生的情绪状态,并重视对学生理解情绪、调控情绪的教育和引导。有效控制情绪,引发积极情绪,释放消极情绪,管理情绪控制行为,都对学生的身心发展有重要意义。

量表被试选自浙江省海宁市、云南省昆明市,每个地区分别选取1所小学的三年级200人、五年级200人,1所中学的初二150人,高二150人,有效样本1364人。

对量表进行信度分析,结果表明,情绪行为调控量表的信度在小学和中学样本中均高于0.70(小学0.809,中学0.797),表明量表的同质性和稳定性达到使用要求。以验证性因素分析考查结构效度,量表模型的拟合指数CFI、TLI在小学和中学样本中均满足使用要求(小学0.962、0.900,中学0.924、0.800),RMSEA值在小学和中学样本中均达到使用水平(小学0.077,中学0.079),结果表明,模型的拟合情况基本达标。

9. 压力应对量表

当代社会发展迅速,竞争日益激烈。学校紧张的学习生活、父母的期盼以及个人未来的发展和选择,令学生感到压力重重。选择用什么方式来应对这些压力,成了一个至关重要的问题。生活中经历的事件是否影响学生的心理健康,关键在于其对压力的应对方式。

压力应对指的是学生对学习和生活中出现的不平衡状态所采取的认知和行为措施。不同的学者所研究的角度和对象不一致,对压力的应对方式也有不同划分。总结起来,可以将压力应对概括为两个方面:积极的应对方式和消极的应对方式。积极的应对方式包括积极解决、求助,消极的应对方式包括被动接受、逃避。多采用积极应对方式的学生,在遇到压力事件时,倾向于积极、主动思考,或求助他人以解决问题;多采用消极应对方式的学生,在遇到压力事件时,倾向于回避问题、被动接受,而不是解决问题。了解不同学生的压力应对方式有助于帮助他们面对压力,形成克服困难和挫折的良好习惯。

以广州市本次参测学生为被试样本进行信度分析,一般认为,问卷的信度大于 0.70 表明可靠性较强。但同时,由于信度容易受问卷长度的影响,即问卷题项数越多,其信度越高。因此,研究者建议对题项数较少的问卷或量表,信度达到 0.6 即表明工具有效。压力应对量表的信度在小学样本中达到 0.6,初中样本中为 0.674,达到可接受水平。

另外,利用 Mplus7.0 软件,采用极大似然估计法对量表所获得数据进行验证性因素分析,以检验量表的结构效度。量表模型的拟合指数 CFI、TLI 在小学和初中样本中均超过 0.90(小学 0.996、0.992,初中 0.912、0.900),RMSEA 值在小学和初中样本中均低于 0.08(小学 0.01,初中 0.03),从结果中可以看到,理论模型和观测数据的拟合程度较好,说明本量表的结构效度较好。

10. 审美修养测验

研究中小学生审美能力是中小学开展美育的客观要求。美育,也称审美教育,是有目的、有组织、有计划地通过美的事物,培养学生的审美能力,同时促进他们德智体美劳等各方面素质全面、和谐发展的教育。美育与德育、智育、体育、劳动教育等相互渗透、相互促进,具有以美启真、以美储善、以美保健、以美发展劳动教育的渗透功能。近年来,随着新课程改革计划的实施和素质教育的全面推进,美育日益受到教育家和心理学家的重视。国际上已有比较成熟的审美测评,如美国 NAEP 项目和新西兰 NEMP(国家教育监测项目),但在国内,青少年群体中审美能力现状不容乐观,教育家和心理学家对一般审美能力的研究相对较少。

2013 年 6 月,教育部印发《关于推进中小学教育质量综合评价改革的意见》(教基二[2013]2 号),明确提出,不仅要使学生有良好的身体素质和心理素质,还要提升他们的审美情趣和艺术修养。2015 年 5 月,教育部关于印发《中小学生艺术素质测评办法》等三个文件的通知,明确提出《中小学生艺术素质测评指标体系(试行)》。2016 年 9 月在北京师范大学正式发布的"中国学生发展核心素养",其中人文底蕴所包含的审美情趣重点是:具有艺术知识、技能与方法的积累;能理解和尊重文化艺术的多样性,具有发现、感知、欣赏、评价美的意识和基本能力;具有健康的审美价值取向;具有艺术表达和创意表现的兴趣和意识,能在生活中拓展和升华美等。

根据教育部艺术测评政策和发展学生核心素养的要求,在综合分析国内外审美能力测评的理论和文献的基础上,结合中小学美术和音乐课程标准,研发了"中小学审美量表"(音乐和美术两套)。

审美修养分为审美常识、审美欣赏和审美表现三个方面。其中,在审美常识方面,包含基础知识和历史文化两个指标。基础知识是指学生掌握关于音乐(旋律、节奏)、美术(线条、色彩)、戏剧等艺术相关的基础知识;历史文化是指学生掌握的关于音乐、美术、戏剧等艺术相关历史文化知识。在审美欣赏方面,包含内容与形式、情绪与情感两个指标。内容与形式是指学生对音乐、美术、戏剧等艺术作品表现的内容和形式的理解;情绪与情感是指学生对音乐、美术、戏剧等艺术情绪和情感的理解,以及这些艺术使学生产生的情绪和感情。在审美表现方面,主要是指学生在对音乐、美术、戏剧等艺术理解的基础上,利用绘画、音乐、语言文字等体会或表达自己的情感和想法。

由于音乐能力、美术能力测量问卷的特殊性,不适合做信度的计算,因此采用重测信度的方式衡量量表测量的稳定性。分别从北京市、浙江省海宁市、江西省抚州市3个地区先后两次选取被试进行测试,每个地区分别选取3所小学的三年级200人、五年级200人,3所中学的初二200人、高二200人,有效样本1979人。经统计分析发现,音乐能力总量表的重测信度为0.732,美术能力总量表的重测信度为0.745,说明前后两次测量的结果比较一致,工具较为稳定。

11. 学业负担态度问卷

中小学生学业负担问题长期以来一直困扰着我国基础教育事业的发展,它的存在不仅对学生的身心健康和个性发展造成很大危害,也严重阻碍着素质教育的有效实施。学习负担过重会使学生在学习时感到身心疲倦、失去毅力和自信心。了解学生对学业负担的认知、负担下的情绪体验及由此产生的行为反应倾向,对维持学生学习兴趣、调整学生情绪状态、保障学生身心健康发展具有重要意义。学业负担是指学生身心所承受的一切与学习活动有关的负荷量,包括学习的物理负荷量和学习的心理负荷量,前者是实际的学业负担,后者是学生主观上感受到的学业负担。由于每个学生在身体耐力、知识基础、智力水平、学习动机、个性品质等诸多因素上存在巨大的差异,不同学生对同样的物理负荷所产生的心理负荷量可能是不同的。对于一定的负荷量,究竟是不是负担,负担的承受者应该最为清楚,所以针对每一个独立的个体,相比于学习的物理负荷量,学习的心理负荷量的意义更重大。而学业负担主观体验可以从学生的认知、情绪和行为三个方面进行测评。

问卷被试来自北京市、重庆市涪陵区、云南省昆明市,每个地区3所小学的一至六年级学生,每年级各120人,3所中学的初二150人、高二150人,有效样本2821人。

对问卷进行信度分析,结果表明,学业负担量表的信度在小学和中学样本中均高于0.70(小学0.943,中学0.945),表明问卷的同质性和稳定性达到较高水平。利用Mplus7.0软件,采用极大似然估计法对问卷所获得数据进行验证性因素分析,以检验问卷的结构效度。量表模型的拟合指数CFI、TLI在小学和中学样本中均超过0.90(小学0.938、0.919,中学0.943、0.921),RMSEA值在小学和中学样本中均在0.08附近(小学0.085,中学0.080),从结果中可以看到,理论模型和观测数据的拟合程度满足使用要求。

12. 学校认同量表

学生对所在学校的认同感具有重要的心理功能,在学生的心理发育和校园生活中发挥着积极主动的调节作用。学校认同感是学生个体对学校诸方面认识、体验和调节的不同感受,是一个多维度、多层次的心理功能系统。学校认同量表从三个维度(学校文化认同、教学方式认同、师生关系认同)、两个年段(小学和中学)来评估不同年龄段学生对学校的认同感的发展情况,共16个题项,信度、效度良好,符合心理测量学指标,可作为评价学生学校认同感强弱的工具。

最早提出"认同"概念的是弗洛伊德,他把认同"看作是一个心理过程,是个人向另一个人或团体的价值、规范与面貌去模仿内化并形成自己的行为模式的过程,认同是个人与他人有情感联系的原初形式"。马洛斯则从另一个角度提出,"他人认同"是我们生活在物质世界中得到证明的途径,它可以满足人们爱与归属的需要。在文学范畴中,也曾出现"认同"的概念,它是指将自己的价值选择、精神追求与某种更高级、更有影响力,可以包容自己的价值体系、精神体系及文化相联系,并在其中获得确认,从而得到心灵的慰藉。综上所述,无论是在心理学还是其他科学领域当中,认同感都具有非常重要且积极的功能。对于心理与生理都还在发育的学生而言,学校认同感的重要程度不言而喻。

学校认同感不仅是一种归属感,更是学生对学校认可、承认和感激的一种心理过程。较强的学校认同感不仅能够增加学生对新环境的适应性,还会使学生在学习上更加积极、主动和专注,参加学校活动更加热情,而且还可以对学生的世界观、人生观、价值观产生深刻的影响。美国高等学校筹集资金的很大一部分是校友的捐赠,这是学生对学校认同并给予回报的有力证明。

目前,对于学校认同感的研究分为理论层面和实证层面。理论层面集中研究学校认同感的内涵、理论基础以及形成过程。实证层面主要是研究某一学校或者对学生进行实证调查研究并作归因分析。学校认同感中最重要的三个主体是学生、学校和教师,如何提高学校认同感,也需要从这三个重要的主体着手。"学校认同量表"综合理论和实证两方面的研究,从学校文化认同、教学方式认同和师生关系认同三个方面,根据小学和中学学生不同年龄段的具体特征对学生学校认同感的发展情况进行测量和评估,能够科学、有效地帮助所测学校巩固和提高自己的校园文化建设、教育教学方式和师生之间的关系,进而使在校学生的学校认同感不断增强,做到学校与学生共同发展、共同进步。

以广州市本次参测学生为被试样本,对量表进行内部一致性信度分析,结果表明,学校认同量表的内部一致性系数在小学和初中样本中均高于0.70(小学0.936,初中0.923),表明量表的同质性和稳定性达到较高水平。另外,利用Mplus7.0软件,采用极大似然估计法对量表所获得数据进行验证性因素分析,以检验量表的结构效度。量表模型的拟合指数CFI、TLI在小学和初中样本中均大于0.90(小学1.000、1.000,初中1.000、1.000),RMSEA值在小学和初中样本中均低于0.08(小学0.00,初中0.00),结果表明,模型的拟合情况良好,量表具有较好的结构效度。

四、基于网络条件的在线测试平台

为顺应"互联网+"时代、大数据云计算时代的发展潮流,本次测评非学业测试以在线测试的方式进行。在线测评因其具有的种种优势已经被各方教育测量单位作为首选测评方式使用,如美国教育考试服务中心(ETS)旗下的TOEFL(托福)、GRE(美国研究生入学考试)等多项大型国际化测试已由先前的纸笔测试转移到在线测试平台。而我国的在线测试技术、方法也逐渐成熟。

在线测试相对于传统的纸笔测试,有着十分显著的优势,其主要体现在以下几点:

(1) 通过在线测试的方式,能够实现许多纸笔测验无法实现的、基于现代化测量理论的测验技术。例如,根据被试能力由系统自动选择相应难度试题的 CAT 测验,甚至基于认知诊断理论,能够探究被试能力结构的 CD-CAT 测验。

(2) 在线测试对大数据处理更加便利。相对于传统纸笔测试,在线测试能更方便地监控测试进程、统计测试结果、提取与分析测试数据,节约了测试资源。

(3) 在线测试更加环保。基于 21 世纪可持续发展战略、低碳生活的理念,相比于消耗大量木材进行试卷印刷的纸笔测验,在线测试仅消耗少量电能,更加经济、环保。

(4) 在线测试能缩短测试时间。在线测试由于免去了填涂答题卡、翻看卷面等操作,缩短了测试时间,这使得以在线形式进行非学业测试、以客观题为主的测试优势尤为明显。

阳光评价测试涉及对大量数据信息的梳理、分析与评判。我们采用了基于网络,依托云计算、大数据的评价实施技术平台。该平台具有数据上传、后台管理、抽样与数据采集、自动化报告等功能,并能根据不同用户要求设置权限,完成不同的任务。学生、家长、教师等可以在电脑和手机 App 上操作,为数据采集带来了极大的便利,有效解决了测试与教学工作的冲突与矛盾。

而学业影响因素也是来源于多个方面的。既与教师、学校相关,也与家长、学生自身相关,测试题既包括学业,也包括非学业;既有文字、图表等信息,也有音频、视频等动态信息;既需要学生独立做出判断和价值选择,也需要学生在线动手、动嘴等动作技能的参与,因此,如何在一个平台上满足综合评价的需求,是实施这一工作必须考虑的问题。广州市的阳光评价在线测试,实现了多种信息和文本的在线显示。

第三章 多种分析工具的综合运用

统计和分析工具直接影响大规模区域学业质量综合评价实施的可操作性。阳光评价指标体系下的不同评价内容和指标之间是存在一定的关系的——相同评价内容中的不同指标相对同质,不同评价内容间的相对异质。如果采用传统的分析方法,分析结果只能回到老思路,未能很好地实现分析结果综合评价,对数据进行深度挖掘。教育质量综合评价的新模式给教育质量监测与评价带来新的挑战,但是教育与心理统计测量学的发展以及计算机技术的进步,则为教育质量监测与评价提供了全新的理论与技术的支持,带来了新的改变。

广州市阳光评价研究综合运用了多种测量理论和统计分析方法开发优化量表,对收集的调查数据进行定量分析,以便了解学生学业发展水平,探讨影响学业成就的因素,从综合评价的视角来了解和评价学生的全面发展。

一、统计与分析理论

(一)经典测量理论

经典测量理论(classical test theory,CTT)是以真分数理论为核心的测量理论,在心理与教育测量领域应用广泛。本课题开发优化自编量表时采用经典测量理论的信度概念来衡量量表的稳定可靠性,主要使用表达同质性(测验的内部一致性)的克伦巴赫系数(α)。它是测量一组同义或平行测"总和"的信度。其公式为:$\alpha=[K/(K-1)][1-(\sum S_i^2)/(S_t^2)]$。其中,K 为量表中题项的总数,$S_i^2$ 为第 i 题得分的题内方差,S_t^2 为全部题项总得分的方差。从公式中可以看出,信度指标可用来检验同一组题目是否测量同一特质,属于内在一致性系数。以 2017 年第三轮测试为例,相应测试工具的信度、效度见表 3.1~3.4。

表 3.1 2017 年阳光评价测试:小学测评工具信度分析表

学段	量表	信度
小学	品德社会化水平	0.929
	学习能力-注意力	0.880
	学习能力-推理能力	0.840
	学习能力-记忆力	0.820

续表

学段	量表	信度
小学	健康生活方式	0.764
	情绪行为调控	0.809
	压力应对	0.600
	美术能力	0.745
	音乐能力	0.732
	学习策略	0.961
	学科思想方法(语文)	0.937
	学科思想方法(数学)	0.950
	学习动机	0.758
	学校认同	0.936
	学业负担	0.943

注：1. 由于学习能力、音乐能力、美术能力各测评量表的特殊性，不适合做信度的计算，因此采用重测信度的方式衡量量表测量的稳定性。2. 安全意识与行为测评量表不适合做信度计算，因本次测评为第一次试测使用，所以需在复测时进行重测信度分析。

表3.2　2017年阳光评价测试：中学测评工具信度分析表

学段	量表	信度
中学	品德社会化水平	0.870
	学习能力-注意力	0.880
	学习能力-推理能力	0.840
	学习能力-记忆力	0.820
	健康生活方式	0.707
	情绪行为调控	0.797
	压力应对	0.674
	美术能力	0.745
	音乐能力	0.732
	学习策略	0.967
	学科思想方法(语文)	0.940
	学科思想方法(数学)	0.954
	学科思想方法(物理)	0.991
	学科思想方法(历史)	0.964
	学习动机	0.802
	学校认同	0.923
	学业负担	0.945

注：1. 由于学习能力、音乐能力、美术能力各测评量表的特殊性，不适合做信度的计算，因此采用重测信度的方式衡量量表测量的稳定性。2. 安全意识与行为测评量表不适合做信度计算，因本次测评为第一次试测使用，所以需在复测时进行重测信度分析。

表 3.3　2017 年阳光评价测试：小学测评工具效度分析表

学段	量表	CFI	TLI	RMSEA
小学	学习能力	1	1	0
	健康生活方式	1	1	0
	安全意识与行为	0.95	0.934	0.01
	情绪行为调控	0.962	0.9	0.77
	压力应对	0.996	0.992	0.01
	学习策略	0.971	0.958	0.099
	学习思想方法（语文）	0.996	0.988	0.07
	学科思想方法（数学）	0.999	0.996	0.05
	学习动机	0.995	0.969	0.063
	学习认同	1	1	0
	学业负担	0.938	0.919	0.085

表 3.4　2017 年阳光评价测试：中学测评工具效度分析表

学段	量表	CFI	TLI	RMSEA
小学	学习能力	1	1	0
	健康生活方式	1	1	0
	安全意识与行为	0.84	0.82	0.02
	情绪行为调控	0.924	0.8	0.79
	压力应对	0.912	0.9	0.03
	学习策略	0.978	0.966	0.066
	学科思想方法（语文）	0.998	0.996	0.04
	学科思想方法（数学）	0.992	0.978	0.11
	学科思想方法（物理）	0.992	0.976	0.075
	学科思想方法（历史）	0.999	0.998	0.11
	学习动机	0.978	0.936	0.11
	学校认同	1	1	0
	学业负担	0.943	0.921	0.08

（二）多元概化理论

概化理论是测量理论中最重要的三种理论之一。概化理论能针对不同测量情境估计测量误差的多种来源。多元概化理论探究测量目标在特定概化全域上具有多个全域分数等方面的问题。本课题测量评价的对象繁多。比如，广州市中小学教育质量阳光评价的多元指标体系（六大评价内容、22 项关键指标）指标繁多，关键指标包含多个项目，各指标并非都用同一套工具测量，其分数也并非建立在同一量纲上，因此其测量误差也有所差异。在本课题中使用多元概化理论来解决不同的变量(指标)的分数合成。

由于阳光评价指标框架的指标繁多,并非所有指标都能用量表进行测量。因此,项目组安排学业测验及其配套问卷来测量"学业发展水平"中的"知识技能方法"指标,以"国家学生体质健康数据"评价"身心发展水平"中的"身体健康"指标,而非学业"大量表"则用以探讨六大评价内容中的其他20项关键指标。

本项目中,关键指标并非都用同一套工具测量,其分数并非建立在同一量纲上,因此其测量误差也有所差异。经典测量理论(CTT)只考虑题目对考生的影响,认为题目间都是同质的,因此只通过算术平均数的简单相加来获取合成分数。然而在阳光评价指标框架下,各关键指标是存在一定的关系的——评价指标内的关键指标相对同质,不同评价指标间的相对异质。由此可见,此时用经典测量理论来进行分数合成会造成评估误差。

新一代的测量理论——多元概化理论(multivariate generalizability theory,MGT)则能很好地解决分数合成问题。多元概化理论是探究测量目标在特定概化全域上具有多个全域分数的理论。本次阳光评价测试需将22项关键指标合成为对应的六大评价内容,由于这种评价内容与关键指标存在嵌套的关系,因此要考虑这种嵌套关系对合成分数造成的影响,因此不能用经典测量理论计算(没有考虑题目间存在一定关系),而且这种嵌套关系是固定的,因此也不能用单变量概化理论(评价内容与关键指标间的关系是随机而非固定时才能使用)。而多元概化理论则可以同时考虑题目因素与维度因素,并且将每个维度固定起来各自作为一个"元",即 p●×i○。因此,使用多元概化理论进行分数合成是合理和科学的办法。

相对于经典测量理论或项目反应理论(item response theory,IRT)合成分数,多元概化理论在本项目中合成分数具有如下优势:

第一,可以同时考查多种评价模式。相对于经典测量理论只能考虑一个因素而言,多元概化理论可以同时考虑多个因素,这迎合了教育质量阳光评价的多元化特点(六大评价内容、22项关键指标)。

第二,进行合成分数评价质量分析更胜一筹。多元概化理论在分析阳光评价质量监测可靠性方面可以考查多维度、多特质,不仅可以分析阳光评价质量监测的整体信度,还可探查局部信度不足的内在原因,有助于教育质量阳光评价的监测。

第三,可对阳光评价合成分数进行适度的"微观分析"。多元概化理论利用D研究技术可以进行事后分析,探查出至少要多少学生才能够满足阳光评价质量监测评价,并规定评价维度权重多大才合理等,为改进阳光评价质量监测评价提供参考依据。

(三)因子分析

因子分析(factor analysis)方法包括探索性因子分析和验证性因子分析。

探索性因子分析是一项用来找出多元观测变量的本质结构并进行处理降维的技术。运用探索性因子分析法检测测度项与因子、因子与因子之间的关系,将具有错综复杂关系的变量综合为少数几个核心因子。本课题通过探索性因子分析来探索测量工具是否具有足够的区别效度。比如我们开发的新的量表,使用探索性因子分析找出影响观测变量的因子个数。对初测数据进行探索性因素分析,验证六大指标(6个因子结构)是否能较好地体现中小学教育质量阳光评价内容。

验证性因子分析是检验测度模型及包括因子之间关系的一种建模方法。我们使用探索性因子分析是为了确定因子的个数,验证性因子分析是为了确定我们的假设,用来测试一个因子与相对应的测度项之间的关系是否符合研究者所设计的理论关系,而且能对这种关系直接进行测试。

本课题通过探索性因素分析和验证性因素分析相结合的统计分析方法对量表题目进行"精挑细选",形成最后的量表。首先,对初测数据进行探索性因素分析,检验六大指标能否较好地体现评价内容。其次,对六大指标分别进行验证性因素分析,检查是否有一些测题负荷相对较低,并予以删除。

(四) K-均值聚类

K-均值聚类算法是发现给定数据集 k 个簇的算法。K-均值聚类(K-Means)是将研究对象分为相对同质的群组的统计分析技术,实质是根据数据之间距离的远近将数据分为若干个类别,使得类别内的数据差异尽可能小,类别间的数据差异尽可能大。本课题分析区县数据时,为研究全市各区、校不同发展特点,通过 K-均值聚类的方法对 11 个区县、299 所学校的平均指数分年级进行聚类分析。K-均值聚类使用迭代的方式进行分析,既避免了人为经验划分数据的局限性,又实现了快速计算,是一种相对高效的聚类方法。K-均值聚类还可对聚类结果进行方差分析,检验聚类结果的各类别在变量上是否具有显著性的差异。

不同的学校、区县在教育发展方面可能具有相同的属性或特征,在提高教育质量上可以采取类似的方法,在教育资源上可以协同利用,从而可以探索教育政策层面的"分而治之"道路。

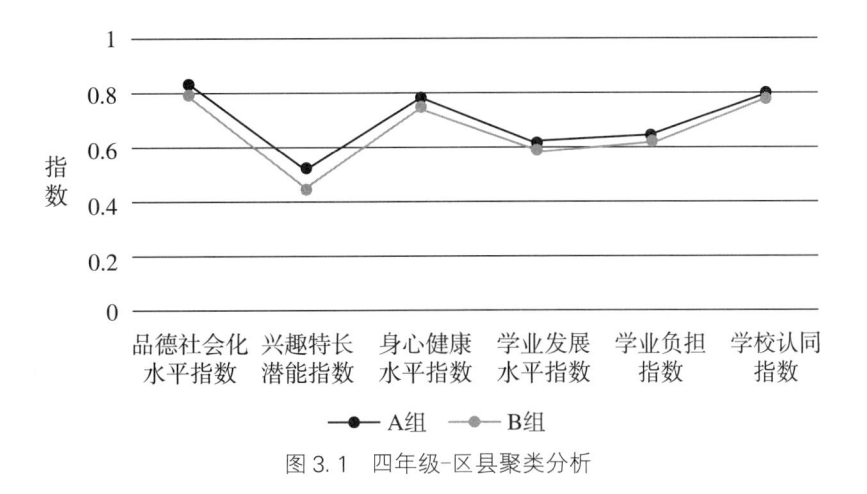

实例:广州市各区县四年级学生六大维度平均表现的聚类分析。

图 3.1 四年级-区县聚类分析

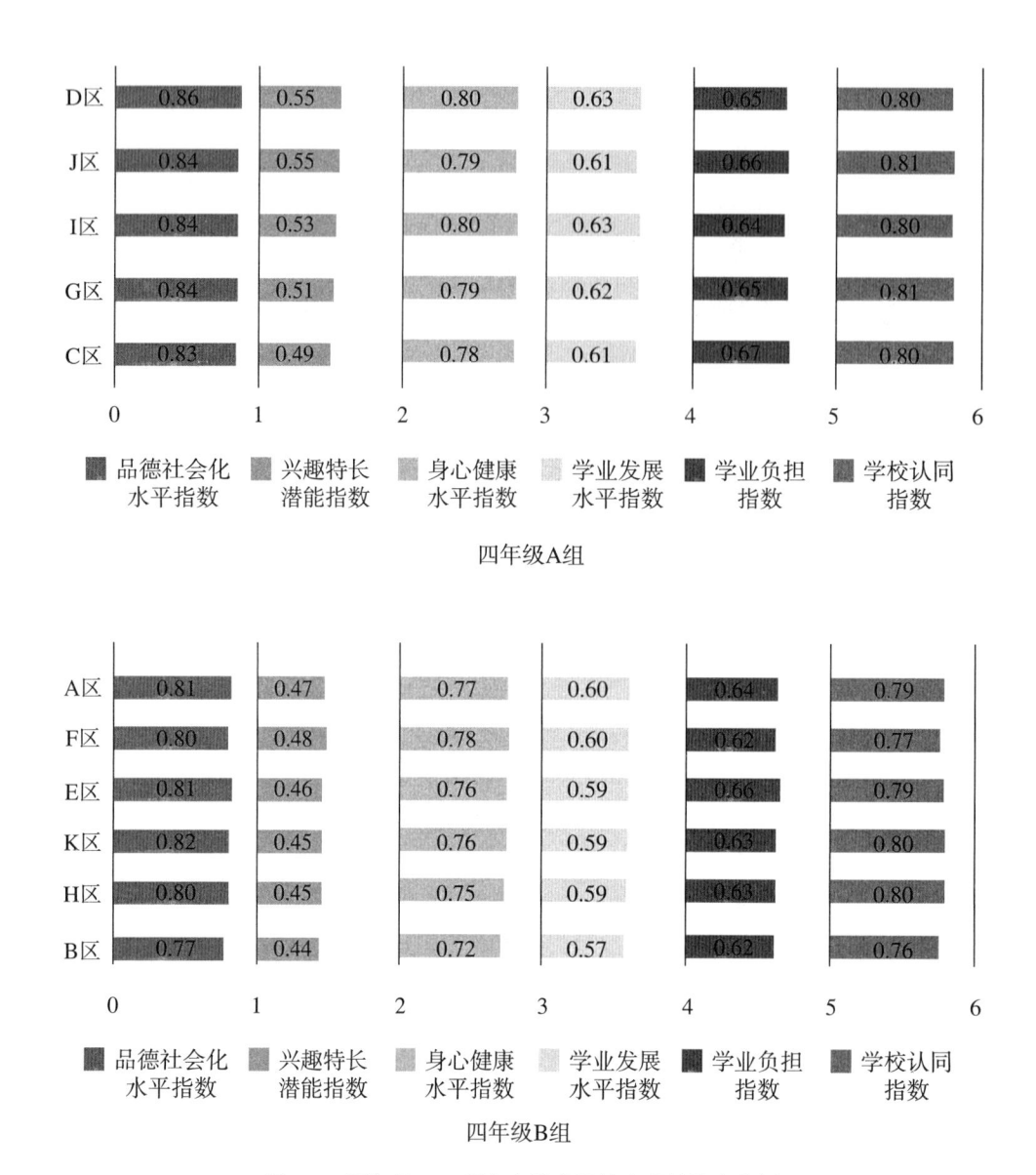

图 3.2 四年级 A、B 组六大维度平均表现的聚类分析

由图 3.2 可知,对广州市 11 区县在六大维度的平均表现进行聚类分析,结果 11 个区县被分成 A、B 两组,图 3.1 为 A、B 两组在六大方面的平均指数,检验结果显示,两组在品德社会化水平、兴趣特长潜能、身心健康水平、学业发展水平、学业负担方面存在显著差异。A 组包括 D 区、J 区、I 区、G 区、C 区,B 组包括 A 区、F 区、E 区、K 区、H 区、B 区。

(五)多重线性回归

回归分析是反映变量间数量关系的一种统计方法,通过建立变量间的数学模型对变量进行预测和控制。多重线性回归(multiple linear regression)是简单线性回归的推广,用来研究一个因变量与多个自变量之间的线性关系。比如,本课题中学生的学业成就是多个因素、多个环节共同作用的结果,单看某一因素对学生学业表现的影响得出的结果可能是片面的,甚至是错误的。为研究多个测评指标与学生知识技能(学业表现)之间的数量关系,寻找提高学生知识技能的路径,本课题研究对符合样本要求的区县数据进行多元统计分析,以逐步回归作为筛选自变量的方法,将标准化偏回归系数作为多元统计分析结果的呈现。本课题利用多重线性回归技术来探究非学业因素对学生的学业成就的影响,全面评价学生的学业质量的影响因素。

回归分析是反映变量间数量关系的一种统计方法,可以通过建立变量间的数学模型对变量进行预测和控制。多重线性回归在此基础上进行两个或两个以上自变量对因变量影响现象的分析。与只有一个自变量的回归分析相比,更符合现实,对变量的分析估计更准确。为研究多个测评指标与学生知识技能(学业表现)之间的数量关系,寻找提高学生知识技能的路径,本次报告对符合样本要求的区县数据进行多元统计分析,以逐步回归作为筛选自变量的方法,将标准化偏回归系数 B 作为多元统计分析结果的呈现,表示当其他自变量取值保持不变式,某自变量变化 1 个标准差,知识技能预计变化 B 个标准差。B 的绝对值越大,其所对应的自变量对学业成绩的影响越大。B 值为正,表示测评指标得分越高,知识技能得分越高;B 值为负,表示测评指标得分越高,知识技能得分越低。

实例:越秀区四年级学生测评指标与知识技能的多重线性回归分析。

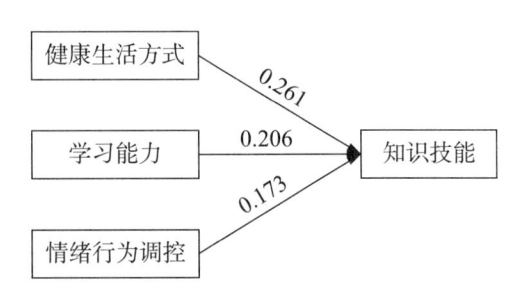

图 3.3　测评指标对知识技能的影响

由图 3.3 可知,越秀区四年级学生知识技能受到健康生活方式、学习能力、情绪行为调控三个指标的影响,且都是正向的影响,学生健康生活方式、学习能力、情绪行为调控得分越高,知识技能得分越高。其中,健康生活方式的影响程度最大,标准化偏回归系数达到 0.261,其次是学习能力和情绪行为调控。

(六)决策树

决策树(decision tree)是一个预测模型,它代表的是对象属性与对象值之间的一种映射关系。决策树是在已知各种情况发生概率的基础上,通过构成决策树来求取净现值的期望值大于或等于零的概率,评价项目风险,判断其可行性的决策分析方法,是直观运用概率分析的一种图解法。本次课题研究中的测评数据结果显示,学生学业负担状况是学生整体发展值得关注的问题。减轻学生学业负担应注意不同特征学生减负路径的变化,为学生量身打造个性化的减负方案,使减负由"减量"走向"提质"。为研究四、七年级学生学业负担的影响因素,探讨减缓不同特点群体内学生学业负担的方法,数据分析中使用机器学习中的决策树方法,以学业负担为因变量,以测评指标为自变量,对学生的测评数据进行分年级分析。在所有数据中随机抽取75%的数据作为训练数据,并使用训练数据拟合一个回归树模型,从根节点开始,以叶节点结束,每条数据都会汇集到一个叶节点上,每个叶节点表示一个预测类。将其他25%的数据作为测试数据,利用测试数据评价拟合模型的适用性和准确性,主要通过预测数据与实际数据的关联程度和平均数绝对误差来评价。为了提高算法的性能,在决策树的基础上尝试使用了模型树的方法,以回归模型代替叶节点改善回归树,这通常会导致比回归树更精确的结果,回归树在叶节点进行预测时只使用一个单一的值,而模型树使用线性模型进行预测。测试数据模型分析结果发现,模型树的估计和相应结果表现出更优秀的趋势,因此,最终以模型树得出的数据模型作为决策树的分析结果。

实例:广州市四年级学生精准减负分析。

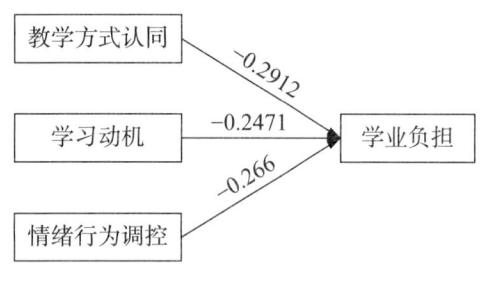

图3.4 弱学习动机组学生学业负担影响因素

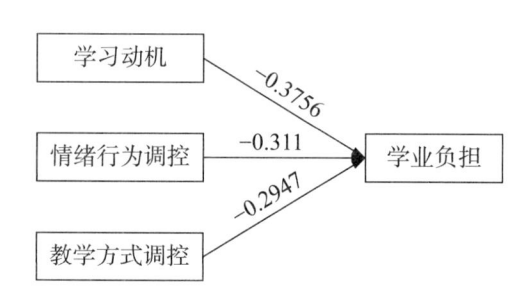

图3.5 强学习动机组学生学业负担影响因素

由图3.4~3.5可知,对于四年级学生学业负担而言,学业动机是最重要的变量,学习动机小于或等于50.938(弱学习动机)学生和学习动机大于50.938(强学习动机)学生表现出不同的学业负担预测模型。图3.4中数字为偏回归系数,表示在其他指标不变的情况下,某指标变化一个单位,学业负担变化的单位,数字之间由于单位不同不可进行比较。对于弱学习动机组学生而言,在其他指标不变的情况下,教学方式认同每降低一个单位、学业负担预计会增加0.2912个单位;学习动机每降低一个单位,学业负担预计会增加0.2417个单位;情绪行为调控每降低一个单位,学业负担增加预计会0.266个单位。教学方式认同、学习动机、情绪行为调控均对学业负担存在负向的影响。对于强学习动机组学生而言,在其他指标不变的情况下,学习动机每降低一个单位,学业负担增加预计会0.3756个单位;情绪行为调控每降低一个单位,学业负担增加预计会0.311个单位;教学方式认同每降低一个单位,学业负担增加预计会0.2947个单位。教学方式认同、学习动机、情绪行为调控均对学业负担存在负向的影响。

(七)增值性评价

辛涛、张文静、李雪燕在《增值性评价的回顾与前瞻》中指出,增值性评价(value-added models)

是指在分析学生追踪数据时,纵向比较学生自身测验成绩,评价学生在一段时间内学业上的成长变化,与期望值比是否达到了学业质量上的"增值"[①]。并进一步考虑其他因素对学生成绩的影响(如学生的原有基线水平、人口学因素、家庭背景信息、学校周围地区的经济发展水平等),选用多水平模型对数据进行建模,其重要理念是把非学校教育因素(如生源差异)分离出来,考查学校或教师对学生学业成绩影响的净效应,进而实现对学校或教师效能较为科学、客观的评价[②]。增值评价主要关注两点:一是在学生存在差异情况下,关注学生经过学习以后获得了多大程度的成长,避免单纯通过学生的成绩来衡量学校与教师的工作情况。二是关注教师和学校在帮助学生获得成长方面所发挥的实际作用。

本课题数据分析中采用增值性评价来对学校、教师的效能进行评估。学生后测成绩与预测成绩(基于基线成绩和学生背景变量)的差值定义为"增量值",以学校全体参测学生的平均增量为基础,估计学校平均增量范围。当学校平均增量范围均在 0 以上为正增值,当学校平均增量范围均在 0 以下为负增值,当学校平均增量范围在 0 的两边,则为零增值,即与预期值达到持平,没有增值。在衡量学校是否增值之后,进一步探究各水平影响因素对学生成绩的影响。选用多水平模型建模,学生的原有基线水平、人口学因素以及教师和学校调查数据的一些变量作为控制变量,分析各变量和学生学业成绩的关系,找到显著性影响因素。增值性评价技术分析剥离出学校或教师效能的净效果,应用增值性评价的结果对教师、学校效能展开公平评价。

(八) 潜在剖面分析

潜在剖面分析(latent profile analysis,LPA)是根据个体在外显指标上的反应模式,即不同的联合概率来进行参数估计的统计方法。模型的基本假设是外显变量各种反应的概率分布可以由少数互斥的潜在类别变量来解释。本课题使用潜在剖面分析对学生当前的学业水平进行差异评估。依据学生群体在学业发展水平上的不同特点,诊断学生学业发展的质性差异,把学生分成组内学业发展一致、组间学业发展具有差异性的组别。

相对于传统的分数划分方法,潜在剖面分析具有以下优势:(1)不受样本量的影响。传统的划界数,如标准分、百分位数,受样本量的影响,潜在剖面分析则不受样本量的影响。(2)不需要人为划分划界分数和类别数目。传统的划界分数方法对学生进行学生分类或分等级,需要人为划分划界分数线和类别数目,潜在剖面分析的分类方法是基于数学模型的分类,不需要划分划界分数线和类别数目。(3)可以获取学生群体的质性差异信息。例如,一份 100 分的阅读素养测试,假设根据传统的划界分数方法,85 分以上为优秀,但这种方法不能保证 84 分和 85 分是否具有质性差异。潜在剖面分析对学生进行分类可以保证把学生分成组内阅读素养水平具有一致性、组间阅读素养水平具有差异性的组别,有助于差异性教学的实施。(4)可以同时从多个内容

[①] 辛涛,张文静,李雪燕. 增值性评价的回顾与前瞻[J]. 中国教育学刊,2009(4):40-43.
[②] 邓森碧,边玉芳. 教师效能增值模型的研究与应用[J]. 教育学报,2012(4):113-121.

维度评价学生的学业水平。传统的划界分数从测验总分,或者分别从各内容维度上评价学生的学业水平。例如,一份数学测验,包含代数、几何、概率三个内容维度。传统的划界分数方法可以分别获知每个学生代数、几何、概率的发展水平,但从学生整体来说,有可能存在部分学生代数发展水平较高、几何发展水平较弱的类别,潜在剖面分析能同时从代数、几何、概率评价学生的学业水平,评价学生数学发展水平的具体差异。

(九) 多水平线性模型

多水平线性模型(hierarchical linear modeling)是一种处理嵌套特征的数据的统计方法。嵌套数据如学生嵌套于班级、班级嵌套于学校等。因为在同一单位中的样本呈现很大的相似性,比如,一个班级的学生由于受相同的班级等共同因素的影响,同一个班级的学生会比不同的班级的学生呈现更多的相似性。因此,对于嵌套结果的数据需要运用多水平线性模型来分析。多水平线性模型既考虑不同整体间的差异,也考虑同一整体的个体差异和相似性。用于回答多水平模型上的变量(如第一级个体背景变量,第二级及更高级水平上的变量,如第二级班级环境,第三级校园特征)与个体变量的关系。模型上通过定义不同水平(层)的模型,将随机变异分解为两个部分,一部分是第一水平间的个体差异带来的误差,另一部分是第二水平整体间差异带来的误差。本课题数据分析中运用多水平线性模型,因为教育类数据本身的特点——学生嵌套于教师/教室,教师嵌套于学校。应用多水平线性模型来挖掘学生的背景变量,教师的特征变量和学生的学业成就之间的关系,找出影响学生学业成就的影响因素。

(十) 相关分析

相关关系(analysis of correlation)反映测评变量之间在发展变化的方向和大小方面存在的关系。事物总是相互联系的,为研究学生测评指标与学业知识技能(即学业表现)之间的关系,本次报告对其进行了相关分析,使用相关系数表示相关关系。相关系数的优点是可以通过数字对变量的关系进行度量,带有方向性,可以对变量关系的强弱进行度量。取值范围介于-1.00~+1.00之间,正负号表示变量之间相关的方向,正值表示正相关,一种变量变动时,另一种变量亦发生或大或小与前一种变量同方向的变动;负值表示负相关,一种变量变动时,另一种变量亦发生或大或小与前一种变量方向相反的变动。绝对值在1.00和0之间,表示相关的强弱程度,绝对值越大,相关程度越密切。以 $p<0.05$ 为测评指标与学业成绩存在显著相关的统计检验标准。

实例:黄埔区四年级学生测评指标与知识技能的相关分析。

由图3.6可知,黄埔区四年级学生学习能力、健康生活方式、情绪行为调控等12个指标与知识技能存在不同程度或方向的相关。其中,学习能力与知识技能的相关系数为0.617,相关程度最高,学业负担的相关系数为-0.263,呈现负相关。

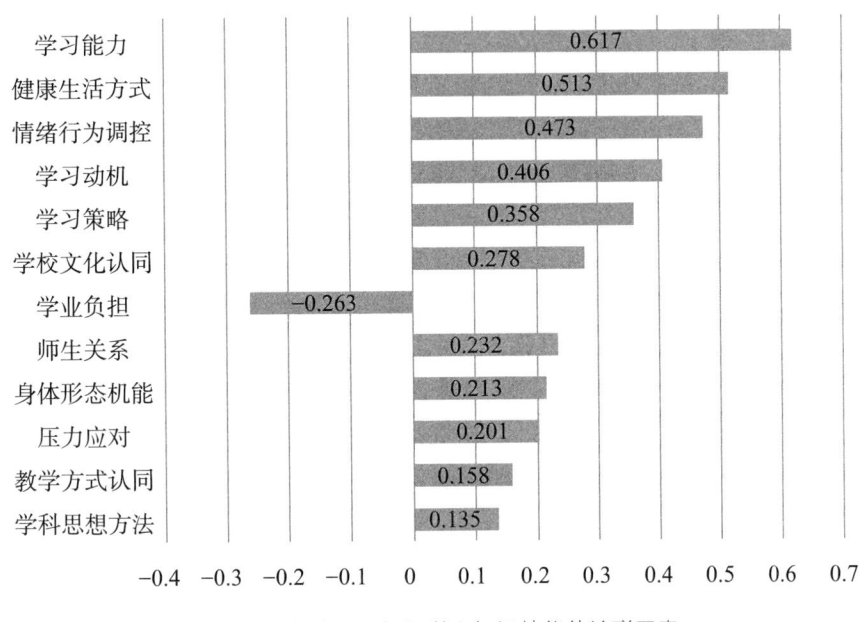

学习能力	0.617
健康生活方式	0.513
情绪行为调控	0.473
学习动机	0.406
学习策略	0.358
学校文化认同	0.278
学业负担	−0.263
师生关系	0.232
身体形态机能	0.213
压力应对	0.201
教学方式认同	0.158
学科思想方法	0.135

图 3.6　黄埔区四年级学生知识技能的关联因素

二、抽样设计与方法

对区域学业质量进行测试,采用抽样的方式进行。阳光评价工作以教育部中小学教育质量综合评价指标框架为参照,基于广州市阳光评价体系,通过对中小学生综合素质发展水平、教师教育教学水平及校长课程领导力三大维度的测量,了解区域宏观规律,发现各地发展特点。以第三、四期测试为例说明。

（一）对象与范围

测评对象:学生抽样目标总体参测区域内为小学五年级,初级中学八年级所有学生,并排除接受特殊教育的学生群体以及未接受汉语教学的少数民族学生群体(如有)。

教师目标总体为参测区域内中小学所有参测班级班主任及主要科目任课教师。校长目标总体为参测区域内中小学校长及主管教学副校长。

测评范围:参测区域范围内选取所有学生。

（二）抽样原则

本次测评项目以参测区域内所有的区、县(包括市直管镇)作为初级抽样单元,为了保证抽取到的样本具有足够的代表性,应尽量保证所有区县(包括市直管镇)均参与测评。

教师和校长是在抽取学生样本的基础上进行抽样的。原则上被选入样本的学校校长、主管教学副校长,以及该校相关班级任职班主任、特定科目任课教师均需参与测评。

（三）抽样方法

根据测评目的,综合考虑经济效率和项目实施的可操作性,同时依据概率抽样原理,在某区域内采用三阶段整群抽样。第一阶段抽取区县(包括市直管镇),第二阶段抽取一定数量的学校,第三阶段抽取一定数量的学生、教师、校长。

第一阶段:抽取区县(包括市直管镇)。

以参测区域所有参测 9 市的所有区县(包括市直管镇)作为抽样框。

第二阶段:抽取一定数量的学校。

在第一阶段各个被选入样本的区县(包括市直管镇),以所有中学和小学作为抽样框,采用 PPS(概率比例规模抽样)抽样方法,根据学校的教学质量、办学性质、学校类型、学校位置等因素对学校进行分层。教学质量采用专家评价法划分为三个水平(好、中、薄弱),邀请 5~7 位专家分别对各市内所有小学、初级中学进行等级评价,专家需熟悉该地区内所有学校基本情况(师资力量、师生比、以往升学率、学校建筑面积、学校资金投入等)。整合所有专家的评价分数,将各个学校的得分进行排序,前 30% 的学校为"一组",中间 40% 为"二组",后 30% 为"三组";办学性质的参考类型包括公办学校、民办学校;学校类型的参考类型包括完全小学、九年制学校、初级中学、完全中学等;学校位置的参考类型包括城市、乡镇、近郊、远郊、县镇、农村。具体规则如下:

(1) 根据不同性质、不同位置的学校个数,计算各类学校应抽取的学校个数比例。

(2) 根据学校教学质量选取学校,三个水平的学校个数比例应为 1∶1∶1。选取学校时应考虑均匀分布在不同的位置,使得最终抽取的学校比例既满足位置分布均衡,又满足教学质量分组均衡。

(3) 若某一区域内包含多个办学类型(但均满足抽样条件,如均有四年级或八年级)的学校,则这些办学性质的学校均应考虑选取。

(4) 若参测区县学校数量少于待选取数,则全部选取。

第三阶段:抽取一定数量的学生、教师、校长。

在第二阶段各个被选入样本的学校内,采用整群抽样方法抽取学生。每个学校分别作为单独的群集。原则上被抽中的学校内目标年级的所有学生均需参与测评,应保证学生答复率在满足事后筛选等情况下有效人数高于 80%。

原则上,若每个班平均 30 人,则每个年级应至少抽取 5 个班级。教师抽样将采用以下原则:

(1) 问卷测评需覆盖参测学校全体班主任及语文、数学任课教师。

(2) 校长测评对参测学校校长及主管教学副校长进行整群抽样。

(四) 确定样本量

多阶段抽样设计要求样本统计量的精度满足:总体参数 p 在样本统计量 95% 的概率的置信区间内,样本统计量的绝对误差不超过 5%。根据二项分布的特征,当样本量较大时,样本统计量 p 近似服从正态分布,因此要达到抽样要求的精度,需要样本统计量 p 的标准误不超过 2.5%。

样本统计量与抽样误差间的关系为:

$$\mathrm{SE}(p)=\{[p(100-p)]/n^*\}^2$$

上式中 p 取 50 时,误差得到最大值。

在简单随机抽样中,样本统计量 p 对应的抽样误差取到最大值(2.5%)时,有效样本量 n^* 应不低于 400 个。但整群抽样设计的抽样误差要大于简单随机抽样的误差,并且本次测评项目为大样本抽样,根据以往省级层面的抽样误差约为 4%,将抽样误差降至 2%,此时有效样本量 n^* 应不低于 864 人。

阶段抽样中的有效样本量是指样本均值的方差与简单随机抽样样本方差相同时,简单随机抽样对应的样本量。实际样本量与有效样本量之间的关系为:

$$n_c = n^* \times \mathrm{deff}$$

式中, n_c 为实际样本量, n^* 是有效样本量, deff 是抽样精度设计效率。

$$\mathrm{deff} = 1 + (n-1) \div \rho$$

式中, ρ 为组内相关, n 为每个学校中抽取个体数。

假设 $\rho=0.15$ 的情况下,每所学校拟定抽取人数为 150 人,小学、初级中学各应抽取学校个数为:

$$k = \frac{n^*}{n} \times [1+(n-1) \times \rho]$$

$$k = \frac{864}{150} \times [1+(150-1) \times 0.1]$$

$$k \approx 92$$

则小学、初级中学各应至少抽取 92 所学校,因此第一阶段共抽取 184 所,第二阶段抽取 920 个班级,第三阶段所有被抽取的班级学生均参与测评,平均每个学校若约抽取 150 名学生,则每个参测市至少要获得 27600 名学生的测评数据,共计参测学生数为 24.84 万名。

三、数据采集及分析工具

测评既要完整掌握全市中小学教育质量现有状态,又要为后续追踪测评获得教育动态发展数据奠定基础。因此,市级层面全面覆盖各行政区,分别选取小学四五年级和初中七八年级学生作为学生测评对象,并对参测学生的家长、教师及学校管理者分别采用线上测评方式进行测评。

学生测评内容包含非学业测评和学业测评两部分,其中非学业测评采用在线问卷作答,学业测评则采集各区学生期末考试成绩。

分析工具运用 R3.1.3,SPSS20.0,Mplus7.0,HLM6.0。其中 R3.1.3 用于数据的预处理,统计计算及绘图;SPSS20.0 用于推断统计分析;Mplus7.0 用于测评工具的结构方程模型分析;HLM6.0 用于班级层面与学生层面的多水平线性模型分析。

四、测评计分和分数标定

采用标准参照测验和常模参照测验两种方式，并运用教育发展指数综合衡量本市学生的综合素质水平。

（一）常模参照测验

常模参照测验是根据分数在团体中的位置而对测验分数加以解释的测验。以常模参照形式进行评价的指标，国家均要求对其进行监测，但并未对学生应该达到水平的具体表现做出明确的规定。故此类指标采用相对性标准来比较，以平均水平作为参考点。分数的解释着重于学生在整个群体中的相对位置。

除标准参照的指标外，其余测评指标均为常模参照测验，并以广州市本次参测学生作为参照群体。

将学生的原始问卷分数转换为标准分数。标准分数可以消除原始分数的量纲，使得不同维度之间具有可比性。广州市小学、初中、高中常模参照测验的平均分数均为50，标准差为10。

（二）标准参照测验

标准参照测验是指根据事先设定的标准评定并对测验分数加以解释的测验。以标准参照形式进行评价的指标，国家均要求对其进行监测，同时也明确规定了学生应该达到的水平。本次测评的评定标准依照《国家中长期教育改革和发展规划纲要（2010—2020年）》《义务教育学校管理标准（试行）》《学校卫生工作条例》《中共中央、国务院关于加强青少年体育增强青少年体质的意见》《中小学健康教育指导纲要》《国家学生体质健康标准（2014年修订）》《中小学校体育工作督导评估办法》等国家政策性文件。分数的解释着重于学生的发展水平是否达到了国家所规定的评价标准。

标准参照测验采用原始问卷分数进行统计分析，包括"品德社会化水平"维度下的社会责任和国家认同，"审美修养"维度下的音乐和美术能力，以及"身心发展水平"中"身体健康"维度下的身体形态机能、健康生活方式、安全意识与行为。

（三）教育发展指数

指数是统计学中的一个概念，其意义是综合反映由多种因素组成的现象在某个时间、空间条件下的状态和水平。影响学生发展水平的因素来自方方面面，对学生水平的衡量指标也可以是方方面面，仅单纯考虑其中某个或某几个方面难以得到对该地区教育状态和教育水平的整体衡量。教育发展指数作为对学生和地区综合水平的衡量，有助于教育各方摆脱由于多个孤立因素而导致的单一视角和单一描述，有助于综合充分、全面的信息刻画、描述学生、地区发展情况。

在多指标体系中，由于各指标的单位不同、量纲不同、数量级不同，不便于分析，甚至会影响评价的结果。因此，为统一标准，要对所有的评价指标进行标准化处理，以消除量纲，将其转化成无量纲、无数量级差别的标准分,然后再进行分析评价。在第三次测试中,对学生的衡量从品德社会化水平、兴趣特长潜能、身心发展水平、学业发展水平、学业负担状况、学校认同六个方面进行,因此对学生的综合衡量也是建立在这六个方面的水平上。

具体方法如下:

使用线性指标中的极差变换法,将学生各个指标的水平进行无量纲化处理后,得到学生在该指标上的标准分,逐一计算学生所有指标的标准分后,再将六个方面的标准分平均,得到学生的综合指数,区县指数是通过该区县内个体综合指数求均值得到。

正向指标无量纲化公式:

$$Z_{IJ} = \frac{X_{ij} - X_{\min}^j}{X_{\max}^j - X_{\min}^j}$$

负向指标无量纲化公式:

$$Z_{IJ} = \frac{X_{\max}^j - X_{ij}}{X_{\max}^j - X_{\min}^j}$$

其中,将第 i 名学生在第 j 个指标上的值记为 X_{ij},$X_{\max}^j$ 代表第 j 个指标上所有学生中的最高分,$X_{\min}^j$ 代表第 j 个指标上所有学生中的最低分。Z_{IJ} 代表第 i 名学生在第 j 个指标上的标准分数。

第四章　区域学业质量的综合表达

学业质量的表达形式直接影响评价效果的认可度和普及性。长期以来,传统的教育质量评价和监测往往只关注学生的学业情况,并以考试分数的高低来评判学业质量优劣,这种"重分数轻能力""重升学率轻素质"的教育评价观严重影响学生的全面、健康发展。为全面反映学生的学业质量,揭示影响学生学业质量的环境因素和相互关系,广州逐步建立和完善了基于学生发展核心素养,包括学科学业质量和非学业综合素质评价为主要内容的区域学业质量综合表达形式。

一、建立学科学业水平考试年报制度

(一)年报发布制度的背景

"考试年报"是课题研究的具体实践成果,是学业质量评价标准深化研究和实践的成果之一。广州市初中毕业生学业考试是本区域大规模的《评价标准》参照的终结性评价。这个评价严格遵循《评价标准》"学教评一致性"的原则,在初中学业考试中严格依据学业质量评价标准命制试题,考试结束后严格对照学业质量评价标准进行质量分析,将衡量学生学业达标与反映区域教学质量均衡、优质发展水平有机结合起来,将初、高中衔接、后续性学习要求和对初中教学的积极引导作用有机结合起来。连续四年编写的《广州市初中毕业生学业考试年报》,是进一步完善广州市基础教育质量监测工作、构建具有广州特色的中小学教育质量综合评价体系的一项尝试;也是为了进一步引导各级教育行政部门、教研部门和学校树立科学的教育质量观,按照国家课程标准开齐、开足课程,强化学业成绩的归因分析,关注影响学业成绩的相关因素,从而达到学业质量评价目的——关注学生学业、身心健康和综合素质的全面发展,校际和区域教学质量的优质、均衡发展。

构建义务教育阶段学业质量评价体系,包括质量标准、评价工具和手段、组织施测、发布报告等环节。其中,初中毕业生学业考试是义务教育阶段的终结性考试,是目前高中阶段学校招生的重要依据之一,也是构建综合多元的义务教育学业质量评价体系的重要组成部分。广州市自2013年起,瞄准"补初中短板"的需求,在初中毕业生学业考试中坚持"学教评一致性"的原则,通过研制义务教育阶段学科学业质量评价标准,实施基于标准的学业考试,并发布年度考试报告,有效引导了义务教育特别是初中阶段的教育教学,促进了义务教育的优质、均衡发展。

广州是国家重要的中心城市,历史文化悠久。广州教育在创新性、信息化等方面具有比较扎实的基础。广州市基础教育体量大,目前普通中小学有1500多所,在校学生约142万人。广州市在加快教育现代化的进程中,基础教育均衡化发展取得了显著成效,通过招生严格把控、指导随迁子女入学等手段使教育机会更加均等,已实现了义务教育的标准化和县域均衡,满足了孩子有书读的基本需求。但广州市基础教育均衡发展仍存在区间和校际差异,各区(校)之间在教育经费、师资力量、办学条件和教育质量等方面依然存在较大差距,面对快速城市化和刚需人口增加带来的入学压力,仍然可以说"当前更为迫切的任务是巩固义务教育的成果,其中最重要的是义务教育质量的提升和保障"。为回应和满足老百姓对优质教育的需求,深化教育供给侧结构性改革,转向以提高办学质量为核心的内涵建设,补齐基础教育短板,必须重塑初中教育。

初中教育在整个基础教育中起着承上启下的重要作用。这些年来,在现实教育环境里,初中教育却常常被忽视。"不让孩子输在起跑线上",小学阶段是学习的初始阶段,是孩子打好基础的关键时期,无论家长还是学校,自然都十分重视小学教育;高中阶段是价值观、世界观形成的最重要阶段,高中还将面临牵动千家万户的高考,家庭和学校对高中教育的重视也不言而喻。而初中教育,却似乎成为小学到高中阶段的一个缓冲,往往处在被忽略的尴尬地位,成为基础教育发展的一个"短板",发展相对脱节。

坚持以人民为中心的教育价值观,必须重视初中教育的地位与价值。首先,无论是从生理、心理,还是智力发展,世界观、人生观、价值观形成等方面来看,初中阶段都是学生成长发展的过渡期、关键期。初中生正处青春期,生理和心理的发展不平衡,自我意识开始形成,在价值判断上往往很难做到自律,这些都给初中教育提出了许多新课题。其次,高中的多样特色发展,特别是高考的竞争,需要重新认识初中教育的地位和价值。2014年以来,随着《国务院关于深化考试招生制度改革的实施意见》的发布,各地陆续进入新高考改革,至今全国已有三批新高考省份出台改革方案。2019年4月,广东省政府印发了《广东省深化普通高校考试招生制度综合改革实施方案》,标志着新一轮高考综合改革正式启动。新高考改革引导基础教育破除"唯分数"的片面倾向,深入推进适应学生全面而有个性发展的教育教学改革,基本建立科学的教育评价和考试招生制度,普通高中多样化而有特色发展的格局基本形成,这些都需要我们重新定位初中教育的地位和价值。再次,从初中教育的基本公共服务的产品属性来看,要确保机会公平、资源均衡、质量优质,必须重塑初中教育。《广州市教育事业发展第十三个五年规划》提出基础教育发展目标:"基本公共教育优质均衡发展",践行"促进基础教育高位均衡,扩大优质资源供给",达到"优质"的教育目标和实现"高位均衡",这为发展壮大广州市初中教育指明了方向。

(二)科学实施学业水平考试

初中学业水平考试是义务教育阶段的终结性考试。通过学业考试,全面、准确地反映初中毕业学生在各学科课程学习目标上所达到的水平。广州早在2007年就全面实行初中毕业、高中招生"两考合一",学业水平考试结果既是衡量学生义务教育阶段学业水平和毕业的标准,也是高中阶段学校招生的重要依据。为此，广州市着力在以下环节做好初中毕业生学业水平考试。

首先，从促进区域教育发展的角度出发，确立正确的价值导向和政策标杆。坚持有利于全面贯彻党和国家的教育方针、全面实施素质教育、全面提高教育质量；坚持有利于体现基础教育性质，促进义务教育均衡发展；坚持有利于面向全体学生，促进学生生动、活泼、主动学习，培养学生的创新意识和创新能力，促进学生全面而有个性的发展。力求在改革学业考试、综合表现评价、高中招生录取三个方面予以综合管理和重点突破，为推动区域教育优质、均衡发展。

其次，在命题这一关键环节为促进区域教育发展确立正确的立意。各学科在命题时，准确反映学科课程标准和广州市义务教育阶段学科学业质量评价标准的基本要求，充分体现课程理念，"试题的覆盖面不能超出课程内容标准的范围"；加强考试内容与社会实际、学生生活的联系，注重考查学生的正确价值观、必备知识和关键能力，注重考查知识的宽度和广度，特别是在具体情境中运用所学知识分析和解决问题的能力；根据各学科的特点，适当加强试题的开放性、探究性和考试形式的多样性，不设置偏题、"怪题"，确保试题的科学性、公平性。

再次，在学业考试科目设置上坚持全面而有区分的原则，既引导学生打好共同基础，又帮助学生减负。广州市目前统一考试的科目为语文、数学、英语、英语听说、道德与法治、物理、化学、体育与健康。各科单独设卷。语文、数学卷面分值分别为150分；英语和英语听说的卷面分值合计为150分；物理、化学、道德与法治三科卷面分值分别为100分，其中道德与法治开卷内容分值为60分；体育与健康考试总分值为60分。体育与健康考试分为体育素质综合评价和统一考试，体育素质综合评价由各学校自行组织实施，统一考试由市统一实施。各区教育局或学校负责组织的考查科目为八科：物理实验操作、化学实验操作、生物（含生物实验操作）、历史、地理、音乐、美术、信息技术。

最后，在学业水平考试成绩的呈现方式上，实行分数和等级相结合，克服分分计较的弊端。在衡量学生是否达到毕业标准时，与所有考查科目一并以等级形式呈现在"广东省义务教育学生毕（结、肄）业鉴定表"上，等级分为A、B、C、D、E五个。凡因故缺考的考生，缺考科目的成绩以"缺考"记录。各学科学业考试等级的比例分别为：A(25%)、B(35%)、C(25%)、D(10%)、E(5%)。高中阶段学校招生以有利于学校录取和学生发展的方式应用学业考试成绩，主要以分数呈现。

实施这一学业水平考试，为促进区域教育发展确立了质量标准：第一，打好共同基础，确保义务教育的基本质量。将国家课程实施方案规定的全部科目纳入考试或考查，引导学生认真学习每门课程，克服一些科目"不考不教、不考不学"的倾向，避免发生严重偏科。第二，坚持依据课程标准和学业质量评价标准命题，坚守"标准参照"和"底线达标"的要求，主要衡量学生达到国家规定学习要求的程度，不突出选拔和鉴别，"减少偏题、怪题，杜绝人为拔高评价要求的检测或考试，从而保证学生的学业负担切实得到减轻"。第三，提高命题质量，突出能力与素养导向的命题方式，减少单纯记忆、机械训练性质的内容，增强与学生生活、社会实际的联系，给学生留出更多时间发展独立思考能力和创造性思维,有利于发挥考试评价对发展素质教育的指挥棒作用。第四,按文理兼顾、负担适度等原则,对于语、数、英、理、化、政六科之外的考查科目,不纳入高中阶段学校录取成绩,只需要达到国家规定的基本教学要求,考试成绩合格即可,这样大幅度减轻了学生的备考负担,有利于学生的身心健康发展。总之,这一科学安排有利于让学生全面发展,打好共同基础,培养兴趣,发现和发展特长,丰富人文底蕴,提升科学素养,为高中阶段发展打牢学业基础,也为未来人生成长做好更扎实的准备;也有利于敦促学校坚持"全面开课""均衡教学",深化人才培养模式改革,将关注重点从"分数至上"转向"全面育人",从追求"学科成绩"转向促进"学生成长"。

(三)学业考试年报重在教育教学诊断与改进

学生学业质量是教育教学质量的核心指标。自 2007 年以来,广州市教育研究院组织有关专家对所有学科的全体考生进行了全样本的分析和评价,形成了《××年广州市初中毕业生学业考试年报》(以下简称《年报》)。《年报》由质量分析和数据统计两部分组成,质量分析部分是对十一个学科的质量分析,包括试题说明、统计数据与分析、试题分析、复习备考与教学建议;数据统计部分主要包括中考文化六科反映考试结果的数据,还包括反映全市学业均衡状况的有关数据,供各学校选用。以"年"为单位记录广州教育的发展,每年以《年报》的形式,结合中考改革,从文化科学业考试的角度,侧重反映学生认知方面的学业成就,通过中考数据整体测评全市的学业质量状况,了解区域差异和学生群体差异。

1. 对学生学科学业成绩进行归因分析

2013 年 6 月 3 日,教育部印发《教育部关于推进中小学教育质量综合评价改革的意见》(教基二〔2013〕2 号),提出要"基本建立体现素质教育要求、以学生发展为核心、科学多元的中小学教育质量评价制度,切实扭转单纯以学生学业考试成绩和学校升学率评价中小学教育质量的倾向,促进学生全面发展、健康成长"。2014 年 5 月 23 日,广州市教育局印发了《广州市教育局实施中小学教育质量阳光评价改革工作方案》(穗教发〔2014〕47 号),标志着广州市作为国家中小学教育质量综合评价改革实验区的工作正式启动。广州市在初中毕业生学业考试中引入综合评价的理念,通过对影响初中教育质量的各相关要素进行系统、科学、有效的监控,全面、准确把握初中教育的质量状况,科学诊断存在的问题和原因,为教育决策提供科学依据,强化学业成绩的归因分析,重点分析影响学业成绩的相关因素,关注学生学业水平、身心健康、综合素质的全面发展,关注校际和区域的均衡发展。具体表现在:一是严格遵循"学教评一致性"的原则,在初中学业考试中严格依据我市的学业质量评价标准命制试题,坚持将课程的核心理念和最新发展方向渗透到考试命题中,考试结束后严格对照学业质量评价标准进行质量分析,将衡量学生学业达标与反映区域教学质量均衡、优质发展水平有机结合起来,将初、高中衔接、后续性学习要求和对初中教学的积极引导作用有机结合起来。二是教学归因分析引入综合评价的视角,淡化分分计较,为教育的均衡和避免恶性的竞争,2014年起,行政区域质量比较不再直接公布优秀考生姓名。各学科的试卷分析更注重从跳出单一学科的角度分析影响学业考试成绩的综合因素,并为教学改进提出建设性意见。

以下为2018年年报初中道德与法治第二部分非选择题的试题分析。

第Ⅱ卷分析(非选择题)

21.(8分)改革开放以来,特别是党的十八大以来的五年,我国取得了全方位、开创性成就,发生了深层次、根本性变革。

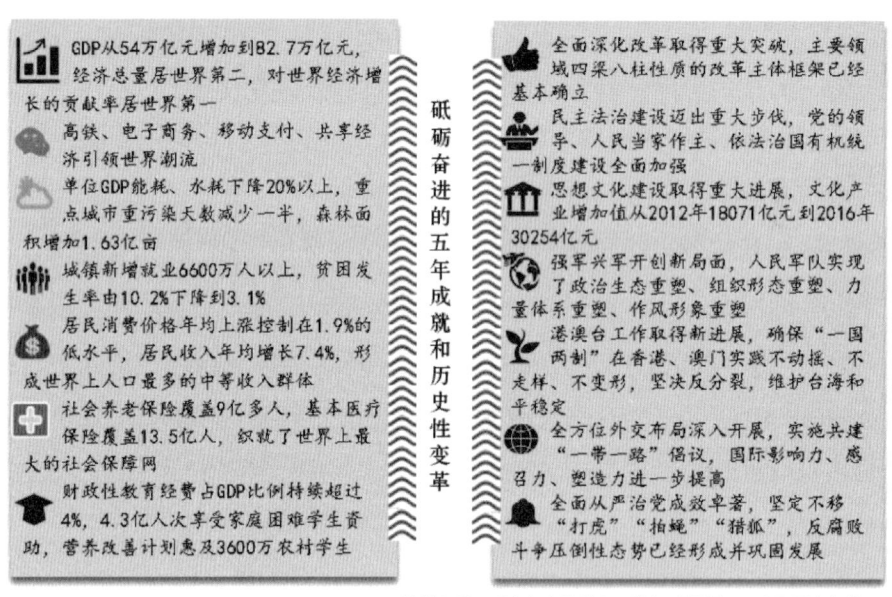

图4.1 我国自十八大以来的五年取得的成就

请归纳取得上述成绩和进步的根本原因。

表4.1 试题分析

题号	平均分	难度	标准差	区分度
21	6.8508	0.5709	2.621	0.3537

【参考答案】取得这些成绩和进步的根本原因,是在以习近平同志为核心的党中央坚强领导下,全党全国各族人民共同奋斗,开辟了中国特色社会主义道路,形成了中国特色社会主义理论体系,确立了中国特色社会主义制度,发展了中国特色社会主义文化。

【试题解析】本题具有鲜明的政治导向。考查的是改革开放以来我们取得一切成绩和进步的根本原因,直接指向学生的政治认同,突出社会主义核心价值观的教育。此题所选素材典型、丰富、立体、权威。透过阅读材料中所列出的十大领域具体且翔实的数据,让学生对党的十八大以来我国取得的全方位、开创性成就,发生的深层次、根本性变革有了一个基本判断。学生透过现象看本质,透过数据看原因,对中国特色社会主义进入新时代有更清晰的认识,学生在读题、做题过程中就是一次直接接受国情教育的过程,激发了学生民族自信心、自豪感,增强政治认同。

考生如果在完整回答出道路、理论、制度、文化等四个方面内容的基础上,能够进一步指出"以习近平同志为核心的党中央坚强领导"和"全党全国各族人民共同奋斗"这两个信息点,加 4 分,每个点 2 分。如果没能答出上述根本原因,而仅仅根据试题材料中的有关数据和事实,简单罗列具体的政策和制度等,如高举中国特色社会主义伟大旗帜、坚持党的基本路线、始终不偏离社会主义初级阶段这个最大的中国国情、坚持科学发展观和新发展理念、全面从严治党、统筹推进"五位一体"的总布局、协调推进"四个全面"的战略布局等,最多 2 分。

【教学启示】此题用学生喜闻乐见的小黑板形式,摆出来自《十九大精神十三讲》《图解 2018 全国两会》关于我国党的十八大以来建设中国特色社会主义实践中重要举措与成就,来源权威,数据严谨,涵盖全面,语言精练,引导学生关注国家发展,对一线教师的教学有着指导作用。对学生进行国情国策教育,要避免喊口号的空洞说教,善于运用实证材料,摆事实,讲道理,深入浅出,方能增强时事政策学习的说服力。

22.(12 分)河北省馆陶县因地制宜,积极探索扶贫开发与美丽乡村建设相融合的新途径,打造了粮画小镇、黄瓜小镇、羊洋花木小镇、杂粮小镇等一批特色小镇,产生了良好的综合效益。图为游客在粮画小镇内参观。

资料来源:《砥砺奋进的 5 年:从十八大到十九大》。简要分析馆陶县这一创新做法的政策效果。

图 4.2

表 4.2 试题分析

题号	平均分	难度	标准差	区分度
22	4.5497	0.3791	2.1439	0.3086

【参考答案】有利于发展旅游,带动就业,增加收入,加快脱贫进程。(4 分)有利于建设优美宜居环境,推动生态文明建设。(4 分)拓宽精准扶贫和共同富裕的新途径,为其他贫困地区起到了示范和带动作用。(4 分)

【试题解析】从现在到 2020 年是我国全面建成小康社会决胜期,贫困地区能否脱贫致富是制约全面建成小康社会奋斗目标的关键一环。本题通过河北省馆陶县因地制宜,探索扶贫开发与美丽乡村相结合的脱贫新途径的典型案例,考查学生对共同富裕、建设生态文明、以经济建设为中心等相关知识的理解与综合运用。题目是非连续性文本,文字精练,图片典型,画面亲切,虚实结合,内涵丰富。无论是文字素材还是图片画面都聚焦于因地制宜,聚焦扶贫开发与美丽乡村相融合的主题,要求学生思考问题一定要从情境出发,透过河北省馆陶县探索脱贫新途径。此题情境设计与所学知识点高度融合,组织答案时要充分挖掘材料的内涵,抓住"新途径""美丽乡村""旅游""综合效益"等核心词,不能依赖死记硬背或生搬硬套课本原话。题目设计的材料与问题逻辑严谨,层次清晰,内涵丰富。可以立体、全方位地考查学生知识与能力。

如果不是从当地的实践出发,仅仅在一般意义上,从共同富裕、社会和谐、共享发展成果、减少贫富差距、打赢脱贫攻坚战等宽泛的角度,答出一些口号性的政策性观点,最多 4 分。如果没有按照参考答案作答,而是答出诸如"立足当地实际,打造特色小镇,丰富了人民群众的精神文化生活,推动了当地物质文明建设与精神文明建设协调发展",或者"打造特色产业,充分发挥了当地的特色农产品优势,把农业发展、人居环境建设和多种经营结合起来,实现了农业强、农村美、农民富的目标,是实施乡村振兴战略的生动实践",等等,只要紧扣设问,围绕该地的实践分析具体的政策效果,言之有理有据,可以酌情给 1~6 分。

【教学启示】教学过程要引导学生分析知识点背后的逻辑与问题本身的逻辑,要把精力放在材料的精心选择与情境的精巧设计上,而非教导学生死记硬背上;学生要把更多时间放在情境与情境、情境与知识关系的分析上,而不是书本知识照搬照抄上。

23.(12 分)在长期的革命、建设、改革过程中,伟大的中华民族精神始终是中国共产党为人民谋幸福、为民族谋复兴的不竭力量之源。

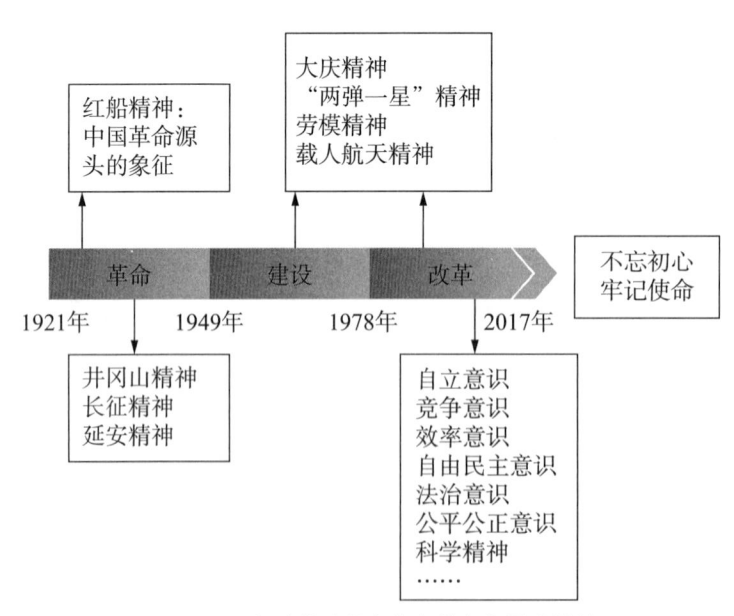

图 4.3 图解改革过程中伟大的中华民族精神

从民族精神作用的角度阐释中国共产党与中华民族精神的关系。

表 4.3 试题分析

题号	平均分	难度	标准差	区分度
23	6.6609	0.5551	2.6273	0.3812

【参考答案】中国共产党是中华民族精神忠实的传承者、弘扬者和践行者。(2分)在革命、建设和改革的不同时期,中国共产党赋予中华民族精神不同的形式和内涵,推动了中华民族精神的丰富和发展,使中华民族永葆生机与活力。(6分)伟大的中华民族精神始终是中国共产党为中国人民谋幸福、为中华民族谋复兴,迎难而上,战胜强敌与困难的不竭力量之源。(4分)

【试题解析】这是一道回归教材基础知识,但是又超越教材字面表述的试题。把教材中关于"中国共产党对中华民族精神的丰富和发展"一大段的文字用形象、生动而简约的时间轴形式呈现,这种深入浅出的呈现方式,学生能感受"中华民族精神在不同的时期,有不同的内容""共产党在伟大民族精神发展中所起的作用",把教材内容中繁复的知识形象、生动地展示出来,易于学生理解。此题设问指向明确,有助于学生更好地运用九年级思想品德学科所学知识分析问题、解决问题,较好地实现了考试命题"立德树人、服务选才、引导教学"的核心功能。

本题的设问是限制性设问。第一个要点是本题的核心观点,根源于党的性质——"中国共产党是中华民族的先锋队""中国共产党始终代表中国先进文化的前进方向"。第二个要点的核心点是推动了中华民族精神的丰富和发展,根据回答的完整性,党的领导、赋予不同的形式和内涵、使中华民族永葆生机活力三个信息点各1分。第三个要点的核心点是中华民族精神的作用(不竭力量之源),2分,能够进一步指出中国共产党的使命是为人民谋幸福、为中华民族谋复兴,2分。

【教学启示】此题给我们教学的启示有:第一,教学要忠于课程标准,要讲清、讲透教材,讲清教材的中心,讲清教材内容的逻辑关系,不能停留在对知识点的简单画线上。第二,要具备提炼教材内容与时政热点信息的能力,提升描述和阐释事物的能力,不能脱离时政热点对教材内容照搬照套地灌输。

24. (12分)围绕"让人民群众在每一个司法案件中感受到公平正义"的专题学习,同学王某制作了两张学习卡片:

卡片一：权威声音

对错案发现一起、纠正一起，再审改判刑事案件6747件，其中依法纠正呼格吉勒图案、聂树斌案等重大冤错案件39件78人，并依法予以国家赔偿。

落实罪刑法定、证据裁判、疑罪从无等原则，对2943名公诉案件被告人和1931名自诉案件被告人依法宣告无罪，确保无罪的人不受刑事追究、有罪的人受到公正惩罚。

认真落实习近平主席特赦令和全国人大常委会决定，依法特赦罪犯31527人。

落实公开审判、法庭辩论等诉讼制度，切实保障当事人各项诉讼权利。

加强涉未成年人案件审判，完善社会调查、轻罪记录封存等机制，积极开展回访帮教工作，未成年人犯罪案件数量连续5年下降。

发放司法救助金26.7亿元，帮助无法获得有效赔偿的受害人摆脱生活困境，加强权利救济，传递司法温暖。

——摘自2018年最高人民法院工作报告

卡片二：典型案例

2017年5月2日，医生杨某劝阻在同一电梯内吸烟的段某某，二人发生言语争执。二人分开后，段某某心脏病发作猝死。段某某家人田某某将杨某告上郑州市金水区人民法院。法院一审判决杨某补偿田某某15000元，驳回田某某其他诉求。田某某不服，上诉至郑州市中级人民法院。郑州市中级人民法院二审查明：杨某劝阻段某某在电梯内吸烟的行为未超出必要限度，属于正当劝阻行为。在劝阻过程中，杨某保持理性，平和劝阻，未与段某某发生肢体冲突和拉扯行为，也没有证据证明杨某对段某某进行过呵斥或有其他不当行为。段某某自身患有心脏疾病，未能控制自身情绪，发作心脏疾病不幸死亡。两者虽然时间上是先后发生，但并不存在法律上的因果关系。一审判决适用法律错误，不利于鼓励公民自觉制止不当吸烟行为，损害了社会公共利益。郑州市中级人民法院作出二审判决：撤销一审判决，驳回田某某的诉讼请求。

——摘自2018年最高人民法院工作报告

（1）卡片一中的系列举措表明，我国正努力为公民人权搭建起坚实的保障。（4分）

（2）用我国法律与社会主义道德的有关知识说明二审改判的意义。（8分）

表 4.4　试题分析

题号	平均分	难度	标准差	区分度
24	6.7153	0.5596	2.9065	0.4524
(1)	3.1264	0.7816	1.4443	0.341
(2)	3.5889	0.4486	2.2294	0.4773

【参考答案】

(1) 司法(4分)

(2) 我国法律与社会主义道德相互配合、相互促进、相互补充。(4分)

郑州中院的二审改判,让维护法律和公共利益的行为受到鼓励,以公正裁判树立行为规则,引领社会风尚,以法治手段弘扬了社会主义核心价值观。(4分)

【试题解析】此题考查依法治国和社会主义核心价值观的内容。卡片一的权威声音和卡片二的典型案例来自2018年最高人民法院工作报告,通过这些权威部门发布的信息,让学生直观感受司法公平正义、依法治国的内涵与外延。

第(1)问的材料摘自2018年最高人民法院报告,语言专业、严谨,比如"罪刑法定、证据裁判、法庭辩论"这些法律专业术语拓宽学生对我国司法部门保障人权方面的知识面,通过"加强涉未成年人案件审判,完善社会调查、轻罪记录封存等机制、发放司法救助金、加强权利救济"等措施让学生真正理解何谓法律是保障公民权利最有力武器。材料权威,数据翔实,学生阅读后自然而然就能得出我国正努力为公民人权搭建起坚实的司法保障这一结论。

第(2)问的材料来自权威部门发布的典型案例。对法院二审改判的前因后果表述清晰、具体,由杨某劝阻时"保持理性、平和劝阻,未与段某某发生肢体冲突和拉扯行为,也没有证据证明杨某对段某某进行过呵斥和其他不当行为"到法院认为"不存在法律上的因果关系"从而改判杨某无罪,给学生树立了用法治方式解决生活中遇到的问题的范式,并在此过程中深刻体会我国法律和社会主义道德相互融合、相互补充、相互促进的辩证关系。透过典型案例的阅读,学生能感受到公平正义,体会到国家的治理,现实生活中遇到的问题解决最有力的手段始终是法治。学生需要分析、提炼和归纳材料信息,然后运用所学知识、生活经验从法律的保护作用、公正司法、用法治思维与方式解决问题、社会主义核心价值观等角度谈二审改判的意义。答案不拘泥于课本知识。综合考查思维能力、价值导向、行为引导,体现了核心素养背景下新课标、新教材的理念要求。

【教学启示】进行法治教育,要选择典型案例,解读好典型案例。教师要提高业务水平,在材料的精心选择和情境的精心设计上要下苦功。

25.(16分)阅读下面的材料,调动和运用所学国情国策的有关知识和自主学习获得的有关知识与经验,运用你的理性,写一则时事短评。

习近平总书记在2018年5月28日两院院士大会上吹响了进军世界科技强国的号角。纵观世界主要科技强国的发展历程,回顾中华民族从站起来、富起来到走向强起来的奋斗历史和现实,瞻望未来中国建设世界科技强国的前路,需要我们准确把握科技大势和发展需求,清醒认识我国建设科技强国存在的薄弱环节和突出挑战。

一、我国基础研究和原始创新能力与世界科技强国相比,依旧存在明显差距。主要表现在:缺乏提出新科学思想和开创新科学领域的能力;缺少引领世界科学发展方向的科学大师;标志性的重大原创新理论成果有待整体突破;具有显著贡献和影响力的重大科技突破性成果很少。有统计表明,2017年,全球创新企业100强中,美国39家,日本34家,中国仅1家;2012—2016年全球重大科技突破性成果按归属单个国家统计,中国也仅入围3次。

表4.5 2012—2016年重大科技突破性成果归属于单个国家分布

所属国家	入围次数	比例(%)	所属国家	入围次数	比例(%)
美国	111	44.9	中国	3	1.2
英国	14	5.7	荷兰	3	1.2
德国	8	3.2	奥地利	2	0.8
日本	5	2.0	俄罗斯	1	0.4
加拿大	5	2.0	以色列	1	0.4

二、我国中高端科技供给能力不足。一些领域缺"芯"少"魂",关键核心技术仍然受制于人。例如,我国航空发动机、高端数控机床等战略高技术领域的核心技术和装备仍不能自给,约90%的高档数控机床和数控系统严重依赖进口。基础软硬件和高端信息设备严重依赖进口,高端芯片、基础软件等国产化比例很低。而且对于航天、信息等涉及国家战略利益的关键领域,美国等部分发达国家甚至禁止与我国进行研究与开发合作。

三、激发创新的体制机制还不完善,鼓励和包容创新的文化土壤尚需厚植。当前,学风浮躁、过度追逐名利、抄袭剽窃、数据造假等学术不端现象未在根本上受到遏制。人才评价中唯论文、唯职称、唯学历等现象依然严重。一些制约科学发展的传统文化因素仍未得到根本突破。跟踪模仿倾向依然存在普遍性,急功近利、功利主义等违背科学精神主旨的价值观仍具有"广泛市场"和"深厚基础"。崇尚理性、鼓励创新、普及科学知识、弘扬科学精神、传播科学思想未形成"气候"。

资料来源:《科技强国建设之路:中国与世界》。

表4.6 试题分析

题号	平均分	难度	标准差	区分度
25	7.7721	0.4858	3.1719	0.3839

【参考答案】

等级水平	分值	等级描述	答案特征
水平5	14~16	在水平4的基础上： 1. 能超越试题材料和教材知识，运用到自主学习的知识和经验； 2. 对我国建设世界科技强国存在的问题、影响对策的分析具有深刻性、独特性	观点独特、深刻，论据充实、全面，结构严谨，语言精练、流畅
水平4	11~13	在水平3的基础上： 1. 从基础研究、高端科技供给不足、科技创新的文化和体制环境三个方面，全面剖析这些问题背后的原因或影响，并且提出解决这些问题的思路或对策； 2. 标题符合试题情境和评论内容，短小精悍，有新闻冲击力	观点鲜明，揭示观点之间的内在联系，结构严谨，语言表达流畅
水平3	8~10	在水平2的基础上： 1. 从基础研究、高端科技供给不足、科技创新的文化和体制环境三个方面至少选一个角度，剖析这些问题背后的原因或影响，并且提出解决这些问题的思路或对策； 2. 标题能够较准确地概括所评论的内容	有明确的观点，能从两个或以上角度展开评论，但观点之间缺乏关联，结构不严谨
水平2	5~7	根据下列并行表现酌情赋分： 1. 结合所学知识，从基础研究、高端科技供给不足、科技创新的文化和体制环境三个方面任选一个角度，剖析这些问题背后的原因或影响； 2. 或者结合所学知识，从基础研究、高端科技供给不足、科技创新的文化和体制环境三个方面任选一个角度，提出解决这些问题的思路或对策； 3. 根据所选角度拟订一个标题	能初步运用所学知识，提出单一观点进行评论，缺乏整体结构，语言表达平白
水平1	0~4	根据下列梯度表现酌情赋分： 1. 没有作答、观点错误、文不对题； 2. 照抄材料、没有评论； 3. 简单罗列教材中一两个观点、没有结构材料、或观点与材料不对应	答非所问，简单罗列现象，没有观点，结构混乱，语言表达不流畅

【试题解析】本题材料时政性和专业性都很强，信息内涵丰富，要求写时事短评，没有直接划定范围、方向，思维能力要求综合，考查思维的宽度、广度、深度，学生要学会聚焦我国科技发展现状的方方面面，透过现象看本质，透过问题看原因，通过现实找源头、探出路。既要求考生能够快速阅读文本，获取和解读信息，又能够准确调动和运用知识，并在确定评论主题后，对材料中的话题进行描述和阐释，甚至能够进行深刻的论证和探究问题，写出有独到见解的答案，要求是很高的，是高阶思维能力考查，是一道突出较强选拔功能的试题。

【教学启示】本题亮点在于设问中"调动和运用所学国情国策的有关知识和自主学习获得的有关知识与经验，运用你的理性"，既符合课程标准所倡导的教学理念，也符合国家统编新教材《道德与法治》编写理念：基于问题，基于情景，基于经验知识，提升能力（调动知识去分析解决问题的能力）、积累新经验（学生直接经验）。给教学的启示是，教师要转变教学理念与方式，培养学生综合性能力,教学过程中要引导学生根据教材或材料提到的问题用自己已经掌握的知识和自主学习的知识,或已有的经验去分析解决问题。考查学生的归纳、分析、提炼、语言概括运用等各方面能力。

2. 对学科课程实施和改进教学提出建议

无论是取得的成绩还是暴露的问题,都是教学过程的反映。要充分理解中考试题整体的命题原则、理念、立意和每一道题目对教学的启示,以此反拨教学,循序渐进、扎实稳步地引导和推进教育教学观念和教学行为的改革。

以下为2018年广州市初中思想品德教学建议。

(一)落实立德树人的根本任务,全面学习和落实好《道德与法治》新教材

教育的根本任务是立德树人。本课程是以社会主义核心价值体系为导向,旨在促进初中学生正确思想观念和良好道德品质的形成与发展,为使学生成为有理想、有道德、有文化、有纪律的社会主义合格公民奠定基础。牢牢把握本学科德育课程的核心定位,充分发掘教材知识的思想内涵和教育价值,把培育社会主义核心价值观放在第一位,注意情感体验,注重道德实践的行为导向,注重法治素养的养成,是本学科的重要任务。

《道德与法治》新教材是学科教学新理念、新要求的集中体现,各年级都要学习和掌握国家统编教材的政治方向、价值导向、核心思想和主要内容。新教材突出德育为本、能力为主、基础为先、创新为上的理念,重视中华优秀传统文化教育、革命传统教育、国家主权教育、法治教育等内容,要认真将这些主要内容落实到课堂上。新的《道德与法治》以社会主义核心价值观为统领,在党的要求、国家意志、社会良序生活的需要与青少年生命成长之间、青少年自身的学习与生活需要之间找到一种既科学又艺术的联结与契合,让核心价值观的思想之光照亮生命、进入青少年的精神世界。社会主义核心价值观不仅有专题,而且有渗透,显隐结合、多维展开,循环往复、螺旋式上升。

尤其是关于法治知识的教学,具有很强的专业性,需要广大教师认真研读教材,认真研读有关法律条文,认真研读有关法治理论方面的专业资料,在此基础上,采用专业严谨、用词通俗、深入浅出的方式,对学生进行法治素养的教育。

新教材是国家统编教材,具有鲜明的意识形态属性,承载了强烈的国家意志。因此,在教材实施过程中,倡导师生一定要共同研读课本,在理解教材、忠于教材的前提下,倡导对教材的创造性使用,要将教材的政治方向、价值导向、核心思想和主要内容不折不扣地落实到课堂上,进入学生头脑,这是贯彻新教材的一项基本原则和实施底线。

(二)转变教育教学方式,探索学科核心素养落地生根的具体途径

学生发展核心素养将是今后很长一段时间中国基础教育的顶层设计。课堂是落实核心素养的主阵地。要探索和研究基于核心素养的课堂教学。

1. 把政治方向和价值引导放在首位

作为一门对学生进行道德与法治教育的专设课程，它依托相关知识，但根本在于价值观教育，在于影响人的情感态度与行为的改变，影响人的德行与人格健全，整个教材设计及教学归宿是超越知识，指向价值教育。

2. 立足社会发展与学生成长实际

学生是社会中的个体，学生成长离不开社会的大环境。因此，我们不能让学生在"真空"中学习知识、运用知识。课堂教学中，必须关注社会发展与现实问题，解决学生成长过程中的问题。关注社会发展与现实，除了让学生了解社会，培养学生亲社会意识外，还要引导学生学会运用所学知识独立判断、理性思考社会问题。很多课堂教学中存在关注社会不够、关注时效性滞后、只关注不思考、思考限于表层而不深入等问题，这会影响到教学的效果。

3. 关注学生的个体经验

学生生活经验是教学的起点，教材每一节课都有"运用你的经验"作为导学的栏目。关注学生已有的生活经验，要引导学生更多体会直接经验和间接经验。因此，参与社会实践活动、志愿服务活动、社会调查等是丰富学生生活经验的重要手段。关注学生的生活经验，还要引导学生多主动关心社会、了解社会、思考社会。读书看报、时事开讲、辩论会、模拟法庭等形式是我市多年倡导并有丰富实践的行之有效的方式。

4. 倡导真实现象和问题解决的课堂

课堂要直面真实的现实，强化问题解决，思考问题本身的逻辑。基于真实现象和问题解决逻辑的课堂有利于让学生更加深入了解问题的前因后果与整体面目，在这个基础上思考解决问题、运用知识才更加综合和有针对性。

5. 要重视学生思维能力的培养

基于发展学生核心素养的教学应当是具有思维力的教学。我们在教学过程中，要关注学生思维过程，要通过情境材料的选择、教学环节设计、问题设计等，鼓励学生在独立思考、分析综合的基础上通过规范的语言表达出来。要创造各种条件给学生思考空间，鼓励学生说出来、让学生学会写下来。主题探究学习、小论文、课前时事演讲等都是很好的形式。

6. 要帮助学生把握教材内容的知识性内涵和精神实质

克服简单转述课本的倾向教学不主张盲目加深拓宽，但是核心概念和主干知识必须讲清讲透，绝不能含糊。倡导通过主题式的生活化情境，提升学生的思想道德观念。注意克服两种倾向：第一，单纯复述知识，强调学生的死记硬背，"未能帮助学生把握教学内容的知识性内涵和精神实质"。第二，过于堆砌各种课程资源而忽视学生阅读、思考、质疑、探究、展示等思维生成和表达过程。这两种倾向的实质在于重知识轻能力、重讲授轻引导、重结果轻过程、重形式轻内容，忽视学生全面发展。

7. 改进教学方式，关注学生的理解能力和表达能力

要坚持实证的方法，倡导用数据说话、用事实说话、用比较说话，善于运用数据、图表、漫画等形式，帮助学生揭示道理和得出结论，培养提取信息的能力和媒介素养。教学中既要帮助学生理解知识的内涵和生成逻辑，又要通过活动让学生在过程中生成对知识的有意义的理解。表达能力是学生对知识的理解能力和自身思维能力的外在表征，无论是课堂教学还是纸笔考试，都要求学生具备一定的口头和书面表达能力。

（三）研究考试试题的立意和导向，提高复习备考的有效性

1. 要把握教学和复习的正确方向

要特别注意用好考试年报。年报是传递有关教学和复习信息的唯一官方渠道。要细心解读年报的内容和精神，要注意跨年度的比较，在比较中把握教学和复习的动向。

复习阶段也要重视结合和融入生活，特别要注意在具体的生活情境中调动和运用知识、分析和解决问题的能力。形成质量关键看基础，基础怎么强调都不过分。强调基础不是机械的、简单重复的记忆和训练，要从不同的角度强化对基本概念、基本原理、基本结论、基本观点的识记、理解和应用。要注意将考试的要求转化为教学要求并渗透进去。

要克服押题、猜题的不良倾向，教师要引导学生从关注应试技巧转到关注应试能力上来。多年的考试结果表明，考试的很多话题都是师生共同熟悉的，但材料的呈现形式变幻多样，设问角度也各不相同，简单猜题或押题难免会走入模拟题思维的惯性误区而得不偿失。教师在备考中要牢牢把握知识基础和能力倾向，编选好时事素材，真正把知识的巩固和能力的形成落实在过程中。

2. 树立科学的教学质量观，通过考试评价来诊断教学，指导教学，促进均衡

考试结果主要是教学过程的反映。我们应该认真分析低分背后的教学和管理原因，要关注教学观念，要关注教学目标、教学策略和教学过程的实施，要关注影响教学的外在因素，要关注学生学习的影响因素的分析，要关注非学业的德育、身心健康、艺术素养、实践活动等方面因素对学业成绩的促进作用。各区和学校要高度重视在教学领域研究减少学业分化的对策，着重在教学内容、教学方法和教学管理等方面加强研究，着力减少区域内过大的校际差距。

各区要用好考试年报后有关均衡发展的数据并进行归因分析，积极帮扶所辖的薄弱中学转变观念，推进课堂教学改革，不断提高课堂教学的质量、水平和效益。

实施分层教学，对于学习能力和基础较好的学生，由于水平性考试难度的降低，教师应把学生导向知识应用和能力拓展上，突出"学科素养"的培养。复习备考中要关注学困生的辅导，不放过每一个学生。

3. 适应考试方式的变化，适时转变教学和备考方式

根据国家和省市有关初中学业水平考试改革的文件精神，做好道德与法治学科过渡期和

改革期考试的对接。新的考试模式下,试题将严格按照国家《课程标准》,尊重国家统编教材,科学确定考试内容,考试能力表达将更加体现终结性考试和纸笔测试的要求。试题要体现立德树人根本要求,以促进学生全面发展为根本,注重体现学生科学素养、人文素养和实践能力。增强基础性和综合性。着重考核学生掌握学科基础知识的宽度和广度与基本技能的准确度和熟练度,减少单纯记忆、机械训练性质的内容,杜绝偏题、怪题。试题试卷的整体难度适当。增强应用性,注重与学生生活经验、社会实际和科技发展等的联系,侧重考核学生在真实、复杂情境中发现问题、运用所学知识分析和解决问题的能力,使不同生活背景学生的学业水平和能力在考试中得到充分的展现。增强创新性,增加探究性和开放性试题的比例,培养学生创新精神和实践能力。我市的2017年中考思想品德和2018年中考思想品德学科已在第二卷的个别试题中适当传递了这些改革的信息。教师要认真关注政策的出台和解读文件,准确理解考试改革所传递的信息,适时调整教学方式和考试方式。特别要注意克服"开卷就是抄书""闭卷就是背书"的错误认识,将立德树人的根本任务、核心素养的培养目标和课程的基本内容通过考试的强大杠杆作用落实到课堂上,落实到学生身上。

3. 对区域学业质量状况进行多角度描述

通过提供考试年报,着力促进区域教育的发展。《年报》对试题立意、教学归因、指导意见等进行详细的公布和解释,包含了丰富的信息,包含考试的基本信息(含性质、功能、立意、经典测量学指标、教学指导意见等)和考生基本信息(总数、合格数、反映均衡的群体分布等),重点记录了各区域、学校之间教学质量的均衡表现。如合格率、标准差等测量学指标反映教学上学生发展结果的个体差异,行政区域的比较反映区域教学质量的均衡(合格率、后半样等),1/3的学校各学科的成绩反映不同学校之间的校际差距及区域分布,考生群体的比较反映考生发展的群体差异(等级比、分数段、后1/3学生、中段生),学科考试内容和结构的分布反映课程实施的均衡。这些信息的公布满足了教育行政部门把握教育发展趋势、改进教育决策的需求,满足了公众知情权,也满足了学校师生对质量分析和改进教学的需求,特别是"能够帮助教师诊断教学问题、改进教学活动。从试卷的命制、测验考试、测试后的试卷分析,测验可以向教师提供多种信息,作为教师诊断学生学习状况、了解学生的能力水平、熟悉测试试卷的命题技巧、改进教学等的参考"。

二、从单一学科评价走向基于核心素养的综合评价

依照阳光评价指标体系和科学的测评工具,2014—2018年,课题组对全市抽取了480所样本学校合计18万学生和对应的学科教师、校长、家长参与数据采集,形成年度报告。

1. 扭转了以成绩和升学率衡量教育质量的单一评价倾向

测试以及实验的推进,改变了传统的以学生学业成绩和毕业升学率作为学校办学质量和区域教育质量的主要衡量指标的单一倾向,传播了新的学生观、质量观和评价观。

长期以来,中小学对于学生的评价都是由学业测试、品德评价、体质测评等不同项目分别组织开展的,由于依据的标准和使用的评价工具各不相同,形成的结果难以加和,因此我们一直欠缺对于全市中小学生综合素质比较全面、准确的评价数据。

广州市阳光评价在坚持"标准统一、工具统一、平台统一"的前提下,以抽样的方式采集数据,对数据进行科学、统一的合成与分析,并在相关项目上结合两次测试进行纵向分析,产生了以学生全面发展的综合表征来衡量学校和区域办学质量的新的基本数据。

正如联合国教科文组织2015年发布的《反思教育》报告指出:当前国际教育讨论张口闭口谈学习,但"主要关注的是教育过程的结果,而往往忽视了学习的过程。关注结果,主要是指学习成绩",而忽视了"对于个人和社会发展具有重要意义的知识、技能、价值观和态度"。传统的教育质量监测往往只关注学生的学业情况,并以考试分数的高低来评判优劣。这样的评价方式没有深入挖掘影响学业情况的因素,未能发挥学业诊断作用,同时也忽视了学生的品德发展、身心健康、兴趣爱好等非学业情况。广州实验区阳光评价引进了具有认知诊断的自适应测验(CD-CAT),同时关注学生的非学业因素评价,采用"学业测试+学业问卷调查+非学业量表"相结合的方式,对学生进行多层面评价:通过学业测试,了解学生学业发展水平;通过学业测试配套的问卷调查,探讨影响学生学业发展的相关因素;通过非学业量表,从多方面了解和评价学生的综合素质。综合学业和非学业因素,对学生做出全面的评价。

这样多方面、多层次、多角度、多对象的测评模式改变了以往单一的学业评价或者其他专项评价,有利于全面了解学生德、智、体、美、劳各方面的发展情况及学校的办学情况,有利于促进学生的综合素质提高及学校的办学质量提升。

2. 测试结果拓展了新的学业质量评价模式

学业测试是重要内容。在测试中,对学生学业评价予以科学的导向,加强学业测试的能力导向并与非学业评价整合归因,探索促进学生学业水平提升的有效机制。

(1) 基于核心素养的学业命题模式

在测试命题时均充分体现《全日制义务教育课程标准(2011年版)》的相关要求,并且分别按照文体类型或知识模块、能力层次或认知层次两方面进行题目命制,突出能力立意,在命题时还加入了学科核心素养方面的内容,改变了以往学业测试单纯指向学科知识技能的偏向,对学生学业评价予以科学的导向。

（2）先进的学业归因分析模式

由于改变了过去单一的学科学业评价方式，采用"学业测试＋学业问卷调查＋非学业量表"相结合的方式，学科学业测评实施综合评价，有利于引导学校和老师今后在对学生进行学科学业评价的时候也关注学生的非学业因素，多层面地了解学生学业发展水平，探讨影响学生学业发展的相关因素，对学生学业状况进行科学归因，并且根据评价结果分析发现问题，积极改进教学，探索符合教育规律的提升学生学业水平的有效机制。

2015—2018年在广州市开展了全市中小学教育质量阳光评价四期测评，历时四年，参测学生分布在广州市11个行政区、480所学校，总计18万学生。测评是基于阳光评价指标体系的综合素质测评，运用科学的测评工具从六大方面22项关键性指标对学生进行的学业质量综合评价。分析统计数据表明，广州市11个行政区中小学生的综合素质各项指标发展态势良好：良好的品德社会化水平、较高的学业发展水平、中等身心发展水平、适性发展的兴趣特长潜能、适度可控的学业负担状况、和谐友善的学校文化认同感。

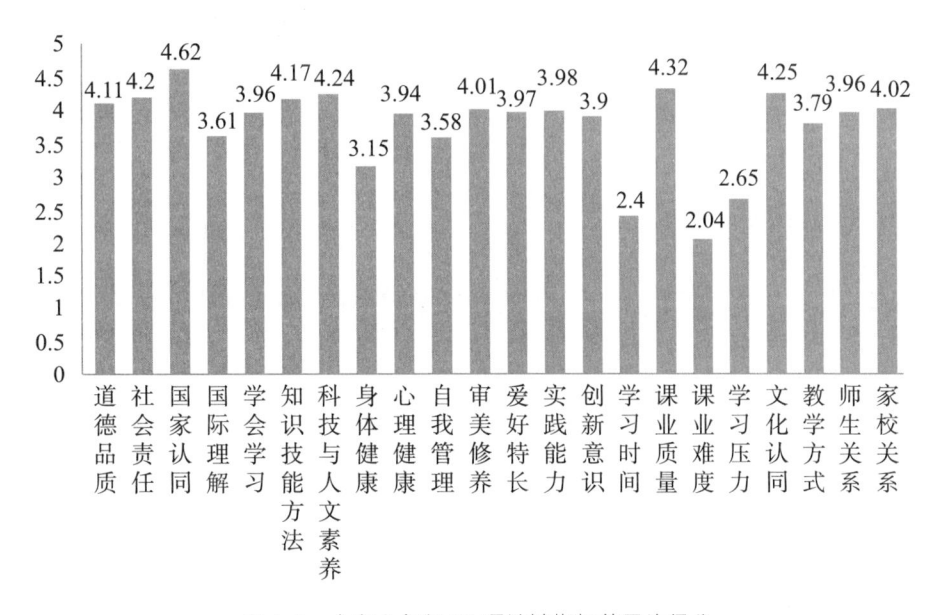

图4.4　全市六年级22项关键指标的平均得分

由图4.4来看，表现最为突出的是"国家认同"这一指标，得分最高，为4.62；其次是社会责任、科技与人文素养、课业质量和对学校的文化认同，平均得分都在4.2以上；得分最低的是身体健康，平均得分为3.15，而自我管理和国际理解平均得分都在3.6左右。此外，六年级学生的学习时间和课业难度的平均得分都在中等以下的水平，学习压力的平均得分则在平均水平以上，说明六年级学生的学习时间适中，课业难度不是很大，但却面临着较大的学习压力。

通过对四次测试的追踪分析，在品德社会化水平方面，增强学生国家认同感，建议在地方课程与校本课程的内容设置或在国家课程的授课内容等方面突出与国家认同相关的知识与意识，培养学生对国家的认同感;在学业发展水平方面,学生自主学习能力有待进一步提高,在教师教学过程中,应在课堂中根据具体教学情况适当增加小组学习、自主探究等活动方式,进一步促进学生自主学习能力的提高;在身心发展水平方面,学生的心理健康有待进一步加强,在教学过程中,建议开设更多形式的心理课程,关注学生的心理健康;在兴趣特长潜能方面,提高学生对美好事物的鉴赏能力,音乐、美术审美修养均有待进一步的提升与加强;在学校认同方面,培养学生的集体感和归属感。

聚焦到改进学科教学,教师应该将对教学内容的研究放在重要的位置。加强对教学内容的研究,对知识进行梳理、整合,合理编排,使之形成一个条理化、系统化、网络化的有机知识体系,让学生把握学习内容,把学到的知识转化为能力和素养,从而达到提升教育质量的目的。加强对学习过程的评价,要从过去只重视结果评价转变到既关注结果又关注过程的评价。通过对学生学习过程的整体评价,达到鼓励学生的学习兴趣、加强对学生学习方法的指导、培养良好的学习习惯、调控学生学习过程、促进综合素质提升的目的。

案例一

2018年T区八年级数学国家质量监测结果分析改进报告

一、监测结果整体情况

本次监测T区A、B、C、D、E、F、G、H等共8所学校参加,参测学生237人、数学教师30人、校长8人。

根据《2018年国家义务教育质量监测广东省广州市T区数学监测分析报告》(以下简称《监测报告》)中星级评定情况,T区八年级数学成绩在全国331个样本县中,工作日数学作业时间情况非常好,数学学习焦虑非常低,数学教师课堂管理情况较好,周末数学作业时间情况较好,学业成绩较好,数学学业表现水平中等及以上的比例较高,学生对数学教师喜爱程度较高,但数学学习兴趣不浓,数学学业均衡状况较差,数学学习自信心非常低。

二、监测结果具体分析

《监测报告》显示,T区八年级数学整体情况良好,11项监测指标中,有1项指标10星,6项指标靠前,1项居中,3项靠后。具体分析如下。

(一)学生数学学业表现

1. 学生数学学业表现良好

(1)学业总体高于全国、广东省、广州市平均水平

《监测报告》显示,从量尺分数看,T区八年级学生的数学学业成绩平均分均高于广州市、广

东省、全国。从表现水平看,数学学业表现达到中等及以上水平的比例也高于广州市、广东省、全国。

(2) 学生在数学学业不同指标上的表现良好

《监测报告》显示,T区八年级学生运算能力、空间想象力、数据分析能力、推理能力、问题解决能力达到中等及以上水平的比例均超过全国、广东省平均水平。

分析:从8所参测学校来看,有4所学校均是T区前1/3的学校,学校管理、教师队伍、生源结构相对较好,教学质量较高;有2所公办学校在T区相对靠后,在T区教育局和教研部门的帮扶下,近年教学质量有所提升;有2所学校均为T区薄弱民办学校,目前有1所薄弱民办学校已停办初中。从T区近几年的数学学业成绩来说,早已超过广州市平均水平,并多年位居广州市前列,与T区教育局常抓质量、抓管理密不可分。

建议:虽然T区八年级学生数学学业表现良好,总体高于全国、广东省、广州市平均水平,在数学学业运算能力、空间想象力、数据分析能力、推理能力、问题解决能力达到中等及以上水平的比例超过全国、广东省平均水平,但学业成绩平均分只是略高于广州市,空间想象力与广州市持平,推理能力、问题解决能力略低于广州市,今后教研部门、学校教师还要持续加大教学研究和指导的力度,努力提升学生推理能力、问题解决能力、空间想象力。

2. 数学校间差异大,学业成绩中等

本次监测采用了"校间差异占总体差异的比例,即校间差异比"(以下简称"校间差异")来反映区域内学校之间教育质量的均衡状况。全国331个样本县及207个协议县的"八年级数学学业成绩与数学校间差异"散点图显示,T区处在校间差异大、学业成绩中等的区域,并超过校间差异较大的临界值线(20%)较远。

分析:校间差异大,T区一直在努力缩小。尽管没有此次监测各校的具体学业成绩,但是从2017、2018学年T区期末调研测试此次参测学校平均分统计表(表1)的数据,也可以说明此次参测学校校间差异大。从平均分来说,2017学年A校高出H校76.64分,2018学年A校高出H校74.39分,均在卷面总分150分的一半左右。但这个平均分差值在减小,从2017学年到2018学年,减少了2.25分。虽然试题难易度对学校平均分会造成影响,对校间差异也会造成影响,但是从到达度(即学校平均分与区平均分的比值)来看,从2017学年到2018学年,A校与H校校间到达度之差也缩小了0.01。

建议:通过集团化办学,共享优质教学资源,加快推进校长和教师流动,强化和落实学校常规精细化管理,加强教师队伍建设,助力教师专业发展,提高课堂教学质量,减轻学生过重负担,加强家校合作,进一步深化中小学教育质量综合评价改革,逐步缩小校间差异。

表1 2017、2018学年T区期末调研测试参测学校平均分统计表

统计单位	2018学年 平均分	2018学年 到达度	2018学年 难度	2017学年 平均分	2017学年 到达度	2017学年 难度
A	113.27	1.3632	0.76	118.63	1.3965	0.79
B	97.63	1.1750	0.65	100.72	1.1856	0.67
C	96.61	1.1627	0.64	87.34	1.0281	0.58
D	89.44	1.0764	0.6	92.7	1.0912	0.62
E	76.55	0.9213	0.51	85.41	1.0054	0.57
F	69.7	0.8388	0.46	77.44	0.9116	0.52
G	47.39	0.5703	0.32	44.08	0.5189	0.29
H	38.88	0.4679	0.26	41.99	0.4943	0.28
T区	83.09	/	0.55	84.95	/	0.57

（二）学生数学学习情感态度

1. 学生数学学习兴趣略高于广州市、广东省，但低于全国

《监测报告》显示，八年级学生数学学习兴趣高和较高的比例，略高于广州市和广东省，但略低于全国。

2. 学生数学学习自信心低于广州市、广东省、全国

《监测报告》显示，八年级学生数学学习自信心高和较高的比例之和，低于广州市、广东省，但与全国相比偏低。

3. 学生数学学习焦虑程度非常低

《监测报告》显示，八年级学生数学学习焦虑程度低和较低的比例之和，略高于广州市，超出广东省、全国较多。

分析：T区学生数学学习兴趣、学习焦虑程度尚可，但数学学习自信心明显偏低，尤其是与全国相比偏低，应引起高度重视。数学学习自信心，是指学生在数学学习过程中对自己的数学能力、数学认知、数学实践等方面的信念，它影响学生对数学学习任务的选择、学习策略的运用、学习的努力程度和坚持性的支配和调节，也会迁移到学生在学习其他学科、从事其他任务时的信念和态度，从而深深影响学生终生的成长。自信心偏低的原因如下：

第一，心理学研究表明，学生的自信心往往是通过学校、教师、家长、自己的期望与评价建立起来的，尤其受教师对于学生的期望关注水平、学生正确进行自我评价影响较大。教师对于学生的期望关注水平越高，对学生越信任，学生的自信心就越强；学生自我评价，通过自我暗示影响着自己对学习任务的选择与态度，从而影响自信心。初中生往往不易正确评价自己，很可能产生偏见：要么评价过高，小小的成功便骄傲自满；要么评价过低，几次的失败便垂头丧气，

自卑不已。

第二,近几年 T 区期末调研测试数学试卷考查问题解决能力的比重逐渐加大,压轴题多为原创且为学生陌生的情境,会导致得分率偏低,这也正是我们教研部门促使教师和学生提高之处。表1显示,2017 学年 T 区数学试卷难度为 0.57,2018 年为 0.55,难度有所加大,从学生测试得分来看,学生的得分与教师和学生本人的预期有一定的差距,不能正确进行自我评价、准确调整学习方法,这也是导致自信心偏低的主要原因。

第三,对数学学优生而言,学习自信心对数学成绩的影响最大,学习焦虑次之且为负向影响,学习兴趣的影响相对较小;对数学学困生而言,师生关系和数学学习焦虑程度对数学成绩的影响相对较高,学习自信心的影响次之。而本次参测的 8 所学校中有 4 所学校均是 T 区前 1/3 的学校,参测学生人数超过总数一半,学优生相对较多;另外 4 所学校,整体相对靠后,甚至是 T 区后 1/3 的学校,学困生相对较多。

(三) 学生的数学学习习惯

1. 学生数学作业时间适中

《监测报告》显示,T 区八年级学生工作日平均每天数学作业时间在 90 分钟以内的比例非常少,略高于广州市、广东省、全国。周末平均每天数学作业时间在 90 分钟以内的比例也很不错,略低于广州市,与广东省持平,略高于全国。

2. 学生的课外辅导时间高于全国、广东省、广州市

《监测报告》显示,T 区八年级学生每周参加校外线上线下辅导班或补习班(包括家教)的比例,高于广州市、广东省、全国。

3. 一半学生反映公布排名

《监测报告》显示,T 区八年级一半学生反映每次数学考试都公布排名情况,略高于广州市、广东省、全国。

分析:减轻中小学生过重的学业负担,最直接原因也是关键影响因素之一的是,学业评价体系改革未有根本性突破。目前,各级人民政府、教育行政部门和中小学校采取了相应措施,正逐步减轻中小学生过重的学业负担。同时,T 区家长尤其是前 1/3 学校的学生家长,还是比较重视学生的学业成绩。有关研究表明,数学成绩较低的学生,课外补习时间长更有利于降低数学焦虑;成绩较好的学生,课外补习时间短更有利于降低数学焦虑。

建议:教育部门已规定,义务教育阶段严禁以任何形式公布学生排名,学校和教师要停止公布学生排名行为。同时,学校和教师要实施分层教学,满足不同层次学生的学习需求,让不同层次的学生都得到良好的发展。引导家长正确看待课外辅导与学业之间的关系,切实减轻学生学业负担。

（四）学校数学教育教学状况

1. 数学周课时数超标

《监测报告》显示，T区八年级数学周课时数在4—5节的学校比例稍偏低，低于广州市、广东省、全国。

分析：学校可能存在设置2份课程表的情况，也有教师把学校课程、特色课程、活动课程、非考试科目课程等，随意更改为数学课的现象。尤其是薄弱民办学校，存在教师编制严重不足，出现跨学科任教情况，如数学教师兼任地理课等等，出现数学教师在学校没有调研视导和教学评估时，私自把地理课、校本课程等换成数学课的现象，从而导致数学周课时超标。

建议：学校要严格执行国家课程计划，严禁学校和教师随意增加和更改课程。教育行政部门要加强飞行检查、督导力度，发现一起严肃处理一起，并叫停非本专业或非本学科专任教师任教的现象，督促学校按规定的生师比配齐学科专任教师。

2. 数学教师配备与队伍建设

（1）数学教师学历全部达标

《监测报告》显示，目前学历全部在大专及以上，其比例略高于广州市、广东省、全国。T区八年级数学教师专业对口（即入职学历所学专业为数学类）的比例略低于广州市，但高于广东省、全国。

（2）数学教师培训须进一步优化

① 培训以市、区、校级培训为主，国家、省级培训比例不高

《监测报告》显示，T区八年级数学教师近两年参加过国家级、省级、市级、区级、校级培训比例，由高到低依次是校级、区级、市级、省级、国家级，T区教师参加国家级、省级的培训比例远远低于广东省、全国，参加市级、区级、校级的培训比例高于广东省、全国，且认为国家级培训帮助很大的比例，高于广州市、广东省、全国。

② 培训内容侧重教与学，期望继续选择学生如何学的培训内容

《监测报告》显示，T区八年级数学教师近两年参加培训的内容，比重由高到低依次为：教学内容和教学方法、学生如何学习数学、数学学科专业知识、信息技术运用、课程标准和教材、考试研讨、其他。选择教学内容和教学方法、学生如何学习数学、考试研讨、其他的人数比例高于广州市、广东省、全国，选择课程标准和教材、信息技术运用的人数比例低于广州市、广东省、全国，选择数学学科专业知识的人数比例低于广州市、广东省，但高于全国。

关于T区八年级数学教师期望参加培训的内容，比重由高到低依次为：学生如何学习数学、教学内容和教学方法、数学学科专业知识、课程标准和教材、考试研讨、其他。选择课程标准和教

材、教学内容和教学方法、数学学科专业知识、信息技术运用、其他的人数比例低于广州市、广东省、全国,选择学生如何学习数学的人数比例高于广州市、广东省、全国,选择考试研讨的人数比例低于广州市,但高于广东省、全国。

③ 培训形式以专题式讲座、教学观摩、网上培训居多

《监测报告》显示,T区八年级数学教师近两年参加培训的形式,比重由高到低依次为教学观摩、专题式讲座、网上培训、校际交流学习和参观考察、课例研究、参与式研讨、教学技能训练、其他。T区八年级数学教师期望参加培训的形式,依次为教学观摩、校际交流学习和参观考察、课例研究、参与式研讨、专题式讲座、教学技能训练、网上培训、其他。

④ 培训存在偏理论与工作冲突问题

《监测报告》显示,T区八年级数学教师认为当前培训存在的问题,主要是培训偏理论、对实践的指导性较差,培训时间与工作安排冲突,培训形式单一,占用假期时间等。

分析:关于培训级别,T区教师参加市级、区级、校级培训比例较高,与广州市中考单独命题以及初中学校由区主管、T区重视市区校三级培训有关,但参加省级、国家级的培训比例偏低,并且绝大多数的教师认为国家级培训帮助很大。关于培训内容,T区教师在教学内容和教学方法、学生如何学习数学方面期望较多,在课程标准和教材等方面期望不是很多,主要是2011版教材颁布后,T区教研部门相继已完成了课程标准和教材、课标解读和信息技术运用专题培训,近几年进行数学核心素养落地课堂研究、如何学习数学较多。同时,教师期望继续选择课程标准和教材、教学内容和教学方法、数学学科专业知识、信息技术运用等培训内容。关于培训形式,教学观摩、专题式讲座、网上培训形式,可谓是现阶段培训的主要形式。同时,教师期望继续选择教学观摩、校际交流学习和参观考察、课例研究的形式,说明教师更关注教学示范和实际操作,可以复制、模仿、迁移。还有参与式研讨,这种形式有互动,更加利于互相及时交流,吸取经验,取长补短。

建议:教育行政部门,要为T区教师积极创设省级、国家级培训机会,大幅提高T区教师参加省级、国家级培训比例。教研和培训部门,应根据T区教师实际需求,继续以课程标准和教材、教学内容和教学方法、数学学科专业知识、信息技术运用等为主要内容,采取教学观摩、校际交流学习和参观考察、课例研究等形式组织开展培训。学校要大力支持教师参加培训,为教师参加培训提供相应保障,安排好教师有关工作,确保教师参加培训。

(3) 数学教师职业满意度低于全国、广东省、广州市,有待进一步提高

《监测报告》显示,T区八年级数学教师对自己现在的教师职业感到满意的比例偏低,低于广州市、广东省、全国。在问及"如果让您重新选择,您还愿意当数学教师吗?"时,T区八年级数学

教师表示愿意继续当数学教师的比例也不高,低于广州市、广东省、全国。

分析:T区数学教师职业满意度和留职意愿低于广州市、广东省、全国,教师职业满意度和留职意愿低,主要受学校管理、教师地位、工作强度、职业认同、专业发展、学生与家长、收入等方面的影响。

建议:行政部门要进一步提高教师地位和待遇,提供更多高一级的岗位职数,加强民办初中建设,多渠道增加对民办初中的经费投入。公办学校要深入理解有关政策,积极为教师晋升高一级岗位创设条件。民办学校要建立稳定的工资增长机制,注重教师的绩效考评,构建基于能力的绩效考评体系。据了解,T区薄弱民办学校的教师收入相对偏低,甚至低于公办学校代课教师的收入。教师要提出自身专业发展更高的要求,主动学习最新教育教学理论,改变教学观念,积极进行教学改革探索,及时总结经验并多与同伴交流,加快自我专业发展速度,从而提高自身职业幸福感。

3. 学生对数学教师的喜爱程度较高,高于全国、广东省、广州市

《监测报告》显示,T区八年级学生对数学教师喜爱程度比例较高,高于广州市、广东省、全国。

4. 数学教师的课堂管理好

在课堂管理方面,本次监测主要通过学生问卷,从数学课堂上的纪律、学生进入学习状态的快慢方面,对数学教师课堂管理进行调查。结果显示,T区八年级数学教师课堂管理好和较好的比例之和较高,高于广州市、广东省、全国。

分析:T区数学教师大部分语言简洁,幽默风趣,师生关系融洽,积极关注学生的学习,并调控学生学习状态,课堂教学管理较好。

建议:薄弱民办学校课堂教学管理亟需加强。日常调研中发现,薄弱民办学校的课堂,学生非常遵守纪律,教师教学采取齐答的形式较多,学生容易滥竽充数,不懂的学生跟着懂的学生一起回答,造成课堂学习气氛热闹的假象,而学生实际学习效果并不好,调研测试时学生成绩并不高。教师课堂教学应多以单独提问、设置能引发学生思考的问题为主,切实关注学生的学,让学习在课堂上真正发生。

三、改进建议

(一)多措并举促进T区初中优质均衡发展

1. 努力缩小校间差距

初中学生学业表现校间不均衡,与教育资源配置、学校教育教学管理、教师专业素质、学生已

有学习水平能力、家庭教育等密切相关。教育行政部门要强化教育教学管理,对后 1/3 的学校进一步加大投入的力度。学校要精细教育教学管理,为教师参加国家、省级培训等专业发展提供支持,加强家校合作,努力缩小校间差距,进一步促进区域义务教育优质均衡发展。教师要加强教育科研,提升教育教学水平,提高课堂教学质量,减轻学生过重负担,实施分层教学和分层评价,提高学生学习兴趣和自信心,借助信息化手段共享高品质教学资源。

2. 严格落实依法治校

依法治校,即全部的教学活动都应当符合教育法律的有关规定,所有的教育法律关系主体在从事各类教学活动时都应当遵守或不违背教育法律的规定和精神。教育行政部门对"八年级数学周课时数在 4—5 节的学校比例不高,一半学生反映每次数学考试都公布排名"等违规行为,都必须叫停并责令学校立即整改。学校要认真落实《义务教育学校管理标准》,要严格执行国家课程计划,不得设置两张课程表,不得随意增加课时,教师也不得把学校课程随意更改为数学课。教育行政部门也借此机会,加大对学校落实依法治校的督导检查力度。

3. 规范教育教学管理

严格规范的教学管理,是保持良好教学秩序、有效提高教学质量的重要保证。T 区教育局已于 2019 年 7 月 18 日印发了《T 区中小学教学常规管理指导意见(试行)》,其 55 条涵盖了计划制定、校历编制、课程设置、备课要求、课堂教学、作业批改、学业辅导、课外活动、学业评价、校本教研十部分,各学校要结合本校实际情况,认真落实并不断完善教学管理制度,努力提高教学质量。

(二)多路并进提升 T 区初中数学教学质量

1. 改善数学学业均衡状况

对相对靠后的 2 所公办学校,教研部门要继续坚持每学期到校进行集体调研视导,甚至开展驻校跟踪调研周活动,打磨青年教师的课堂、跟踪检测教学建议落实情况,鼓励教研员执教示范课、带领教师进行教学研究和科研课题研究等,提高教师教育教学水平。对相对薄弱的民办学校,区教育局要不定期组织联合督导室、中教科、职成幼教科、教育研究院等各职能部门,到校进行联合调研视导,及时召开现场反馈会,敦促学校落实教育教学建议,与办学人、学校一同协商制定教育教学质量目标,并为实现目标提供支持。

2. 提升教师职业幸福认同

学校要加强师德教育,学习名教师的先进事迹,寻找身边的典型事例,进行师德演讲,树立学习榜样,提高对教师职业的价值认同;关注教师身心健康,解决教师实际困难,进一步提升教师的归属感、职业满意度和责任感。教师也要树立正确的职业幸福感观念,教师职业幸福感尤其来自教师的专业发展、来自学生的进步成长、来自家长和学校的好评认可。

3. 按需组织数学教师培训

（1）组织学科课标培训。对入职学历不是数学类的教师,组织课程标准和教材、教学内容和方法、学科专业知识、学生如何学习数学的教学研讨和培训,以期提高这部分教师的学科教学能力。

（2）组织学法教法培训。培训需紧密结合教育教学一线实际,结合教师工作实际和需求。可组织以学生如何学习数学、教学内容和教学方法、信息技术运用为主要内容,教学观摩、参观考察、课例研究为主要形式的培训。

（3）组织更高级别培训。《监测报告》显示,T区八年级数学教师近两年参加过市级、区级、校级培训的比例较高,而参加过国家级、省级培训的比例偏低,低于广东省、全国,且绝大多数教师认为国家级培训帮助很大,高于广州市、广东省、全国。今后可为教师多组织多提供更高级别的省级、国家级培训。

（4）确保教师参加培训。学校要确保教师参加教研和培训,处理好教研和培训与工作之间的关系。据了解,广州市举办由华南师范大学承办的某次民办学校教师专项培训,T区居然没有一位教师参加。其原因是学校编制紧缺,教师工作量太大,无法安排教师参加,一人身兼多职在薄弱民办学校较常见。而民办学校的教师流动性较大,且不一定是在广州市任教,有很多是在外省任教,由于各地市选用的教材不同,考试的要求也略有差别,这样,教研和培训活动尤显重要!

4. 提升数学教师教学能力

学校发展、教师发展、学生发展,某种程度上说,这三者是互为因果、互相促进的关系。学生发展是目的,学校发展是载体,教师发展是关键。学校要提升教学质量,需要教师不断提高自身教学能力。学校要为教师提升学科教学能力提供平台和支持,可为教师订阅学科期刊,购买学科专业书籍,组织教师参加全国和省级培训、校际交流学习、外出进行教学观摩研讨等。教师可通过关注核心期刊和正高级教师、特级教师、名教师公众号进行学习,加入较有影响力的数学学科研究QQ群或微信群进行学习、交流、研讨,提升自身学科教学能力。

5. 提升学生数学学习自信

（1）师生要正确面对数学教学

数学内容源于现实而高于现实,数学学习最明显的特点就是高度抽象、逻辑严密、应用广泛。作为教师而言,首先要厘清作为科学的数学与教育任务的数学是需要差别对待的。作为一门科学理论的数学是将人类所发现的数学规律,即数学研究对象的位置关系、数量关系、序关系等,按数学自身的逻辑结构建立的科学体系。而作为教育任务的数学是有选择、有计划、有目的地传授给一定年龄阶段的受教育者的特定的数学内容。我们教师的教学,要把抽象内容尽可能具体化、直观化,与实际紧密联系,并适当降低某些问题的形式化表述、论证及体系的严谨性要求。

(2) 师生要设定合理教学目标

教师要依据数学课程标准,设置合理的教学目标。课程标准是教学设计的基本依据,是教师实施教学方案、进行教学评价和考核的标准。合理的教学目标,应具有整体性、针对性、层次性和可操作性。根据学生的认知规律、已有知识背景来设计教学,创造条件尽可能让每个学生体验到成功的快乐。知识不能简单地由教师或他人传授给学生,而只能由每个学生依据自身已有的知识和经验主动地加以建构。目标过高,学生实现不了,会打击学生学习数学的自信;目标过低,学生太轻松,会感觉乏味,骄傲自满,学习动力不足。

(3) 教师要创设轻松学习氛围

教师要尊重每一个学生,相信每个学生都能成功,帮助每个学生树立学习信心。心理学研究告诉我们,每个人自身存在的潜能是巨大的,每个人只要相信自己的潜能,而且不断开发自己的潜能,人人都能成功。同时课堂上,教师要允许学生说错、做错,要鼓励学生发表与教师不同的见解,敢于否定所谓的"权威"定论,鼓励学生从各个不同角度思考,从而发现新问题。只有这样,才能营造出一种宽松、和谐、民主的课堂氛围,也只有在这样的课堂氛围中,才能使每个学生感觉到"我真行",体验成功的喜悦。

(4) 教师要科学进行学法指导

许多研究表明,学生学习成绩差、自信心弱与学习方法有关。对学生进行数学学法指导,教会学生数学学习方法,是数学教学的最终目的,是培养学生自主学习数学能力的重要手段,也是进一步提高数学教学质量的重要途径。学法指导的目的,就是最大限度地调动学生学习的主动性和积极性,激发学生的思维,帮助学生掌握科学的学习方法,培养学生学习能力。尤其是要进行自主学习、合作学习、探究学习的学习方法指导。教师要挖掘教材内容中的学法因素,把学法指导渗透到教学过程中,引导学生及时归纳、总结,让学习成绩优秀的同学介绍学习方法,结合数学学科的具体知识和学法特点进行学习方法的讨论,如介绍如何预习、如何听课、如何理解、如何笔记、如何复习、如何记忆等学习方法。

(5) 教师要实施有效分层教学

数学作为一门抽象性、逻辑性、严谨性较强的学科,必然会使部分能力较弱的学生经常遭受失败,这就要求教师因材施教,实行分层教学、分层评价。加强学优生数学应用、问题解决、自主探究等高层次能力的培养,帮助他们在数学上取得更大的进步。对后进生而言,则应提出符合其能力的目标要求,进行基础知识和基本技能训练为主,不对高层次内容作过高要求,并给予适当的辅导,使其觉得进行数学活动每次都能够有所收获,有所进步,从而内心感受到愉快和充实。同时,要注意保护学生的自尊心,及时发现学生学习活动中的闪光点,加以鼓励和表扬,增强学生自我效能感。

(6) 教师要引导学生客观评价

教师要指导学生进行正确的自我评价。一般来说,把学习结果的成功归因于能力、努力等内部因素,会使人感到满意和自豪,自我评价相对较高;如果把学习结果的失败归因于智力等不可控因素,则会感到沮丧、自卑,自我评价相对较低。同时,教师在教学时要注意创造更多机会让每个学生都体验成功。教学要结合学生的实际学习情况,设计学生实现符合自身期待的目标,满足其成就感,增加学生在数学学习上的成功体验,增强其学习自信心;在评价学生数学能力时,避免将考试成绩作为唯一标准,切实落实综合评价,并鼓励学生进行定期的自我评价。

6. 激发学生数学兴趣

提升学习兴趣,学校可调整课程设置,通过组织丰富多彩的数学活动使学生在学习之余能够感受到学数学的乐趣,进而提高学习兴趣。如学校可组织开展数学文化节活动,让学生讲讲数学故事、了解数学史,开展趣味数学竞赛、猜数学灯谜、玩 24 点、数独、魔方、七巧板等,挖掘生活中蕴藏的数学等活动,让学生发现数学的美、体会数学好玩有用、数学就在身边,从而激发学生学习数学兴趣。同时,教师需要增强教学设计的情境性与应用性,采用多样化的教学手段与教学组织形式(比如,合作学习、探究学习、开展广州市较有影响力的"玩转数学"活动等),以提高学习内容、学习过程对学生的吸引力,进而提高学习兴趣。

(陈永耀)

案例二

广州市 L 区智慧阳光评价中学测评结果的类别比较:
基于聚类分析的视角

【摘要】应用聚类分析,探讨广州市 L 区 40 所中学(含校区)在广州市中小学智慧阳光评价14 个指标数值的聚类情况。研究发现,各学校在"学业负担"指标、其他 13 个指标的得分基础上,分为两大类。两大类分别命名为"良好表现组"和"一般表现组",各包含若干类别。两个组和各类别呈现出各学校教育质量水平的不同表现情况、类别间的主要差异,以及各指标间的潜在联系。研究结果有助于区教育行政部门和教研部门确定学校改进的最近发展区,分类推进学校教育教学改进,重视学生一般潜在特质发展。

【关键词】聚类分析;类别特征;类别比较;智慧阳光评价

一、问题的提出

追求和实现良好的教育质量是教育工作的核心问题和应有之义。教育质量监测系统地收集反映学生发展、教师教学、学校管理等方面的信息，了解教育质量的实际水平，诊断和分析教育发展中存在的问题及其原因，为区域和学校后续的针对性教育教学改进提供支持。广州市教育研究院历年开展广州市中小学阳光评价项目（后改名为"智慧阳光评价项目"），建立了广州市中小学综合素质评价体系，成为广州市内了解区县和学校教育质量、学生学业质量的大型教育质量监测项目。该项目在推动教育质量综合评价改革、服务教育行政决策、指导教育教学实践等方面，均起到良好作用。

区教育行政部门和教研部门根据智慧阳光评价项目区县报告，能够了解区域内学校的教育质量基本情况，对学校的治理和改进作出判断与规划。然而，区县报告主要提供全区、各学校在评价体系各指标的平均数值，说明各学校在某些指标的分类或排序关系，尚未能够全面反映各学校教育质量水平的差异和聚类情况。因此，有必要在区县报告的基础上进一步开展数据统计和分析。

聚类分析（cluster analysis）是一种根据变量间或个案间相互距离最近原则，通过相关分析将变量或个案分类的统计方法。聚类分析能够将每一个待分析的变量或个案作为一个小类，逐步将相似性越大、差异性越小的变量或个体聚合起来，最终形成包含所有变量或个案，且同时使其分属不同类别的整体结构。不同学校的教育质量水平有不同的状态，它们之间可能具有某种相似性，能够聚合为某些数量有限的类别。研究者已经使用聚类分析深入挖掘不同类型学校存在的潜在特质，归纳它们的类别特质。但他们的研究目的主要在于确定学校类别的主要种类和具体特征，并不易于反映区域内具体学校在学校总体的具体处境。

L区是广州市的教育强区，其区域教育质量水平处于全市前列，区内学校的情况具有一定的代表性。因此，本研究以L区中学八年级学生在2021年广州市智慧阳光评价项目的测评结果为研究对象，应用聚类分析处理各中学的教育质量水平数据，分类比较和确定各校教育质量水平的相对情况。

二、研究设计

（一）数据来源

本研究使用了2021年广州市智慧阳光评价项目L区40所中学（含校区，以下简称"单位"）八年级学生4594人的统计数据。广州市中小学综合素质评价体系主要包含六大方面，分别是品德社会化水平、学业发展水平、身心发展水平、艺术素质、劳动实践、学校认同。前五者分别对应

"德智体美劳"(简称"五育")。其分别包含若干指标,共有"品德社会化"(德育)、"阅读素养""科学素养""数学素养""学习能力""学习策略""学习动机"(智育)、"身体健康""心理健康""学业负担"(体育)、"音乐""美术"(美育)、"劳动实践"(劳育)、"学校认同"等 14 个指标。各指标的研究工具是具有高效度和高信度的量表或问卷,使用常模参照测验或标准参照测验获取学生数据。区县学生报告的附录 2"初中各校发展特点比较"提供了各单位在上述 14 个指标平均分或平均百分比的具体数值。该报表是本研究的数据基础。

（二）数据统计

应用层次聚类分析,根据各单位在各指标数值的相似性,将各单位划分成若干类别。同一类别的单位间在各指标的数值有较大相似性,不同类别的单位间在各指标的数值有较大差异性。

使用 SPSS 23.0 的聚类分析程序处理数据。主要通过常用的欧氏距离平方(squared Euclidean distance)计算各单位间的距离,通过组间平均距离连接法(between-groups linkage)计算各类别间的距离。由于指标数值有平均分和平均百分比,因而对指标的数值进行了标准化处理,使用树状图显示各单位间的聚类情况。

（三）数据分析

若一个类别中有多个单位,则以这些单位指标数值的极大值和极小值范围,反映该类别的教育质量水平;若一个类别中只有一个单位,则该单位的指标数值反映该类别的教育质量水平。由于本研究只获得各校在各指标的平均分,无法进行推断统计,只能进行数值上的大小比较。

在同一层聚类结果间,不同类别的单位在指标数值分布上会有一定的大小关系,这可以作为认识各类别单位间差异性的重要信息;在不同层聚类结果间,各类别单位的指标数值会存在"嵌套"式的大小关系,这为通过多指标认识不同单位的教育质量水平,提供了整体的观察视角。

三、结果与讨论

（一）全体单位的聚类情况

聚类分析分别以"学业负担"指标、其他 13 个指标共同构成的整体指标作为依据,自行以区的平均情况作为分界线,根据各单位在"学业负担"指标、其他 13 个指标的得分,将全体单位分为两大类,实现了单位间的聚类。由此可见,"学业负担"指标是能够呈现单位间较大差异,用于衡量单位教育质量水平并对其分类的重要指标。

各单位的聚类情况见图 1,单位聚类后的类别编号和单位数量关系见图 2。

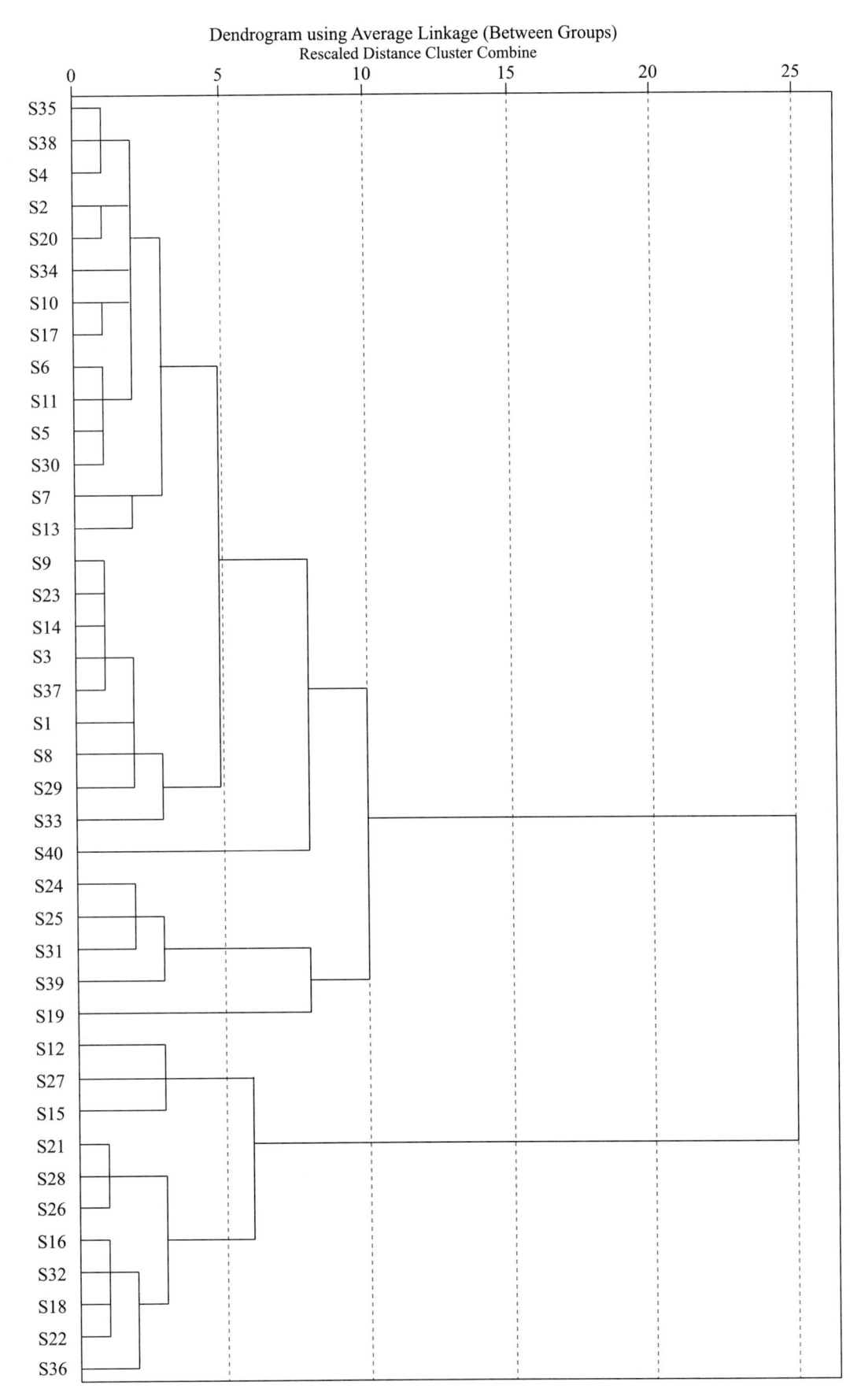

图 1　中学的聚类结果

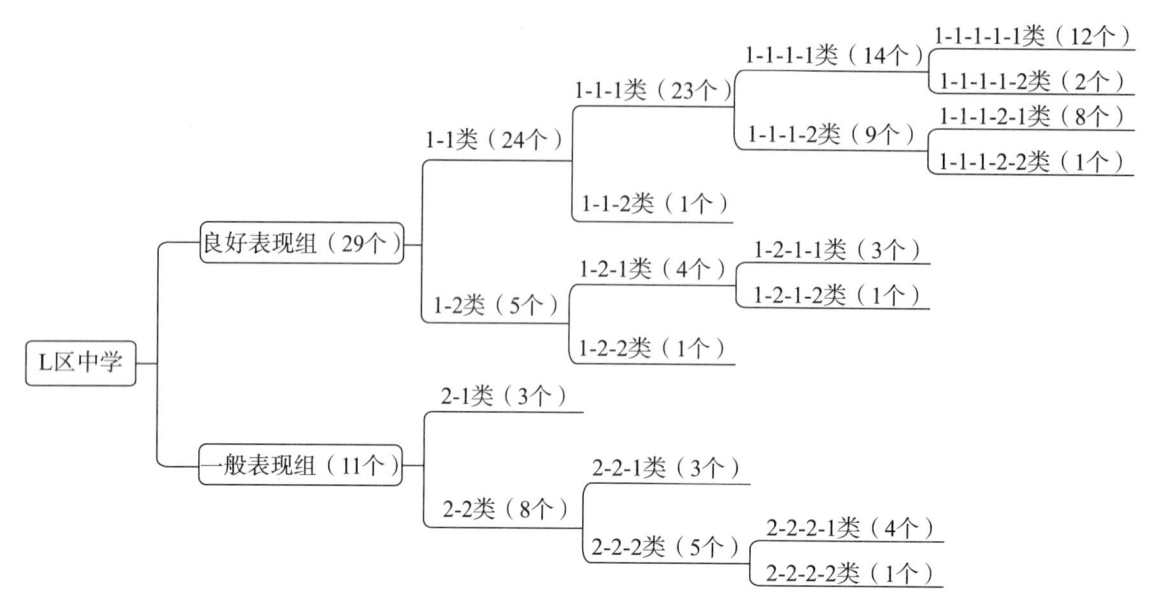

图 2　类别编号示意图

第一大类共有 29 个单位。它们具有两个整体特征：(1)各单位在"学业负担"指标的平均分普遍低于区平均分，这表示学生感知到的学业负担低于区平均水平；(2)各单位在其他 13 个指标的平均分或平均百分比普遍高于区平均分或区平均百分比，这表示各单位在五育各方面指标的表现优于区平均水平。因此，这些单位在区内全体单位中有良好的表现，该组命名为"良好表现组"。

相对而言，第二大类包含余下的 11 个单位，集中了个别公办单位和区内主要的教育质量水平偏低的民办单位。它们不仅在"学业负担"指标的平均分高于区平均分，更在其他指标的平均分或平均百分比普遍低于区的平均情况。因此，这些单位在区内全体单位中有一般甚至较差的表现，该组命名为"一般表现组"。

（二）良好表现组的聚类情况

良好表现组的 29 个单位具有整体良好的教育质量水平，代表着全区中学教育质量水平的主要情况。该组内部单位的聚类情况较复杂，聚类的层级较多，每层内参与聚类的单位数量也有较大差异。

该组分为两类，编号依次是 1-1 类(24 个)和 1-2 类(5 个)。其中，1-1 类分为 1-1-1 类(23 个)和 1-1-2 类(1 个)。1-1-1 类分为 1-1-1-1 类(14 个)和 1-1-1-2 类(9 个)，每类又可以分为两小类，得到 1-1-1-1-1 类(12 个)和 1-1-1-1-2 类(2 个)，以及 1-1-1-2-1 类(8 个)和 1-1-1-2-2 类(1 个)。含有单位数量较多的类别仍然可以进一步再分为若干类别。

另外，1-2 类分为 1-2-1 类(4 个)和 1-2-2 类(1 个)，1-2-1 类又分为 1-2-1-1 类(3 个)和 1-2-1-2 类(1 个)。分别将同一层级的类别作比较，获得 7 个比较情况。各类别间指标数值的差异关系，如表 1 所示。

表 1　良好表现组的数据范围和类别比较

方面	指标	全组数据范围 极小值	全组数据范围 极大值	1-1类和1-2类	1-1-1类和1-1-2类	1-1-1-1类和1-1-1-2类	1-1-1-1类和1-1-1-2-1类和1-1-1-2-2类	1-1-1-2-1类和1-1-1-2-2类	1-2-1类和1-2-2类	1-2-1-1类和1-2-1-2类
德育	品德社会化	77.59	87.06	>▲	>	<	>	<▲	<▲	>▲
智育	阅读素养	439.32	619.26	>	>	>	>	>▲	>	
	科学素养	428.63	621.61	>	>	<▲	>	>	>▲	
	数学素养	38.19	82.09	>	<	>	>	>▲	>	
	学习能力	51.35	58.98	>	>	>	>	<	>▲	
	学习策略	43.95	56.00	>	<▲	<	<	<▲	<	
	学习动机	45.97	54.88	>	<▲	<	<	<	<	
体育	身体健康	74.64	81.22	>	>	>	<	>	>	
	心理健康	47.19	55.30	>	<▲	>	>	>	>	
	学业负担	44.16	52.99	<	>▲	>	>	>▲	>	
美育	音乐	45.61	59.96	>	<▲	<	<▲	>	>	
	美术	48.16	63.72	>	>	>	>▲	>▲	<▲	
劳育	劳动实践	49.57	57.06	>	>	<	<▲	>▲	>	
学校文化	学校认同	45.91	55.86	<▲	>	>	>	>	<▲	

注：▲：某类别的指标数据范围均大于或小于另一类别的指标数据范围。

各类别间的指标数值比较结果如下：

1. 在基本的分类中，1-1 类在所有指标的数据均优于 1-2 类，其中的"品德社会化"指标数值更远大于 1-2 类，其他的指标数值也与 1-2 类有一定差异。这显示 1-1 类在五育各方面均比 1-2 类有更好的表现，具有良好的教育质量水平，是反映区中学教育质量水平的主体力量。

2. 在 1-1 类的分类中，1-1-1 类在"品德社会化""阅读素养""科学素养""数学素养""学习能力""身体健康""美术""劳动实践"等 8 个指标的表现均优于 1-1-2 类。但 1-1-1 类在"学习策略""学习动机""心理健康""学业负担""音乐""学校认同"等 6 个指标的表现均劣于 1-1-2 类，这些指标的数据均远小于 1-1-2 类。这显示 1-1-1 类需要提升学习态度、心理健康、学校认同方面的表现，降低学业负担水平。相对而言，1-1-2 类在所有单位中有最小的学业负担情况，但需要加强德育、学科素养、美育和劳育等方面的表现。

3. 在 1-1-1 类的分类中，除了"美术""学校认同"指标，1-1-1-2 类在其他 12 个指标的表现均优于 1-1-1-1 类，尤其是"科学素养""数学素养"指标数值远大于 1-1-1-1 类。这显示 1-1-1-2 类在五育各方面具有良好的表现，也是区内具有良好教育质量水平的学校群体，但仍需要在美育和学校认同方面开展教学改进工作。

4. 在1-1-1-1类的分类中,与1-1-1-1-2类相比,1-1-1-1-1类在"品德社会化""阅读素养""科学素养""数学素养""身体健康""心理健康""劳动实践""学校认同"等8个指标均有良好表现,但在"学习能力""学习策略""学习动机""音乐""美术""学业负担"等6个指标上有所不足。这显示1-1-1-1-1类需要注重提升学习心理和美育方面的表现,降低学业负担水平。相对来说,1-1-1-1-2类要加强在学科素养、体育和学校认同等方面的教学改进工作。

5. 在1-1-1-2类的分类中,与上述情况类似的是,1-1-1-2-1类在"阅读素养""科学素养""数学素养""学习动机""身体健康""心理健康""音乐""美术"等8个指标的表现优于1-1-1-2-2类,而且"音乐""美术"指标数据远大于1-1-1-2-2类,但在德育、劳育、学习能力和策略指标上的数值远小于1-1-1-2-2类。这显示两个类别需要在五育不同方面采取对应的教学改进措施。

6. 在1-2类的分类中,与1-2-2类相比,1-2-1类在"阅读素养""科学素养""数学素养""学习能力""身体健康""心理健康""音乐""美术""学校认同"等9个指标上有较好的表现,在学科素养和美育指标上的数值远大于1-2-2类。相对的是,1-2-2类在"品德社会化""学习策略""学习动机""学业负担""劳动实践"等5个指标比1-2-1类有更好的表现,而且这些指标的数值远大于1-2-1类。这呈现出2个类别在大多数指标上有较大差异状况,与1-1-1-2类中类别的指标差异情况有一定的相似性。

7. 在1-2-1类的分类中,1-2-1-1类在"品德社会化""阅读素养""科学素养""数学素养""学习能力""学习动机""身体健康""心理健康""音乐""劳动实践"等10个指标均优于1-2-1-2类。除了"阅读素养"和"音乐"指标,其他8个指标数据均远大于1-2-1-2类。这显示1-2-1-1类在五育各方面均比1-2-1-2类有良好表现。1-2-1-2类在"学习策略""学业负担""美术""学校认同"等4个指标上有相对优势。除了"学业负担"指标,其他3个指标数据远大于1-2-1-1类。这显示两个类别在五育不同方面有不同的教学改进需要。

总体而言,良好表现组中各单位在各指标的表现整体高于区的平均情况,各单位间也存在一定程度的差异。从各类别中发现,表现相对较好的指标有一定的出现规律。学科素养、体育和美育等指标作为某类别表现相对较好的指标时,学科策略、学业负担等指标则未能同时成为表现相对较好的指标。具体情况如1-1-1-1类、1-1-1-2类、1-2类、1-2-1类等类别所示。这显示各单位在教育质量发展的多样性和不均衡性。

(三) 一般表现组的聚类情况

一般表现组的11个单位具有一般甚至较差的教育质量水平,制约着全区中学教育质量水平的发展情况。该组内部单位的聚类情况较简单,聚类的层级较少。

该组分为两类,编号依次是2-1类(3个)和2-2类(8个)。其中,2-2类分为2-2-1类(3个)和2-2-2类(5个),2-2-2类进一步分为2-2-2-1类(4个)和2-2-2-2类(1个)。分别将同一层级的类别作比较,获得 3 个比较情况。各类别间指标数值的差异关系,如表 2 所示。

表 2　一般表现组的数据范围和类别比较

方面	指标	全组数据范围		类别比较		
		极小值	极大值	2-1 类和 2-2 类	2-2-1 类和 2-2-2 类	2-2-2-1 类和 2-2-2-2 类
德育	品德社会化	75.14	78.95	<	>▲	>
智育	阅读素养	414.86	458.54	<	>	>
	科学素养	409.44	442.35	<▲	<	>
	数学素养	29.85	49.04	<▲	<	>
	学习能力	37.58	53.24	<▲	<	<▲
	学习策略	42.41	49.35	>▲	>▲	>
	学习动机	42.77	47.73	>	>	>▲
体育	身体健康	70.33	74.11	<	<	<▲
	心理健康	44.68	48.52	<	>▲	>▲
	学业负担	51.55	57.14	<	<	<
美育	音乐	43.78	51.16	<▲	<	<▲
	美术	40.76	48.20	<	<	<▲
劳育	劳动实践	46.57	51.62	<	<	>
学校文化	学校认同	43.30	49.65	>	>	>

各类别间的指标数值比较结果如下:

1. 在基本分类中,2-1 类在"学习策略""学习动机""学业负担""学校认同"等 4 个指标中,比 2-2 类有较好的表现,其中的"学习策略"指标数据远大于 2-2 类。但 2-1 类在其他 10 个指标上均逊于 2-2 类,而且"科学素养""数学素养""学习能力""音乐"等 4 个指标数据远小于 2-2 类。这显示 2-1 类与 2-2 类相比,在五育各方面均有较大不足,需要投入更大的力量来加强这些方面的教学改进工作。

2. 在 2-2 类中,2-2-1 类在"品德社会化""阅读素养""学习能力""学习策略""学习动机""心理健康""学业负担""劳动实践""学校认同"等 9 个指标的表现均优于 2-2-2 类,其中的"品德社会化""学习策略""心理健康"指标数据远大于 2-2-2 类。但 2-2-1 类在科学和数学素养、身体健康和美育等方面的表现均有欠缺,需要在教学改进上付出更多的努力。

3. 在 2-2-2 类中,与 2-2-2-2 类相比,2-2-2-1 类在"品德社会化""阅读素养""科学素养""数学素养""学习策略""学习动机""心理健康""学业负担""劳动实践""学校认同"等 10 个指标表现较好,其中的"学习动机""心理健康"指标数据远大于 2-2-2-2 类。值得注意的是,2-2-2-2 类除了在体育和美育方面有相对优势,不仅具有较低的智育表现,还具有较高的学业负担和全区最低的学校认同情况。该类的单位需要在学校整体管理和教学上作出较大改变。

总体而言,一般表现组中各单位在各指标的表现不仅整体低于区的平均情况,而且内部出现了五育各方面发展不均衡的情况。各单位也存在学习策略、学习能力、学习态度以及学校认同等方面,未能够与五育其他方面协同发展的情况。对于区域内这些教育质量水平偏低的单位,教育行政部门和教研部门需要在后续,高度关注和跟进这些单位的学校管理与教学改进问题,推动他们也获得良性发展。

（四）不同类别的聚类特征

综合良好表现组和一般表现组的聚类情况,发现各类别的聚类情况具有一些特征。

首先,在聚类的有效性方面,各组别能够反映出组内的主要情况。被聚类为良好表现组的单位存在学生在智育、体育和美育各方面共同发展的情况,具有良好的教育质量水平,相关指标数据也反映出学校的整体情况。它们在聚类分析中形成的类别主要凸显了该情况,个别未能够完全体现该情况的单位则会被单独作为一个类别。对于被聚类为一般表现组的单位,它们存在学生在五育各方面发展不均衡的情况,具有一般甚至较差的教育质量水平。它们在聚类分析中形成的类别呈现出五育各方面指标数值大小关系较混乱的特点。因此,聚类分析的结果具有较好的有效性。

其次,在类别的独特性方面,各类别共同突显出类别间主要差异。由于聚类分析根据各单位在各指标的数据分布,实现"同类同质,异类异质",不同类别的指标数据均具有独特性和差异性。在本研究中,该特点具体体现在两方面。第一,个别与群体差异较大的单位被单列为一个类别;第二,类别间在指标数值范围存在完全不重合且相差较大的情况。表1和表2反映出各类别在五育各方面指标数据的大小关系并无内在规律,表现出学校教育质量水平的多样性。

最后,在指标的相关性方面,各指标共同呈现出指标间潜在联系。指标数据是学校教育质量水平的宏观反映,能够呈现出学校学生在多维度的学习表现和结果。本研究反映出两方面的关系：

第一,在不同组别中,智育（主要是"学科素养"指标）和其他育指标具有同向或异向的相关关系,共同反映出学校教育教学对学生全方面发展的影响。

第二,在各类别中,学习策略、学习能力、学习态度指标与学科素养指标并不完全是同向的相关关系,呈现出"相对高学科素养+相对低学习策略、能力和态度"的状态,共同反映出学校忽视学习心理相关内容系统和专题培养的问题。指标间发展不均衡的情况可引发研究者后续对相关问题作进一步深入探讨。

四、学校发展建议

（一）确定学校改进的最近发展区

各学校以教育质量水平的具体情况为基础,通过聚类分析而分别聚类到层级化的不同类别中。各类别间具有不同程度的相似或相异关系，为学校间微观相互比较提供了分析内容。每个学校在五育各方面表现不一，可以在日后的学校治理中，围绕学校存在的管理和教学问题，持续进行针对性的学校管理和教学改进。某学校所在类别内的其他学校、最接近该类别的其他学校在教育质量水平的相对较好表现，可以成为该学校参考和追赶的对象。这些学校成为了该学校治理改进中待优先超越的"最近发展区"。因此，区教育行政部门和教研部门可以根据聚类分析的结果，指导学校选择和确定学校治理的榜样，以便有目的地开展学校管理和教学改进工作。

（二）分类推进学校教育教学改进

聚类分析的主要结果之一是提供了各种具有独特性特征的类别及其下属单位。围绕某类别的关键特征，可以对同一类别的下属单位共同采取相似的处理和干预，实现群体化的定向改变。结合本研究的具体发现，每个类别中的学校既有自身与众不同的"个性"，也有集中体现为所在类别独特性的"共性"。它们在五育各方面的指标上，表现为较一致的数据分布情况，也即具有努力实现学校治理优化的共同方向。因此，区教育行政部门和教研部门可以根据聚类分析的结果，分层、分类地制定和推进促进学校管理和教学改进的支持方案，为各类别的学校提供针对性强且适应性广的帮助。

（三）重视学生一般潜在特质发展

智慧阳光评价项目在智育方面设置了"学习能力""学习策略""学习动机"等指标的测量任务，以了解学生在一般性的学习策略、学习能力、学习态度的具体表现。这些指标反映的是学生在学习心理方面的一般潜在特质，是学生学习学科知识和形成学科能力后的稳定性状态，对学科素养的形成产生重要作用。分析学校在这些一般潜在特质相关指标的情况，以及探究它们与学科素养指标的关系，可以确定学生在学科知识的学习时，是否伴随掌握科学的学习策略，形成良好的学习能力和积极的学习态度。但从本研究结果的初步分析看，学生在学科素养和这些一般潜在特质间，未建立共同促进的学习状态。学校需要高度重视这些一般潜在特质的价值，以学科知识的教学为载体，在学校课程的实施中有序规划和渗透它们的培养安排，促进学生在这些学习心理获得良好发展。

（广州市荔湾区教育发展研究院　涂秋元　麦裕华　庞新军　姚正鑫）

第五章　阳光评价测评结果的运用

测评结果如何使用直接影响综合评价改革的实施效果。科学运用评价结果是实现评价的目的与价值,发挥其引导、诊断、改进、激励等功能的关键。要高度重视评价结果在各个层面的使用,为政府决策、科学管理提供信息支撑,为教育教学改进提供依据,同时引导社会树立科学的质量观,以推动形成良好的育人环境,促进素质教育的深入实施。

一、阳光评价测评报告的类型

根据评价结果的使用对象和目的的不同,分别撰写不同类别的报告,通过多种形式呈现评价结果,如表5.1所示。

表5.1　阳光评价测评分类报告

报告类别	主要对象	内容
区域教育质量总报告	教育行政人员	系统报告区域教育在学生品德发展、学业发展、身心发展、兴趣特长、学业负担以及相关影响因素各方面的状况
专题报告	教育行政人员	针对教育行政关注的热点、难点问题提供数据结果,同时辅以分析、判断、建议
数据报告	专业研究人员	围绕评价涉及的主要变量,以图、表的形式呈现各县、各学校的主要数据结果
技术报告	专业研究人员	说明评价开展的程序和方法,包括工具设计、抽样方法、数据采集方法、数据分析方法
学校、班级、教师报告	校长、学校管理人员、教师	报告各学校,各班级在区域教育评价中的主要数据结果,并提出改进建议

比如,以2018年第四期阳光评价测试为例,报告主要包括:提供市级、区级、校级、班级、个体(学生、教师、校长)报告。市级报告包括给行政的简版和给专业人员的详细版,此外还有专门的技术说明报告。

二、测评报告的应用价值

教育质量评价具有重要的导向作用,是教育综合改革的关键环节。实施中小学教育质量阳光评价改革与构建好校长、好教师、好学生、好学校和好的教育生态的教育框架体系不谋而合。通过实施中小学教育质量阳光评价改革,力争达到"观察学生、体察老师、洞察学校、督查政府"的目的,从根本上扭转单纯以学生学业考试成绩和学校升学率评价中小学教育质量的倾向。

(一)阳光评价检验了实验理论假设

测评结果不仅表明参加测试的全市中小学生的综合素质各项指标比较平衡,发展态势良好,也印证了阳光评价指标设计的科学性和全面性。

1. 评价指标科学、全面

分析此次阳光评价项目小学、初中和高中的学生非学业量表结构效度,结果表明,绝大多数分量表的 RMSEA 值都在 0.08 以下,CFI、TLI 等拟合指数值也都达到或接近 0.90,验证了阳光评价指标结构的合理性。与教育部学生发展核心素养协作组发布的"中国学生发展核心素养"的总体框架对比,阳光评价指标体系基本覆盖综合评价的各项内容的各个方面(详见表 5.2),且符合国家对人的发展要求,印证了阳光评价指标设计的科学性和全面性。

表 5.2 中国学生发展核心素养框架与阳光评价指标框架的吻合性对比

中国学生发展核心素养	阳光评价指标
文化基础——人文底蕴、科学精神	科技与人文素养、审美修养
自主发展——学会学习、健康生活	学会学习、身体健康、心理健康、自我管理
社会参与——责任担当、实践创新	社会责任、国家认同、国际理解、实践意识、创新意识

六大评价内容方面的整体表现主要通过平均数来描述,分数范围均为 1~5 分。其中,"学业负担状况"分数越高说明学业负担越重,其他五大评价内容分数越高说明学生表现越好。

表 5.3 各年级学生在不同评价内容上的得分情况

评价内容	品德与社会化水平	学业发展水平	身心发展水平	兴趣特长潜能	学业负担状况	学校认同
六年级	4.11	4.19	4.03	4.07	2.28	4.11
九年级	4.14	3.94	4.10	3.88	2.96	3.82
高中二年级	4.03	3.75	3.76	3.65	2.99	3.62

2. 评价结论符合预期

根据阳光评价非学业大量表(学生问卷)对参测学生的数据进行分析,可以对广州市中小学生综合素质表现得出如下结论:

(1)良好的品德与社会化水平

六年级学生"品德与社会化水平"平均得分为 4.11;九年级学生"品德与社会化水平"平均得

分为4.14；高中二年级学生"品德与社会化水平"平均得分为4.03，三个学段学生在这一评价内容上均表现较好，但不同学段学生在各项分指标上得分存在差异。其中，六年级学生"国家认同"得分最高，为4.25，说明六年级学生对国家的认同感较高；九年级学生"社会责任"得分最高，为4.29，说明九年级学生社会责任感较强；高中二年级学生"国际理解"得分最高，为4.12，说明高中二年级学生国际视野比较开阔。

（2）扎实的学业基础和学科素养

六年级学生"学业发展水平"平均得分为4.19，处于较好的发展水平；九年级学生"学业发展水平"平均得分为3.94，高中二年级学生"学业发展水平"平均得分为3.75，处于中等发展水平，且这两个年级学生平均得分在六大评价内容中均排第三。此外，不同学段学生在本评价内容各项分指标上得分存在差异。以"学会学习"指标为例，六年级学生此指标得分在本评价内容中最低，为4.04；九年级学生此指标得分较好，为3.92；高中二年级学生此指标得分也是最低，为3.62。由此可以说明，三个学段的学生自主学习能力有待进一步提升，建议在教学当中，结合学生年级特征，选取有效的教学方式和策略，以期提升学生的自主学习能力。

（3）健康、协调、可持续的身心素质

六年级学生"身心发展水平"平均得分为4.03，处于中等发展水平；九年级学生"身心发展水平"平均得分为4.10，处于较好发展水平；高中二年级学生"身心发展水平"平均得分为3.76，处于中等发展水平。此外，不同学段学生在本评价内容各项分指标上得分存在差异。以"自我管理"指标为例，六年级学生此指标得分在本评价内容中最低，为3.68；九年级学生此指标得分也是最低，为3.92，说明这两个年级学生的自我管理能力，即独立生活能力有待进一步加强。高中二年级学生本指标表现较好，得分为3.77，说明高中二年级学生的独立生活能力与前两个年级学生比较已经有了较大的提升，这与学生的成长发育规律相一致。

（4）适性发展的兴趣特长潜能

六年级学生"兴趣特长潜能"平均得分为4.07，处于较高水平；九年级学生"兴趣特长潜能"平均得分为3.88，处于中等水平；高中二年级学生"兴趣特长潜能"平均得分为3.65，有待进一步加强。从数据结果可以看出，兴趣特长潜能方面不同学段存在差异，随着年级的提升，学生可支配的业余时间相对减少，能够用于发展课外兴趣及特长的时间有限，因此平均得分呈现逐渐降低的趋势。

（5）适度可控的学业负担状况

六年级学生"学业负担状况"平均得分为2.28，九年级学生"学业负担状况"平均得分为2.96，高中二年级学生"学业负担状况"平均得分为2.99。这说明随着年级的升高，学生的学业负担逐渐加重，且不同学段学生在本评价内容各项分指标上得分存在差异。以"学业压力"指标为例，六年级学生平均得分为2.73，九年级学生平均得分为3.29，高中二年级学生平均得分为3.31，三个年级该指标平均得分都较高,说明学生的学业压力随着年级的增长逐渐加重,但总体而言在可控范围内。

(6) 和谐、友善的学校文化认同感

六年级学生"学校认同"平均得分为 4.11,认同感较高;九年级学生"学校认同"平均得分为 3.82,高中二年级学生"学校认同"平均得分为 3.62,这两个年级的认同感有待进一步提升。此外,不同学段学生在本评价内容各项分指标上得分存在差异。以"师生关系"指标为例,六年级学生平均得分为 4.11,九年级学生平均得分 3.99,高中二年级学生平均得分为 3.70,三个年级学生该指标平均得分在"学校认同"中均是最高。由三个年级学生的"师生关系"数据可以看出,随着年级的增加,该指标得分逐渐降低,这可能是由不同学段学生的特点导致的。

(二) 阳光评价是观察"好学生"的窗口

育人为本是实施阳光评价改革的基本原则。通过阳光评价改革,直接关注教育的结果——学生的全面发展,它涵盖了学生的德智体美等各个方面的发展状况,以及学生的满意度和影响学生发展的相关因素,如学校师资状况、课程教学状况、学校管理状况、学校文化认同,既要关注共同基础,又要关注兴趣特长;既要关注学习结果,又要关注学习过程和效益。

阳光评价改变了过去单纯以知识为内容、以成绩高低为结果的学业评价方式,为学生发展提供了多把评价的"尺子",使每个学生都能发现自己的"闪光点"和存在的不足。由此,不仅能够增强学生自主发展的自信心,明确自我提升的努力方向,而且能够帮助老师全面、准确地了解每一个学生的长处与短板,进而为促进学生的个性化发展提供有效的指导与帮助。

比如,我们在第四期测试中,提供了学生个体报告。图 5.1 和表 5.4 为某初中生的报告节选。

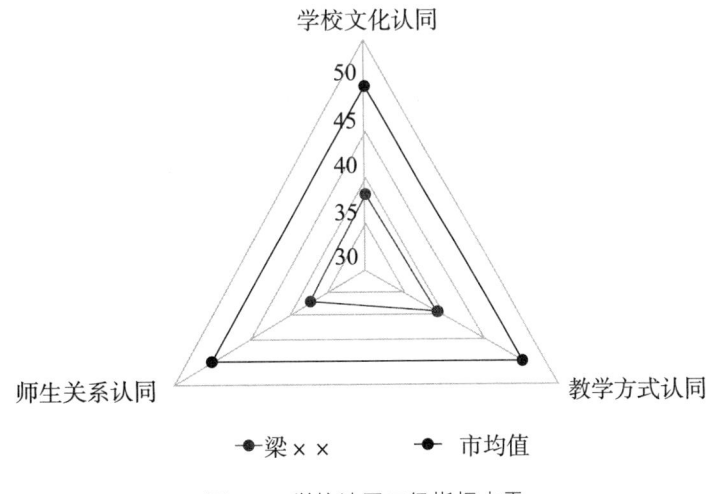

图 5.1 学校认同二级指标水平

表 5.4 学校认同二级指标分析

指标名称	水平	等级	描述
学校文化认同	38.3	超过了19.9%的市同年级学生	需进一步增加对学校历史和文化标志的了解,提升学习兴趣,以及对学校活动的参与程度,改善同伴关系
教学方式认同	39.0	超过了21.5%的市同年级学生	学生认为教师教学趣味性不足,希望获得来自教师更多的针对性帮助,同时学生应提升课堂参与程度
师生关系认同	37.1	超过了18.7%的市同年级学生	需进一步减少师生交流互动中的不和谐因素,提升师生亲密度,改善师生关系

和谐的家校关系是促进学生全面发展的重要影响因素。学生作为社会属性群体与社会环境中各因素产生着联动反应,学校、家庭是学生主要的学习与生活环境,教师及家长的支持对学生的发展产生举足轻重的作用。通过分析家长数据,发现参测年级家长在家庭教育过程中,普遍表现出较少或容易忽视对学生独立性的培养,学生在学习过程中或遇到问题时,表现出缺乏自我管理,容易依赖父母。深入分析家庭教养方式和亲子关系对学生发展的影响作用,发现家庭教养方式和亲子关系对学生健康生活方式、情绪行为调控、学习动机和学业负担等多方面都发挥着不同程度的积极作用,特别是对于初中阶段正处于青春期的学生,和谐的家庭环境,良好的家庭教养方式和亲子关系,亲密的师生、同伴关系,更有利于学生发展积极向上的心态应对各种挑战,如何提高学校与家庭的有效配合,如何发挥家长会和家长委员会的引导作用,多管齐下,培养学生健康的生活、学习习惯,自我管理意识,可作为下一步推进家校共育工作的一项研究内容,在增进家校沟通同时,提高家校共育质量。

(三)阳光评价是成就"好老师"的杠杆

评价具有重要的杠杆作用,通过实施阳光评价,就是要达到帮助教师诊断和改进教学,提升教学效能,促进教师专业发展的目的。通过评价,反映学生在具体的学科学习的状况和短板,帮助教师诊断教学中需要改进的教学内容和教学方式,调整教学策略;同时,阳光评价既关注学生的学业努力的程度,也关注学生的时间投入、学习压力和感受,将两者相结合,有利于引导教师实施"高质低负"的教育教学模式,提高课堂教学效率。

图 5.2 为某小学五年级学生测试后的记忆类型分析,教师据此可以对学生进行更有针对性的指导,同时,不断调整和完善课堂教学策略,提高教学技能。

青年教师专业能力提升需求旺盛,骨干教师职业压力需重点关注,以数据为基础定制多元化精准培训内容,支持不同群体教师的专业发展需求。教学能力是教师提升课堂教学质量,促进教师专业发展和教学的关键。总体来说,广州参测小学教师认为自身教学能力较高,高于市均值,尤其在教学管理、评估和研究能力上较为突出,其能积极、有效把控课堂节奏,激发学生更多积极行为,积极总结和借鉴各种教学经验,采用多种方法了解和督促学生,也觉得自身问题意识敏锐,能够时刻进行反思,恰当地解决问题,积极进行科学研究和科学应用。与此同时,教师所感受到

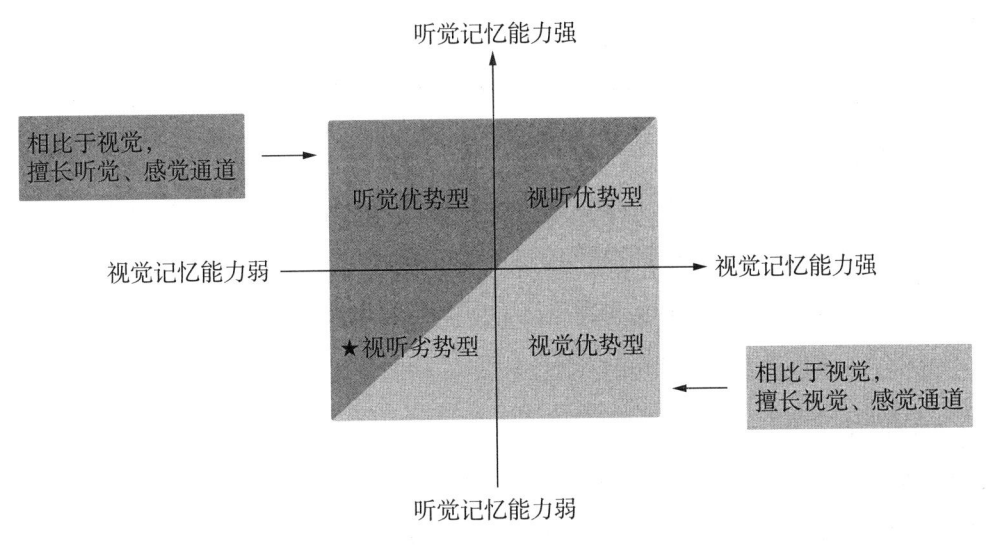

图 5.2 表示学生的记忆风格类型

的压力状况与职业倦怠关系到教师的工作状态与未来的职业发展,甚至会影响教师的幸福感。总体而言,广州市教师的职业压力与职业倦怠会随着学段提升而呈现出升高趋势。

各区教育主管部门可根据教师特征、风格、能力的差异,开展不同内容、不同形式的"菜单式"培训体制,特别是5年教学经验以下的年轻教师对有助于自身成长的职业培训需求旺盛,可根据综合评价各项指标,有针对性地制定教研教培方案,提升教师精准教学能力。

(四)阳光评价是衡量"好学校"的尺度

学生的全面发展是衡量办学质量的根本尺度。通过评价能全面诊断学校的教育教学水平,发现其中的薄弱领域和环节,从而为下一步改进提供依据。向社会公布学校的综合评价结果,有利于逐步扭转"唯分数论""唯升学率论"的指挥棒倾向,引导学校树立科学的质量观和学生观,全面实施素质教育。

以下为花都区某小学的测试报告:

2016年广州市中小学教育质量阳光评价测试

一、学校开展阳光评价改革实验工作简要回顾

(一)学校开展阳光评价改革实验以来的主要工作

作为广州市第一批阳光评价试验学校,学校十分重视该项工作,校长担任阳光评价测试领导小组组长,分管教学的副校长担任副组长,成员包括六年级科任老师和各年级科组长。我们总结了第一年的经验,继续夯实阳光评价测试领导小组的组织引领作用,组织教师认真学习阳光评价相关理论,认真分析2015年阳光评价测试情况,通过分析综合评价情况,提升教育质量,进一步促进学生全面、健康成长。2016年11月,学校组织教师和六年级的师生一起认真参与了阅读素养和数学能力的阳光评价测试。

（二）学校开展改革实验工作初步取得的成效

通过第一次的阳光评价测试数据分析，我们看到学生的阅读素养和数学能力虽均高于市和区的平均水平，但仍存在不少问题，例如：语文学科方面，经典著作阅读量和阅读兴趣有待提高，阅读策略缺乏，网上娱乐较多，不善于网上学习等。数学学科方面，对数学概念的理解不够透彻，计算准确率不高，学生综合运用学过的知识解决问题的能力较弱，学生思维欠缺敏捷性、灵活性，遇到问题时不能寻求合适的途径解决问题。针对上述问题，学校加强学科教学研究和班级管理，并重视家校之间的联系，让家长密切配合学校做好各项教育教学工作。从第二次阳光测评的结果分析可见，已取得初步的成效。

从健康方面来看，通过评价测试数据分析，学校以前对学生的心理健康教育不够重视。现在，学校在注重学生身体健康的同时，也重视了心理健康教育，让学生遇到挫折和失败的时候能沉着应对，认真思考，这也是实验取得的成效之一。

传统的评价方式，让教师们只注重学科成绩的提高，比较单一，难以促进学生的全面发展。现在，评价方式的转变，推动着教师们教育观念的转变。

（三）改革实验工作面临的困难和问题

学校改革实验工作按照有关部门的指引，正有序地进行，面临的困难和问题主要有：

1. 传统的评价方式仍然是主流。因为升学压力等因素影响，教育部门、社会对学校的评价，家长对学校、老师的评价，没有实质性的变化，令评价改革遇到一定阻力。

2. 组织学生进行阳光评价测试，测试卷的编写和数据的生成必须依赖专业机构的支持，校内老师难以独立完成。

3. 评价测试中发现的问题，如学生面对外界的诱惑太多，缺乏自制力，导致积极的阅读动机较弱，消极动机较强，网上娱乐较多，不善于网上学习。这些问题难以有效解决，有待以后加强研究。

二、学校参加 2016 年市级阳光评价的基本情况

（一）学校参加测试人数

学校共有 252 名学生报名参加本次阳光评价测试，测试后共收得有效数据为：六年级阅读素养测试 252 人；六年级数学能力测试 252 人；六年级非学业测试 252 人。

（二）本校参加 2016 年市级阳光评价结果分析

1. 学业测试及其配套问卷相关结果

由表 5.5 和表 5.6 可见，学校在阅读素养方面总体成绩略高于全市平均水平，与全区其他学校相比，处于较好的水平，说明学校近年来大力推行"书香校园"建设，重视晨诵、午读，开展好书交流、读书评比等各种读书活动，为学生营造良好的读书氛围，提高学生阅读兴趣，取得了一定的实效。

表5.5 六年级阅读素养测试成绩汇总表(一)

地区	六年级阅读总成绩					文本类型		
	人数	平均数	标准差	最低分	最高分	实用类	实用-非连续文本	实用-说明
全市	20126	77.35	12.24	3.0	100.0	32.88	16.11	16.76
花都区	1624	72.20	13.21	3.0	99.0	30.18	14.75	15.43
直属	85	81.46	10.94	30.5	99.0	36.19	17.74	18.46
X校	252	78.12	11.07	31.5	98.0	33.37	16.30	17.07

表5.6 六年级阅读素养测试成绩汇总表(二)

地区	文本类型			能力层次			
	文学类	文学-寓言	文学-散文	分析与整合	获取与解释	连接与推论	感悟与评价
全市	44.48	20.18	24.30	10.28	25.14	19.80	22.13
花都区	42.02	19.33	22.70	9.56	23.45	18.46	20.73
直属	45.27	21.22	24.05	10.92	26.42	20.51	23.62
X校	44.75	20.72	24.04	10.20	25.41	19.91	22.60

由表5.7和表5.8可见,学校在阅读素养问卷的部分项目略低于全市水平,说明学校在要求学生增加阅读量及阅读书目的选择方面引导不够,经典著作阅读量和阅读兴趣有待提高,阅读策略缺乏,积极的阅读动机较弱,消极动机较强,网上娱乐较多。学校应该注重培养学生的阅读兴趣,同时引导学生积极的阅读动机,让学生养成良好的阅读习惯。

表5.7 六年级阅读素养测试配套问卷总体情况表(一)

地区	阅读总量	经典著作阅读量	阅读兴趣	阅读策略			
				理解策略	记忆策略	监控策略	精致策略
全市	2.96	2.33	3.16	2.62	2.92	2.98	2.90
花都区	2.79	2.20	2.98	2.46	2.84	2.82	2.69
直属	3.31	2.56	3.33	2.57	2.95	3.07	3.04
X校	2.89	2.20	3.08	2.60	2.91	2.97	2.83

表5.8 六年级阅读素养测试配套问卷总体情况表(二)

地区	阅读动机		数字阅读	上网目的	
	阅读内部动机	阅读外部动机		上网学习	网上娱乐
全市	3.31	1.96	1.89	2.66	2.45
花都区	3.14	2.04	1.89	2.56	2.47
直属	3.32	1.96	1.80	2.71	2.37
X校	3.26	2.04	1.87	2.69	2.48

由表5.9可见,学校在数学能力方面相比全市平均水平略高,在全区处于较好水平,说明学校在近年来抓计算促数学整体能力水平的提高方面初显成效,今后会继续加强。学生计算能力直接影响学生学习数学的质量。因此,学校从一年级开始就注重计算能力的培养,做到每天一练,每月进行一次计算能力比赛,评选计算小能手,激发学生学习数学的兴趣,提高计算准确率,从而促进全体学生数学能力的提升。

表5.9 六年级数学能力测试总体情况表

地区	六年级数学总成绩					内容层次			能力层次			
	人数	平均分	标准差	最低分	最高分	数与代数	图形与几何	统计与概率	了解	理解	掌握	运用
全市	20100	70.80	18.86	0	100	47.99	17.77	5.04	1.56	4.49	39.45	25.29
花都区	1621	63.32	18.91	0	100	43.16	15.46	4.70	1.54	3.90	35.76	22.20
直属	85	77.34	16.49	26	98	52.73	19.46	5.15	1.44	5.20	42.85	27.55
X校	252	72.37	17.34	22	100	49.24	18.02	5.12	1.71	4.76	40.47	25.57

由表5.10可见,学校学生的学习时间及学习投入方面低于全市平均水平,可以考虑有轻微的"重文轻理"现象,值得引起关注及纠正。在学习态度、方法策略等方面也略逊于全市水平,需进一步加强数学课堂研究,构建科学课堂,从符合学生的年龄认知特点、培养学生兴趣入手,组织形式多样的数学活动,提高数学课堂教学效率。

表5.10 六年级数学能力测试配套问卷总体情况表

地区	学习时间	学习态度	方法策略	学习投入	自我效能
全市	1.78	3.02	2.98	3.04	3.15
花都区	1.65	2.84	2.78	2.81	2.93
直属	1.88	3.07	2.96	3.09	3.19
X校	1.63	2.94	2.85	2.91	3.03

由表5.11可见,学校2016年的阅读素养相比2015年有所下降,除了两届学生个体的水平差异之外,语文能力的下降还反映出学生在阅读兴趣方面受到了电子产品的影响,"快餐文化"对深度阅读有着负面的影响。

表5.11 六年级阅读素养测试成绩2015年与2016年纵向比较分析

学校	2015年	2016年	纵向比较
X校	78.09	77.82	↓

由表5.12可见,学校2016年的数学能力相比2015年有所提高,除了两届学生个体的水平差异之外,数学能力的提高还反映出学校从低年段开始抓计算、抓基本数学素养,对高年段的数学

成绩提高有着正相关的作用。

表5.12 六年级数学能力测试成绩2015年与2016年纵向比较分析

学校	2015年	2016年	纵向比较
X校	70.75	71.68	↑

2. 阳光评价指标测试结果

2.1 学生阳光评价指标的描述性统计分析（与市、本区数据比较）

由表5.13可见，相比全市平均水平，学校除了国际理解与之持平，知识技能方法、自我管理这两方面略高，其余均稍低，相比全区平均水平，学校除了国家认同以外，其他均稍高。但就此测试显示，学校在德育工作方面仍要大力狠抓爱国主义教育、公民道德意识教育，增强社会责任感；继续加强学生体能训练、加强科技教育，提高学生学习能力。

表5.13 六年级学生非学业测试总体情况表（一）

地区	品德与社会化水平					学业发展水平				身心发展水平			
	本评价内容	国家认同	国际理解	社会责任	道德品质	本评价内容	学会学习	科技与人文素养	知识技能方法[1]	本评价内容	心理健康	自我管理	身体健康[2]
全市	4.11	4.25	3.93	4.13	4.10	4.19	4.04	4.32	4.16	4.03	4.16	3.68	4.37
花都区	4.01	4.21	3.77	4.02	3.99	4.06	3.91	4.23	3.85	3.92	4.06	3.57	4.18
直属	4.12	4.31	3.98	4.06	4.13	4.29	4.14	4.38	4.46	4.08	4.20	3.82	4.13
X校	4.05	4.18	3.93	4.03	4.05	4.11	3.92	4.26	4.20	4.00	4.08	3.80	4.26

注：[1]"知识技能方法"指标是根据本次测试的学业测试成绩总分（阅读＋数学）转化的。
[2]"身体健康"指标是根据学校学生体质健康数据合成的。

由表5.14和表5.15可见，学校学生在学习时间上高于全市平均水平，课业难度较大，学习压力也较重，主要原因是六年级的学生即将面临"小升初"，而家长的期望值过高，除了让学生在学校同步学习以外，可能更多是在外面的补习机构"开小灶"，完成大量的拔高训练，也是造成学习时间长、课业难度大、学习压力重的重要因素之一。

表5.14 六年级学生非学业测试总体情况表（二）

地区	兴趣特长潜能					学业负担状况				
	本评价内容	审美修养	爱好特长	实践能力	创新意识	本评价内容	学习时间	课业质量	课业难度	学习压力
全市	4.07	4.10	4.08	4.12	4.01	2.28	2.59	1.65	2.15	2.73
花都区	3.96	3.97	3.96	3.99	3.93	2.47	2.75	1.80	2.45	2.90
直属	4.12	4.08	4.26	4.15	4.06	2.24	2.64	1.64	1.92	2.74
X校	4.02	4.00	4.05	4.08	3.97	2.57	2.91	1.84	2.47	3.06

表 5.15　六年级学生非学业测试总体情况表（三）

地区	学校认同					
	本评价内容	文化认同	教学方式	师生关系	家校关系	组织公民行为
全市	4.11	4.32	3.96	4.11	4.16	3.83
花都区	4.06	4.29	3.94	4.04	4.08	3.81
直属	4.07	4.22	4.04	4.01	4.19	3.72
X校	3.98	4.19	3.78	3.91	4.05	3.93

由表 5.16 可见，学校学生在学业发展水平、身心发展水平、兴趣特长潜能、学校认同等方面都有所进步，在学业负担方面有所下降，说明学校通过去年的检测，认真分析并及时纠偏，所采取的措施是有成效的，而在学业发展水平、身心发展水平、兴趣特长潜能方面的进步则离不开学校近年来对第二课堂活动开展的重视，以及"阳光体育一小时"的坚持。

表 5.16　六年级学生非学业测试 2015 年与 2016 年纵向比较分析

学校	维度	2015 年	2016 年	纵向比较
X校	品德与社会化水平	4.09	4.05	↓
	学业发展水平	4.07	4.11	↑
	身心发展水平	3.74	4.00	↑
	兴趣特长潜能	3.85	4.02	↑
	学业负担状况	2.94	2.57	↓
	学校认同	3.81	3.98	↑

2.2　家长问卷描述性统计分析（与市、本区数据比较）

由表 5.17 和 5.18 可见，学校在家庭教育方面处于较为理想的水平，说明近年来学校在家校合作方面的工作是卓有成效的，老师与家长之间的沟通方式多元化使信息交流更为通畅，家长对学校的工作支持力度也比较大，例如，在各类大型活动中担任义工，组建平安护送队与值日老师共同构建学生安全屏障等。

表 5.17　六年级家长非学业测试总体情况表（一）

地区	人数	学业成绩（家长评）	人际关系（家长评）	家庭环境		
				本评价内容	教育能力	社区满意度
全市	18905	3.55	4.28	4.20	4.45	3.99
花都区	1451	3.32	4.14	4.07	4.31	3.88
直属	61	3.70	4.25	4.18	4.53	3.90
X校	206	3.46	4.19	4.22	4.50	4.01

表 5.18　六年级家长非学业测试总体情况表(二)

地区	人数	家庭教育					
^	^	本评价内容	管教引导	宽容理解	民主关怀	情感联系	专制粗暴
全市	18905	4.12	4.17	4.45	4.15	3.92	3.90
花都区	1451	3.95	4.03	4.35	4.03	3.63	3.71
直属	61	4.26	4.30	4.52	4.29	4.18	4.01
X 校	206	4.14	4.21	4.41	4.14	3.99	3.96

由表 5.19 和表 5.20 可见,学校在环境设施、学业压力、交流途径等方面存在不足,尤其是新教学楼在建中,4 至 6 年级借用其他中学课室上课,学校分为两个校区,在设施设备方面的确存在诸多问题,例如大部分专用室改作课室,运动场地与中学共用,造成学校音乐、美术、科学等术科没专用室可用,相反,学生在语文、数学、英语等文化科学习的时间占多,学生在体育、艺术方面的学习时间有所减少。

表 5.19　六年级家长非学业测试总体情况表(三)

地区	人数	家长参与			
^	^	本评价内容	学习的参与	活动的参与	情感的参与
全市	18905	4.01	3.94	3.99	4.09
花都区	1451	3.86	3.82	3.81	3.95
直属	61	4.11	4.02	4.14	4.18
X 校	206	3.98	3.90	3.95	4.09

表 5.20　六年级家长非学业测试总体情况表(四)

地区	人数	家校关系							
^	^	本评价内容	交流意愿	交流行为	交流途径	师资水平	环境设施	日常管理	学生学业	学生压力
全市	18905	3.42	2.53	2.50	2.72	4.19	4.04	4.21	4.12	4.08
花都区	1451	3.32	2.44	2.39	2.62	4.12	3.95	4.11	4.00	3.98
直属	61	3.45	2.55	2.46	2.73	4.19	4.08	4.32	4.19	4.16
X 校	206	3.30	2.50	2.38	2.65	4.07	3.85	4.07	3.93	3.97

2.3　教师问卷描述性统计分析(与市、本区数据比较)

由表 5.21 可见,学校教师对自身职业的认可度较高,但是在职业交往、躯体健康方面欠佳,说明学校在对外交流方面的工作做得不够,校际的交往较少,导致教师们的交际视野不够广阔。另外,由于工作压力、工作强度等原因,教师队伍的亚健康状况比较严重,今后学校会多利用工会活动等方式加强教师的体育锻炼。

表 5.21　六年级教师非学业测试总体情况表（一）

地区	人数	教师职业幸福感								学校管理现状及评价		
		本评价内容	对教师职业的认识	职业交往	专业成长	躯体健康	学校管理	社会支持	本评价内容	管理与组织	学与教
全市	2412	3.18	2.88	3.37	3.10	3.07	3.18	3.73	3.92	3.87	3.95
花都区	176	3.20	2.96	3.38	3.10	3.07	3.20	3.74	3.83	3.80	3.86
直属	11	3.20	2.97	3.59	3.48	3.27	2.83	3.64	3.39	3.33	3.43
X校	32	3.23	2.96	3.34	3.18	3.00	3.27	3.84	4.04	3.99	4.07

由表5.22可见，学校教师的工作现状尚属较佳的水平，对于自身的工作要求处于较好的水平，但存在一定的工作压力；专业发展方面也具有一定的专业化理念及专业知识技能，但是专业发展行动方面有待加强。

表 5.22　六年级教师非学业测试总体情况表（二）

地区	人数	工作现状					专业发展状况			
		本评价内容	工作要求	工作资源	工作压力源	压力反应	本评价内容	专业化理念	专业知识技能	专业发展行动
全市	2412	3.18	4.05	2.10	3.09	3.25	3.22	4.38	4.27	2.98
花都区	176	3.22	4.03	2.14	3.15	3.29	3.15	4.46	4.27	2.87
直属	11	3.28	4.36	2.57	2.76	3.73	3.36	4.64	4.91	3.04
X校	32	3.26	4.13	2.14	3.15	3.38	3.20	4.63	4.38	2.91

2.4　校长问卷描述性统计分析（与市、本区数据比较）

由表5.23可见，学校在语文课程学习及数学课程学习方面具有较大的进步空间，在组织教研及课程学习方面还需加大力度。

表 5.23　六年级校长非学业测试总体情况表（一）

地区	师生情况			学校课程教学与评价			
	本评价内容	学生情况	教师情况	本评价内容	语文课程学习情况	数学课程学习情况	学校各类评价次数情况
全市	4.58	4.40	4.75	2.63	2.75	2.74	2.60
花都区	4.42	4.31	4.53	2.31	2.29	2.33	2.31
直属	4.58	4.75	4.40	2.60	—	—	2.60
X校	4.20	4.00	4.40	2.23	2.00	1.50	3.20

由表5.24可见，学校需进一步加强校风建设，通过班队课、国旗下讲话以及各类少先队活动等加强德育工作，促进学生良好行为习惯、优良品质的形成。

表 5.24 六年级校长非学业测试总体情况表(二)

地区	学校风气			学校政策实施情况			
	本评价内容	学校风气评价	学校风气对学生的影响情况	本评价内容	招生政策	校长领导力	教育质量提升措施
全市	3.55	3.81	3.29	2.40	1.66	2.14	3.42
花都区	3.38	3.58	3.18	2.36	1.58	2.27	3.22
直属	2.88	3.75	2.00	2.66	2.17	1.82	4.00
X校	3.06	3.13	3.00	2.24	1.33	2.73	2.67

三、学校全面提升教育质量的改进措施

（一）阳光评价结果归因分析

1. 学校管理

根据阳光评价结果分析，学校六年级学生的总体学习能力要高于区平均水平，基本达到市平均水平，这与学校的教学管理是密切相关的。学校积极打造"书道文化"特色校园，强化制度治校，分工明确，管理规范，使各项工作真正落到实处。学校坚持开展多元化的学习培训活动，提升教师的综合素质。积极开展课题研究和各类教科研活动，注重把课题研究的成果及时应用于学校教育教学工作实际，促进教育教学质量的提高。

2. 课程实施

学校严格按照国家课程计划，开齐开足每一门规定课程，认真贯彻落实《国家学生体质健康标准》，保证学生每天有一小时的校园体育活动。学校以"书道文化"引领，编写了书法系列校本教材《书道》，每周开设一节书法校本课以及每天15分钟的午间快乐习字，此外，学校还利用第二课堂开设有书法、棋艺、国学、管乐、民乐、足球、篮球、小主播等特色校本课程，全面提升学生综合素质。

3. 课堂教学

新课标要求教师树立"以人为本，终身发展"的思想，并对教师提出了新的要求。学校要求教师们不断转变教学观念，改变旧的课堂教学模式，探究科学的教学方法，构建高效课堂。学校通过特级教师示范课、优秀课例展示、人人试验课、新教师汇报课等多种形式努力提高教师的教学技能水平。加强对课堂教学全过程的科学管理，建立起"学校—教导处—教研组—学科组"层级管理的教学管理体系。

4. 学生活动

学校注重通过开展丰富多彩的活动，促进学生综合素质的发展。学校开设了合唱队、管乐队、舞蹈队、书法队、绘画队、足球队、乒乓球队、篮球队等二十多个小社团，定期开展活动。本年度，学校管乐队参加艺术节比赛荣获花都区特等奖、广州市一等奖；经典诵读队参加花都区比赛

荣获一等奖,并将代表花都区参加广州市总决赛;合唱队获花都区中小学合唱节比赛一等奖;足球队获"达能杯""富力杯"花都赛区冠军,田径队获花都区小学生田径比赛总分第一名。

学校"书道文化"是广州市特色课程,学校的"书道文化"活动精彩纷呈。学校还举办师生书法展,到场参观的观众超过5000人次,出版了师生书法作品集。

5. 家校联系

学校注重家校的联系,通过校讯通、微信公众号、微信群等信息化手段,及时向家长发送学校的学习、生活情况。学校有完善的家委会组织,分别组建了学校、年级、班级的家委会,家委会成员通过竞选产生,家委会还组建了"家长义工队""平安护送队",学校的各项活动,处处都有家长们乐于奉献的身影。学校定期召开家长会,开展家长开放日活动。现在,越来越多的家长参与到学校的管理中来,家校紧密配合,进一步促进了学校发展。

(二)进一步提升学校教育质量的改进措施

1. 根据学业测试数据,相关学科拟采取的改进措施

语文学科方面:本校学生的语文学科总体水平较高。根据数据显示,主要表现在学生阅读素养方面总体成绩略高于全市平均水平,与全区其他学校相比处于较好的水平,但是在阅读素养问卷的各个项目均低于全市水平。这体现出学校学生的阅读量还不够,阅读策略缺乏,积极的阅读内部动机较弱,数字化阅读的水平较低。

改进措施:学校将加强培养学生的阅读兴趣,对学生的阅读策略进行相应的培训。进一步开展形式多样的读书活动,加强学生的阅读兴趣的培养,通过开展读书漂流等活动,加大学生的阅读量,引导学生积极的阅读动机,让学生养成良好的阅读习惯。

数学学科方面:本校学生的数学能力总体水平较高,根据数据显示,主要表现在学生的数学总成绩与内容层次以及能力层次方面的成绩略高于全市平均水平,与全区其他学校相比处于较好的水平。这说明学校在近年来注重培养学生的探究意识和能力方面初显成效,但学校学生的学习时间、学习投入、学习态度等方面略逊于全市水平,必须引起关注。

改进措施:学校会在提高数学的学习兴趣方面多下功夫,通过因材施教的教学方法促进不同层次学生的可持续发展。同时,端正学生的学习态度,提高学生的学习热情,不断提高学校学生数学能力。

2. 根据非学业评价数据,学校拟采取的改进措施

根据数据显示,本校六年级学生在品德与社会化水平、学业发展水平、身心发展水平、兴趣特长潜能、学校认同五大评价内容的各关键指标的得分均低于市平均水平。在学业负担状况及学习时间、课业难度、学习压力指标上的得分均高于市平均水平。这说明本校学生课业难度越大,学生的学习时间越长,学习压力越大。

改进措施:学校在德育工作方面仍要大力狠抓爱国主义教育、公民道德意识教育、社会责任

感教育,加强学生道德品质、创新意识、实践能力的培养。通过提高学生的自我管理能力以及减轻学生的学习压力,达到提高学生学习能力的效果。

区域整体实施持续、稳定的教育质量综合评价,比较各个区域、学校在不同年度的进展与变化,分析其存在问题与改进成效,对进步明显的区域和学校给予表彰和经验推广,有利于激发学校的办学活力。

(五)阳光评价是营造"好教育生态"的手段

实施阳光评价改革,为区域和学校提供综合性的教育质量检测报告,对于督促各级政府和教育行政部门完善教育政策措施、加强教育宏观管理具有重要参考作用。评价结果能有效说明区域的教育质量状况,并能反映出教育过程、教育投入等方面的问题,可依据评价结果分析学校资源、管理等方面的状况,明确教育管理的着力点,对薄弱领域和环节采取有针对性的改进措施。还可以根据检测报告,对照本区域落实各项教育政策及法律法规的情况,检验经费、政策的完成效果,必要时进一步调整方针、政策,确保其取得实效。同时,必要时向社会公布检测报告,有助于以事实和数据回应社会关心的一些教育热点、难点问题,扭转社会上存在的一些教育认识误区,为教育发展营造良好的社会舆论环境。

1. 建立起以学生发展为本的教育绩效指标

教育是一项投入很大,但是利在千秋的宏伟大业,从政府的角度看,需要真实掌握财政投入教育产生的绩效。教育的产品就是育人,通过抽样的方式,学生全面发展的各项指标,可以反映教育培养的数量和质量。

统计数据表明,广州市中小学生的综合素质各项指标评价结果比较均衡,发展态势良好,同时存在提升的空间。其中全市六年级和九年级的评价结果和分析如下:

从全市六年级六大评价内容的整体表现(图5.3)可以看出,六年级学生在品德与社会化水平、学业发展水平和学校认同三个方面得分相对较高,发展水平较好。学业负担状况也不算严重(该指标是得分越低,结果越好)。但学生在身心发展水平方面的平均得分最低,为3.77(说明:因为2014年的"国家学生体质健康数据"是以被试一年前的体质健康状况作为"身心发展水平"中的"身体健康"指标,所以,与被试学生体质健康现状会有一定出入。下文中九年级的评价结果同此情况),表明六年级学生在身体健康管理、心理健康管理方面有待加强。

从全市六年级22项关键指标的平均得分(图5.4)来看,表现最为突出的是"国家认同"这一指标,得分最高,为4.62;其次是课业质量、文化认同、科技与人文素养和社会责任,平均得分都在4.2以上;得分最低的是身体健康,平均得分为3.15,再次是自我管理和国际理解,平均得分都在3.6左右。此外,六年级学生的学习时间和课业难度的平均得分都在中等以下的水平,学习压力的平均得分则在平均水平以上,说明六年级学生的学习时间适中,课业难度不是很大,但却面临着较大的学习压力。

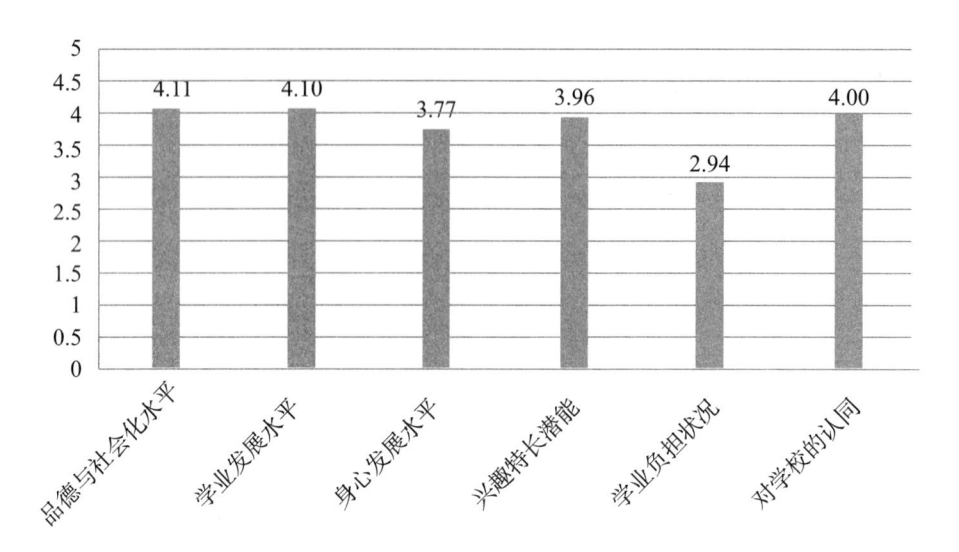

图 5.3　全市六年级六大评价内容整体表现

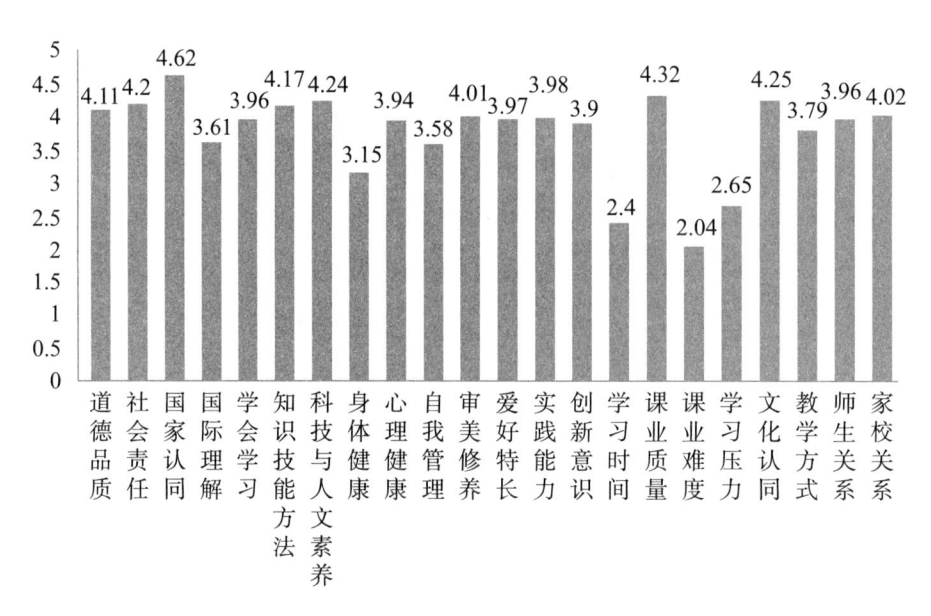

图 5.4　全市六年级 22 项关键指标整体表现情况

从全市九年级六大评价内容的整体表现(图 5.5)可以看出,九年级学生在品德与社会化水平、学业发展水平和身心发展水平三个方面得分相对较高,发展较好;课业负担状况也不算严重,处于中等水平;在学校认同方面的平均得分相对偏低,为 3.59,表明九年级学生对学校认同感较弱。

从全市九年级 22 项关键指标的平均得分(图 5.6)来看,表现较为突出的是"国际理解"和"国家认同"这两个指标,平均得分在 4.2 左右;其次是社会责任、心理健康和科技与人文素养,平均得分都在 4.0 左右。得分最低的是身体健康,平均得分为 3.14;再次是家校关系、对学校的文化认同和教学方式的认可程度,平均得分都在 3.6 以下。学习时间、课业难度和学习压力这三个指标都是得分越低,结果越好。学习压力的平均得分为 3.21,说明九年级学生的学习压力比较大。

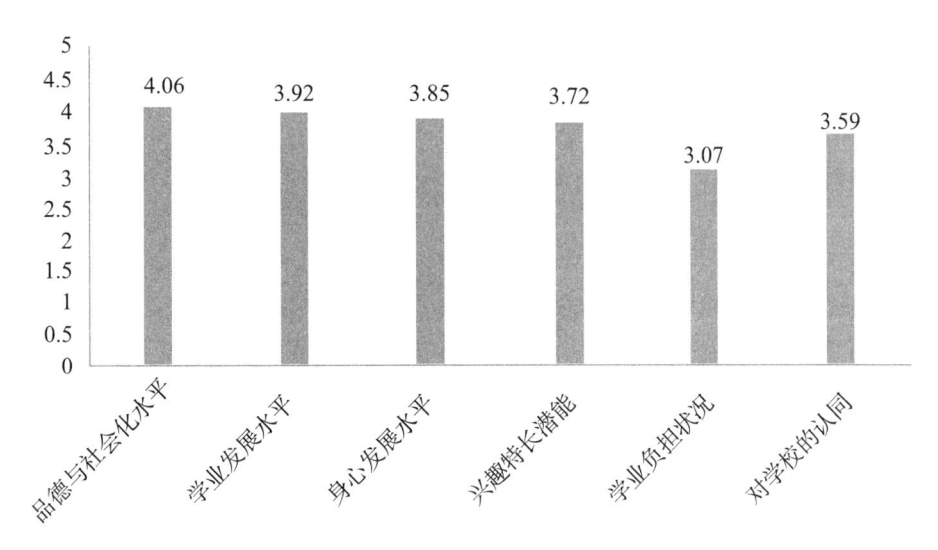

图 5.5　全市九年级六大评价内容整体表现

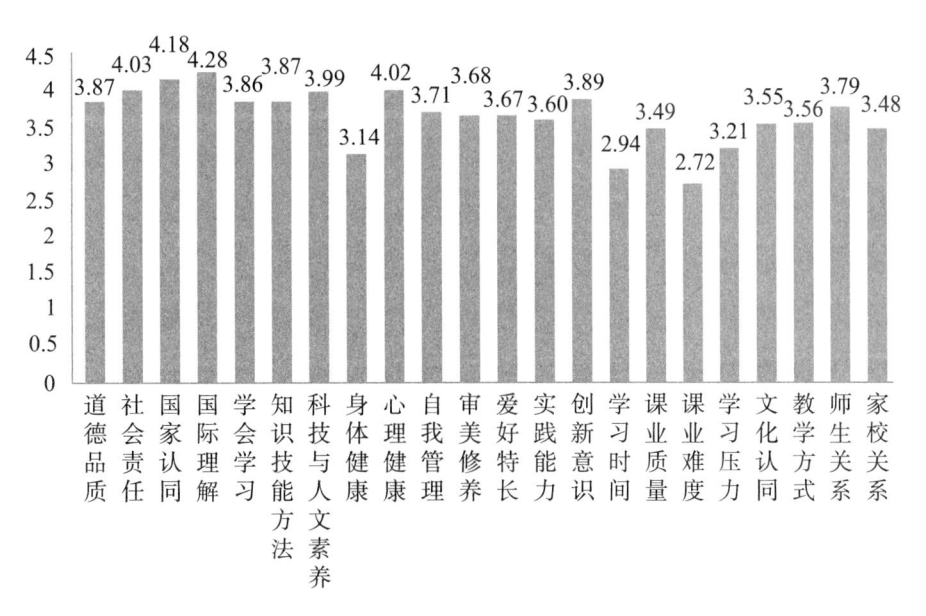

图 5.6　全市九年级 22 项关键指标整体表现

2. 检验基础教育改革与发展的政策效果

通过评价检验了广州推进基础教育改革与发展的各项重大举措,为政府继续坚持和完善教育决策提供了支撑。

(1) 落实立德树人根本任务

广州市在研制阳光评价指标体系时,始终坚持落实立德树人根本任务的价值取向,吸收了当时国家正在开展研究的学生发展核心素养的成果,将核心素养中有关社会责任、文化素养和自主发展的相关指标融入进来,初步构建了涵盖小学、初中、高中三个学段,包括学生的"品德与社会化水平、学业发展水平、身心发展水平、兴趣特长潜能、学业负担状况、学校认同"六个方面 22 项指标的广州市中小学教育质量阳光评价指标体系,并细化到小学、初中、普通高中三个学段。这一指标体系,总体上涵盖教育部的五大方面20个关键指标,在评价内容上增加了学校文化认同一项,以反映广州市中小学近些年开展的以学校特色发展促进区域教育优质均衡发展的成果,体现了地方特色。

本次综合评价统计数据表明,广州市中小学生的综合素质各项指标评价结果比较均衡,发展态势良好,尤其是品德与社会化水平得分较高。六年级学生"国家认同""社会责任"得分分别排在前两位;九年级学生平均得分较为突出的是"社会责任"和"道德品质"这两个指标,其次是国际理解;高中二年级学生"国际理解""国家认同"得分分别排在前两位,足以证明广州市基础教育在全面实施素质教育,坚持社会主义核心价值观,落实立德树人根本任务方面得到扎实的推进。

(2) 严格执行国家课程计划

本次阳光评价在学业部分测试了六年级的阅读素养和数学能力,九年级的阅读素养、数学能力、物理和历史。从学科分布来说,涵盖了考试科目和非考试科目,其中,九年级的阅读素养、数学能力及物理都是中考科目,而历史是非中考科目。评价结果显示,学生学业水平整体上比较好,其中六年级学生"学业发展水平"平均得分为4.19,在六大评价项目中排在第一位,处于较好的发展水平;九年级学生"学业发展水平"平均得分为3.94,高中二年级学生"学业发展水平"平均得分为3.75,这两个年级学生平均得分在六大评价项目中均排在第三位,处于中等发展水平。学生整体学业水平是区域教育质量的重要标志,以上评价数据表明,在各级教育行政部门的正确领导下,广州市中小学校在严格执行国家的课程计划、保证各门学科课程实施方面成绩显著,确保了广州市教育质量不断提升。

结合综合评价统计数据,发现本次六年级、九年级两个学段的阅读素养和数学能力两个学科测试结果比较理想,九年级物理和历史两个学科水平有待提高。进一步分析发现,部分学校在不同学科的测试结果中,存在较明显的学科差异:中考科目的成绩都能够保持比较好的水平,但非中考科目成绩却与全市或全区存在一定差距。对部分学校进行深入了解后发现,有些学校在非中考科目上存在开课不足、缺乏专科老师等现象。

(3) 学生阅读系列活动凸显成效

本次综合评价统计数据显示,在学业发展水平方面,阅读与学业评价存在正相关,而与课业难度和学习压力存在负相关,六年级学生阅读素养测试的得分集中分布在高分段,低分段的人数相对较少,说明六年级学生在此次阅读测试中的得分普遍高于平均水平;九年级学生阅读素养测试的得分集中分布在中等分段,表明广州市中小学生尤其是小学生的阅读素养水平比较高。这反映了近年来广州市中小学积极组织开展全民阅读活动和经典阅读活动,建设书香校园,取得显著成效。不少试点学校均在评价报告中着重谈到这一点。随着读书特别是对中国传统文化学习上升到国家意志和社会氛围,读书活动在中小学校已经成为一种时尚,读书和运动成为学生成长的两个基石,各校的做法和经验值得进一步提炼、总结。

(4) 体质与身心健康发展态势良好

本次综合评价统计数据显示,广州市中小学生的身心发展水平较好(该指标是得分越高,结果越好,得分范围1~5分,详见表5.25),其中,三个学段"身体健康"指标得分比较高(该指标是由2015学年广州市国家学生体质健康数据合成),表明广州市中小学生体质健康综合水平较高。进一步分析各区数据发现,小学阶段,越秀区和荔湾区学生的体质健康综合水平较高;中学阶段,白云区、越秀区、番禺区和海珠区学生的体质健康综合水平较高。而在三项具体内容中"自我管理"一项得分较低,说明仍然需要进一步加强课外体育活动、科学饮食和健康管理,提高学生生活独立性和自我管理能力。

表 5.25　2016 年阳光评价学生身心发展水平情况表

学段	身心发展水平			
	本评价内容	心理健康	自我管理	身体健康
六年级	4.03	4.16	3.68	4.37
九年级	4.10	4.19	3.92	4.56
高中二年级	3.76	3.72	3.77	4.49

(5) 执行学生减负政策有成效

本次综合评价统计数据显示,中小学生尤其是小学生学业负担状况得分较低(该指标是得分越低,结果越好,得分范围1~5分,详见表5.26),结合学科配套问卷的学习时间这一维度发现,小学阶段,约81%的学生的家庭作业总量控制在1小时以内;中学阶段,超过80%的学生的家庭作业总量控制在1.5小时以内。根据《广东省义务教育标准化学校标准》(粤教基〔2013〕17号)规定,小学生每天家庭作业总量控制在1小时以内,初中生每天家庭作业总量控制在1.5小时以内。这表明与政策标准相比,学校在作业时间方面的安排及合理施加的压力是适当的。可见,广州市中小学在严格执行国家法规,减轻学生课业负担方面做了不少努力,有力保障了学生的健康、全面发展。

表 5.26　2016 年阳光评价学生学业负担状况情况表

学段	学业负担状况				
	本评价内容	学习时间	课业质量	课业难度	学习压力
六年级	2.28	2.59	1.65	2.15	2.73
九年级	2.96	3.13	2.59	2.81	3.29
高中二年级	2.99	3.26	2.40	3.00	3.31

(6) 家校合作营造了良好的教育生态

家庭需要教育,家庭教育成就学生的一生,而家校合作更是在学生的学习过程中起着非常关键的作用。当前,各中小学校都比较重视家长对学校的管理或者家长参与学校组织的相关活动,例如,有些学校组织家长开放日让家长进入课堂,有些学校则通过家长委员会协调缓解家校矛盾等。本次综合评价统计数据显示,三个学段的学生家长反馈对家校交流非常满意,均在 2.5 分左右(该指标是得分越高,结果越好,得分范围 1~3 分),且对学校的满意度较高,说明家校合作初见成效。

(7) 重视师资建设,提升教师职业幸福感

本次综合评价统计数据显示,三个学段教师对学校的认同感以及体验到的职业幸福感均较高,表明近年来广州重视教师队伍的师德教育、继续教育专业培训以及相关政策的实施发挥了作用。尤其是农村学校和部分民办学校的教师因为从业津贴补助的发放不仅增强了职业幸福感,而且工作积极性有较大程度的提高。

其中有两个现象值得注意:首先,农村地区教师的职业幸福感高于城区学校教师的职业幸福感,除了政策倾斜原因之外,与城区教师们感受到的工作压力较大,具体表现为压力来源较多、工作资源稍欠缺、抗压能力较弱等有关。因此,要在落实教师待遇政策的同时,切实关心教师工作与生活,减轻不必要的工作负担。其次,本来教师的职业幸福感应该与教学质量呈正相关,但进一步分析发现,农村学校的教学质量与城区学校的教学质量仍然存在一定的差距,说明教师的职业幸福感提升可以增强教师的责任心,但是不能马上转化为教师的专业技术业务能力,在政策实施落地到位,稳定了教师队伍之后,仍需要重视师资队伍的专业技能建设,提高教师的执教能力和专业素养。

3. 对影响区域教育质量的因素进行精准诊断

综合评价帮助我们发现了当前全市中小学教育质量方面存在的问题:

(1) 发展的协调性有待加强

综合分析广州 11 个行政区在品德社会化水平、艺术素质、身心发展水平、学业发展水平、学业负担和学校认同六大方面的表现,发现各区均衡发展程度不同。要提倡核心示范区带动相邻行政区发展,吸取优秀经验和教训,关注各区发展薄弱环节,重点分析各行政区发展特点及改善方向,用示范区引领、推动广州市中小学教育整体均衡发展,促进全市整体发展。

区域发展不均衡主要集中在中心城区、城乡接合部和近郊、远郊三层间的差异,其中城乡接合部与近郊之间差距最小。结合地域位置特点,发展区域化管理,提升中心城区引领作用。中心城区、城乡接合部、近郊和远郊各区域间如何促进教育均衡需作为广州市突破关键口。通过互助机制建设,促进中心城区引领周边区域协同发展,推行优质教学管理经验,整合各区域优质教学

资源实现教学管理及教学行为转变。

以 2017 年阳光评价第三期测试为例：

广州市不同区域间学校发展不均衡主要集中在中心城区、城乡接合部和近郊、远郊三层间的差异,其中城乡接合部与近郊之间差距最小。

四年级中心城区学校优于城乡接合部、近郊和远郊,区域间差异主要体现在艺术素质和身心健康两方面,具体表现为中心城区学生在美术和音乐欣赏常识等艺术素质各方面以及身体形态机能、健康生活方式和安全意识与行为方面处于未达标的人数比例小于城乡接合部、近郊和远郊。此外,中心城区学生也能很好地通过表情和语气等识别并理解自己和他人的愉悦等情绪感受,帮助他人的能力更强,可以更好地采用积极的方式应对压力,而远郊学生需要进一步关注这些能力发展。

七年级中心城区优于远郊、城乡接合部和近郊,而区域间差异主要体现在学业发展方面,具体表现在中心城区学校学生的学习动机最强,记忆力、注意力等学习能力方面发展较强,同时掌握了良好的学习方法,在语文、数学等学科学习中使用的方法也较好;远郊学校在通用学习方法及语文、数学等具体学科的学习方法上有较好掌握,但在基础学习能力——记忆力、推理能力方面有待提升;近郊学校学生的推理能力等学习能力和学习动机发展不足,在通用学习方法及语文、数学等具体学科的学习方法的掌握上也需提高。

广州市七年级城乡总体分析见表 5.27。

表 5.27 广州市七年级城乡总体分析

7 年级	品德社会化水平	艺术素质	身心健康水平	学业发展水平	学业负担	学校认同
中心城区学校	4.08	48.17	51.66	51.46	49.21	51.02
城乡接合部学校	3.96	44.58	48.38	48.38	50.75	48.83
近郊学校	3.84	42.98	47.17	46.15	52.04	48.91
远郊学校	3.93	44.20	48.20	49.94	50.53	49.19
市均值	4.01	46.29	50.00	50.00	50.00	50.00

如从学生身心发展水平得分分布图来看,全市六年级和九年级学生在身心发展水平方面均处于中等水平,其中"身体健康"指标得分最低,"自我管理"这项得分也比较低,反映出中小学生仍需加强体育锻炼,并自觉提高独立思考的能力和自我管理的能力。无论小学还是初中学生在"学会学习""实践能力"方面得分均比较低,表明学校需要采取更加有效的措施,帮助学生掌握正确的学习方法,为学生的实践能力培养创造更多的机会。在学科素养方面,学生的知识识记理解层面的水平明显高于应用层面的水平,表明今后中小学教学要进一步加大对学生思维能力和创新意识培养的力度。从学生学业负担状况得分分布图来看,大部分六年级学生的学业负担不是

太重,而大部分九年级学生的学业负担则比较重,并感觉到较大的学习压力(不排除来自家庭的压力),因此,通过提高课堂教学效益,加强家校联系,切实减轻学生过重的学业负担,缓解其学习压力,将是今后工作的重点之一。另外,本次综合评价也显示了全市义务教育不同区域、学校之间存在的差异,义务教育在教育质量方面的均衡发展还任重道远。

(2) 艺术素质发展提升空间较大

《2016 年广州市中小学教育质量阳光评价测试分析报告》(简称《报告》)显示,各区参评的四、五年级小学生和七、八年级初中生的品德社会化发展均处于较好水平。与 2017 年评价结果相比,五年级学生品德社会化水平增长 2%。

在品德社会化水平的两个关键指标上,四、五年级学生与七、八年级学生各有优势。四、五年级学生的国家认同发展相对突出,明晰个人与国家的关系,立志为中国特色社会主义做贡献,有强烈的国家认同感和归属感,以及民族自豪感;七、八年级学生社会责任发展相对突出,在国家或社会公共利益方面有很强的责任感,具有团队合作意识和社会公德,对事负责,言行一致。

各年级学生艺术素质整体发展仍有很大提升空间,相较于 2017 年而言,2018 年美术审美方面教学工作已初见成效,五、八年级学生在美术审美的增长率分别达到 6% 和 7%,而音乐审美却有明显下降,需要引起注意。由此可见,各区在艺术素质培养方面已总结出宝贵经验,建议继续扬长避短,进一步落实学生在艺术素质方面的培养,继续关注艺术修养与生活的运用结合,促进艺术学习与生活进一步融合渗透,保持艺术素质方面的稳步提升。

(3) 在品德与社会化水平方面,六年级学生在国际视野方面有待加强

后续建议在地方课程与校本课程的内容设置或在国家课程的授课内容等方面突出与国际理解相关的知识与意识。九年级学生在国家认同感等方面有待进一步提高,后续建议在地方课程与校本课程的内容设置或在国家课程的授课内容等方面突出与国家认同相关的知识与意识,培养学生对国家的认同感。

(4) 学业发展水平方面,自主学习能力有待提高

后续教师在教学过程中,应在六年级学生课堂中根据具体教学情况适当增加小组学习、自主探究等活动方式,进一步促进学生自主学习能力的提高。九年级学生理解和掌握各学科的基础知识、基本技能水平有待提高,后续在教师教学过程中,建议在课堂中根据具体教学情况适当加强基础知识、基本技能方面的学习。

(5) 身心发展水平方面,自我管理水平较低

在六年级学生后续的教育以及生活中,培养良好的习惯,如早睡早起、阅读、定期运动等。学会控制自己的情绪,不让负面情绪影响决策和行为。培养九年级学生的解决问题能力,遇到问题时,先尝试自己解决,而不是立即寻求他人帮助。在与人交往的过程中,建立健康的情感关系,不过度依赖他人。学会独处,享受自己的陪伴。

(6) 在学校认同方面,应培养学生的集体感和归属感

六年级学生维护学校的行为较少,后续在教学的过程中,建议举办不同形式的活动,提高学生维护学校的积极性。九年级学生对家校关系的认同感最低,说明家校关系方面有待提高,后续在家校合作的过程中,建议学校通过多种渠道和方法加强家校合作与沟通。

4. 对改进教学、提升区域教育质量提出科学建议

(1) 对学科教学的整体要求

第一,应该将对教学内容的研究放在重要的位置。从新课程实验以来,教师们更关注的是教学方式的改变而不是教学内容的研究,学生学业质量所暴露的问题、教学效果与教学目标存在一定的差距,都因为对作为体现教学目标的重要载体并且决定教学方式的教学内容研究不足。不管采用哪种教学方式,如果学生所学的知识没有得到合理的梳理和整合,不但会影响学生掌握程度,而且学习能力也无法得到正确的培养。只有加强对教学内容的研究,对知识进行梳理、整合、合理编排,使之形成一个条理化、系统化、网络化的有机知识体系,才能让学生不管在哪种教学模式下,学到的知识都能转化为能力和素养,从而达到提升教育质量的目的。

第二,课堂教学改革不能只停留在形式上,应重点关注学生学习活动的设计。高效的教学方式应该让学生更加自主地选择适合自己的学习方式以便有效地掌握知识,这里发挥关键作用的就是,教师根据教学目标和教学内容的需要,结合学生的个性特征,设计并组织学生通过主体参与、协作学习,开展问题研究、课题探究等多种学习活动。

第三,加强学习过程的评价。要从过去只重视结果评价转变到既关注结果又关注过程的评价。通过对学生学习过程的整体评价,达到激发学生的学习兴趣,加强对学生学习方法的指导,培养学生良好的学习习惯,调控学生学习过程,促进综合素质提升的目的。

(2) 对相关学科的建议

对于六年级阅读学科而言,明确阅读能力层次,精选阅读内容,加强阅读方法指导,促进学生从浅阅读向深阅读发展。在日常的教学过程中,第一,加强阅读课程的建设,增加实用类文本的阅读。第二,课堂教学要强化学生阅读能力培养,帮助学生掌握阅读方法。第三,组织丰富多彩的阅读活动,探索有效阅读指导策略。第四,加强教师培训,提高教师指导学生进行课外阅读的能力。第五,充分利用社会资源,给学生阅读提供更为便利的条件。

对于六年级数学学科而言,在活动过程中理解知识,在夯实基础的同时提升思维能力和解决问题的能力。在日常的教学过程中,首先,关注数学知识的梳理与整合。帮助学生梳理知识,构建知识网络,才能在解决问题时举一反三,触类旁通。其次,加强数学应用意识与综合解决问题的能力。让学生利用所学的知识综合解决实际问题,要注意学生实践能力的培养。最后,精心设计数学练习,提高思维训练实效。

对于九年级阅读学科而言,防止碎片化教学,提高对阅读内容的整体感悟能力。在日常的教学过程中,首先,加强综合阅读习惯和阅读思维的培养。其次,鼓励读长篇文章,读整本书,积极

拓展阅读视野,提升阅读思维能力。最后,丰富阅读内容,培养不同类型文本阅读能力。

对于九年级数学学科而言,加强对数学知识的体验,在活动中应用数学。在日常的教学过程中,首先,帮助学生在知识运用中梳理知识网络结构,使学生从整体上把握教材内容,形成良好的认知结构。其次,加强学生逻辑推理论证能力的培养,形成良好的数学思维品质,能够在活动中灵活运用数学。

对于九年级历史学科而言,应掌握历史学习的正确方法,促进科学历史观的形成。在日常的教学过程中,首先,明确学科定位,着眼学生发展。从学生发展看,历史教育对学生的人文素养的提高、公民素养的培育具有重要的作用。其次,重视目标导向,夯实学科基础。再次,坚持能力发展,培养学科素养。最后,注重材料教学,加强学法指导。

对于九年级物理学科而言,帮助学生经历科学探究的过程,提高学生探索科学的兴趣与热情,使其掌握科学探究的方法,培养其科学创新的精神。在日常的教学过程中,首先,让学生学习终身发展必需的物理基础知识和方法,养成良好的思维习惯,在分析问题、解决问题时能尝试运用科学知识和科学研究方法。其次,让学生经历科学探究过程,具有初步的科学探究能力,乐于参加与科学技术有关的活动,有运用研究方法的意识。最后,让学生保持探索科学的兴趣与热情,在认识自然的过程中能获得成功感,能独立思考,勇于质疑,养成尊重事实、敢于创新的科学态度和科学精神。

5. 在全社会传递全面育人的政策导向

根据教育部关于推进中小学教育质量综合评价改革常态化的要求以及广州市教育事业发展"十三五"规划,广州市对中小学生综合素质实施测评和持续追踪,其根本出发点是全面贯彻党的教育方针,落实立德树人根本任务,扭转单纯以学生学业考试成绩和学校升学率评价中小学教育质量的倾向,突出强调学生的社会责任感、创新精神和实践能力,促进学生全面发展,使其成为德智体美全面发展的社会主义建设者和接班人。有助于传递正确的导向,推动学校和全社会重视素质教育。

通过测试结果,指导教育实践的改进。测试是对教育质量和学生综合素质给予了相对科学的定量描述,这是服务教育决策和实施教育改进的前提和基础。测试结果反映了很多表面的状况,也在一定程度上反映了一些深层次的问题。有些与我们经验判断大致一致,也有些与我们的经验值有出入。

(1) 关注学生的学习动机和学习策略

测试结果表明,上课外辅导班多的学生,学习成绩不一定呈现显著的提升,因为学习成绩主要取决于学生深层次的内部学习动机。进一步的测试还表明,在学习动机结构上也呈现明显的结构差异,中心城区学生以正向学习动机(自我效能、求知进取)为主导,城乡接合部、近郊及远郊学生均表现以负向动机(害怕失败、丧失学习动机)为主导形态。这些结果为我们改进教育决策和指导实践提供了宝贵的参照。最近这段时期,从中央到省、市各个层面,都在狠抓校外辅导机构的治理,下大力气减轻学生不合理的学业负担。广州市教育局也下发了《关于进一步规范中小学办学行为,减轻学生过重课业负担的意见》,这与我们的测试的导向刚好不谋而合。

（2）关注区域的均衡发展

结合品德社会化水平、艺术素质、身心发展水平、学业发展水平、学业负担和学校认同六项测评指标的综合分析,发现11个行政区在四、七年级各指标维度的均衡发展程度不同,主要表现为四年级在艺术素质方面差距最大,在身心发展方面差距次之,在品德社会化方面的差距第三,海珠区在以上各方面发展较优。进入初中阶段,七年级学业发展水平成为各行政区主要差距之一,艺术素质、身心发展差距在各行政区仍然存在。天河区在以上各方面发展较优。关于艺术素质的测试结果,无论是年龄段的表现,还是不同区域的表现,都与2019年刚刚反馈的国家义务教育质量监测的结论总体一致。这样的测试结果,出乎很多人的意料,一个中心城市,学生的艺术素质并没有表现出期望的高值,甚至没有达到国家课程的要求,这就暴露了我们在课程实施中的短板,也暴露了人才培养的短板。

在本次评价中,通过剖析学业发展具体指标,发现中心城区学生的优势往往集中在各项高级能力,如学习能力中的推理能力,学习策略中的组织策略、精细加工策略、资源利用策略等,而近郊学生的自身优势多体现在注意力、学习策略中的理解策略,整体来看,近郊学生多集中在基础学习层面的能力运用,这可能会造成发展差距的深层次个体差异。这对我们如何实施因材施教,在教学中如何关注课堂的深度,关注学生高阶思维能力等核心素养,指明了方向。

结合品德社会化水平、艺术素质、身心发展水平、学业发展水平、学业负担和学校认同六项测评指标的综合分析,发现11个行政区各指标的均衡发展程度各不相同。各区四、五年级发展差异最大的指标是品德社会化方面,在艺术素质方面差距次之,身心发展方面的差距位列第三,学业负担和学校认同等方面各区差距相对较小。进入七、八年级,差距较大指标各有不同,七年级各区品德社会化水平的差距依旧较大,身心发展方面的差距依旧位列第三,同时学业发展水平之间的差距拉大,成为各行政区主要差距之一。

《报告》显示,各区由于在生源质量、师资团队、学校地理环境等方面均存在不同程度差异,各项指标也有不同程度的差距。在分析各区客观差异的同时,可发挥区域自身优势,共享成熟经验,引领其他区、校开展相关教研教学活动,逐步建立本地教研专业理念,推动广州市中小学教育整体均衡发展。

三、阳光评价测评运用的广州特色

（一）报告生成和结果运用的协同创新模式

对测评数据结果进行科学的归因,更好地发挥评价的诊断、激励和发展功能。课题组改变了过去由上级组织评价,对参评学校和学生进行鉴定分等的方式,而采取由评价组织机构与参评学校共同研究评价结果数据,依据数据并且结合学校实际进行科学归因,合作撰写评价报告的方式。这种评价主体多元化的举措,使评价对象由评价的消费者(被动接受者)转变为评价的贡献者(积极参与者),不仅建立了新的评价文化,而且更加有利于评价结果在促进学校工作和学校发展方面发挥积极作用。

由于这次测试涵盖阳光评价六大方面22项指标的综合性评价,因此对于参评试点学校来说,就是一次全面的教育教学质量"体检",而且各学校在项目工作组的指导下,认真研读评价数据,直接参与到"体检"报告的撰写和分析过程中,由此能够对学校教育质量的现状进行科学、准确的归因分析。评价结果优秀的学校在充分肯定自身工作优势的同时,也冷静地寻找仍然存在的不足;评价结果不佳的学校更要对众多问题进行深入分析,把影响教育质量的主要问题作为突破口,并且对症下药,寻找改进的良方妙策,同时也不忘努力挖掘学校某些方面存在的优势,从而增强学校进一步发展的信心。

(二)基于核心素养和实证分析的增值评价

长期以来,教育评价中,最常用的评价方式是使用学生原始分数的平均分或升学率作为评价指标,确定学校或教师的工作是否有效。实践表明,使用原始分数作为学校或教师效能的指标是不准确的,甚至会有误导作用。此外,这种评价方式导致人们过于关注一次考试的结果,过分关注少数尖子生的培养,忽视了大多数学生的发展,损害了教育过程中的公平性。而增值性评价则是基于每个学生的进步来计算学校或教师对学生学业增长的影响,这样就使学校和教师的关注点从个别学生身上转移到更加实质性的问题—每个学生的进步状况。

另外,中小学对于学生的评价都是通过学业测试、品德评价、体质测评等不同项目分别组织开展的,由于依据的标准和使用的评价工具各不相同,形成的结果难以加和,因此我们一直欠缺对于全市中小学生综合素质比较全面、准确的评价数据。广州的阳光评价基于学生核心素养,利用持续追踪的数据,对学生发展实施增值评价,有利于引导学生德智体美劳全面发展,逐步形成广州特色。

1. 始终坚持以学生核心素养为立足点

落实立德树人根本任务,将德智体美劳的全面发展的理念落实到指标界定、工具研发、测试报告以及结果运用等阳光评价的各个环节,打破了传统的以学科成绩为主要衡量参数的做法。

2. 构建了"学业成绩+影响因素"的学业质量分析新模式

比如,通过多重线性回归分析探索影响学业成就的因素,发现广州市参评学生学业成就受到学习能力的显著影响,提升学生自身学习能力有助于提高学生学业成就进一步发展。本次通过田纳西增值评价描述学生的成长情况,发现学生的学习能力、2017年的知识技能(学业成绩)、健康生活方式和性别是影响五年级、八年级(2018年)学生学业成绩增长的共同因素。其中,学生自身的学习能力水平对五年级学生学业成绩增长影响较大。数据还显示出教师职业压力的变化可能会对学生学习能力的增长产生消极影响。很显然,这是简单地以分数衡量学生的传统做法无法比拟的。

再如,健康生活方式是除学习能力以外,对学生学业成绩影响较大的因素,但随着年级升高,影响力呈现下降趋势。建议对于低年级学生,应当多通过学校和家庭的协同努力,帮助学生养成规律作息,适当运动的良好习惯,帮助学生保持充沛的精力,充满活力地投入学习和生活。

此外,四、五年级学生知识技能的发展还受到学习动机的影响,未来可从提高学生学习动机着手,进一步培养学生对学习的兴趣,通过给予学生自主学习的机会、强调学习所带来的内在成长等角度着力提高学生的学习动机,以便进一步提升学生学业成就。

而八年级学生知识技能发展还受到学习策略的影响,建议在日常教学中,多加强对学生学习方法的培养,通过增加学习策略的提问、讨论、指导、总结等,结合教学内容的学习,逐步掌握并熟练运用多种学习策略。帮助学生意识到学习策略的重要性,教会他们如何选择有效的策略,进一步培养学生灵活运用分类、画重点、联想、对比的学习辅助方法,培养学生计划、监控和调节学习的行为和方法,同时注意培养学生灵活利用书籍、网络等外界资源的能力。

3. 建立起基于测试数据的增值评价模式

从2017年开始,我们从小学四年级开始,初中从七年级开始,对同一学生群体实施为期三年的持续追踪,采用同一评价指标体系,同时,依据学生所学科目内容的变化,相应调整测试科目试题的内容,通过测试,对同一学生群体进行跟踪和比较,描述学生的变化和进步指数,指出学生努力的方向。比如,为了更好地关注教师和学校在帮助学生获得成长方面所发挥的实际作用,以数据展现教师与学校的作用及付出,本次评价采用增值评价方式把非学校教育因素(如生源差异)分离,分析各区参测学校在2017年至2018年增值情况。从数据结果中不难发现,各区学校增值表现各有不同,如从化区五、八年级中,分部有42%和67%的学校呈现正增值,学业成绩水平高于预期表现;白云区五年级正增值学校占35%,41%与预期发展持平,24%学校呈现负增值,未达到预期发展水平。八年级中,100%学校呈现正增值。

为掌握学生发展动态,我们以M区为例,对2017年和2018年连续参加测评的学生进行对比分析。M区整体发展采用学生综合发展水平指数进行统计分析,主要从品德社会化、艺术素质、身心健康、学业发展、学业负担、学校认同六个方面以相同权重测量,每个方面都是构成学生综合发展水平指数的分指数。

学生综合发展水平指数越接近1表明学生综合素质水平发展越高。品德社会化水平指数、艺术素质指数、身心健康指数、学业发展指数、学业负担指数和学校认同指数亦是越接近1代表学生发展越好。

(1) 客观描述学生的发展水平

	一级指数	二级指数					
	综合指数	品德社会化水平指数	学业发展水平指数	身心健康水平指数	艺术素质指数	学业负担指数	学校认同指数
2018年参测	0.68	0.79	0.61	0.76	0.42	0.62	0.75
2017年参测	0.68	0.80	0.61	0.74	0.47	0.64	0.80

图 5.7 小学生发展水平追踪

	一级指数	二级指数					
	综合指数	品德社会化水平指数	学业发展水平指数	身心健康水平指数	艺术素质指数	学业负担指数	学校认同指数
2018年参测	0.62	0.73	0.62	0.62	0.47	0.56	0.69
2017年参测	0.62	0.72	0.59	0.62		0.59	0.70

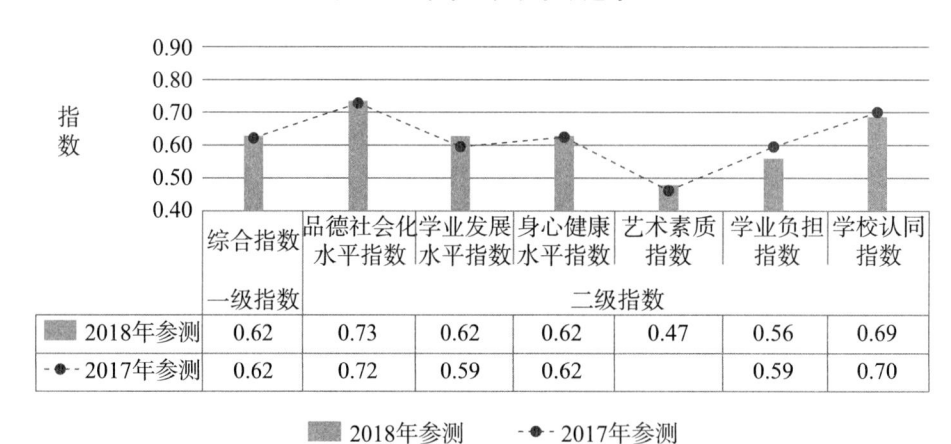

图 5.8 初中生发展水平追踪

(2) 进一步进行增值分析

增值评价是根据学生在一段时间内的学习进步状况来佐证教师所付出的努力。其重要理念是把非学校教育因素（如生源差异）分离出来，根据学生在学校学习获得的进步来证实教师与学校的作用及付出。

增值评价主要关注两点：一是在考虑学生存在差异的情况下，关注学生通过学习获得了多大程度的成长，避免单纯以学生的成绩来衡量学校与教师的工作情况。二是关注教师和学校在帮助学生获得成长方面所发挥的实际作用。

对学校是否增值的判断，以学校内参测学生学业成绩的增量为基础，估计学校平均增量范围，其中学生 2018 年学业成绩与通过数据模型预测的成绩的差异值即为增量值。当学校学业成绩平均增量范围内的所有增量值均在 0 以上时，判定学校为正增值；当学校平均增量范围内所有增量值均在 0 以下时，判定学校为负增值，否则判定学校为零增值。

增值评价需以 2017 年和 2018 年连续两年参测学生为基础，同时需要满足各年级参测人数大于或等于 30 人，满足以上两项条件的学校才能进行增值评价。M 区五年级中有 4 所学校与预期发展持平,四年级中超过预期发展和未达到预期发展的学校各有 2 所,八年级中有 2 所学校超过预期发展,1 所学校发展未达到预期水平,3 所学校与预期发展持平。

图 5.9 可以清晰地把 M 区的小学学业水平放在全市的坐标中进行比较考查。因为全市的评价指标和工具是统一的,抽样方式也是统一的,所以,这个比较对于区域和学校明确自己的位置,对标努力的方向是有意义的。

同样,初中也可以进行这样的对比,如图 5.10 所示。

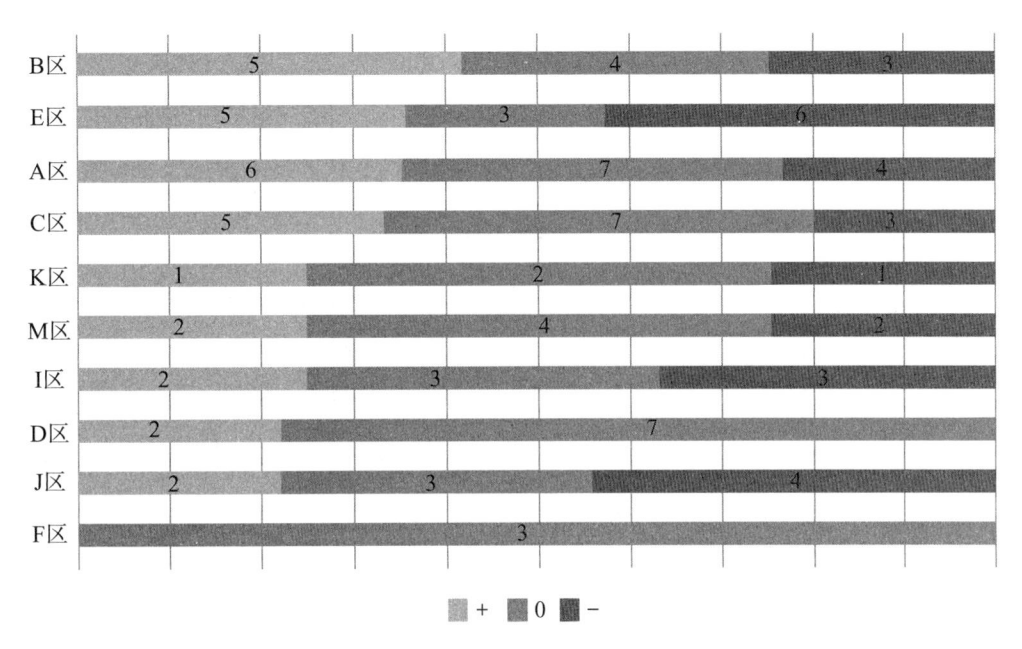

图 5.9　M 区小学学业水平与广州市各区对比

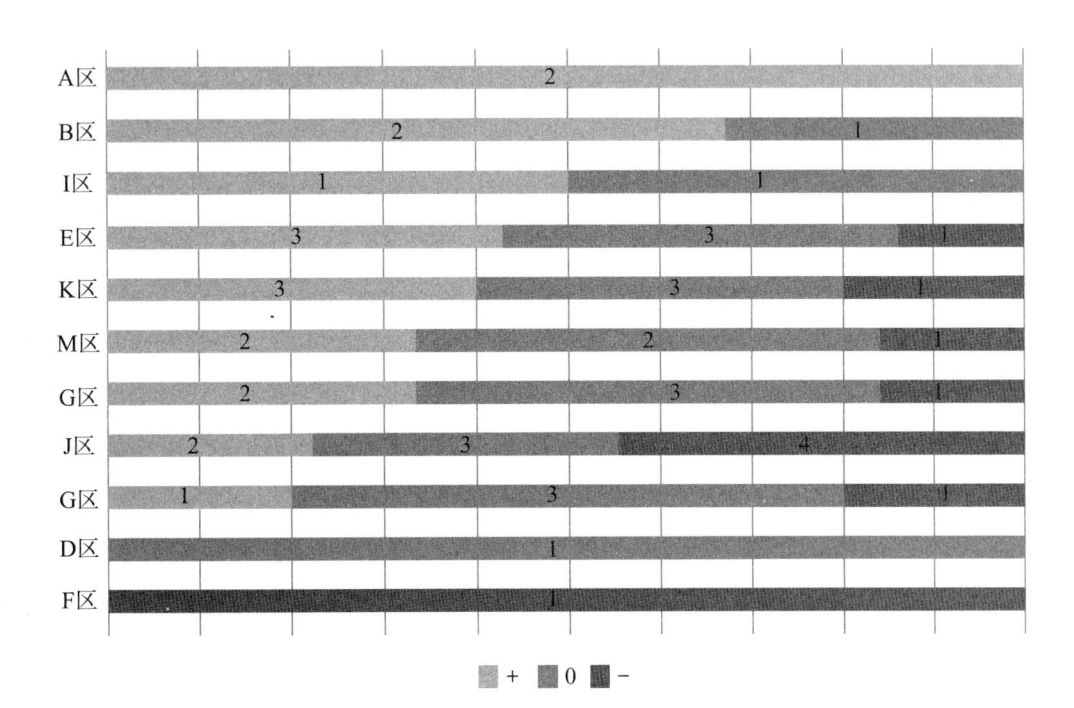

图 5.10　M 区初中学业水平与广州市各区对比

本次测评通过田纳西增值评价描述学生的成长情况，同时采用层级线性模型，分析基线成绩（2017年知识技能水平）、学习者背景、教师特征、学校特征等各种层级变量对学业成绩增长的影响。分析发现，学生的学习能力、2017年的知识技能（学业成绩）、健康生活方式、性别是五年级、八年级（2018年）学生学业成绩增长的共同影响因素。其中学生自身的学习能力水平对五年级学生学业成绩增长影响最大（0.47），其次为2017年知识技能、学生自身学习能力与教师实施能力之间的共同交互作用分别对学业成绩增长发挥重要作用（影响力达到0.36），需关注学生学习能力与教师职业压力之间的共同作用会对其产生消极影响。

具体分析五年级学生学业成绩增长影响因素，从学生自身能力来看，学生学习能力、2017年知识技能、健康生活方式、学习策略对学业成绩增长发挥促进作用。从班主任特征分析来看，班主任的实施能力会通过影响学生学习能力，对学业成绩发挥促进作用，班主任实施能力水平越高，学生学业成绩增长越明显。而班主任的职业压力会通过影响学生学习能力，对学业成绩增长产生一定阻碍。从学生背景分析，男生相比女生学业成绩取得更大进步；学生母亲受教育水平对学业增长产生影响，母亲受教育水平较高的学生相比母亲受教育水平较低的学生学业成绩取得进步更大。

具体分析八年级学生学业成绩增长影响因素，从学生自身能力来看，学生学习能力、2017年知识技能、健康生活方式对学业成绩增长发挥促进作用，学业负担对学业成绩增长产生阻碍作用。从班主任特征分析来看，班主任的教龄对学生学业成绩增长影响差别不大，但发现21～30年教龄组的班主任任教班级学生的学业成绩增长相比5年以下教龄组的班主任任教班级学生的学业成绩增长较慢。从学生背景分析，男生相比女生学业成绩取得更大进步。

（三）尝试"一套指标两种用途"，发布学生综合素质个体报告

1. 政策背景

党的十九大报告指出，要全面贯彻党的教育方针，落实立德树人根本任务，发展素质教育，推进教育公平，培养德智体美全面发展的社会主义建设者和接班人。

中小学教育质量综合评价改革已被纳入国家教育事业"十三五"规划，也被纳入了广州市教育事业发展"十三五"规划。

这项改革是一个根本性的改革。教育评价改革是整个教育综合改革的关键环节，是克服应试教育、推进素质教育的一个突破口。我们要站在整个教育综合治理的高度认识这个问题。没有评价杠杆的撬动，难以真正推动学校教育教学行为的改变，素质教育难以真正实施。

中高考的改革，目前已进入深水区，国家也提出了明确要求，到2021年，各地的中高考都要落地，要按照学业成绩加综合素质评价的方式录取学生（高考是"两依据一参考"，中考是"一依据一参考"），学生综合素质将成为升学的重要依据或参考，真正扭转考试评价只重视知识技能而忽视综合素质的片面性。

以信息技术、人工智能等为代表的科技发展和人才需求趋势表明，如果仅仅重视知识技能，而

不是重视其他综合素质,将难以在社会立足。而综合素质的形成是一个长期的过程和系统工程,如果等到参加工作或者上了大学才重视,就已经晚了,这就是我们为什么一定要在义务教育阶段开始实施这项改革,就是要学生、家长、学校和全社会都认识到实施素质教育的必要性和紧迫性。

正是在这样的背景下,2017年年底,广州市决定将阳光评价工作常态化,在义务教育阶段,探索以三年为一个学段,对学生综合素质实施纵向追踪,尝试提供个体报告,作为服务教育决策、指导学校改进、满足公众知情权的常态化工作,其根本出发点是全面贯彻党的教育方针,落实立德树人根本任务,扭转单纯以学生考试成绩和学校升学率评价中小学教育质量的倾向,突出强调学生的社会责任感、创新精神和实践能力,促进学生全面发展,使之成为社会主义合格建设者和可靠接班人。

2. 实践基础

广州市通过十年多的中小学教育质量阳光评价改革,市教育局和市教研院高度重视,学校校长和教育行政领导也很重视,全市参与的学校超过480所,这么高的参与度,对学校和全社会教育评价理念的普及是很有意义的。大家在关注学业的同时,越来越多地关注品德、身心健康和兴趣爱好特长等,这是一个了不起的进步,也是一场深刻的教育思想和观念的变革,有力地推动了素质教育的实施。

中小学教育质量综合评价改革(品德发展水平、学业发展水平、身心发展水平、兴趣特长养成、学业负担状况等方面)和中高考关于学生个体的综合素质评价(思想品德、学业水平、身心健康、艺术素养、社会实践)的五大维度,除了个别表述不同外,指标实质上是完全一致的,都是强调全面发展和个性特长,以及实践创新等。前者是评估团体和区域的教育质量,后者是表征学生个体的综合素质,但是最终反馈到学生的发展结果上。因此,在前期对学校和区域综合评价的基础上,升级到学生个体的综合素质评价,并在统筹上先行先试,是值得的。这次测试,就是我们实现一套指标两种用途的一次尝试。接下来,各区教育行政部门和学校要统筹推进评价改革、课程改革、教学改革,统筹校内和校外资源,深刻转变教育教学观念,在引导学生打下扎实的文化课基础的同时,将更多的资源和精力倾斜到学生的身心健康、社会实践、艺术素养上,补短板,促全面。

市教研院、各区教研等业务部门和第三方服务机构要协同创新,认真研究一套指标两种用途的具体实施方案,在指标设计、学生抽样、测评工具、结果表达、跟踪反馈等方面大胆创新,为广州市基础教育的评价改革做出贡献。

比如,通过这次测评,可以进一步探索如何引导学生在发展的过程中给出明确的指引,从而实现与中高考改革的对接。中高考改革提出需要参考学生综合素质评价,实施评价应形成常态化成长记录及成长分析,评价主体多元化,家长、教师、同学、自己、教育管理者等都可作为评价者,对个体成长过程进行评价,评价方式实施多元化,阶段追踪测评,日常表现、集体表现、活动表现、自我总结等方面都可被汇集成发展档案。因此,这次测试,为学校和教师如何指导学生全面发展自己的综合素质,形成科学、规范的成长档案,提供了科学的依据。

3. 应用价值

中小学生综合素质评价不是简单的一次性测评结果的反馈,而是通过测评发现各区、各地域、各学校、各学生的发展特点及提升方向,通过客观数据为教育教学改革提供优化路径。而在实施教育教学路径中,教育制度的改革或优化是否有效,追踪教育测评成为最直接、有效的验证方式。通过连续的测评追踪,积累教育质量数据,关注各区、各学校、各班级乃至每个学生的努力、进步的程度。因而,建立常态化测评机制成为教育追踪的基础保障。此外,常态化测评对象需覆盖全区各个年级学生,以全面、精准反映学生综合素质发展水平。

2017年和2018年,分别对小学四、五年级,初中七、八年级开展两次测评,将评价结果深入个体报告,以期将教育评价的顶层设计逐步落到学生个体应用层面,提高一线教师以及家长对综合素质评价的认知,联动教育各个环节共同促进中小学生综合素质评价闭环运用。如何促进个体评价报告与教学结合,与家庭教育结合,与家校共育结合需要进一步落实。同时,个体报告淡化学生个体的横向比较,着重反映学生的进步指数以及在群体中的位置。

(1) 坚持同一指标

表 5.28 中小学生综合素质评价指标

一级指标	二级指标	测量工具	备注
品德社会化水平	公民素养(社会责任,国家认同)	品德社会化水平问卷	标准
学业发展水平	学会学习	学习动机量表	常模
		学习策略量表	常模
		学习潜能测验(注意力、记忆力和推理能力)	常模
	知识技能方法	学业考试	标准
		学科思想方法量表(语、数、史、物)	常模
身心健康水平	身体健康	《国家学生体质健康标准》测试综合得分	标准
		健康生活方式量表	标准
		安全意识与行为问卷	标准
	心理健康	情绪行为调控量表	常模
		压力应对量表	常模
艺术素质	审美修养（音乐、美术）	审美修养测验(音乐和美术)	标准
学业负担	认知倾向	学业负担态度量表	常模
	情绪感受		常模
	行为倾向		常模
学校认同	学习文化认同	学校认同量表	常模
	教学方式认同		常模
	师生关系认同		常模

（2）对学生个体的各项指数予以描述

表 5.29　李××同学综合发展增长分析

测评方面	关键性指标	学生得分 2017 年	学生得分 2018 年	增长率
品德社会化水平	公民素养	36.46	59.17	62.3%
学业发展水平	学习动机	46.86	39.71	−15.3%
学业发展水平	学习策略	35.32	42.19	19.4%
学业发展水平	学习能力	44.9	53.13	18.3%
学业发展水平	知识技能	—	32.33	—
学业发展水平	学科思想方法	35.41	41.16	16.2%
身心健康水平	身体健康	34.94	63.7	82.3%
身心健康水平	心理健康	35.1	45.9	30.8%
艺术素质	音乐能力	32.52	34.19	5.1%
艺术素质	美术能力	24.54	20.34	−17.1%
学业负担	认知倾向	44.31	49.47	11.6%
学业负担	情绪感受	57.66	52.67	−8.7%
学业负担	行为习惯	61.34	59.3	−3.3%
学校认同	学校文化认同	32.13	48.67	51.5%
学校认同	教学方式认同	38.07	53.45	40.4%
学校认同	师生关系认同	41.85	55.3	32.1%

（3）对学生的每一项具体发展指数进行分析

表 5.30　音乐审美与美术审美发展

指标		满分	达标分	市年级均值	区年级均值	校年级均值	班级均值	学生得分 2017 年	学生得分 2018 年
音乐能力	常识	100	60	54.07	53.52	57.39	57.14	28.57	28.57
音乐能力	欣赏	100	60	45.06	43.11	41.05	44.29	40	40
音乐能力	表现	100	60	62.21	61.95	57.6	57.14	16.67	33.33
美术能力	常识	100	60	38.63	38.41	37.28	37.05	25	12.5
美术能力	欣赏	100	60	45.51	45.85	44.14	45	20	20
美术能力	表现	100	60	58.94	59.39	52.71	55.61	42.86	57.14

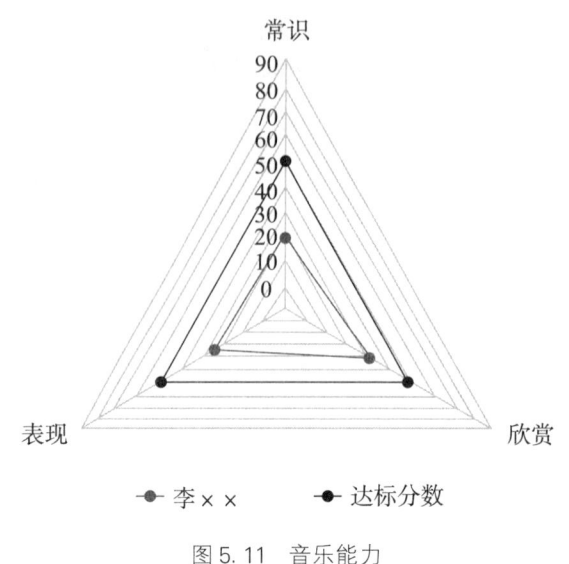

图 5.11 音乐能力

在实施阳光评价改革的基础上,课题组参与了广州市中考配套政策的研制,将阳光评价改革的研究成果充分运用到初中学生综合素质评价,起草了《广州市初中学生综合素质评价实施方案》。该方案被教育行政部门采纳,这是课题研究的又一项实践性成果。《广州市初中学生综合素质评价实施方案》主要内容包括思想品德、学业水平、身心健康、艺术素养和社会实践五个方面,是对初中学生全面发展状况的观察、记录、分析,是发现和培育学生良好个性的重要手段,是深入推进素质教育的一项重要制度。实施初中生个体综合素质评价有利于全面落实立德树人根本任务,引导教师确立正确的教育质量观、发展观和评价观;有利于促进教育评价方式改革,切实转变人才培养模式;有利于提升学生自我认识、自我评价和自我教育能力,促进学生积极、主动、多样化、健康发展;有利于社会和家庭形成正确的育人观,营造良好的社会氛围。

案例一

"至善"领航,成人成才

——J 校基础教育综合评价报告

广州市中小学教育质量阳光评价项目是由广州市教育研究院联合华南师范大学心理学院和广东省心理学会共同组织推进的综合评价项目。根据《广州市教育局实施中小学教育质量阳光评价改革工作方案》,广州市中小学教育质量阳光评价的指标体系,涵盖品德与社会化水平、学业发展水平、兴趣特长潜能、学业负担状况、对学校文化的认同等六大方面 22 项关键性指标,旨在建立科学的评价标准,促进学生全面发展、健康成长。J 校参与了 2016 年、2018 年的阳光评价项目,并根据测试结果和实际情况,对在校学生的综合评价情况和学校的教育改革措施进行了分析探讨。

一、学校开展基础教育综合评价工作简要回顾

（一）学校开展基础教育综合评价改革实验以来的主要工作

1. 成立工作领导小组。我校成立以校长为组长的学校推进基础教育综合评价改革实验工作领导小组，各成员分工明确，分别负责阳光评价实验工作的规划、协调、管理、落实、检查、考评；制定了推进教育质量阳光评价工作方案及实施细则，各项实验工作正有条不紊地开展中。

2. 全员认真学习，增强参与意识。学校选派主管校长、教导主任、学科骨干参加广州市在九十七中学组织的专项培训，行政会议传达培训内容，让学校行政班子达成共识。随后利用全校政治业务学习时间，组织全校教师认真学习《广州市教育局实施中小学教育质量阳光评价改革工作方案》，让全校教师认识阳光评价，积极参与阳光评价工作。此外更利用各类宣传平台，加强对学生家长的宣传，使学生家长熟悉实验的内容，争取家长理解、支持学校参加阳光评价实验工作。

3. 我校以阳光评价实验工作为契机，积极将教育教学问题转化为科研课题，鼓励老师开展个人课题立项申报。学校成功申报省学会特委会课题"家校合作的实施策略研究"、区重点课题"家校一体化的实施策略研究"。语数英主科教师围绕课题"案例教学在小学语数英课堂教学中的应用研究"，英语等学科教师市区个人课题成功开题结题。

4. 尝试将阳光评价指标中的细则和内容转为学科组教育教学评价的指标，以此推进阳光评价项目的有效落实。

（二）学校开展改革实验工作初步取得的成效

领导班子、中层干部、教师了解了阳光评价的重要性，对阳光评价项目的宗旨产生了认同，把阳光评价指标中的细则和内容作为评价内容逐步落实到教育教学工作中。在教育教学活动中我校"专家引领、同伴互助、自主反思"的模式已显雏形，教师相处较前和谐，职业倦怠情况有所减轻。老师的教育、教学观念有了较为明显的改变，学生个性的发展得到重视。学校在师生社团文化建设方面做了大胆的尝试，结合"至善教育"特色的创建，秉承我校"从善至善、成人成才"的办学理念，强化素质教育，挖掘学生潜能，努力培养学生的兴趣和爱好。

（三）改革实验推进进度检查，面临的困难和问题

1. 我校原为私立学校，1966年转为公办学校，地处城乡接合部，进城务工子女和统筹生较多，家长缺乏科学的育儿方法。学生之间、家长之间差距大。处于不同发展层面的学生给教育教学工作带来较多难题和困惑，颇具挑战性。

2. 教师教育教学水平不高，专业素质急需提高。我校教师来源复杂，有的教师是其他兄弟学校在改革中缩减编制后的富余人员，有的教师源自于临聘教师。目前从教师的学历结构、职称结构、年龄结构、学科结构来看，学校要实现可持续发展，必须通过系统的人力资源规划，调整教师队伍结构。教师科研意识薄弱，科研力量不强，骨干教师、主科优秀教师、拔尖老师不足，埋头苦

干者众。教师没有勤于动笔的习惯。

3. 用阳光评价的方法把评价落实到教师、学生个人是我们希望实现的。我们期待通过阳光评价指标体系的使用,设计适合我校师生、家长的教育教学活动,转变他们的不良现状。

二、学校参加2018年区域基础教育综合评价的基本情况

(一)哪个年级、多少学生、参与什么项目评价

学校六年级共87位学生参加了阳光测评,分别为87人语文阅读素养、87人数学能力的学业纸笔测验,还有线上的非学业测试。家长87人,教师10人,校长1人参与了线上问卷调查。

(二)本校参加2018年海珠区基础教育综合评价结果分析

1. 学业测试及其配套问卷相关结果

学业及其配套问卷的描述性统计分析。

表1 六年级阅读素养测试成绩汇总表(与市、本区测试平均分、各题通过率比较)

地区	人数	六年级阅读总成绩					文本类型						能力层次		
		平均数	标准差	最低分	最高分	文学类	童话	散文	实用类	说明文	非连续性文本	分析与整合	感悟与评价	获取与解释	连接与推理
全市	11973	77.46	13.56	11.00	100.00	0.82	0.80	0.72	0.75	0.75	0.69	0.72	0.69	0.81	0.86
海珠区	6942	75.39	14.23	11.00	100.00	0.81	0.79	0.69	0.72	0.72	0.66	0.68	0.67	0.80	0.84
J校	87	72.13	12.59	42.00	93.00	0.78	0.79	0.66	0.66	0.66	0.65	0.66	0.61	0.78	0.81

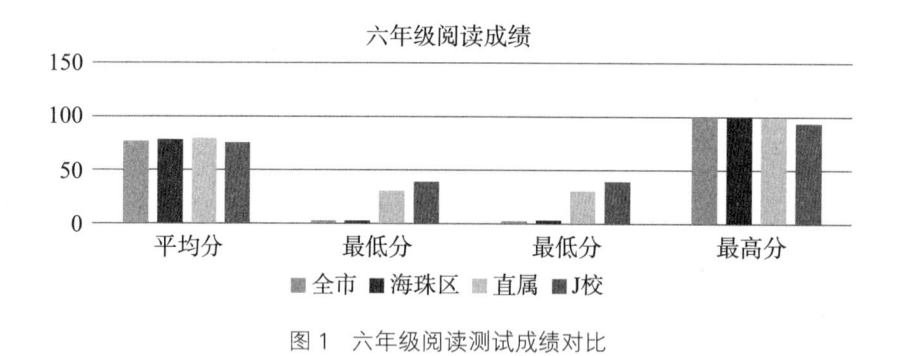

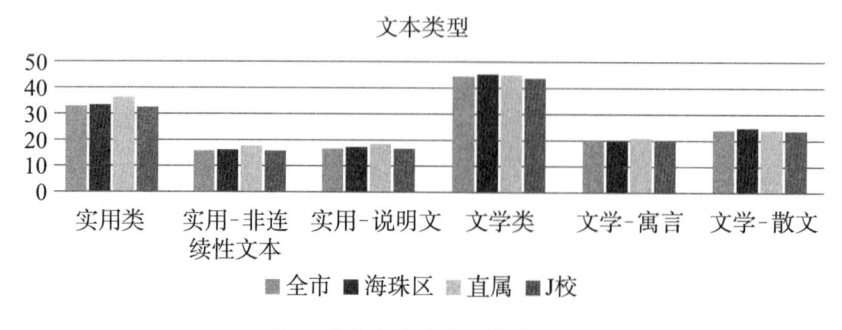

图1 六年级阅读测试成绩对比

图2 六年级文本类型得分对比

能力层次

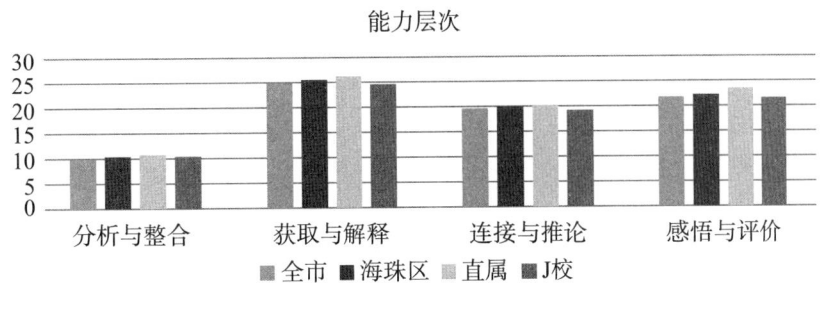

图 3 六年级阅读能力对比

我校共有 87 位同学参加了本次阳光阅读素养测试，平均数比全市低 5.33，比区域低 3.26。最高分为 93，比全市最高分低 7 分。最低分 42 分，比全市最低高。我校的文本类型、能力层次得分率都略低于全市及海珠区的数据。从文本类型来看，其中童话与区水平持平，非连续性文本接近区水平，文学类、散文、实用类等文本类型得分与区水平相差 0.03 到 0.04，说明文相差 0.06。从能力层次来看，分析整合、感悟与评价、获取与解释、连接与推理等方面也全面落后于全市及海珠区水平 0.01 到 0.03 之间。其中感悟与评价落后海珠区水平 0.06。

从以上数据来看，我校语文科在专家的引领下进行的非连续性文本阅读研究是有效的，紧扣教材开展的童话阅读系列活动达到了预期的效果。但其他文本的阅读策略指导未能到位。我们在今后的语文教学中，教师要增强文体意识，针对不同文体采取不同阅读策略，从而提高学生阅读能力。重视阅读获取与解释、连接与推论、感悟与评价的方法指导和训练，课堂的教学过程中既要教会学生有效阅读的方法，又要引导学生规范答题。课外阅读方面要加大力度，实现课外阅读课程化，从而提高阅读水平。

表 2 六年级阅读素养测试配套问卷结果汇总表（与市、本区问卷结果比较）

地区	阅读行为							阅读态度				数字阅读及网上使用			
	阅读行为总分	总阅读量	经典著作阅读量	理解策略	记忆策略	监控策略	精致策略	阅读态度总分	阅读兴趣	阅读内部动机	阅读外部动机	数字阅读及网上使用总分	数字阅读	网上学习或获取资料	网上娱乐
全市	2.96	2.95	2.44	2.83	3.06	3.02	3.03	2.82	3.29	3.38	1.92	2.35	2.06	2.77	2.36
海珠区	2.90	2.85	2.35	2.76	3.01	2.95	2.97	2.79	3.23	3.33	1.93	2.36	2.06	2.75	2.41
J校	2.75	2.80	2.23	2.50	2.88	2.81	2.86	2.80	3.19	3.29	2.05	2.50	2.12	2.94	2.58

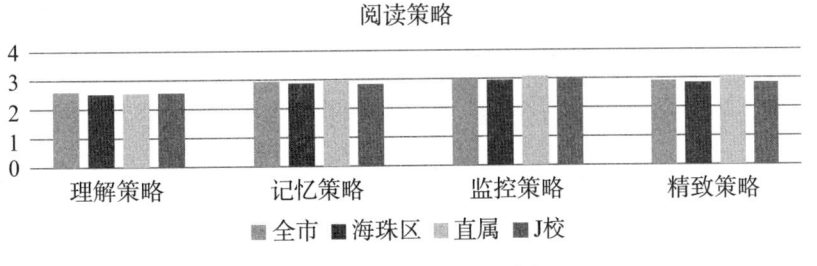

阅读策略

图 4 六年级阅读行为对比

阅读动机

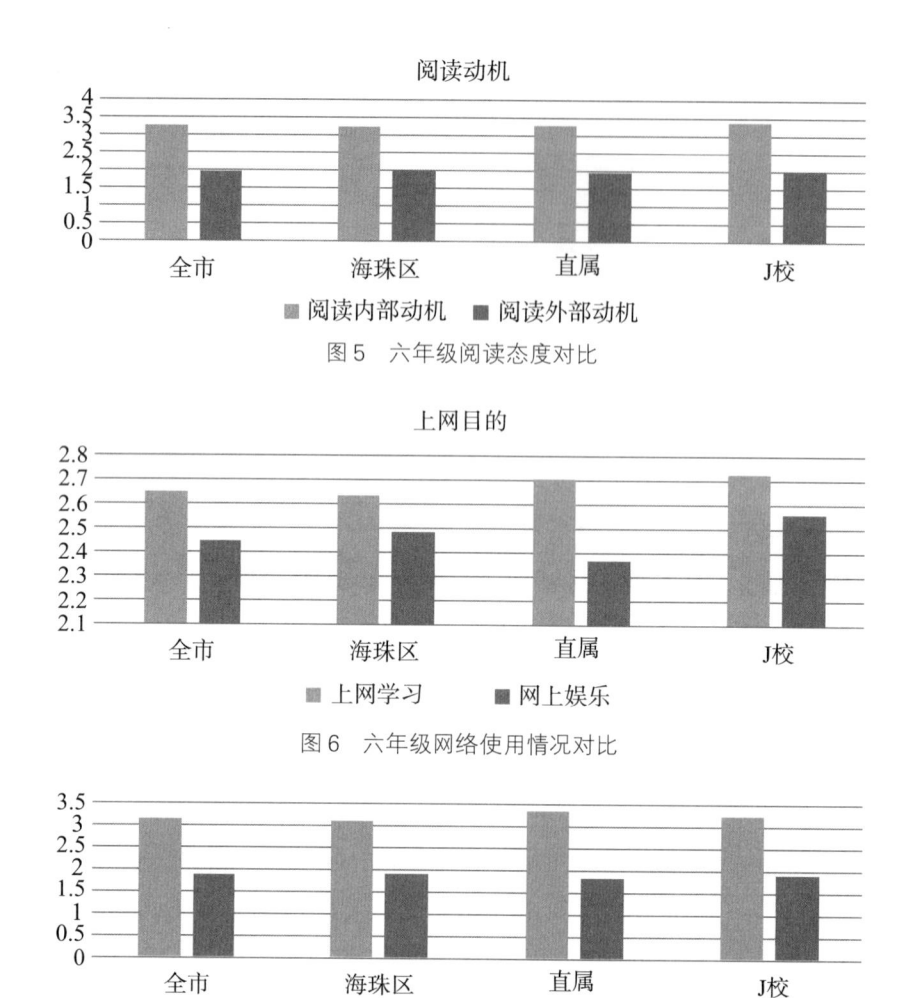

图 5　六年级阅读态度对比

上网目的

图 6　六年级网络使用情况对比

图 7　六年级阅读与数字阅读对比

表 3　J 校两年学业测试情况对比结果（2016 年、2018 年）

学校	六年级阅读 2018 年均分[1]	六年级阅读 2016 年均分[2]	纵向对比
J 校	72.13	73.42	1

注：[1]2018 年均分：指 2018 年贵校的学业测试成绩均分。
　　[2]2016 年均分：指 2016 年贵校学业成绩等值到 2018 年的学业成绩均分。

我校学生在阅读行为上得分全面落后于全市和海珠区水平。在阅读态度方面总分略高于海珠区水平，其中阅读外部动机高于全市和海珠区水平。在数字阅读及网上使用方面高于全市及海珠区水平。

从数据中，我们可以看出，我校学生的阅读量，特别是经典著作的阅读量是不足的。学生对于阅读策略的运用也不尽如人意。学生的阅读兴趣也不高，阅读动机更多来源于外部动机，缺乏内部动机。我校较多学生的阅读不是主动阅读，而是被动阅读。

学生在数字阅读、网上学习或获取资料、网上娱乐等方面都要高于全市及海珠区水平。由此可以看出，我校学生花在数字阅读、网上学习的时间、精力比较多，而在纸质阅读方面投入的时间、精力就会少了。

表 4 六年级数学能力测验成绩汇总表(与市、本区测试平均分、各题通过率比较)

地区	六年级数学总成绩				内容层次			能力层次			
	平均数	标准差	最低分	最高分	数与代数	统计与概率	图形与几何	理解	推理	运用	掌握
全市	67.05	16.39	12.00	98.00	0.70	0.65	0.62	0.57	0.59	0.62	0.77
海珠区	64.14	16.69	12.00	98.00	0.67	0.65	0.59	0.56	0.56	0.59	0.74
J 校	58.11	14.70	28.00	90.00	0.62	0.62	0.51	0.55	0.45	0.52	0.67

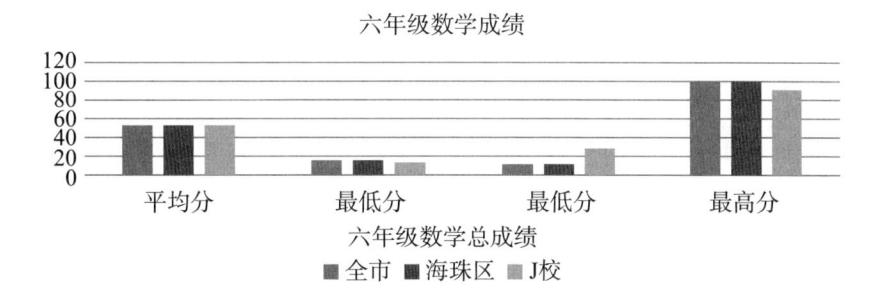

图 8 六年级数学能力测验对比

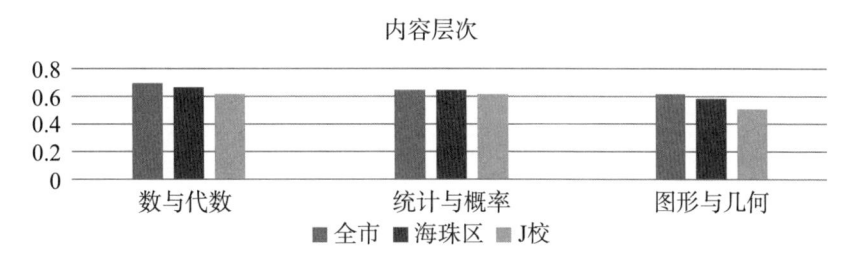

图 9 六年级数学能力测验内容层次对比

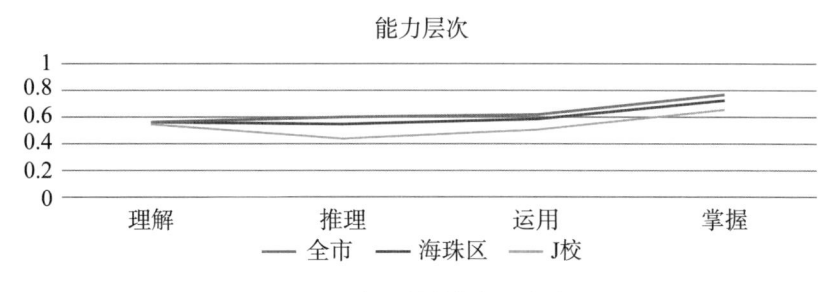

图 10 六年级数学能力层次对比

从阳光评价两年学业测试情况对比结果可知,我校 2018 的平均分对比 2016 下降了 1.29 分。说明这届学生的阅读能力水平不如上一届的学生。学校阅读教学质量出现下滑,其原因值得我们去研究。

从数据中我们可以看出,本校在总分上,与全区相差 6.03 分,与全市水平相差 8.94 分;在数学能力上,还存在不小的差距,从标准差上面看,略低于全市以及全区,说明学生之间个体差异不大,基本集中在中间部分;从试卷的内容上看,除了最低分以外,每一项数据都比全市乃至全区要低;在最高分上面,相差8分。在试卷的整体题型中,都不尽如人意,其中在图形与几何方面,学生的水平与全区相差最大,涉及几何与图形的题目中,19、23、36题正答率不超过50%,从数据中可以看出49%的学生在该方面有很大的提升空间。在学生能力层次方面,推理能力与全区的差距较大,说明学生的推理分析能力有待加强;而在知识的运用方面,学生能够正确运用相关知识进行解答的只有52%,说明学生在知识的运用上,还是停留在表面的识记,并没有进行很好的内化吸收,学生转化知识的能力需要进一步提高。对比薄弱学校和中等学校的数据发现,本校处于中等学校偏下的位置,较为接近中等能力层次学校。

表5 六年级数学能力测试配套问卷结果汇总表(与市、本区问卷结果比较)

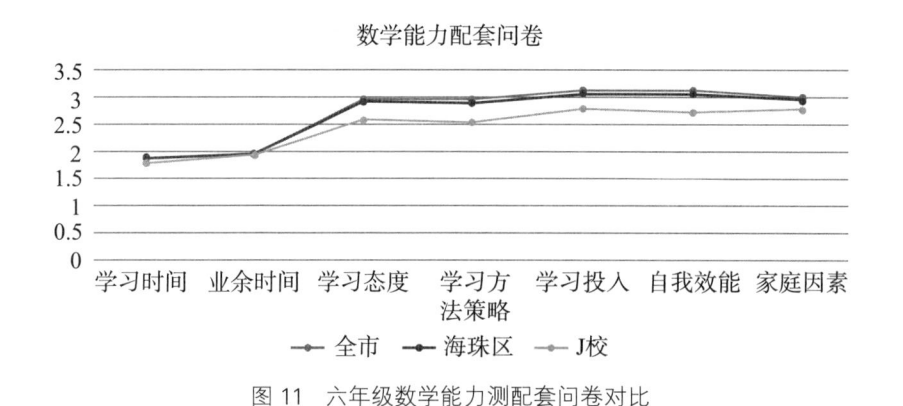

地区	学习时间	业余时间	学习态度	学习方法策略	学习投入	自我效能	家庭因素
全市	1.90	1.97	3.00	3.02	3.14	3.14	3.03
海珠区	1.88	2.00	2.95	2.95	3.08	3.09	2.99
J校	1.80	2.00	2.61	2.55	2.81	2.74	2.80

图11 六年级数学能力测配套问卷对比

在学生的配套问卷中,调查了包括学习时间、业余时间等外界因素和自我效能以及学习策略、投入度等内在因素。在学习时间上,我校学生的学习时间比全市和全区都要少。对比成绩,学习时间和学习成绩是正相关关系,由此可见,数学学习时间会影响到学生学习数学的效果。在业余时间中,本校的学生相较于全区和全市有更多的课余时间,但是充足的课余时间并没有提升学生的学习成绩,反而出现了影响学习成绩的现象。业余时间与成绩成负相关的关系,因此我们有理由相信,学生在利用业余时间时,更多的是进行社交活动或者是看电视等的娱乐活动。从学习态度的角度看,学生对于学习数学的态度与全市和全区差距较大,从全市以及海珠区的数据对比中我们可以看出,学习数学的态度,能够直接影响学生对于数学知识的掌握理解以及运用,成正相关的关系,也就是说明本校的学生学习数学的态度要继续加强。在学习方法策略上,本校的学生与全区的学生平均水平相差了0.4,而学习方法策略影响着学生知识的内化与掌握运用。因此,学生在学习数学时,没有准确掌握学习方法,会使学习效率降低,继而影响学业水平。在投入度中,本校学生的投入度较低,对比全区以及全市,投入度与学业成绩成正相关,因此,提高学生的投入度,也是提高学业水平的重要途径。自我效能感是影响学生学习的一个重要的内在因素,在数据中,学生的自我效能感较低,对于学习数学有一定的抵触情绪,主动学习数学的要求较低,所以缺乏兴趣是影响我校学生学业成绩的一个重要因素。与学生密切相关还有家庭因素,包括家庭的重视程度,本校学生家长对于学生学习数学的重视程度较低,间接影响学习数学的积极性。

2. 2018年海珠区基础教育综合评价指标测试结果

(1) 学生综合评价指标的描述性统计分析(与市、区数据比较)

表6 六年级学生非学业测试总体情况表(一)(品德、学业水平、身心健康)

分析范围	品德与社会化水平					学业发展水平				身心发展水平			
	本评价内容	道德品质	社会责任	国家认同	国际理解	本评价内容	学会学习	知识技能方法[1]	科技与人文素养	本评价内容	身体健康[2]	心理健康	自我管理
全市	4.25	4.21	4.23	4.43	4.08	4.23	4.11	4.09	4.35	4.05	4.28	4.18	3.72
海珠区	4.20	4.17	4.19	4.39	4.02	4.18	4.06	3.97	4.30	4.01	4.34	4.14	3.68
J校	4.04	4.02	4	4.26	3.85	4.09	3.96	3.71	4.26	3.86	4.5	4.01	3.41

注:[1]"知识技能方法"指标是根据本次测试的学业测试成绩总分(阅读+数学)转化的。
[2]"身体健康"指标是根据学校学生体质健康数据合成的。

图12 六年级学生品德与社会化水平对比

图13 六年级学生学业发展水平对比

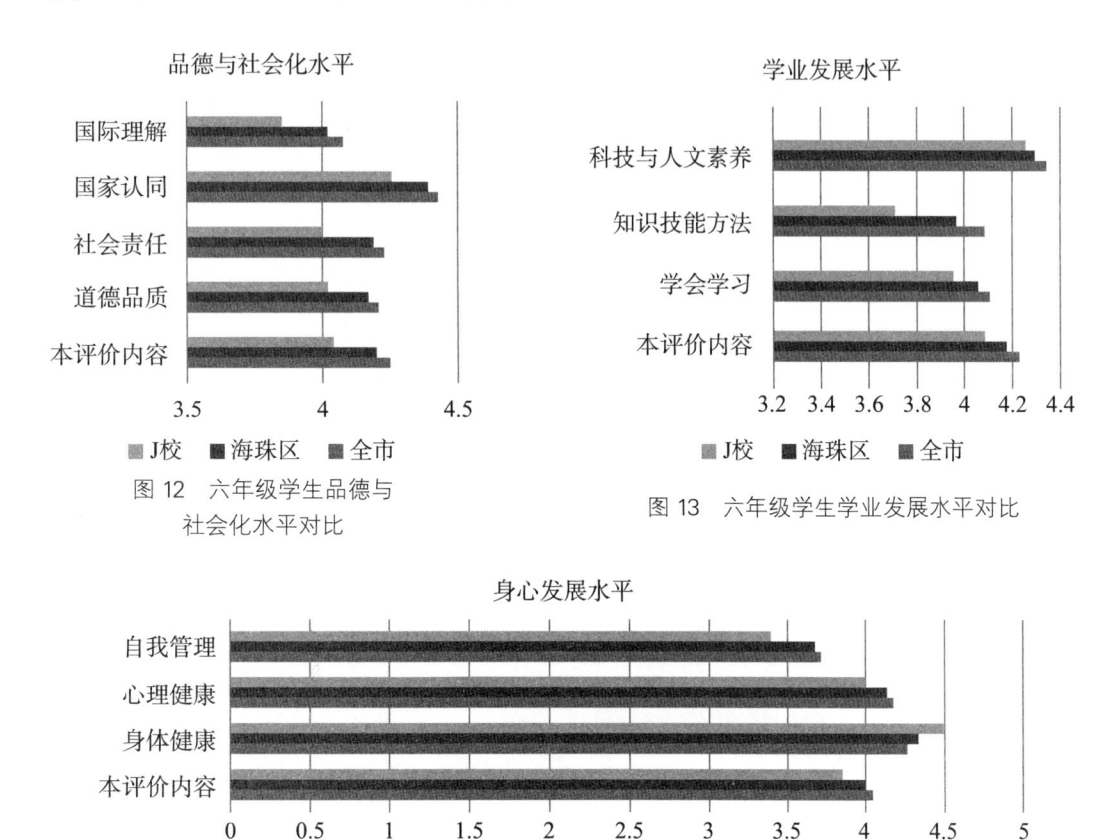

图14 六年级学生身心发展水平对比

在本综合评价指标的描述性统计分析中,分为三大部分进行测试。

第一部分是品德与社会化水平。从数据中看出,学生比较认同自身的品质,基本做到明辨是非,诚实守信,对事负责,言行一致,能够积极履行自己公民的义务,认同自己的社会地位,具备基本的礼仪规范,对国家的归属感认同感增强。学校在德育方面的工作对学生影响较为显著,但是学生在理解世界发展的潮流上依旧比较落后,对于全球化视角看世界、了解世界各地的文化差异还有一定的认知缺漏。

第二部分是学业发展水平的测试,本校与海珠区的数据较为接近,说明学生在学业发展水平上有了显著的进步,学生在学会学习方面,基本能够独立完成学习任务,能够合理利用多元化的学习资源和途径,但是结合学业调查可以知道,学生在学习方法和策略上有一定的局限性,需要加强。而科技与人文素养方面,学生都比较认可学校开展的科技人文类活动,并且在活动中掌握正确的科学观念,理解生命的意义,能够关注他人,尊重他人。

第三部分是身心发展水平,学生基本能够养成文明健康的生活方式,积极锻炼,参与体育活动,增强体质。在遇到困难时,能够有效排解自己的情绪,具有良好的精神面貌。但是要注意的一个问题是学生的自我管理能力较弱,体现在不能够很好地进行自律,有时候对自己的行为不能够负责,因此,在日常的教育教学中,重点要放在学生的自律意识的培养上,使学生能够生活基本自理,学会做出规划。

表7 综合评价测试概化结果汇总表(二)(兴趣特长、学业负担、学校认同)

分析范围	兴趣特长潜能					学业负担状况					对学校的认同				
	本评价内容	审美修养	爱好特长	实践能力	创新意识	本评价内容	学习时间	课业质量	课业难度	学习压力	本评价内容	文化认同	教学方式	师生关系	家校关系	组织公民行为
全市	4.11	4.16	4.1	4.17	4.02	2.19	2.51	1.62	2.01	2.63	4.13	4.34	3.99	4.14	4.19	3.86
海珠区	4.06	4.1	4.05	4.12	3.98	2.24	2.54	1.65	2.07	2.7	4.09	4.29	3.94	4.09	4.15	3.82
J校	3.92	3.9	3.91	3.99	3.88	2.4	2.66	1.8	2.32	2.82	3.98	4.23	3.77	3.94	4.14	3.6

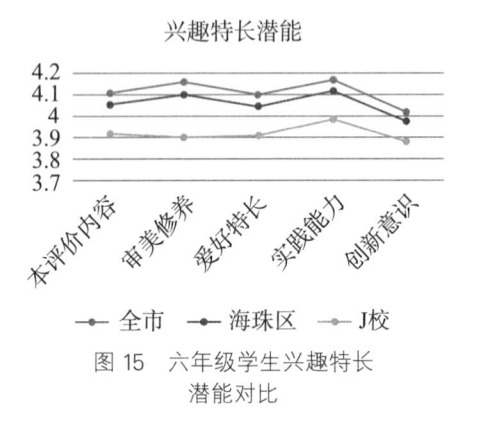

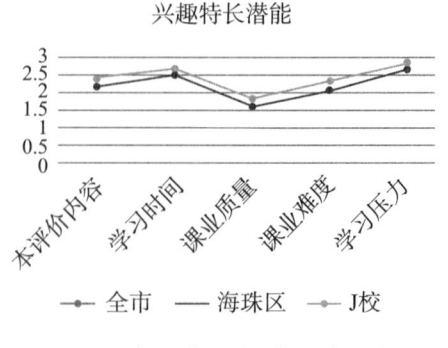

图15 六年级学生兴趣特长潜能对比

图16 六年级学生学业负担状况对比

对学校的认同

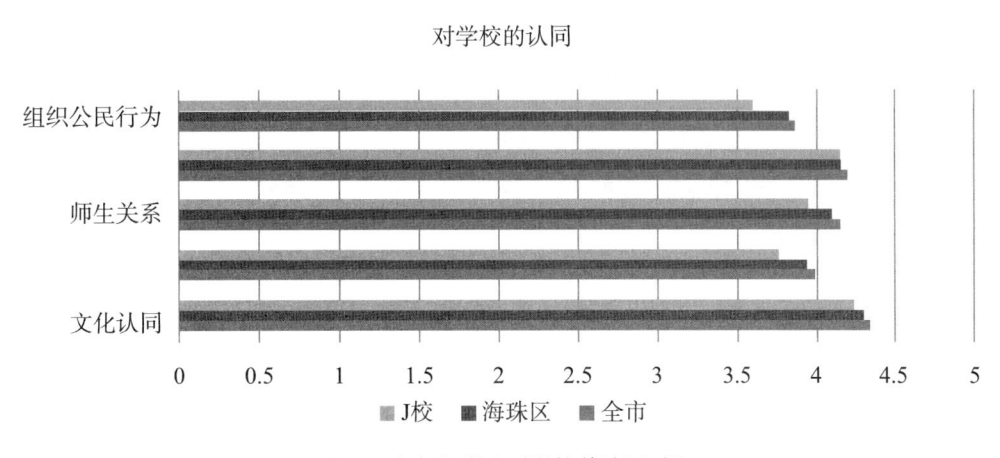

图 17　六年级学生对学校的认同对比

在学生的兴趣特长方面,学生的审美修养分数较低,学生对于欣赏身边的事物、发现事物的美稍有欠缺,而爱好特长方面,学生总体的爱好较为丰富,课余生活较为丰富,因此在身心健康方面能够接近甚至超越全市。但学生的实践能力以及创新意识对比全区以及全市则略微逊色,说明学生在动手实践或者在综合实践活动中,没能很好地掌握一些基本的实践技能,而动手能力的不足,会影响学生的创新意识,因此在综合实践的课程上,要注重学生的动手实践能力和创新意识的培养。

学业负担方面,从数据可以看出,学生的学习时间,包括上课时间、补课时间较长,明显比全区和全市的时间要多,而学生认为测验考试的有效程度、教学有效程度较低,比全市和全区的质量要低,学业负担较重。而在课业难度方面,学生认为课程设计的考试、测验难度较高,对于学生的学习来说,造成了比较大的困扰。综上所述,学生的学习压力会比全市以及全区的学生要大得多,对学习容易产生疲倦、焦虑甚至厌学状态,因此,学生的自我效能感降低,影响了学生的学习积极性和主动性。

对学校的认同方面,本校一直提倡善文化,学生对于这个文化的认同程度较高,能够积极主动参加学校组织的各项活动,对学校的文化氛围认同程度较高。但是在教师的教学方式上以及师生关系上,认同度比全市以及全区要低。所以,课堂组织以及教学方法上教师要做适当的调整。在与学生的沟通过程中,要注意更加公平公正地对待学生,加强师生关系。家校关系得到较多学生的认同,家长能够较好地支持学校的教育,学生能够亲切地体会到良好的家校关系给自己带来的影响。在组织公民行为中,得分较低。因此,要加强学生的集体意识,使学生的集体荣誉感增强,当集体利益受损时,能够维护集体利益。

（2）家长问卷描述性统计分析（与市、区数据比较）

表8 六年级家长非学业测试总体情况表（一）

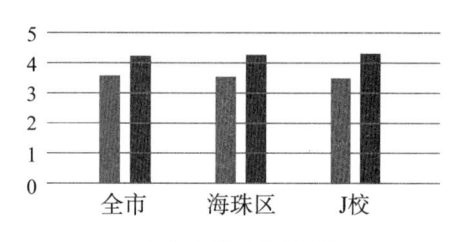

分析范围	学业成绩（家长评）	人际关系（家长评）	家庭环境		家庭教育				
			教育能力	社区满意度	管教引导	宽容理解	民主关怀	情感联系	专制粗暴
全市	3.58	4.27	4.19	3.83	3.66	4.50	4.19	3.84	2.14
海珠区	3.56	4.28	4.17	3.83	3.64	4.48	4.18	3.78	2.16
J校	3.51	4.34	4.12	3.91	3.62	4.53	4.14	3.71	2.09

图18 六年级家长对学校的学业成绩与人际关系对比

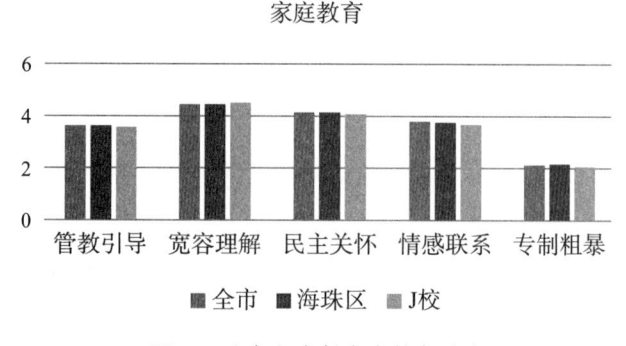

图19 六年级家长家庭教育对比

从家长的角度出发，家长对孩子的学业水平评价与全市以及全区的差距不大，说明家长比较认可孩子的学业水平，以及他们所学习到的知识。而在人际关系方面，本校的家长对于孩子在学校的人际关系评价高于全市的水平，说明家长对于孩子的交际圈比较满意，同时对于交际的环境也比较满意；在教育能力方面，家长对于自己教育孩子的方式方法比较满意，包括亲子沟通能力、自我调控能力等这些家庭教育能力，但是总体略低于全市的水平，说明在某些能力方面仍然有待加强；在社区满意度方面，家长对社区的设施以及人文环境比较满意，说明学生居住地环境整体较好，能够给学生营造一种和谐的氛围，便于其交际活动。在管教引导的测试中，家长们基本能够尊重孩子的独立性和主动性，但是相比全市平均水平以及全区水平略低，说明本校的家长在及时处理孩子不当行为的层面，仍旧有很大的提升空间。及时纠正孩子的不良行为有助于提升孩子的独立性。需要引起重视的是专制粗暴这个数据，测试的结果反映出家长习惯采用简单粗暴的解决方式教育孩子，例如训斥、谩骂甚至使用暴力的方式。不良的教育方式会引起孩子心灵的扭曲，甚至对孩子造成永久的不可逆转的心理创伤，和谐的家庭氛围有助于孩子的健康成长，因此需要家长转变教育观念。

表9 六年级家长非学业测试总体情况表(二)

分析范围	家长参与			家校关系								
	学习的参与	活动的参与	情感的参与	交流意愿	交流行为	交流途径	师资水平	环境设施	日常管理	学生学业	学生压力
全市	3.81	3.81	4.07	2.74	2.57	2.81	4.25	4.05	4.25	4.15	4.12
区域	3.82	3.80	4.07	2.73	2.57	2.78	4.26	4.06	4.27	4.16	4.13
J校	3.77	3.74	4.05	2.69	2.53	2.80	4.32	4.14	4.34	4.24	4.16

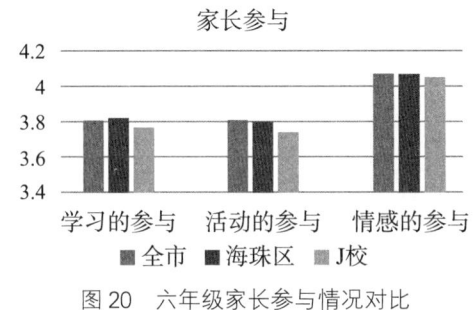

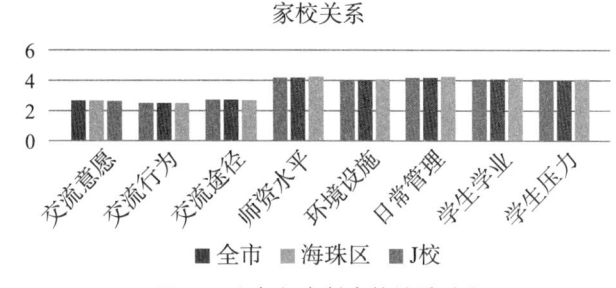

图20 六年级家长参与情况对比

图21 六年级家长家校关系对比

在家长参与的测试中,我们可以得到这样一个结论:家长能够积极参与孩子的成长过程,包括参与孩子的学习过程以及孩子的日常活动,而且情感的交流程度比较高。但是,效果并不理想。结合孩子的学业水平成绩可以看出,虽然家长参与度较高,但是学业水平的提升幅度较小,甚至出现了逆向的效果。这说明家长在参与过程中,所使用的方法对于孩子的学业没有太大的促进效果,家长应该更多地放手让孩子养成自主学习的习惯。

在家校关系的测试中,我们留意到有几项数据比较不理想,包括交流意愿、交流行为、交流途径,家长与教师的交流意愿普遍不太高。细究原因,主要有两大方面:其一,家长忙于工作,大部分时间都被工作占据,无法腾出有效的时间进行详细沟通。其二,沟通的渠道单调。这个也体现在交流途径上,家校的沟通目前局限于家长会、电话,以及作业登记本的纸质交流,沟通途径枯燥单一,使得双方都对沟通没有太多的兴趣。因此,在沟通途径上多下功夫,开发新的沟通途径,从这个方面出发,改变联系不畅顺的情况。

(3)教师问卷描述性统计分析(与市、本区数据比较)

表10 六年级教师非学业测试总体情况表(一)

地区	教师职业幸福感						工作现状				专业发展现状			学校管理现状及评价	
	对教师职业的认识	职业交往	专业成长	躯体健康	学校管理	社会支持	工作要求	工作资源	工作压力源	压力反应	专业化理念	专业知识技能	专业发展行动	管理与组织	学与教
全市	3.25	4.12	3.80	3.43	3.82	3.82	4.13	3.94	2.93	2.68	4.11	3.96	3.80	3.77	3.90
海珠区	3.23	4.12	3.82	3.53	3.81	3.81	4.13	3.93	2.90	2.63	4.09	3.94	3.80	3.76	3.90
J校	3.50	4.10	3.63	3.40	3.67	3.60	4.03	3.92	3.30	2.73	4.20	4.10	3.64	3.85	3.93

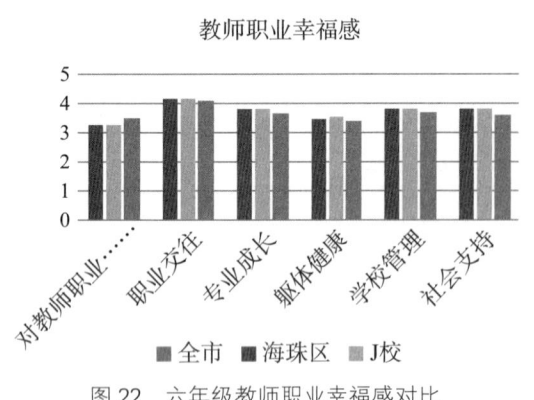

图 22　六年级教师职业幸福感对比

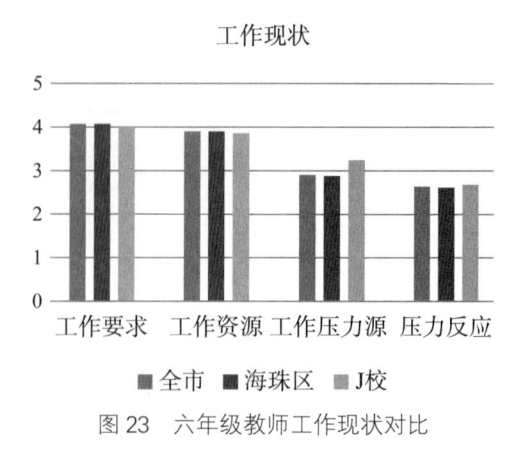

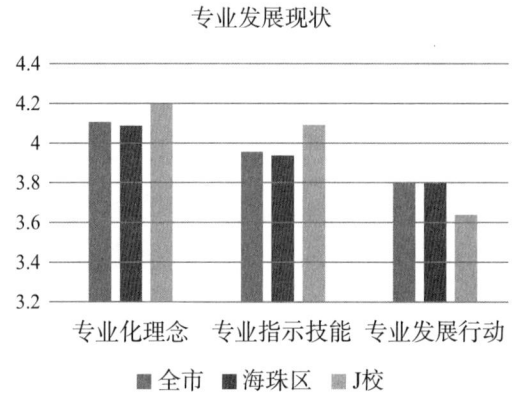

图 23　六年级教师工作现状对比

图 24　六年级教师专业发展现状对比

从教师问卷可以看出,本校教师对本职业的认同度较高,对比全市和全区的数据都较高,但是躯体健康和学校管理两个方面,对比全区以及全市的数据,可以发现,教师的身体健康是影响教师日常工作效率的一个重要方面,而学校的决策能够较好地满足大部分教师的需求,认可度较好但仍需要提高。从工作现状来看,影响教师躯体健康更多的是工作压力源。对比全市和全区数据,本校教师的工作压力来源较多,而这些压力正好影响了教师的躯体健康,导致教师的抗压能力也高于全区和全市。因此,适度减少压力来源,提升教师的躯体健康程度,才能够更好地发挥教师的自我效能感,提升职业幸福感。

在数据中,我们看到,教师的职业交往相对全市和全区较低。这说明教师之间还存在着沟通不到位以及沟通存在障碍的问题。学生的学业成绩,不但与学生自身的素质、家庭因素有关,更与老师的教学有关,也和学科之间的相互配合有关。本校有部分学科的教师未能科学分配自己的时间,工作效率不高,上课质量得不到保证,学生的学业成绩自然会有下降。另外,学生问卷出现的自我效能感低,有些是因为学习压力过大,学生学习的负担加重,有个别学科的作业布置不合理,导致学生在课余时间疲于应付,忽略了其他学科的学习与回顾,因此主科教师之间的沟通与合作也是能够促使学生自我效能感增强、压力降低、提升学习效率的重要方法之一。

另一方面,教师专业发展行动指标相比全市和全区都有一定的偏低状况。数据说明教师在教学中意识到自己专业发展问题，能够积极主动寻求发展途径并付诸行动，参加学术讲座、研讨活动的意愿较低。每个学期，区内校内都会组织相关的教研活动，让教师在研讨活动中产生思维的碰撞，能够取长补短，在自己的专业发展上获得更多的帮助。在一些研究课与公开课研讨过程中，加深对专业知识的理解，研究教法，形成属于自己独有的一套设计方式。但是部分教师的参与意愿不高，研讨课不积极争取，教研活动只有走过场的形式，并没有真正做到跟着去思考、思维产生碰撞。因此，应该加强教研活动的实效性，尽管一次教研活动时间较短，但是每一次都能够落到实处，每一位教师收获的，就不仅仅是专业知识的强化，还有更多的研究方法和研究技能，在日后的教学中也能够具体运用。

（4）校长问卷描述性统计分析（与全市、本区数据比较）

表11 J校校长问卷总体情况表

地区	师生情况		学校课程教学与评价			学校风气		学校政策实施情况		
	学生情况	教师情况	语文课程学习情况	数学课程学习情况	学校各类评价次数情况	学校风气评价	学校风气对学生的影响情况	招生政策	校长领导力	教育质量提升措施
全市	4.31	4.80	3.98	3.95	3.15	3.90	1.58	2.90	4.19	4.13
海珠区	4.31	4.79	3.99	3.93	3.23	3.91	1.61	2.96	4.19	4.20
J校	4.50	5.00	4.33	4.17	4.20	4.13	1.38	3.83	4.45	4.33

图25 六年级师生情况对比

图26 学校课程教学与评价对比

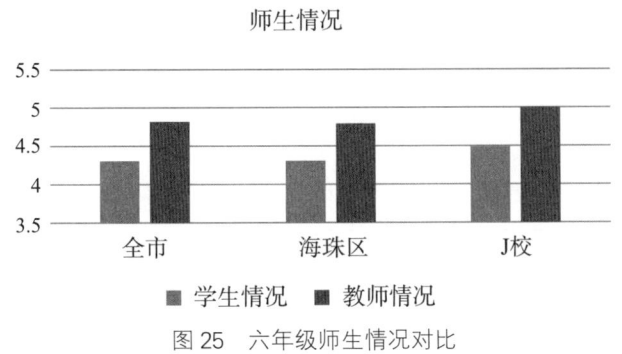

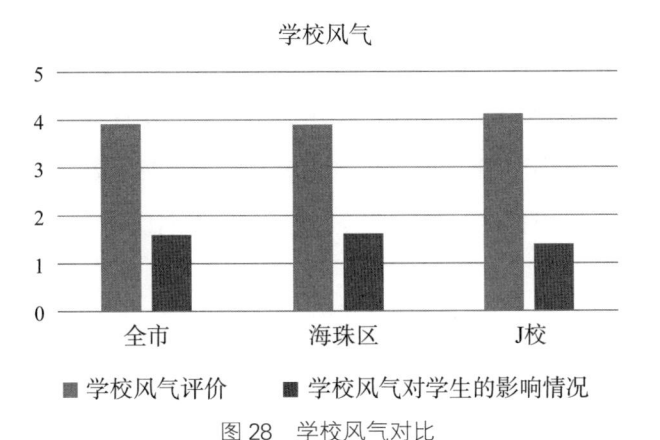

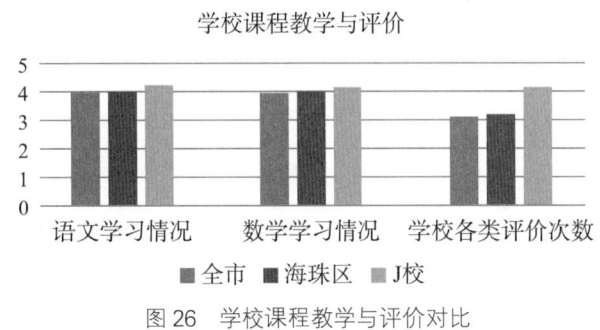

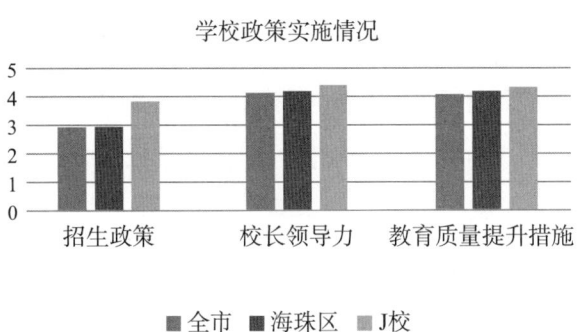

图28 学校风气对比

图29 学校政策实施情况对比

从校长问卷可以看出,在调查的每个数据中,师生情况均高于全市以及全区,说明校长对于师生的基本状况比较满意,期望值较高。在课程教学与评价的项目,校长同样对于学科的发展比较满意,说明对数学学科与语文学科的发展期望较高;而学校也很重视对于学生各方面的评价,指数远远高于全市以及全区,说明学校能够利用对学生的评价调整教学计划,合理利用评价结果进行质量分析;而在政策实施方面,本校的数据均高于全市和全区的水平,说明校长对于自身的领导能力水平认可度高,对于教育质量的重视程度也较高。

3. 学业及非学业 LPA 结果

(1) 学业 LPA 结果(按学科分)

表12 六年级阅读 LPA 结果分析表

地区	六年级阅读内容层次 LPA 分类结果人数比例			六年级阅读能力层次 LPA 分类结果人数比例		
	表现优异组	表现中等组	表现欠佳组	表现优异组	表现中等组	表现欠佳组
海珠区	34.11%	46.70%	19.18%	33.52%	48.15%	18.33%
J校	20.69%	55.17%	24.14%	22.99%	56.32%	20.69%

图30 阅读素养内容 LPA 分类人数比例对比

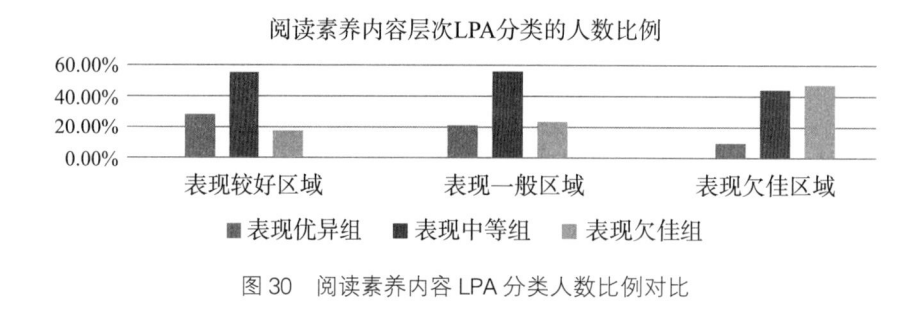

表13 不同学校类别下各阅读素养能力层次的人数比例对比

阅读素养能力层次 LPA 分类的人数比例	表现较好学校	表现一般学校	表现欠佳学校
表现优异组	58.45%	31.70%	9.51%
表现中等组	35.81%	53.61%	52.80%
表现欠佳组	5.74%	14.69%	37.68%

在六年级阅读内容层次 LPA 分类人数比例方面,我校的表现优异组比区域低13.42%,表现中等组比区域高8.47%,表现欠佳组比区域高4.96%。在六年级阅读能力层次 LPA 分类人数比例方面,我校的表现优异组比区域低10.53%,表现中等组比区域高8.17%,表现欠佳组比区域高2.36%。

对比不同学校各能力层次人数分布比例数据,我校学生在语文阅读素养方面,表现优异组的学生比例太低,甚至低于表现一般学校9.48%。表现欠佳组比例又高于表现一般学校6%。由此可以看出,我校学生阅读素养能力属于中下水平。所以在今后的语文阅读教学中,我们教师的教育教学活动设计应重视做好培优补差工作,不能放弃表现欠佳组的学生。对于表现中等的学生要加强引导,挖掘潜力,让更多学生提升到表现优异的行列中。

表 14　六年级数学 LPA 结果分析表

地区	六年级数学内容层次 LPA 分类结果人数比例			六年级数学能力层次 LPA 分类结果人数比例		
	表现优异组	表现中等组	表现欠佳组	表现优异组	表现中等组	表现欠佳组
海珠区	21.51%	44.04%	34.44%	22.33%	43.86%	33.81%
J校	6.90%	36.78%	56.32%	6.90%	36.78%	56.32%

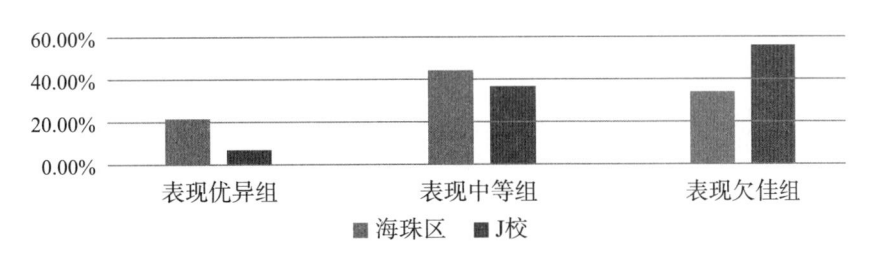

图 31　六年级数学内容层级 LPA 分类结果人数比例对比

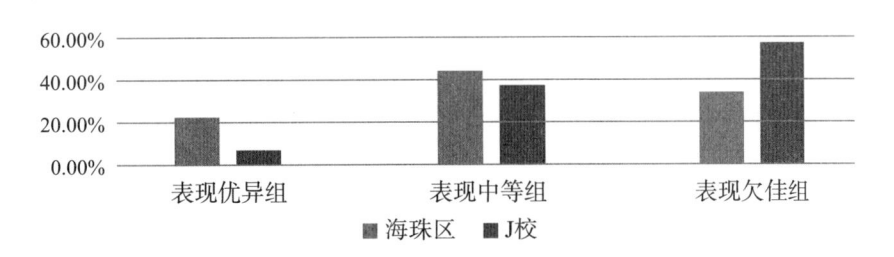

图 32　六年级数学能力层次 LPA 分类结果人数比例对比

从 LPA 数据上分析,在各个层次组与区内平均水平进行比较,发现在数学内容层次上,我校表现优异组的人数远远少于区内平均水平,说明我校成绩优异的学生拔尖水平还不够,而表现欠佳组则是远远超过了区内的平均水平,说明有半数学生在基础知识的学习、掌握、理解以及运用上存在一定的问题;而在数学学习能力层次方面也出现了同样的情况。出现这种情况的原因:①学生学习规范不到位,学习方法没有掌握。结合本校的学生情况,我们发现,学生学习的主动性较低,自我效能感较差,尤其在数学方面,容易产生畏难情绪,需要借助外部动机促进学习,而不是依靠内部动机促进自己的学习。②教学方法与设计还有欠缺,结合学生部分的问卷数据,我们可以看到,学生对于课程的设计、教学方法、课堂教学质量不太满意。因此,要提高学生的自我效能感,就要提升教学水平,提高课堂质量。教师在备课环节、授课环节,抓好重难点,更好地掌握突破重难点的方法。教学要灵活,不能照本宣科,适度拓展学生的知识面,提升学生的学习兴趣。

(2) 非学业 LPA 结果

表 15　非学业 LPA 结果分析表

地区	六年级非学业 LPA 分类结果人数比例		
	综合发展水平优异组	综合发展水平中等组	综合发展水平欠佳组
海珠区	28.10%	46.91%	24.99%
J 校	17.24%	51.72%	31.03%

表 16　不同学校类别下六大评价内容的人数分布比例

六大评价内容 LPA 分类的人数比例	表现较好学校	表现一般学校	表现欠佳学校
综合发展水平优异组	46.24%	20.73%	6.92%
综合发展水平中等组	43.04%	52.49%	39.61%
综合发展水平欠佳组	10.72%	26.78%	53.47%

表 17　2016 年六年级非学业 LPA 分类结果人数比例

地区	六年级非学业 LPA 分类结果人数比例		
	综合发展水平优异组	综合发展水平中等组	综合发展水平欠佳组
全市	25.81%	48.23%	25.97%
海珠区	24.16%	49.16%	26.68%
J 校	20.00%	48.75%	31.25%

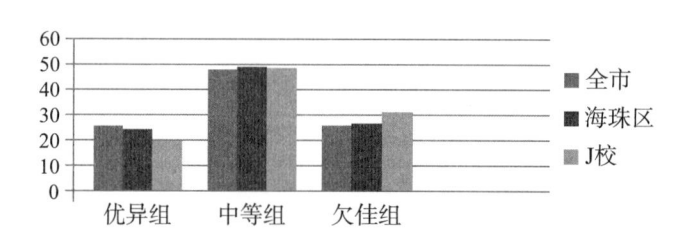

图 33　六年级非学业 LPA 分类结果人数比例对比

从六年级非学业 LPA 分类结果上看,大部分学生都位于综合发展水平中等组和综合发展水平欠佳组,而且优异组所占比例水平低于全市及海珠区。在优异组里,我们的学生只占了 17.24%,在中等组我们占了 51.72%,在欠佳组我们也是占了 31.03%。由此可见,我校处于综合发展水平中等组。学生学业、非学业 LPA 结果走势相同,中等组占据绝对优势,优异组、欠佳组两极分化明显。在我校制定的学校发展规划中,我们的定位是准确的,是适合我校学生的。

三、学校全面提升教育质量的改进措施

(一) 2018 年海珠区基础教育综合评价结果归因分析

分析本次六年级的学业测试数据,并与 2016 年数据进行对比,我们感受到教师的水平、学生

的态度、家校的合力对评价结果有正相关的作用。一叶知秋，汇总数据让我们感到学校定位是准确的。在梁伟雄校长的带领下，学校虽然仍属表现一般学校，但制定的发展规划是适合学校的，办学质量在稳步提升。六年级语文阅读测试情况与2016年比较，纵向比下降，但在童话文本、非连续性文本的阅读通过率仍能达到区的水平，这与学校开展丰富的阅读活动有关。语文老师在学生内在阅读动机不强的情况下，进行全面设计，巧妙强化学生的外部动机，在获取家长支持的基础上引导学生逐步走上阅读之路。此外我们重视专家的引领，老师们认真学习非连续文本阅读指导策略，提高了老师的指导水平。数学一向是我校的薄弱学科，2018年的测试我校仍处于表现欠佳学校，但均分比2016年提高了6.41分，纵向对比上升趋势明显。这是我们教学为重、精善管理、德育为首、至善育德的结果。

1. 教学为重，精善管理

教学质量是学校教育的生命线。我校用"精善管理，精研教学"的工作思路提升学校的教学质量。我们鼓励老师们善爱铭心，从细节入手，从课堂管理入手，精研教学技能，提高教育教学水平，全面提高教育教学质量。我们以课标精髓为指引，引领教师的专业成长。

（1）抓好教学常规管理工作

我校加强集体备课、上课、评课、作业布置批改、中下生辅导等活动的组织落实、指导监督、检查评比、总结分析、改进等工作，进一步规范常规教学工作；做好做实常规教学质量管理与监控，认真做好全校质量分析工作，提出有效的教学策略。加强激励与监督指导，特别对薄弱老师、薄弱班科加强监督和指导。本学期继续主抓备课能力的提高，倡导落实集体备课，认真开展个人二次备课，为提高教师课堂教学质量奠定基础。

（2）加强有效课堂教学研究

2018年我校各科组认真制定研究计划和专题，重视教学策略的研究，重视学生学习品质的培养，减轻学生过重的课业负担，使学生主动参与学习，积极实践。我们加强有效课堂的教学研究，从"专家引领、同伴互助、自我反思"三个方面着手，开展各类教研活动。语文科开展了与中心组同备一节课的活动，老师们积极参与，获益良多；数学科数次请专家来授课、磨课，多校教研收效大；英语科与其他学校进行联合教研获称赞。并且与一众兄弟学校进行了"广州阅读联盟活动"，绘本阅读协同授课课例、学校阅读经验推广、亲子阅读经验交流活动让老师们眼界大开，掌握阅读活动推广方法。

（3）学科课外活动五彩纷呈

我校开展形式多样的学科课外活动。我们继续进行全校性的"书香校园"读书活动，举办书法班奖杯漂流评比活动，开展以小学生必背古诗词大赛为主题的语文活动月活动，倡导学生"学中玩，玩中学"的数学游戏周活动，鼓励学生参加英语"一站到底"的游戏式竞赛。丰富的课外活动，使学生在课堂内所学的知识得到巩固、加深和提高，同时又能使学生将已学到的知识初步运用到实践中去解决所遇到的一些实际问题,有助于学生扩大知识的视野,发展学生的兴趣和才能。

(4) 科研课题研究助力教学

我校以科研促教学,以科研促发展,科研工作稳步前行。梁校长亲自带头开展课题研究,省级重点课题"家校教育一体化的实施策略研究",区级重点课题"家校合作的实施策略研究"正在全面开展研究。同时,学校鼓励和引领老师们开展个人课题研究,并从人财物方面全力支持。朱敏明副校长、冯素勤、冯德萍、周娟、汤红梅、罗群的个人小课题也获得立项,并顺利开题。现在有省级课题3个,市级课题1个,区级课题2个。通过科研搭建课改平台,课题掀起教改之风。学科开展特色建设,并在各科教学中有效渗透"至善教育"特色教育内容,形成"至善"课堂教学特色,有效促进课堂教学质量的提高。

2. 德育为首,至善育德

我校紧扣"至善育德,和合共生"这一理念,从抓好德育管理入手,构建尚善德育,凸显德育品牌。在学校教育中我们凸显社会主义核心价值观,体现德育为先、育人为本的原则,让德育返璞归真,还原"本真",以"尚善"来陶冶学生情操,增长学生知识,健全学生人格,启迪学生心智,提高学生综合素养,使之成为"爱祖国、懂礼仪、会学习、有活力"的充满童真童趣的现代小公民。

(1) 完善德育制度,强化观念

我校不断完善各项制度,切实抓好少先队、德育阵地的基础建设。我校制定了《学生一日常规》《小学生礼仪常规》等规章制度,制度促进规范,规范提升管理。狠抓常规教育,培养学生的良好行为习惯。在学生日常管理中,抓好学生的养成教育行为规范,教育孩子如何做个文明有礼、积极向上的学子。

(2) 完善的德育网络与制度为德育工作保驾护航

我校建立了完整的德育网络。我们构建了"学校、家庭、社会"三位一体的德育网络,建立了"德育领导小组—社区教育委员会—家长委员会"三位一体的德育工作指导网络,"校长室—书记室—教导处—大队部—教研组"五结合的组织系统网络,"校长—书记—德育教导—大队辅导员—中队辅导员"的分级管理系统网络。将德育渗透在每个人的日常工作之中,将德育洒满校园的每一个角落,将德育体现在学校的每一个细胞之中。

(3) 巧用活动载体,提高德育实效

寓德育于活动之中是我校多年坚持的做法:通过丰富多彩、生动有趣、有意义、有内涵的活动磨炼学生意志,培养学生情操,提高实践能力,增强学生社会责任感,促进学生全面发展。

我校以传统节日为载体,并注入时代的元素,创造性地开展符合学生身心健康发展的系列体验活动,让学生在活动中长知识、增才干、受教育。如妇女节、母亲节、父亲节,让学生感恩从身边开始;清明节在悟心亭前举行的何善衡缅怀感恩活动、端午节的特色活动、建校周年庆的教学成果展示活动、六一节的"亲子跳蚤市场至善义卖活动"都取得了很好的效果,学生在活动中循环接受着善爱教育。

我们还构建具有校本特色的"至善"校园文化节活动。"关注每一位学生的发展"是教育追求的目标,也是我校办学的宗旨。我们以多元智能理论为指导,根据学生的发展需要,设置了一年一度的艺术节、体育节、科技节。秉着全员参与的原则,为每位学生提供磨炼意志、锻炼胆量、展示才华的大舞台,深受学生和家长的欢迎。特别是其中的艺术节,历时时间最长,参与面最广,内容涵盖器乐、舞蹈、声乐、书法、美术、摄影、现场作文、演讲、童谣、快乐小导游、课本剧等,形式活跃、内容丰富,凝聚了J校全体师生的智慧和心血。

(4)家校合作,实现学校、社会、家庭教育一体化

家校合作也是德育有效的重要体现,我校结合学校科研课题和校情,开展了相关活动,如招募家长志愿者、推选家委会会长、定期召开家委会会议,让家长们加入管理学校的行列;同时邀请家长们参与各项大型活动,走进校园,走进课堂;对于特殊孩子,邀请特教专家进驻校园,对学生进行辅导的同时也了解其家庭情况,加强家长的指导,争取家校通力合作。本学期我校的"故事爸妈入课堂"有序开展,共计有68位家长风雨不改,利用午读时间在慈惠堂或教室为学生讲故事,引导学生择善行善。学校和社区、街道、派出所等单位之间建立了一套较为完善的组织机构与制度,积极带领孩子参与到社区活动中,使孩子们在三位一体的教育合力下茁壮成长。

(二)进一步提升学校教育质量的改进措施

1. 根据学业测试数据,相关学科拟采取的改进措施

(1)语文学科拟采取的改进措施

① 提高科组教研实效性

我校语文科组教研每周一次,每学期有教研主题,围绕区教育发展中心下达的工作中心要点,制定教研计划,组织教师展开学习和实践。近几年我校语文科组也加强了与区中心组的联系,参与中心组"同备一课书"的活动,学习中心组教研及备课方面的先进经验。科组教研氛围日趋良好,但教研实效性还有待进一步提高。每学期,校级研究课的数量和质量也有待提高。在进行课例研讨时,科组没能发挥每位老师的力量,让每一位老师在活动中提升自己的教学水平。

今后,在科组教研中,科组长与集体备课组长的组织要做到定时间、定内容、定好中心发言,落实每位老师的分工。形成课前进行集体备课、课中人人参与听课、课后大家共同评课的教研机制,真正使教研落到实处。这样老师们在集备中共构教案,在授课中共同探讨教学过程,在评课中共同反思教学行为,在学习研讨中做到同伴互助成长。同时做好过程性资料的搜集与整理,让每次的教研活动成为一笔财富。

② 加强年级组间交流

虽然每年都是六年级学生参与阅读测试,其实体现的不仅仅是六年级这一届学生的阅读素养水平,而是体现了整个学校这几年在阅读教学的现状与问题。六年级学生的水平是靠一到五年级的积累,前五年的积累不足,学生的问题就更多。我校老师同年级的集备交流还是比较充分的,但是不同年级之间交流就比较少。大家都在低头做事,却忘了抬头看前后。老师们对年级之间的衔接意识不够强,导致对学生的教育没有形成连贯性。优秀年级老师的经验没有得到很好的推广和传承。

下学期开始,语文科组打算每个年级组建立资源库。每个年级可以把在外面学习的先进理念、优秀的资料及课例资源、自己级组的研究心得体会、成功与失败经验等形成文字或视频资料,进行更好的归类、整理和保存。所有资料都可以放在学校的校园网内,这样便于资源共享,也便于老师们更好地借鉴前人的经验,少走弯路,使工作更高效。定期让不同级组的老师进行经验交流也是很必要的,让优秀的教学经验得到推广,才能事半功倍。

③ 促进教师专业化成长

学习是一个人不断进步的动力,也是教师专业化发展的保障。我校语文科组老师平均年龄偏大,很多老师遇到了教学水平提升的瓶颈,出现职业倦怠感。一所学校的发展不能光靠个别骨干老师,也不能光靠年轻老师,要靠每位老师焕发工作激情,播撒智慧的种子,每位老师带动一个班级,全部老师就能带动整所学校。每位老师都要确立自身发展的计划和目标,每学年由学校行政根据个人发展计划中的目标来评价教师的目标达成度,并提出下一学年的改进措施。只有科组的老师们有了自己的目标定位,通过教师的职业规划,才能有效提高科组教师们的专业发展能力。

④ 落实课外阅读课程化

统编教材已经开始使用,统编教材更强调课外阅读,要求课外阅读课程化,要求老师、学生和家长都重视课外阅读。我校大部分班级都有把课外阅读作为常规作业的传统。所以在数据上,我校学生阅读的外部动机是比较高的,体现出平常老师对课外阅读的重视。

今后,我们将提高低年级学生与家长的阅读参与面,开展"故事爸爸妈妈进校园"活动,让家长志愿者在每天午读的时候来到教室为孩子们讲绘本故事。低年级将充分利用区"午餐故事屋"的资源,让孩子听故事。鼓励班级打印文本,让学生听读同步,达到课外阅读目标。鼓励三到六年级学生参与广州图书馆携手举办的"阅读攀登计划",深入推广"班级共读一本书"的活动。重视有效阅读的检测手段,真正落实课外阅读的数量,提高阅读质量。发挥团队、专家的力量,认真研究形成有效的课外阅读检测和评价机制的方法。

从数据上还可以看出学生在阅读策略的掌握上还是有欠缺的。反思我们老师的教学理念和行为,大多数老师对于阅读的解读还是不够专业的,没有针对不同文体的有效的阅读策略的思考研究。没有系统地学习,就谈不上有效地指导学生。所以,对全体语文老师进行相关培训是很有必要的,也可以教师读书沙龙的形式,共同阅读相关书籍,学习相关知识,交流心得体会。先提升老师的阅读素养,才能更有效地指导学生。

(2) 数学学科拟采取的改进措施

从数学学科的基本情况来看,学生在几何与图形的学习、理解、掌握、运用方面还有欠缺,而从教师的角度出发,教学设计以及课堂教学质量需要提高,具体措施如下。

① 增强教师学习意识

在专家、优秀同行的帮扶下指导教师深入研读教材,理解掌握重难点,创新重难点的突破方法。学会深入开展生本教育,以学生的个性发展与集体教育相结合,加强学生的培优辅差工作。教学中将几何学习与生活中的具体事物相结合,善用概念教学的方法,将抽象化的概念,结合到具体的事物上去理解。懂得科学去除非本质的特点,保留下本质的特点。课堂以学生为主,教师为辅,做到引导学生去自主探究,发现问题,思考问题,解决问题。

② 重视培养学生学习兴趣

学校提醒教师要做一个有心人,营造良好的数学学习氛围。定期举行数学文化节活动,开展特色作业设计。利用文化节的活动,提高学生对学习数学的兴趣,提高学生学习的积极性,从外部动机促进学生的内部动机。提高自我效能感,每月开展数学小状元竞赛。在检测学生掌握知识程度的同时,也能够激发学生的热情。

③ 善用测试调研数据

以数据为对照,教师找出自身在教学中的不足,积极进行查漏补缺。学会做好质量分析工作,每周进行一次小范围的抽测,了解学生对于知识的掌握和理解程度。在教学中根据学生的自身状况调节教学内容,适当加强对于知识的灵活运用,充分利用课堂40分钟,为学生减负。

2. 根据非学业评价数据,学业测试成绩与阳光评价指标相互关系的分析数据,学科及阳光评价指标 LPA 分组人数统计数据,学校拟采取的改进措施

(1) 消除教师的职业倦怠,提高教师教育教学水平

分析数据,结合实际观察,我校教师职业倦怠产生主要源自于压力。压力来自三方面:首先,随着年龄的增大,教师的身体健康或多或少出现了各种问题,用于教学精力减少。其次,教师对自己的专业发展水平认识不清,自视过高,专业发展行动力不足。教学效果不理想导致后进生大量出现却不能对症下药,培优补差费力而无效果,直接归因为学生智力问题。再次,教师与家长的沟通出现了问题,没有同盟军,倦意顿生。职业倦怠直接影响了我校教师的发展。因此,我们将冲破重重困难,设计教师可持续发展的路径,通过"专家引领、同伴互助、自主反思"三步走的方法,不断提高教师的教育教学水平。学校部分管理制度根据新的发展形势及时修改,改变学校的评聘方法,调动教师专业发展的积极性,消除倦怠,提高教师的教育教学水平。

① 请进来,专家引领巧用助力

专家的引领是改变我校教学现状的强大助力。我们采用请进来的办法,把一些教育教学专家请进学校,对老师们进行培训,收到很好的效果。我们将邀请语文名师工作室专家来校给家长和语文老师讲座。在发挥备课科组同伴互助的基础上,邀请市、区教研员指导老师上课,鼓励上课老师尝试改变自己的课堂教学现状。另外,对问题教师采用监督、跟踪、帮扶的方式。请专家指导老师备课上课,教会老师们审视自己的教学现状,寻找提高课堂教学质量的方法,及时发现问题,及时研讨解决方法。我们希望在一系列的教研活动中教师的观念有所转变,教师的业务水平逐步提高,愿意提笔写作的老师不断增加,老师们能积极参加各类论文评比。

② 走出去,外面的世界很精彩

我们重视正能量的营造,引导老师们树立"培训是老师最好的福利"的观念,鼓励老师们悦纳培训,看到培训在自己职业生涯的增值作用。学校行政以身作则,认真参加培训的同时,心系教师,把自己的学习所得所感及时与老师们分享,鼓励老师们自觉学习。学校支持教师们外出培训,希望在这个过程中,老师们的旧有落后观念得到冲击,职业倦怠症状得到舒缓。每年我们选送老师到区中心组学习并建立了学习分享制度,为老师们铺设交流平台,在和风细雨中,利用温水效应,逐步形成学习分享习惯。通过一系列走出去的培训活动,拓宽教师们的视野,促进他们的专业成长。

③ 共结对,同伴互助快乐成长

为了加快青年教师的成长,培养团队精神,学校开展师徒结对子活动。通过召开简单而隆重的结对仪式,让师傅们感觉任重而道远,让徒弟们感觉虚心学习才进步得快,在活动中实现共赢。

(2) 课题引领,实现家校教育一体化

综合家长问卷的数据,我们可以看到家校沟通方面存在一定的问题,沟通渠道的单一性成为阻碍家校沟通的重要原因,但是我们也不能忽视交流意愿以及交流行为这两个方面对家校沟通的重要影响。交流行为是描述学校与家长就孩子的表现进行的活动,而交流意愿则是描述家长与教师进行沟通的意愿是否强烈。很明显,本校的家校沟通意愿得分较低,说明家长和老师的交流意愿不强烈。我校家长,可以分为以下三部分:

一部分家长,忙于处理自己的事业,经常为自己的事业打拼到深夜。或者家长结合自己的成长经历,支持读书无用论。他们认为自己没读过书也可以赚大钱,孩子一样也可以,从而忽略了对孩子的关爱,对孩子不闻不问,导致孩子在成长最关键时期,缺乏必要的监督与支持,孩子在学校的表现经常是一问三不知,老师打电话反映孩子的基本状况,对方经常处于开会状态或者是无人接听状态,无法达成有效的沟通。

一部分家长,过度宠溺孩子。孩子在学校遇到了问题,家长第一时间不是跟教师了解事情的经过,而是责怪教师批评他的孩子,对教师产生一种所谓的厌恶感。交流的过程应该是平等的,这部分家长却自己定位过高,片面强调欣赏教育的作用,对教师定位过低,他们以高高在上的姿态进行交流,一定程度上影响了双方的交流意愿和效果。这部分家长,对教师的教育方式不信任,采用自己的教育方式,并没有遵循孩子身心发展的规律,在揠苗助长的同时,还一味责怪学校的教育不到位。

一部分家长,能够理解教师的难处,沟通交流的时候,能够把孩子在家的状态向教师反映,而教师也能将孩子在校的情况与家长反映,家校合力促进孩子的进步,家校沟通意愿大大增强,不仅有电话访谈、网上交流,还有面对面研讨,拓宽了沟通渠道,家校形成合力。

因此,新时期家校和谐的创建,有赖于家校和谐沟通,双方都应该秉持着以孩子的发展为出发点,合力做好家庭教育与学校教育的双剑合璧,密切合作,平等沟通;同时,家长的素质也应该相应提高,形成"读书优先,家事相辅"的观念。在当前教育大背景下,我校是一所具有相当典型性的学校,尤其是亟须加强家校教育一体化。我们学校地处城乡接合部,进城务工子女和统筹生较多,大部分家长缺乏科学的育儿方法,不同层面的学生给教育教学工作带来较多难题和困惑,有一定挑战性。没有挑战就没有进步,因为具有挑战性,为我们的工作注入了强劲的新鲜血液。经过我们学校多方认证,尊重实际,从现状出发,制定了"家校教育一体化的实施策略研究"课题。通过研究,明确教育好孩子是家庭与学校的共同责任和义务。家长和教师一样,都是孩子的老师,家庭和学校一样,都是孩子的学校。家校教育一体化,是指家长与教师、家庭与学校,本着给孩子一个美好未来的共同愿景,心往一处想,劲往一处使,将孩子的教育推向完善完美。

学校要实现深度的家校教育一体化,通过灵活多样的方式,如让家长走进课堂,让教师走进学生家庭,让信息化手段成为家校教育一体化的实施平台……来实现学校与家长之间的双向沟通。

(3) 完善特色课程体系,实现全面德育目标

我校以教育部《义务教育课程设置实验方案》《义务教育课程标准》、广东省教育厅《关于深化义务教育课程改革的指导意见》为依据,深入研发我校"至善课程"。本课程由基础性课程和拓展性课程组成,我们将"至善"课程分为"博识""技艺""修德"三大课程板块,代表知识学习、技能践行、人文素养三个层面的课程内容。我校充分利用校内外课程资源,重视学生对传统文化学习和传承,自主开发了两套校本教材:《善行天下》《感恩教育读本》。我们务求以德育特色培养学生坚毅的品格,弘扬J校善文化;以书法、艺术特色培养学生内在修养;以体育特色培养学生强健体魄,以科技特色拓宽学生视野,培养创新型人才,增强与国际接轨的能力。《善行天下》至善教育校本教材,班主任隔周上课。同时学生在社团里开心学习,提高技能,参加各类竞赛收获硕果。在至善教育的引领下,我们还希望通过精心布局校园景观,把善文化血脉呈现在校园的不同角落,让J校精神和学校文化时刻警醒和激励着一代又一代的学子。

2018年的基础教育综合评价结果让我们再次审视学校的教育教学工作情况。翔实精确的数据让我们回顾学校走过的每一步,更让我们在未来的日子扬长避短,少走弯路,摆脱束缚,以饱满的激情、稳健的步伐开始新的征程,谱写提高教育教学质量的新篇章。

(广州市海珠区石溪J校　梁伟雄　朱敏明　刘宝敏　区锡辉)

案例二

为学生阳光成长扬帆启航
——K校基础教育综合评价研究

【摘要】 自2013年广州被确定为30个国家中小学教育质量综合评价改革实验区之一以来,广州市积极推进中小学教育质量综合评价改革,启动阳光评价实验项目,海珠区K校于2016年、2017年、2018年连续三年都参与了该项目,并根据学校的测试结果和实际情况,对在校学生和学校的教育教学改进措施进行了分析探讨。

【关键词】 阳光评价;教育质量;教育改革

广州市中小学教育质量阳光评价项目测试的项目内容包括了学业测试、配套问卷、非学业测试和体质数据。K校于2016年、2017年、2018年连续三年都参与了此阳光评价项目,并根据学校的测试结果和实际情况,对在校学生和学校的教育教学改进措施进行了分析探讨。

一、阳光评价项目实施回顾

我校近几年正在开展"绿色K校　阳光儿童"课题研究,本校的课题研究目的是以新课程理念为指导,将绿色理念引入课堂、引入生活,渗透进校园生活的方方面面,让学生在良好的校园环境、人文环境中陶冶情操,在潜移默化中成为一个身心健康、快乐生活的阳光儿童。我们既关注学生成绩,也关注我们取得成绩的过程与方法是绿色的,是有利于学生阳光成长的。我们的研究工作与市的阳光评价项目所追求的在精神上是高度契合的,我校的课题研究伴随着广州市中小学教育质量阳光评价项目的开展而深入开展,我们把研究和日常工作结合起来,这三年参加项目测试,让我们从数据上感受到学校课题研究的实效后,我们更是坚定不移地在这个方向走下去。目前,学校绿色管理深入人心,绿色德育和绿色课堂教学以及绿色家校相融合方面,效果日益凸显,校内一批批的阳光儿童茁壮成长。可以说,市的阳光评价项目所反映的学校的教育教学现状,是以大数据的形式一定程度上反映了我校这些年开展"绿色K校　阳光儿童"课题研究的成效。

我们在取得初步成效的过程中也发现了存在的问题,归根结底,仍然是学习不够,培训力度不强。我们仍需要不断研读《关于推进中小学教育质量综合评价改革的意见》《广州市教育局实施中小学教育质量阳光评价改革工作方案》等相关文件，学习广州市教育研究院的有关工作精神和工作方法，通过"走出去、请进来"，领悟新的教育理念。针对现状，学校可组织相关人员到一些优秀的兄弟学校学习，在做中思，在做中研，边学习边研究，从而拓宽研究思路，提高研究工作的科学性。

二、K校阳光评价的结果分析

（一）参加2018年市级阳光评价的基本情况

本次测试的项目内容除了跟往年一样包括了学业测试、配套问卷、非学业测试和体质数据，2018年还新增了总体焦虑、广泛性焦虑、分离焦虑、学校恐怖和社交恐怖五方面的调查。我校共有82名六年级学生参加此次阳光评价测试，还有参加测试学生对应的家长以及任教六年级各学科的教师和学校校长。阳光评价通过多角度、多层次、多维度、多对象地进行测试，立体地呈现了K校目前素质教育的现状，同时从测试数据中反馈出了K校的办学优点与生长点，给学校今后的办学指明了努力的方向。

（二）结果分析

1. 2018年学业测试相关结果分析

表1　K校阅读素养测试总体情况表

地区	测试基本情况		文本材料属性				能力层次			
	人数	平均分	非连续文本	散文	说明文	童话	获取与解释	连接与推论	分析与整合	感悟与评价
全市	10861	75.64	0.72	0.69	0.80	0.82	0.81	0.84	0.68	0.67
海珠区	7858	74.30	0.71	0.68	0.78	0.81	0.80	0.82	0.67	0.66
K校	82	79.20	0.76	0.71	0.84	0.87	0.82	0.88	0.73	0.72

表2　K校数学能力测试总体情况表

地区	测试基本情况		知识模块			能力层次			
	人数	平均分	数与代数	统计与概率	图形与几何	掌握	理解	推理	运用
全市	10 853	69.52	0.72	0.57	0.68	0.73	0.71	0.71	0.66
海珠区	7 854	67.60	0.70	0.58	0.66	0.70	0.69	0.68	0.64
K校	82	77.05	0.79	0.77	0.74	0.81	0.75	0.75	0.74

表3　K校科学素养测试总体情况表

地区	测试基本情况 人数	测试基本情况 平均分	知识模块 物质科学	知识模块 生命科学	知识模块 地球与宇宙科学	能力层次 认知	能力层次 理解	能力层次 应用
全市	10843	74.41	0.82	0.70	0.72	0.76	0.70	0.76
海珠区	7839	73.78	0.81	0.69	0.71	0.75	0.69	0.75
K校	82	76.10	0.83	0.71	0.74	0.78	0.73	0.76

(1) 在此次阳光评价中,我校学生的阅读素养和数学能力以及科学素养均优于全市和区的平均水平(见表1、2、3),整体来看,本校的学业测试表现比较好,学生的基础工具学科素养较好。特别是数学能力比市和区平均分分别超出7.53和9.45分,这说明我校学生在数学能力方面表现较为突出。特别是统计与概率高出0.2,说明学生在这方面学得比较扎实。

(2) 从语文素养的测评结果显示,我校学生语文能力比市和区平均分分别超出3.56和4.9分,从数据上看,本校实用类文本和文学类文本均优于区平均水平和全市平均水平。文学类文本的优势略大于实用类文本,说明本校学生喜欢文学类文本的文字优美,故事性强,但在实际生活中,实用类文本虽然有些专业名词等不好理解,语言也平实,可它与社会现实生活的关系特别密切,如获取资讯、理解使用说明、阅读科普文章等,这些都是与我们的日常生活息息相关的,因此,在本校高年段的学生中应适度加强实用性文本的教学,激发学生对实用类文本的兴趣。学校教学使用的语文教材中各种文本是有一定的比例的,整体上看,实用类文本占比略低。我们应该针对现状,有效地引进课外阅读资源,提高学生实用类文本的阅读量。例如,结合本校目前正在开展的"家长百科讲坛"活动,引进"阅读妈妈、阅读爸爸"进课堂,让家长进入班级主讲,为孩子们打造生动有趣、各具特色的实用类文本阅读课堂,大力带动家庭阅读的延续性。学生对自己的爸爸妈妈进课堂本身就充满了期待,当孩子看到了以往不曾了解到的父母的特长,体会到了父母的价值,并为此而感到骄傲时,实用类文本的阅读在孩子的心目中也就变得不是那么晦涩难懂了。

(3) 科学素养的测试是2018年新增的,从数据来看,我校学生平均分比市和区平均分分别超出3.56和4.9分,特别是认知和理解比较好,我校科学不但在此次阳光评价中取得优异成绩,五年级科学在2018学年下学期的海珠区教学质量抽测中获得全区第一名,这说明我校不但重视主科教学,而且还十分重视专科教学,这也与我们的办学理念"绿色K校　阳光儿童"密不可分。但从数据中也反映出我校学生在科学应用这方面相对薄弱,这跟我校近年地段生激增,每年都需要扩班,把专用场室改建为课室,导致没有实验室有很大关系,这也提醒我们要克服困难,尽量多做实验操作,提高学生的应用能力。

2. 学业测试情况三年结果对比分析

通过三年的学业测试成绩对比(见图1),可以看到这三年我校的学业测试成绩均高于区与全市的平均水平,而且每年都有所提升,显示我校学生的核心学科素养较强,说明我校在这三年间在科研课题引领下,锐意教学改革,教学质量逐年提升,学校处在良性发展状态。为什么连续三年我校都能取得如此优异的成绩,并且保持持续上升的状态呢?以下非学业的阳光评价指标测试结果揭示了该问题的答案。

K校学业测试情况三年结果对比

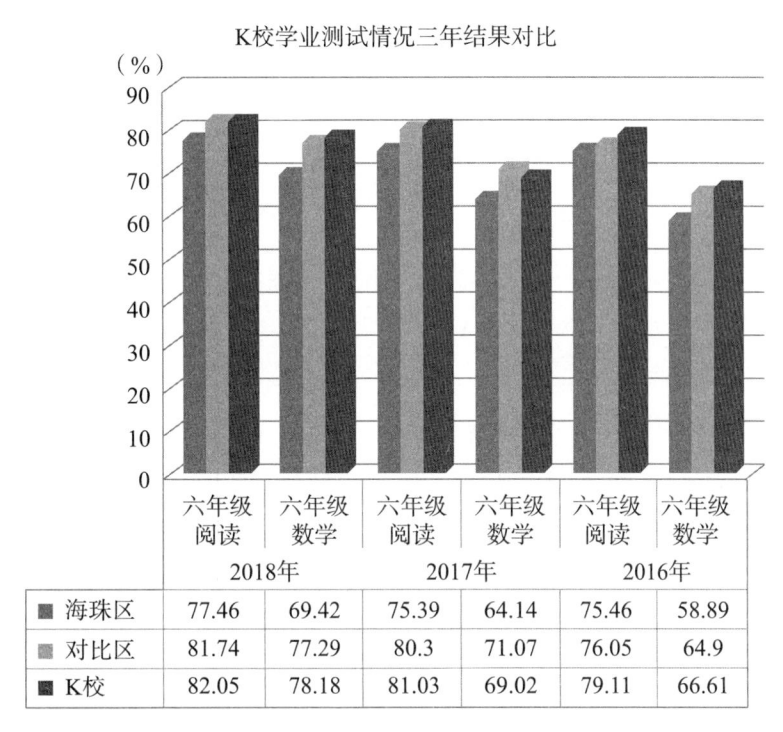

	六年级阅读	六年级数学	六年级阅读	六年级数学	六年级阅读	六年级数学
	2018年		2017年		2016年	
海珠区	77.46	69.42	75.39	64.14	75.46	58.89
对比区	81.74	77.29	80.3	71.07	76.05	64.9
K校	82.05	78.18	81.03	69.02	79.11	66.61

图1　K校学业测试情况三年结果对比

3. 2018年综合发展水平测试情况

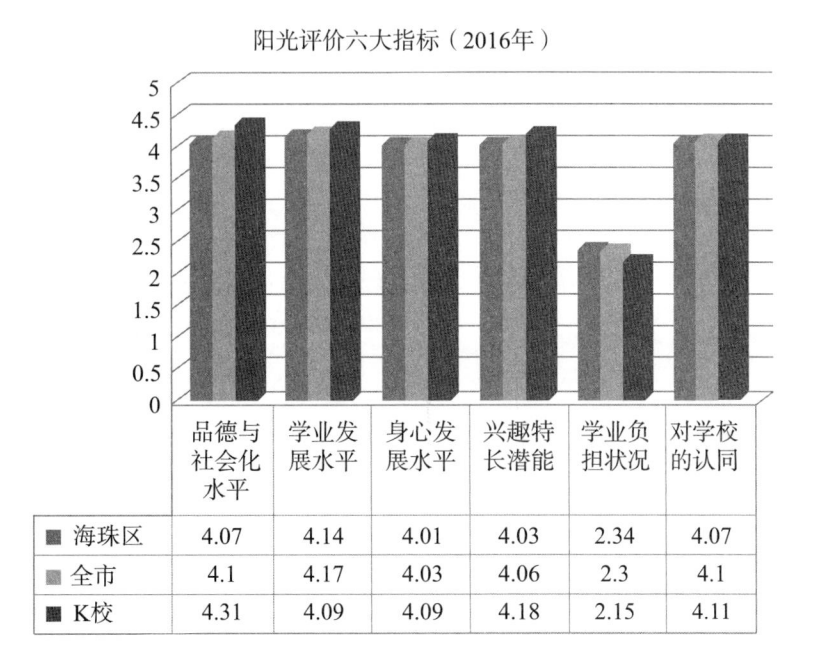

阳光评价六大指标(2016年)

	品德与社会化水平	学业发展水平	身心发展水平	兴趣特长潜能	学业负担状况	对学校的认同
海珠区	4.07	4.14	4.01	4.03	2.34	4.07
全市	4.1	4.17	4.03	4.06	2.3	4.1
K校	4.31	4.09	4.09	4.18	2.15	4.11

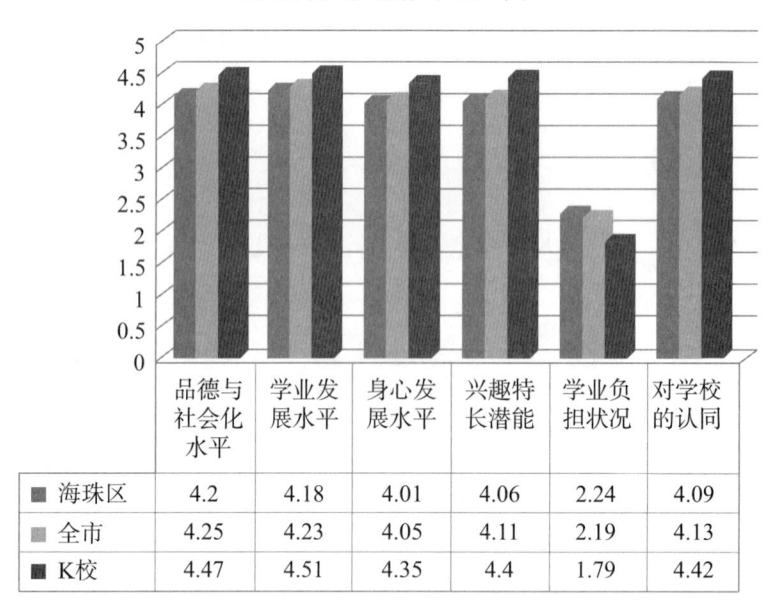

阳光评价六大指标（2017年）

	品德与社会化水平	学业发展水平	身心发展水平	兴趣特长潜能	学业负担状况	对学校的认同
海珠区	4.2	4.18	4.01	4.06	2.24	4.09
全市	4.25	4.23	4.05	4.11	2.19	4.13
K校	4.47	4.51	4.35	4.4	1.79	4.42

阳光评价六大指标（2018年）

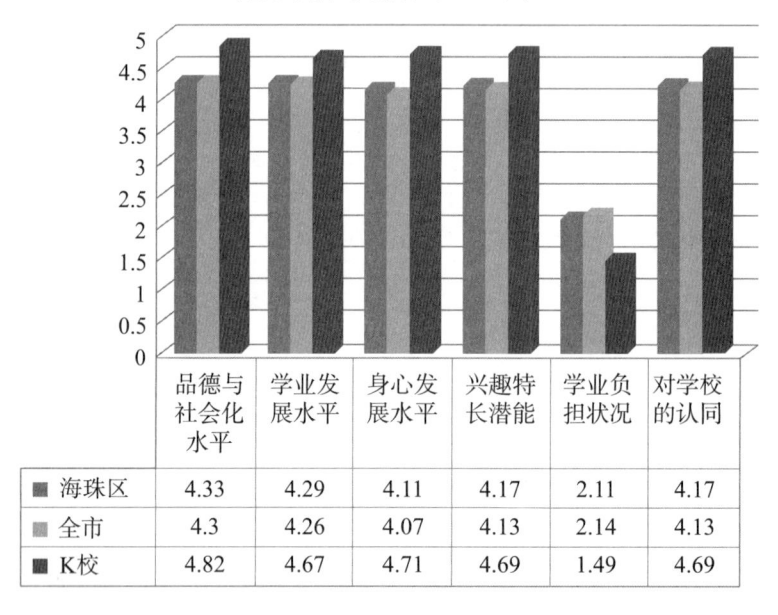

	品德与社会化水平	学业发展水平	身心发展水平	兴趣特长潜能	学业负担状况	对学校的认同
海珠区	4.33	4.29	4.11	4.17	2.11	4.17
全市	4.3	4.26	4.07	4.13	2.14	4.13
K校	4.82	4.67	4.71	4.69	1.49	4.69

图2　2016—2018年K校阳光评价六大方面对比

从六大评价内容的23项关键指标的表现上看（见图2），2018年学生共23个指标均优于区平均水平和全体平均水平，比2016年有19个指标优于区平均水平和市平均水平有了更大的提高。我们看到在"教学方式"和"组织公民行为"这两个在2016年时得分低于区平均水平和市平均水平的指标，在2018年有了较大的提升，这是由于老师们从2016年的数据诊断出自己教育教学方面存在的问题并加大了对绿色课堂的实践研究，在教育教学上创设了更加宽松、和谐、民主的氛围，让孩子们在愉悦中体验学习，同学们感受到课堂带来的不同，也感受到了教师教学方式的变化，也比较认同老师们的变化，所以在数据上就显示了明显上升的趋势。

学生焦虑问卷测试情况（2018年）

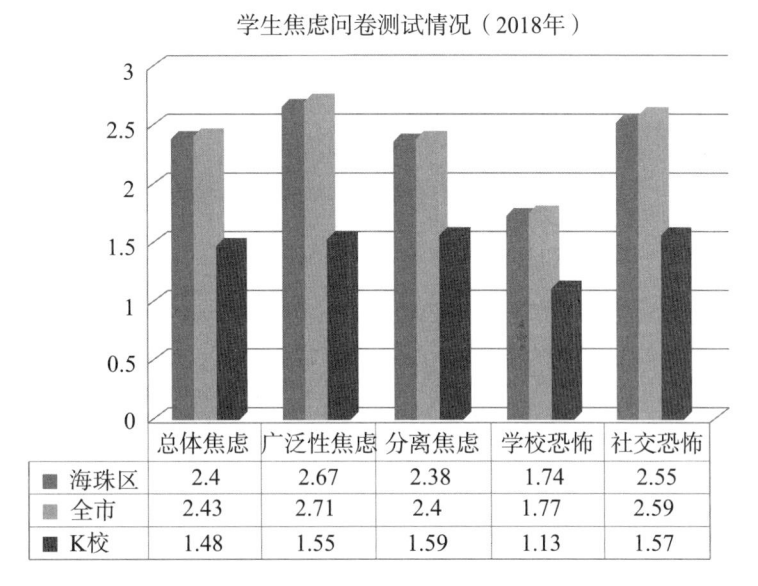

	总体焦虑	广泛性焦虑	分离焦虑	学校恐怖	社交恐怖
海珠区	2.4	2.67	2.38	1.74	2.55
全市	2.43	2.71	2.4	1.77	2.59
K校	1.48	1.55	1.59	1.13	1.57

图 3　K 校学生焦虑问卷测试情况

2018 年新增了焦虑问卷调查，从这个调查中我们发现本校学生的数据远远低于区和全体的数据，说明我校学生身心健康，并没有出现焦虑问题（见图 3）。在今天，健康的定义不仅指一个人没有躯体上的疾病，而是指一个人生理上、心理上和社会上的完好状态。本校在学生的心理健康方面做了许多工作，除了加强校会、班会、队会的活动组织，还引进了社工驻校，每周开展心理健康教育，从学生的数据也反馈出学校的心理健康工作确实收到了一定的成效。

4. 综合发展水平 LPA 数据分析

六年级综合发展水平LPA分类结果人数比例对比（2018年）

海珠区：综合发展水平优异组 27.75%，综合发展水平中等组 43.51%，综合发展水平欠佳组 28.74%

K校：综合发展水平优异组 84.14%，综合发展水平中等组 10.98%，综合发展水平欠佳组 4.88%

图 4　K 校综合发展水平 LPA 分类结果与区域对比

从图 4 显示，我校综合发展水平优异组远远高于区，而欠佳组却低于区水平，说明我校大部分学生综合素质很高，而综合素质则直接影响到学业成绩，这也是我校学业水平逐年提升的有力证据。而从非学业 LPA 分析结果显示（见图 5），我校学生综合发展水平优异组得分率十分高，特别是与学业水平息息相关的六大评价指标：对学校的认同、道德品质、兴趣特长和学业发展水平都很高,而学业负担则很低,说明我校教师在作业监控、课业难度上都做得很好,学生学得轻松,并有余力发展自己的特长,特别是学校的足球特色大大促进了学生的身心发展。而从前面的数据分析得出我校之所以阅读素养和数学能力、科学素养高出市和区,跟影响因素关系不大,却跟学校重视德育工作,重视家校关系,重视教育教学改革,重视综合评价,培养学生学会学习和实践能力,降低课业难度和减轻学生学业负担有很大关系,这也说明了"成绩不是唯一,成长更为重要"的道理。

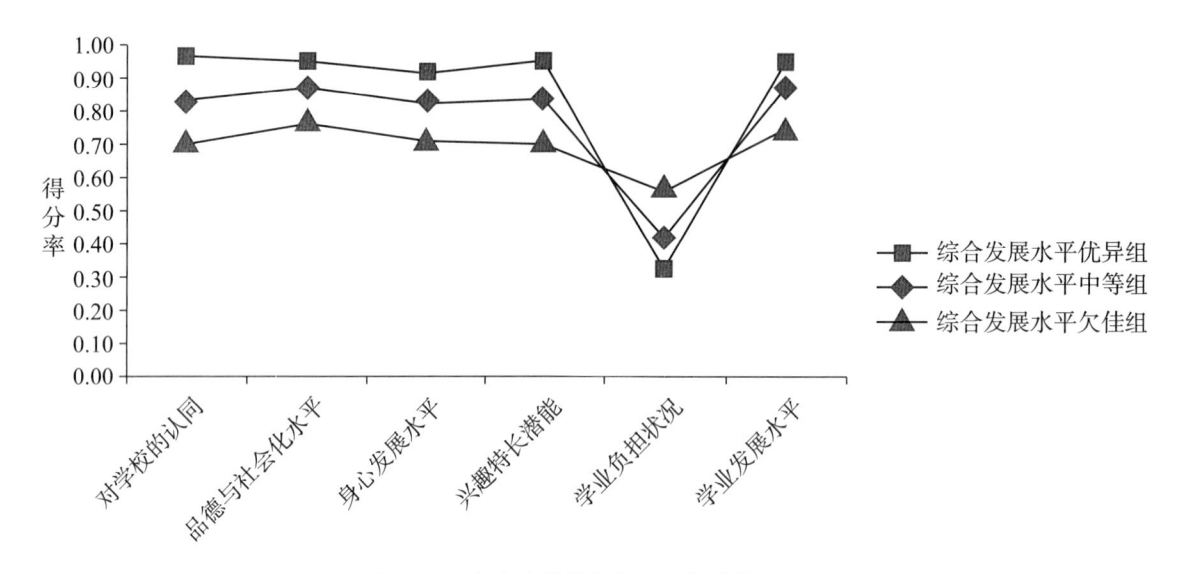

图5 六年级六大评价内容 LPA 分类结果示意

5. 学业 LPA 分类数据分析

六年级阅读素养、数学素养、科学素养LPA分类结果人数比例对比（2018年）

	海珠区阅读素养内容层次LPA分类结果人数比例	K校阅读素养内容层次LPA分类结果人数比例	海珠区阅读素养能力层次LPA分类结果人数比例	K校阅读素养能力层次LPA分类结果人数比例	海珠区数学素养内容层次LPA分类结果人数比例	K校数学素养内容层次LPA分类结果人数比例	海珠区数学素养能力层次LPA分类结果人数比例	K校数学素养能力层次LPA分类结果人数比例	海珠区科学素养内容层次LPA分类结果人数比例	K校科学素养内容层次LPA分类结果人数比例	海珠区科学素养能力层次LPA分类结果人数比例	K校科学素养能力层次LPA分类结果人数比例
优异组	27.75%	35.37%	41.35%	70.73%	22.44%	52.44%	21.23%	34.15%	26.58%	21.95%	24.32%	23.17%
中等组	43.51%	47.56%	46.69%	21.95%	38.43%	32.93%	38.46%	48.78%	58.27%	73.17%	58.59%	71.95%
欠佳组	28.74%	17.07%	11.95%	7.32%	39.13%	14.63%	40.31%	17.07%	15.14%	4.88%	17.09%	4.88%

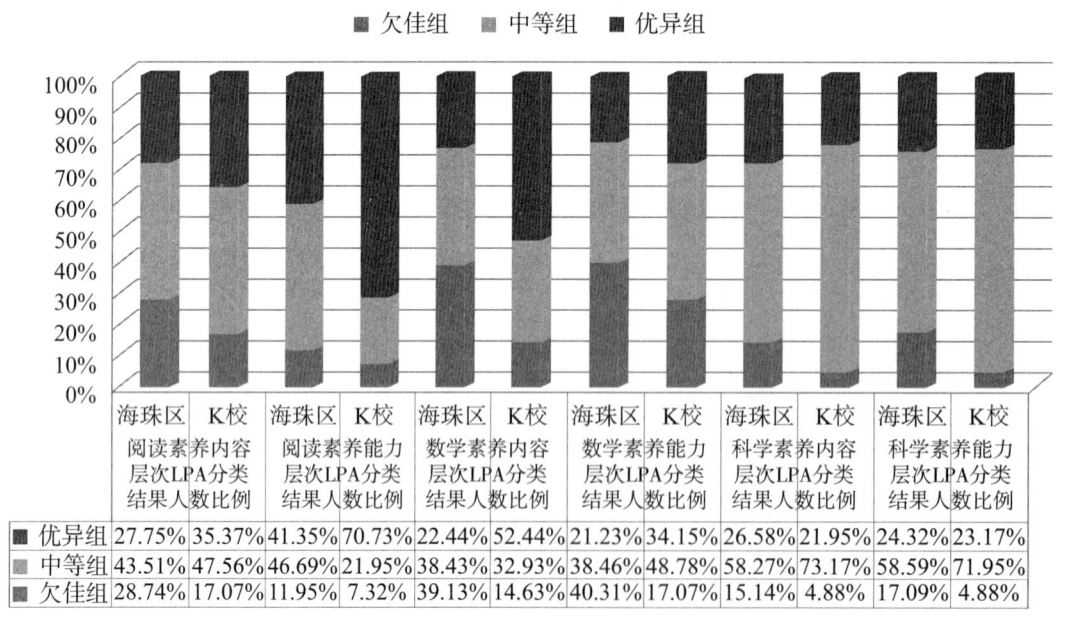

图6 六年级阅读素养、数学素养、科学素养 LPA 分类结果示意

从我校学生在阅读素养、科学素养的内容层次和能力层次 LPA 分类结果显示：我校学生在语文和科学方面的状况是优秀生和学困生两头少，中间部分学生所占比例较多，表明大部分学生的阅读和科学水平都能达到中等水平，优异组人数比例较少，这跟我校学生的阅读策略和科学应用较低有关（见图6）。而数学能力则在优异组占的比例多，说明我校的数学尖子生的比例比较多，这也跟我校信息技术课开展人工智能辅导有关，因为信息技术与数学思维是息息相关的。

6. 阳光评价指标的三年结果对比

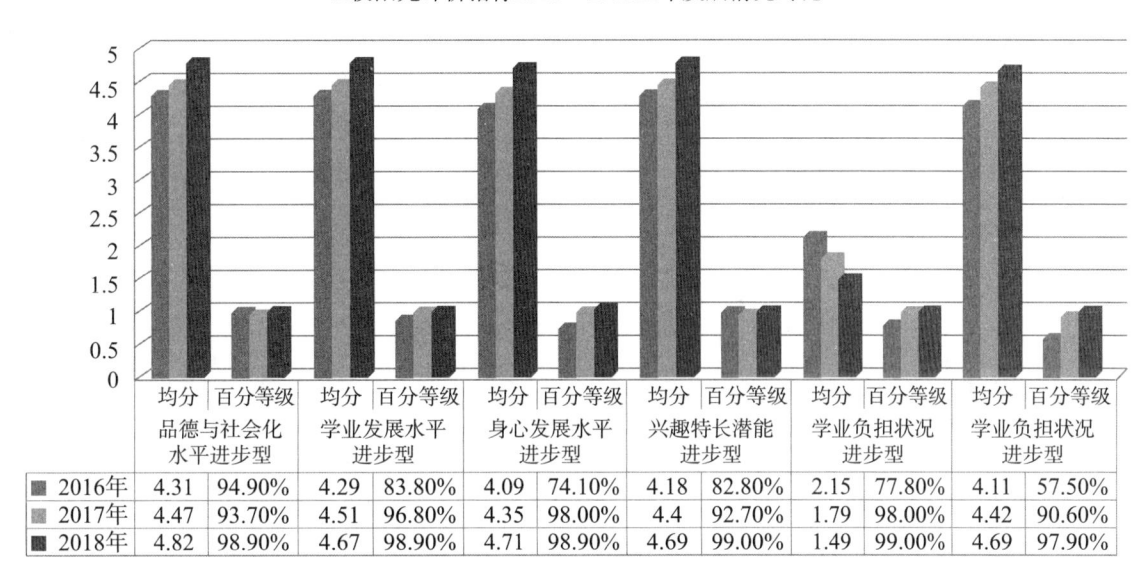

K校阳光评价指标2016—2018三年发展情况对比

	品德与社会化水平进步型		学业发展水平进步型		身心发展水平进步型		兴趣特长潜能进步型		学业负担状况进步型		学业负担状况进步型	
	均分	百分等级	均分	百分等级	均分	百分等级	均分	百分等级	均分	百分等级	均分	百分等级
2016年	4.31	94.90%	4.29	83.80%	4.09	74.10%	4.18	82.80%	2.15	77.80%	4.11	57.50%
2017年	4.47	93.70%	4.51	96.80%	4.35	98.00%	4.4	92.70%	1.79	98.00%	4.42	90.60%
2018年	4.82	98.90%	4.67	98.90%	4.71	98.90%	4.69	99.00%	1.49	99.00%	4.69	97.90%

图7　2016—2018 年 K 校各评价内容发展情况

从学生在六大评价内容这三年的表现上看（见图7），我校学生在品德与社会化水平、学业发展水平、身心发展水平、兴趣特长潜能和对学校认同这五个正相关的数据来看，均是上升的趋势，说明我校学生综合素质不断提高。而在学生的学业负担这一方面逐年下降，这充分说明我校开展有效作业、分层作业和作业评价的研究方面初见成效。同时也表明我校在严格执行国家法规、减轻学生课业负担方面做了不少努力，有力地保障了学生的健康、全面发展。学生学业负担相对较轻，可以有更多的时间发展其他方面的潜能。因此在兴趣特长潜能方面，2018年比2016年高了0.51，这反映了我校在深化课堂教学改革、调动学生学习的自主性、关注学生的个性发展，通过开展小社团等活动，发展学校特色项目足球运动的开展等方面付出的努力取得了预期的结果。学校的认同方面2018年比2016年高0.58，这表明近年来我校积极推进特色学校建设取得了显著的效果，增强了学生对学校的认同感。正因为学校得到学生的认同，教师个人也深受学生的喜爱，这也是我校学生学业测试成绩高的原因之一。

7. 家长问卷描述性统计分析

从家长问卷调查结果看出（见图8），我校家长在学业成绩、人际关系、家庭环境、家庭教育、家长参与五个方面都表现优异，高于市和区的水平，这说明我校加强家校合作，实现了家委会参与学校管理、参与教育教学的三大职能。家长十分重视家庭教育,非常积极配合学校的教育教学工作,并能亲身参与到孩子的教育中。学校和家庭对学生齐抓共管,所以教育就会事半功倍。但家长在交流途径、师资水平、环境设施、学生学业和学生压力方面认为还有提升的空间。从这里看出,家长的评价是从个体感受出发的,例如"学生学业",不同的家长会有不同的要求与定位,学业成绩好的家长希望自己的孩子可以更好,所以每个家长都按自己的要求去评判,他们没有进行纵向或横向的数据对比,结果家长的给分是低于区和全体的平均线的,而实际上,不管是近三年参加阳光测试的学业情况,还是近年参加区每学期的质量监控,我校的学业成绩都是处于较好的发展态势。不管怎样,学校从数据中看到了家长对教育寄予的厚望,这正是鞭策我们进一步发展与提升的动力。学校的"环境设施"确实有不少需要更新与改造之处,特别是近几年因为扩班,导致我们的专用场室不够,这些硬件设施需要教育局相关部门给予我校行政上和资金上的支持,使我校能够成为一所真正让家长放心、让孩子安心的学校。

家长问卷测试总体情况(2018年)

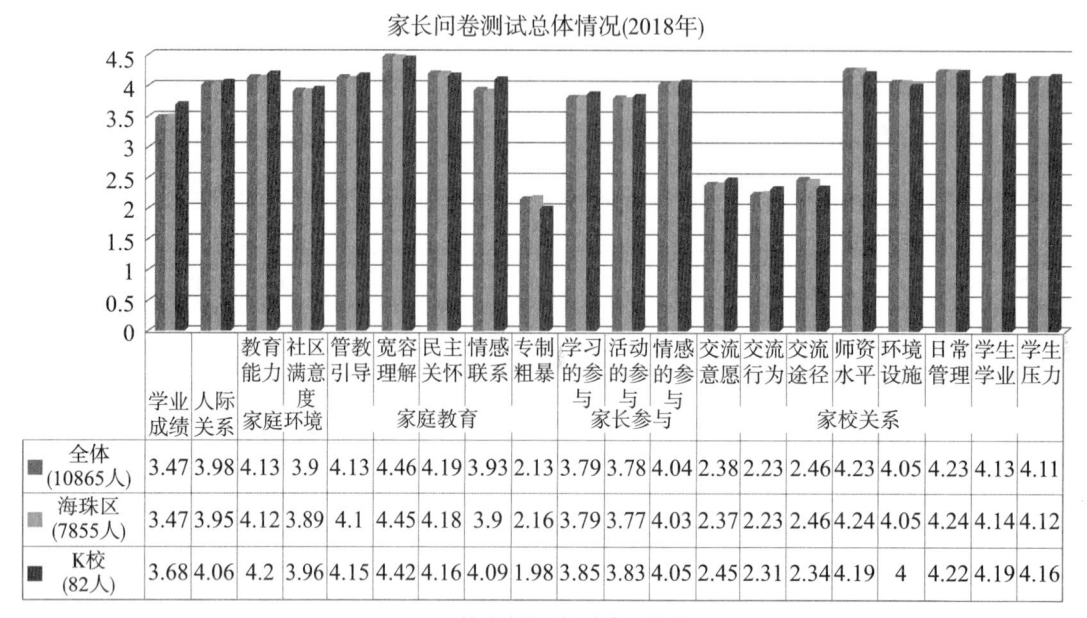

	学业成绩	人际关系	教育能力	社区满意度	管教引导	宽容理解	民主关怀	情感联系	专制粗暴	学习的参与	活动的参与	情感的参与与家长参与	交流意愿	交流行为	交流途径	师资水平	环境设施	日常管理	学生学业	学生压力
全体(10865人)	3.47	3.98	4.13	3.9	4.13	4.46	4.19	3.93	2.13	3.79	3.78	4.04	2.38	2.23	2.46	4.23	4.05	4.23	4.13	4.11
海珠区(7855人)	3.47	3.95	4.12	3.89	4.1	4.45	4.18	3.9	2.16	3.79	3.77	4.03	2.37	2.23	2.46	4.24	4.05	4.24	4.14	4.12
K校(82人)	3.68	4.06	4.2	3.96	4.15	4.42	4.16	4.09	1.98	3.85	3.83	4.05	2.45	2.31	2.34	4.19	4	4.22	4.19	4.16

图8 K校家长问卷测试总体情况

8. 教师问卷描述性统计分析

表4 K校教师问卷测试总体情况表

地区	人数	教师职业幸福感						工作现状				专业发展现状			学校管理现状及评价	
		对教师职业的认识	职业交往	专业成长	躯体健康	学校管理	社会支持	工作要求	工作资源	工作压力源	压力反应	专业化理念	专业知识技能	专业发展行动	管理与组织	学与教
全校	1308	3.26	4.04	3.71	3.31	3.74	3.75	4.08	3.89	2.94	2.70	4.13	3.93	3.83	3.80	3.93
海珠区	920	3.22	4.01	3.68	3.34	3.69	3.70	4.05	3.85	2.98	2.72	4.09	3.91	3.79	3.74	3.88
K校	11	3.00	3.77	3.73	2.82	3.71	3.73	3.67	3.49	3.17	2.87	4.09	3.73	3.55	3.48	3.47

从教师问卷调查结果可看出（见表4），我校教师在对教师职业的认识、职业交往、躯体健康、工作要求、工作资源、学校管理现状上都比较低分，这说明我校教师对自身和学校要求都很高，认为自己的专业水平不能满足教学需求，认为学校资源不能满足他们的教学需求，从而说明我校教师有上进心，希望学校能够提供培训的机会，提高专业发展。同时也鞭策我校要关注教师们的身心健康，现在教师已经成为社会要重点关注的一个群体。

三、阳光测试结果给 K 校带来的思考

（一）阳光测试结果与 K 校教育教学工作的关系

本次阳光测试结果显示我校学生的学业测试、品德与社会化水平、学业发展、兴趣特长能力、学业负担状况和对学校的认同这五个方面的发展比较理想，均优于区平均水平和全体平均水平，学生的学业负担状况较轻，表现出学校教育教学工作"轻负担，高质量"的良好态势，也说明了学校"绿色 K 校 阳光儿童"课题研究在长期的工作探索中取得了一定的成效。

1. 学校的绿色管理初显成效

学校的工作千头万绪，借着学校课题研究的一个方面就是绿色管理的研究，我们学校从抓好管理入手，把学校近年来制定的各方面工作的绿色管理制度加以提炼，形成了一个完整的管理体系，引领师生在校园生活中形成一种健康向上的生活态度和生活方式，让教育充满生命情怀。

2. 绿色课堂显活力

"绿色课堂"的核心价值是人的可持续性发展，是通过对人的关注、关怀与提升开展课堂学习的过程和方法。经过几年的绿色课堂实践研究，绿色课堂所共同营造出来的氛围就是宽松、和谐、民主，学生在轻松、愉悦中体验学习，不同层次的学生均能在集体中进行有效的学习能量交换，在充满生命力的课堂里可持续发展。在这个过程中也形成一种相互尊重、相互包容、相互学习、相互成长的新型师生关系。

3. 绿色德育展光彩

学校通过开展丰富多彩的绿色德育实践，让学生在良好的校园环境、人文环境中陶冶情操，在潜移默化中成为一个身心健康、快乐生活的阳光儿童。学校坚持每月举行一个德育主题活动，学校坚持开展"知我广州 爱我广州"学生社会实践活动，培养学生的社会责任感。学校引进广州市多个服务中心的社工驻校，为学生服务，开展个案辅导、咨询辅导、小组辅导、心理健康课等，从第三方的角度为学生们解决了很多学习与生活的难题，成了学校教育的有益补充。学校充分利用社区及家长资源，开辟课程学习的新形式，开设了"家长百科讲坛"活动，为孩子们拓宽了视野，增广了见闻，受到孩子们的热烈欢迎。学校的德育工作形成了以学校为主、以家庭为基础、以社区为依托的三结合全方位育人的德育工作新格局。

(二)教师职业幸福感低下的原因分析及改进措施

本次教师线上调查问卷结果显示:我校教师在职业幸福感和工作现状方面不理想,特别是工作压力较市和区的数据高,躯体健康和压力反应的数据偏低。产生这个结果的原因有两个:一是学校近三年一直处于扩招的态势,教师与学生的人员增加都会产生很多大大小小的新问题,老师们需要去适应、去调整,从班务管理到课堂授课到课间管理等问题都需要调整和更新方法。量的提升导致压力感增加。二是可能跟本次调查对象中的六年级任教老师年龄偏大、教龄长有关。人到中年百事忧,他们家庭负担较重,现代社会节奏紧张的工作方式会使他们身心疲惫。而且持续多年的改革与创新,使教材和教学目标都有所调整,新的课程要求与教育方法需要他们改变固有的教学观念和习惯的教学方法,这些都增加了他们付出的时间和精力,造成一定的身心压力,也导致压力感增加。为了提高我校教师的职业幸福感,增强教师的体质,舒缓工作的压力,我们将从以下方面着手:

1. 改革培训制度,保障计划的落实

一是完善《教师培训制度》。以"师德出模范,教学出精品,研究出成果,教师出经验"为目标,努力使学校成为"研究的平台、成长的阶梯、辐射的中心、幸福的团队"。二是修改和完善培训奖励制度。学校将加大奖励先进的力度,鼓励教师积极参加科研,撰写反思和论文,参与各项竞赛,促进教师的专业发展。

2. 创新培训模式,提升教师的专业水平

在实践中,我们将围绕学校"绿色K校 阳光儿童"特色,制定周详的《教师培训方案》,建立"导师引领、师徒结对、同伴互助、网络学习、外出交流、自我提升"富有激励作用的教师培训模式。

3. 搭建发展平台,提高教师的专业能力

为了让教师快速提升专业水平,我们将搭建以下发展平台:(1)建立教师档案,学会知识管理。(2)寻找课堂观察点,撰写文献综述。(3)设计和运用课堂观察量表,提升观课议课能力。(4)组织各种竞赛评比活动,促使教师自主发展。(5)开展师徒结对活动,共促共赢,教学相长。

4. 健全评价体系,引领教师的专业成长

学校将对教师工作评价确立以下评价内容:班级管理能力、组织协调能力、教学能力、爱心和责任感、师德表现、个性魅力、教育实绩。衡量教师专业水平的高低从上述7个方面综合考虑。其次,完善多元评价体制,学校采用三方综合评价的方法:一是学生评价,最直接的受益者是学生,所以学生的评价很真实,主要评价教师的常规工作和学生对教师的认可程度。二是教师和领导评价,主要评价教师工作的负责程度和同行中的带头作用。三是家长评价,主要评价教师的家校关系。每学年学校发放《学生调查问卷》和《家长调查问卷》,同时召开部分学生、家长座谈会,了解学生和家长对教师的反馈评价,最后综合所有结果,给予教师客观、公正和全面的评价,通过评价促进教师专业成长。

5. 完善激励机制,促进教师的专业发展

我校将进一步完善激励机制:目标激励、精神激励、情感激励、物质激励。具体做法有:大力开展"优秀教师"评选活动;选拔优秀教师踊跃担当重要工作岗位;推荐教师参加各类研讨课、汇报课、展示课等;对教师们获奖论文、案例、课例、教学反思等给予适量的物质奖励;对表现突出的教师在评优评先方面给予奖励。

6. 营造宽松环境,创建幸福团队

学校工会围绕学校的办学理念"绿色K校,阳光课堂"来统领各项工作,努力倡导幸福人生、幸福团队的观念。每学期根据不同节日开展不同主题的文娱活动,例如"三八妇女节"开展"守护小天使"的活动,让每位男教师每天给女教师一个温暖的行动,关怀女教师。为了增强教师们的身体素质,有一个强健的体魄,我们每周开展两天的体育锻炼活动,聘请专业的教练指导教师进行健身运动,我们根据教师的需求,准备开展瑜伽、健美操、八段锦,为教师们营造一个宽松、充满人文关怀的环境。

通过对此次阳光评价测试结果进行数据分析,用评价结果诊断现状,对评价结果进行科学的归因,以阳光评价助推学校教育,我校已取得阶段性成果。"路漫漫其修远兮,吾将上下而求索。"教育教学之路任重道远,我校将继续探索。

(广州市海珠区K校　李蕴芝　伍炯　梁永辉　彭美娟)

案例三

解读智慧阳光评价:找关键、重关联、理关系
——以广州市天河区M校为例

【摘要】 广州作为国家中小学教育质量综合评价改革实验区之一,依据教育部颁发的《关于推进中小学教育质量综合评价改革的意见》(教基二〔2013〕2号)对改革目标的要求和部署,全面贯彻党的教育方针,践行社会主义核心价值观,积极稳妥、全面有序地推进教育评价改革实验工作。广州市天河区M校自2015学年申报广州市阳光评价(2019年升级为智慧阳光评价)实验学校以来,连续8年参加测评工作。在经历广州市中小学教育质量阳光评价体系不断完善与测评指标体系持续迭代的过程中,见证了广州市在教育评价改革的道路上不畏艰难、积极探索、精益求精的精神。与此同时,我校积极运用广州市智慧阳光评价科学有效又针对性极强的数据,精准对接教育教学中存在的关键问题,及时反思与调整,以评促建,致力于促进学校优质均衡发展。

【关键词】 智慧阳光评价;评价改革;以评促建;学校发展

广州市智慧阳光评价主要依据教育部颁布的《中小学教育质量综合评价指标框架》《教育部关于进一步推进高中阶段学校考试招生制度改革的指导意见》以及中国学生发展核心素养研究成果等,形成广州市中小学综合素质评价体系。教师测评则包含3项一级指标和13项二级指标,整篇报告共16页。学生测评包含6项一项指标、13项二级指标和18项三级指标,学生测评校级报告对各项指标进行了详细的数据分析,2021年新增"学生发展追踪分析"部分,对2020年、2021年两次参测情况进行对比数据分析,不仅有三年级至四年级整体水平的变化数据,还有对各班增长对比的情况分析,图文并茂,整篇报告共94页。我校连续两年参加测评的相同3个班,分属2个校区(三年级升至四年级,其中有2个班换了新校区),共135人,男生与女生比率1:1。3个班教师配置分属不同年龄阶段,不同水平,有一定的代表性,尽可能反映全年级21个班的平均水平。如何解读广州市智慧阳光评价科学又针对性极强的数据,精准对接教育教学中存在的关键问题,及时进行归因分析,反思与调整,以评促建,致力于促进学校优质均衡发展,笔者认为应从以下三个方面着手:

一、依次找准关键问题

（一）从测评的一级指标中找问题

1. 关注当年师生测评的一级指标情况

广州市智慧阳光评价学生测评报告,首先对测评的背景、目的、对象以及指标做了详细的解释。接着从测评的一级指标:品德社会化水平、学业发展水平、身心发展水平、艺术素质、劳动实践、学校认同六个方面对参加测评学校的学生综合发展水平指数做整体概括(如表1),从表中看出我校学生综合发展水平指数皆高于本市、本区的平均水平,且我校学业负担指数较本市、本区指数更接近1,代表我校学生的负担感受更轻。但我校学校认同指数,仅高出本区0.02,高出本市0.01,这就是应引起学校高度关注的关键问题。

表1 2021学年M校学生发展指数整体情况

群体		发展指数概览						
		分指数						
		品德社会化发展指数	学业发展指数	身心健康指数	艺术素质指数	劳动实践指数	学业负担指数	学校认同指数
小学整体	本市	0.86	0.54	0.79	0.56	0.82	0.66	0.79
	本区	0.86	0.54	0.79	0.55	0.81	0.65	0.78
	本校	0.91	0.6	0.85	0.61	0.85	0.71	0.8

教师测评主要关注教师在教学能力、职业压力和工作动力上的整体情况(如表2)。2021学年的评估数据显示我校教师的工作积极性较高;热爱教学工作;教师追求自身成长、愿意不断学

习新知识、新思想；积极关注教育相关发展趋势；不断学习、钻研教育相关问题。教师教学设计、实施、管理、研究能力强，具备潜在优势。教师职业压力程度较轻，动力比较足。

表 2　2021 学年 M 校教师发展指数整体情况

指标	得分 本校	得分 本区	本校水平
教学能力	92	89	潜在优势
职业压力	23	34	程度较轻
工作动力	81	78	潜在优势

2. 关注 2020 年至 2021 年师生一级指标发展情况

2021 年报告中新增"学生发展追踪分析"部分，是智慧阳光评价的一大亮点，为了解学生从三年级至四年级的发展动态，测评报告中对 2020 年与 2021 年综合发展水平指数进行了对比分析，并计算出两者之差。我校情况如下：品德社会化水平（+2.01）、学业发展水平（+3.64）、身心发展水平（+2.02）、艺术素质（+7.02）、劳动实践（+1.38）呈现正向增长；学业负担（−0.91）与学校认同（−1.94）出现负增长。学业负担是负向指标，负增长说明学业负担更轻了。但学校认同追踪数据出现负增长（如表 3），这与 2021 年学生发展指数整体数据反映的关键问题一致。

表 3　追踪同批学生 2020 学年至 2021 学年整体增长分析情况

指标	2020 年	2021 年	分数变化	增长幅度
品德社会化水平	89.25	91.27	↑2.01	2%
学业发展水平	63.25	66.89	↑3.64	6%
身心发展水平	84.49	86.51	↑2.02	2%
艺术素质	55.69	62.71	↑7.02	13%
学业负担	26.63	25.72	↓−0.91	−3%
学校认同	83.59	81.65	↓−1.94	−2%
劳动实践	85.64	87.02	↑1.38	2%

注：↑水平增长　→水平平稳　↓水平下降。

（二）从师生测评的二、三级指标中找问题

1. 学生二、三级指标情况

学生测评一级指标之下的二级指标细分了维度。例如，学业发展水平的二级指标是学会学习和知识技能。学会学习又分为三级指标——学习动机、学习能力、学习策略。每一个三级指标下还有四级指标（如图 1），能够清晰地看到学生学会学习的情况。我校学生学习动机、学习能力与学习策略整体处于中水平，各项指标高于市区均值（图 2、3）。

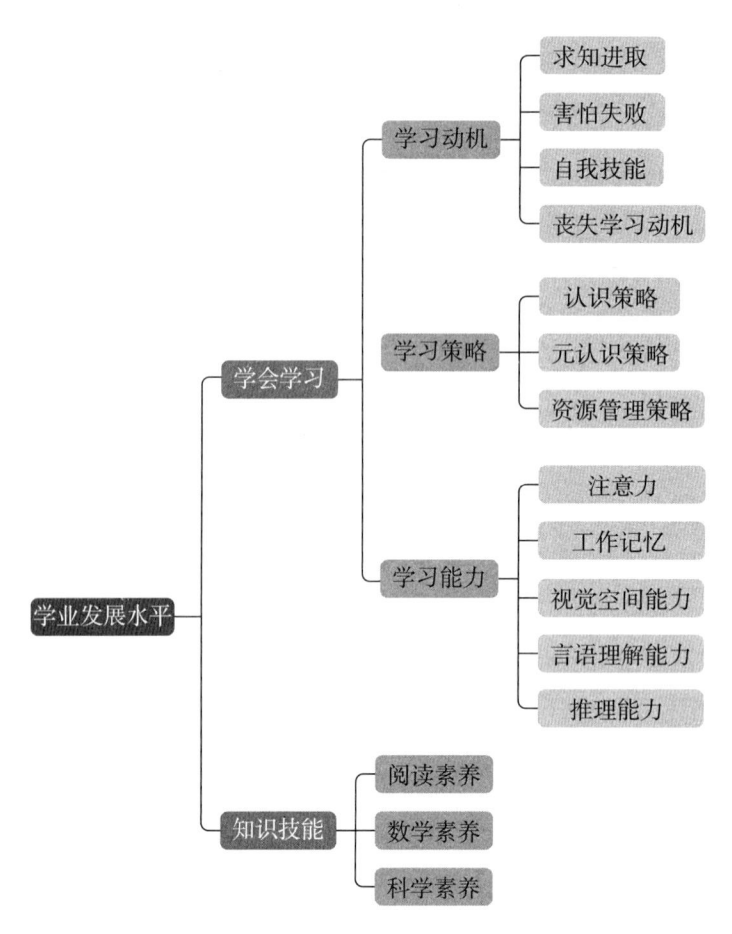

图 1　学业发展水平的二、三、四级指标

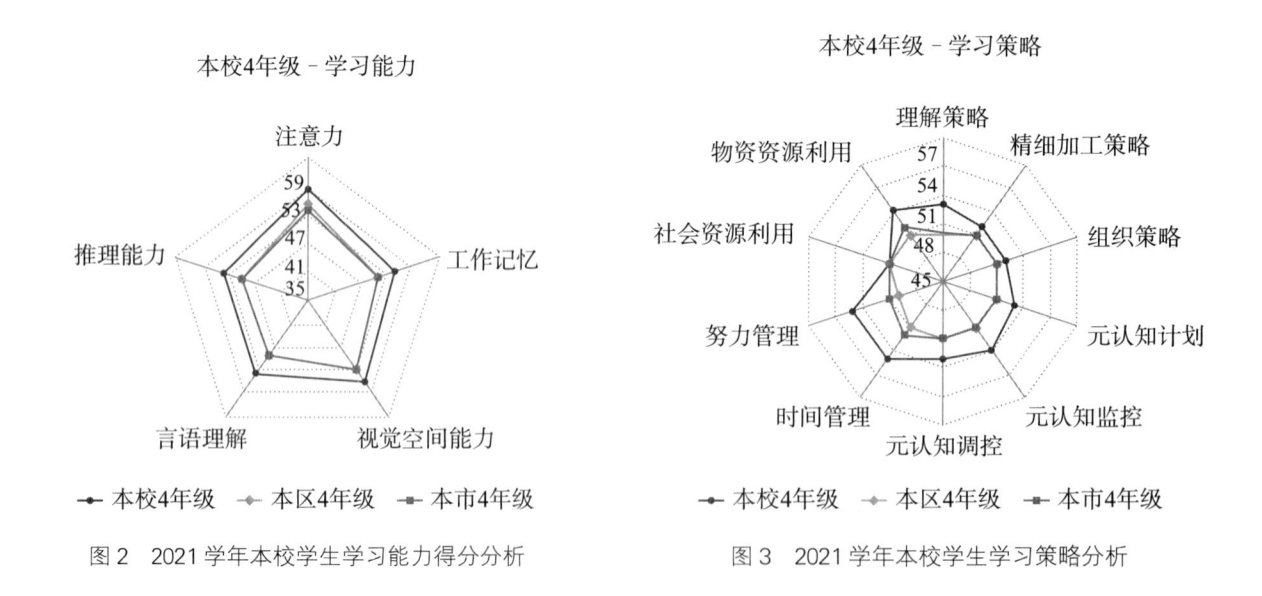

图 2　2021 学年本校学生学习能力得分分析

图 3　2021 学年本校学生学习策略分析

知识技能分为阅读素养、数学素养与科学素养(如图1)。二、三级指标中的发展指数对学校教学管理有着重要的参考价值。以阅读素养情况为例,本校四年级阅读素养高出市均值 36.03

（如表4），其中个人应用情境、教育情境、公共应用情境、连续文本、非连续文本、记叙、说明、交互文本、信息定位、文本理解、欣赏、评价与反思得分率均高于市区均值，且阅读兴趣得分率高出市均值3.43，阅读信心得分率高于市均值4.95（如表5）。

表4 本校四年级阅读素养学生均值

阅读素养	学生均值
本市	499.95
本区	499.14
本校	535.98

表5 本校四年级阅读兴趣、阅读信心得分率

分类	阅读兴趣	阅读信心
本市	77.30	74.84
本区	77.17	74.71
本校	80.73	79.79

但从三年级到四年级的对比表中，明显发现，阅读素养基础水平的D类学生占比增长37.12%、E类学生占比增长26.52%、F类学生占比增长12.12%，B类与C类属于中高水平等级的学生占比下降了24.25%（如表6）。

表6 M校2020年至2021年阅读素养水平追踪情况

年级	A	B	C	D	E	F
三年级→四年级		↓−9.40(4.55%)	↓23.71(19.70%)	↑+15.41(37.12%)	↑+15.67(26.52%)	↑+8.24(12.12%)

注：↑水平增长　→水平平稳　↓水平下降。

与阅读素养发展情况类似的还有科学素养和数学素养，虽然各项指标都高于市区均值，但在追踪2020年至2021年的数据情况发现科学、阅读与数学中基础水平等级的学生占比在增长，中高水平等级的学生占比在下降。说明学生三大素养均衡发展取得一定的成效，但在如何促进"中等生"优质发展，是引起学校关注的又一关键问题。

另外，追踪三年级到四年级的学业负担指标分析，大部分指标低于区均值，且学业负担在逐渐减轻，但学生对家长期望的认知仍然高于区均值（如图4、5）。我校四校区地处广州市天河区经济政治文化中心的体育中心地段，家长素质普遍较高，家庭经济水平较高，对学校发展、孩子发展情况是抱有高期待的。

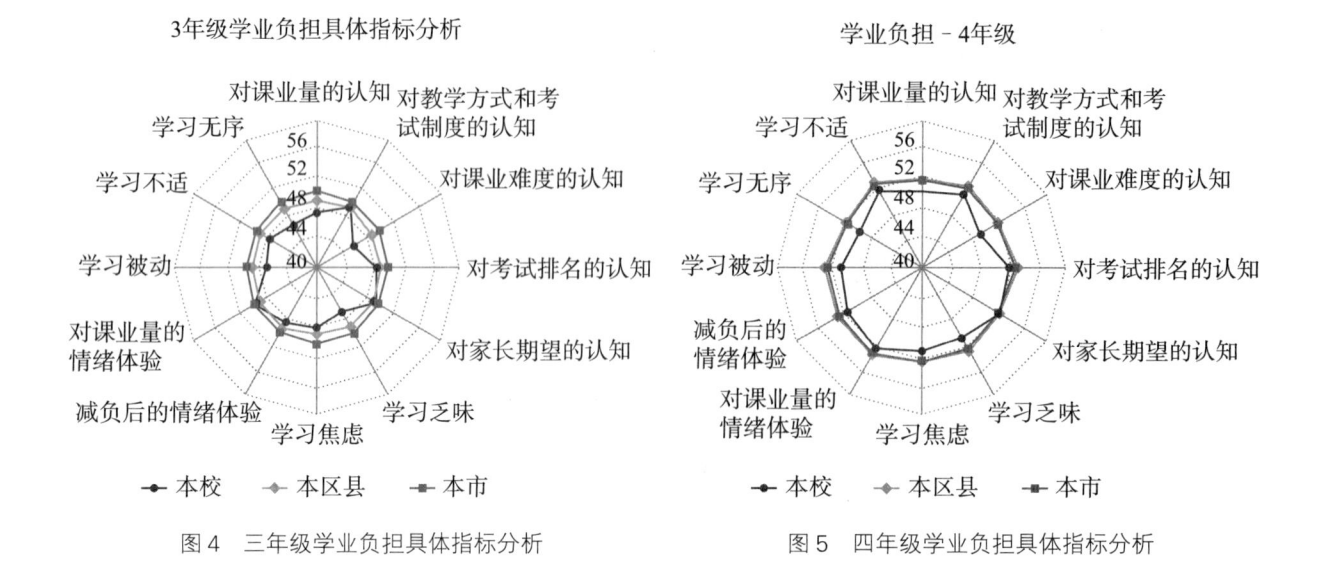

图 4　三年级学业负担具体指标分析　　　　图 5　四年级学业负担具体指标分析

2. 教师测评的二级指标发展情况

教师测评的一级指标包括教学能力、职业压力和工作动力。其中职业压力的二级指标的数据反映，我校教师认为支持自身发展的机会和资源等，基本能够满足个人的发展需求，压力感较小（如图6）。教学能力的二级指标包括教师设计、实施、管理、评估与研究能力。问卷测评出我校教师具有敏锐的问题意识，能恰当处理教学问题，完善教学研究方案，将研究成果科学应用到实践中，同时根据不同结果及时总结和反思。但有36%教师在教学评估能力上的水平低于区均值（如图7）。

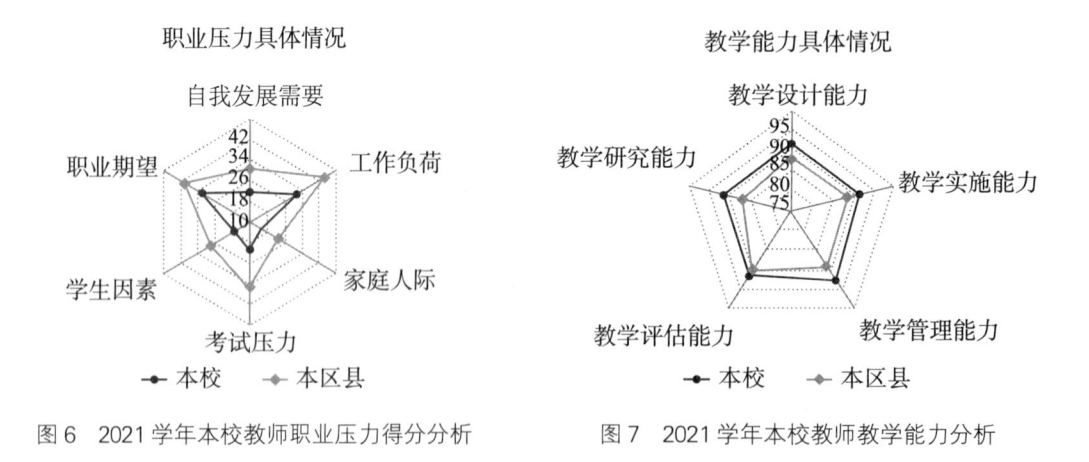

图 6　2021学年本校教师职业压力得分分析　　　　图 7　2021学年本校教师教学能力分析

工作动力的二级指标包括工作热情与自我成长，数据显示，我校教师具有潜在优势，但有44%教师在自我成长上的水平低于区均值（如表7）。因此，学校需要更重视激发教师的自我成长。

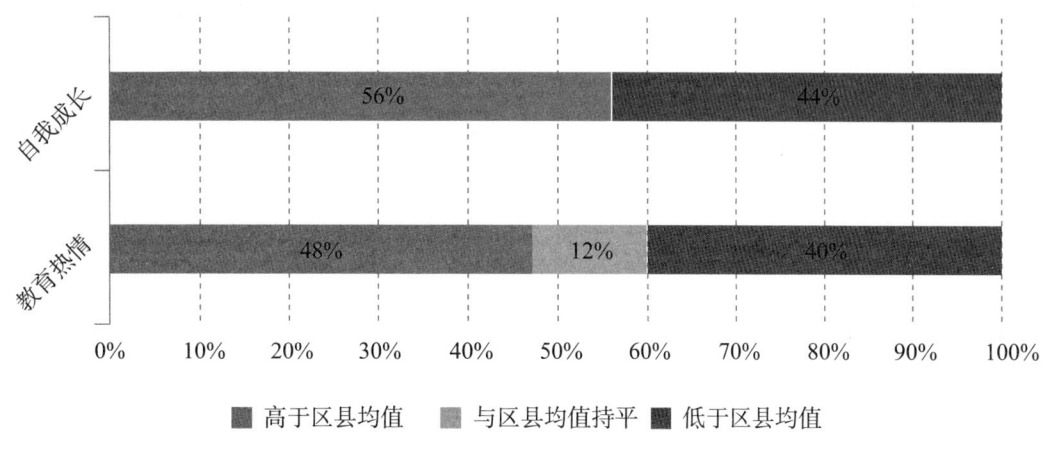

图 8 2021 年 M 校教师工作动力情况

二、关联数据归因分析

学生与教师测评报告中的数据反映出若干隐藏在平时教育教学工作中的问题，需要积极面对，精准剖析问题的成因，方能对症下药。针对我校三年级至四年级学生在追踪数据中发现学校认同出现负增长、三大素养中高水平学生占比下降以及 36% 教师评估能力低于区均值三大关键问题，关联其他数据进行以下的原因分析。

（一）学校认同水平指数负增长的原因分析

关联下一级指标数据。学校认同的下一级指标包括学校文化认同、教学方式认同与师生关系认同三个方面。追踪 2020 年至 2021 年我校学校认同数据发现，二级指标中学校文化认同水平上升 2%，但教学方式认同下降了 4% 和师生关系认同水平下降了 2%（如表 7）。

表 7 追踪 2020 年至 2021 年我校学校认同数据

年级	学校认同	学校文化认同	教学方式认同	师生关系认同
三年级→四年级	↓−1.34(−2%)	↑+0.89(2%)	↓−2.00(−4%)	↓−1.33(−2%)

注：↑水平增长 →水平平稳 ↓水平下降。

关联测评班级数据。关联测评三个班的学校认同水平情况，发现尽管总体水平在上升，但更换校区的 A 班下降了 8%，没有更换校区的 C 班上升了 9%（如表 8）。

表 8 M 校学校认同与学校文化认同情况

指标	2021 年水平最高班级	2020 至 2021 增长最大班级	2020 至 2021 下降最大班级
学校认同	B 班	C 班 ↑4.24(9%)	A 班 ↓−3.98(−8%)
学校文化认同	B 班	C 班 ↑3.72(7%)	A 班 ↓−1.05(−2%)

不仅如此，C 班的教学方式认同与师生关系处于上升趋势，尤其是师生关系上升了 13%，其

至超过了一直遥遥领先的B班。而A班的师生关系下降了11%,下降幅度较大(如表9)。

表9 M校教学方式认同与师生关系情况

指标	2021年水平最高班级	2020至2021增长最大班级	2020至2021下降最大班级
教学方式认同	B班	C班 ↑1.04(2%)	A班 ↓−4.73(−10%)
师生关系	C班	C班 ↑6.39(13%)	A班 ↓−5.80(−11%)

关联教师教学能力数据。三个班中除了B班语文老师有更换之外,A班和C班的语数英三科老师没有更换,深度关联三个班相关教师的教学设计、实施与管理能力,发现:数学与英语学科教师差异不大。但入职不到2年的C班年轻语文老师兼任班主任分值较高,得分分别是98、100和93,且较上一年有了大幅度的提高。而A班有一定教龄语文老师兼任班主任,各项分值较低,分别是84、96、79,较上一年有所退步。

关联相关教师工作动力数据。教师工作动力的其中一个指标:自我成长,我校教师得分低于区均值的44%,其中"中年教师"(教学能力也处于中等水平的教师)占比69.2%,因此,对这部分教师群体的持续培训还需要进一步加强。

由此推论,学校认同水平指数下降的原因不仅与更换校区有关,与教学方式以及师生关系密切相关,同时与学校对不同年龄层次不同专业水平教师的分类培训力度相关。

(二)三大素养中高水平等级的学生占比下降原因分析

为探索非学业指标对学业表现的影响关系,测评采用相关分析研究非学业指标与学生科学素养之间的数量关系,使得统计分析结果对一线教育教学更具现实指导与操作意义。因此,分析三大素养中高水平等级的学生占比下降原因,需要**关联非学业指标数据进行分析**。如数学素养与学习能力、健康生活方式与学校认同密切相关(如图9)。

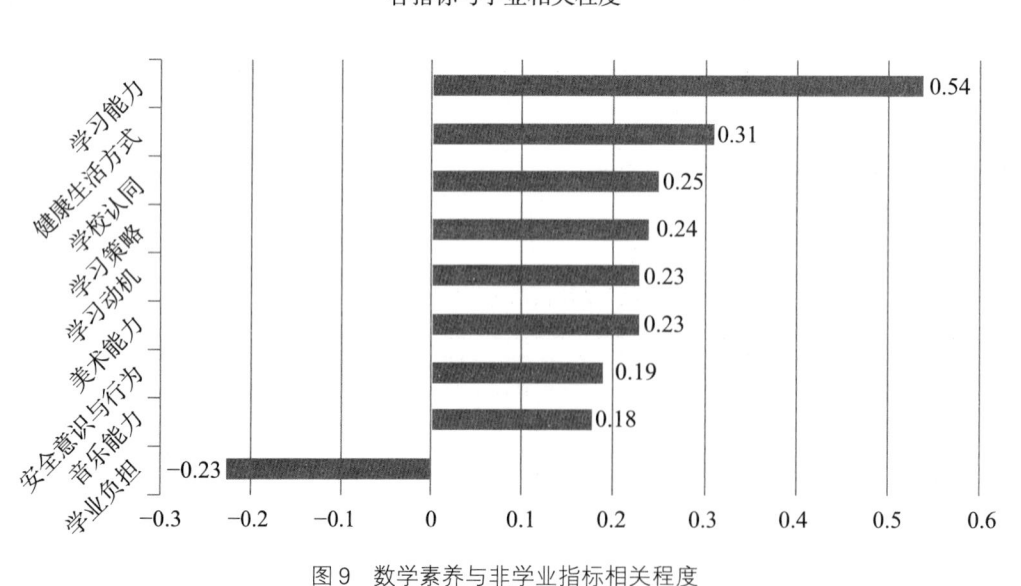

各指标与学业相关程度

指标	相关程度
学习能力	0.54
健康生活方式	0.31
学校认同	0.25
学习策略	0.24
学习动机	0.23
美术能力	0.23
安全意识与行为	0.19
音乐能力	0.18
学业负担	−0.23

图9 数学素养与非学业指标相关程度

继续关联学习能力(图2)、健康生活方式水平(图10)。除了健康生活水平中"作息"指标接近市区均值外,其他皆高于市区均值。由此,三大素养中高水平等级的学生占比下降的原因可能与学校认同水平下降相关,与健康生活方式的"作息"指标相关,还可能与我校部分教师忽略了对"中等生"成长的培养相关。

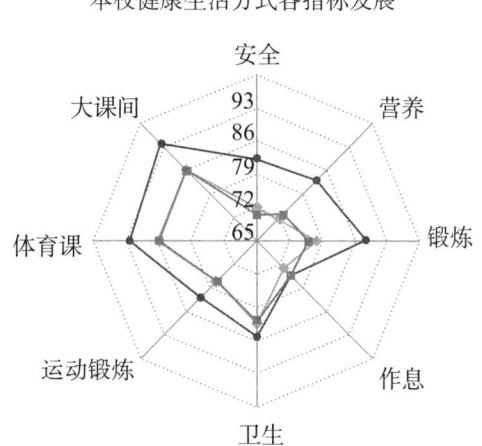

图 10　本校学生健康生活方式各指标发展情况

(三) 36%的教师在教学评估能力上的水平低于区均值原因分析

教学评估能力是指教师采用多种方法观察、了解和督促学生学习,经常交流、审视和定期总结自己的教学经验,同时借鉴利用他人教学经验的能力。评估能力需要教学观念的转变、教学经验的一定积累。**关联测评教师年龄结构**发现:参加测评的 23 位教师中,有 12 位教师教龄在 5 年以内,占总人数的 52.2%。近年来,我校办学规模日益壮大,班级数量与教师数量快速增长,仅 2020 年至 2021 年一年内,离开我校的老师 28 位,而新入职教师高达 61 位,教师队伍年轻化且流动性非常大。教师专业水平发展参差不齐应该是 36% 教师在教学评估能力低于区均值的主要原因。

三、理清关系定准策略

正如学校认同指标受教学方式、师生关系、教学能力等因素影响,同时又影响数学素养一样,针对关键问题关联数据分析出可能的影响因素之间也是彼此联系,关系紧密。例如,变革教学方式,有助于良好师生关系的建立,促进教师自我成长;如果能降低家长对孩子的高期待,也许能够保证学生的睡眠时间,养成良好的作息习惯,促进三大素养的进一步提升。因此,理清影响因素之间的关系是定准策略的前提,分以下三个方面。

(一)理清智慧阳光评价诊断功能与导向功能之间的关系

广州市智慧阳光评价体系是以促进学生全面发展、健康成长为目的的新型教育质量评价体系,是素质教育的升级转型。一方面,智慧阳光评价通过小样本的测评和分析,诊断样本校管理中的优点和不足,促进其改进;另一方面,智慧阳光评价体系中评价指标和评价标准,为学校的教育评价改革指明了方向。评价不仅是一种激励,更是一种方向。2021年10月,我校依据《义务教育质量评价指南》以及广州市智慧阳光评价体系,对接我校"阳光七品":心有远志、热爱运动、文明有礼、乐学善思、实践创新、悦读悦美、阳光自信的育人目标,整体构建并实施全面覆盖德智体美劳的"向阳"生长评价手册,包括"品德""学业""身心""审美""劳动与社会实践"五个方面。其中,"向阳"学业发展评价从学习习惯、学业评价与创新精神三个维度对学生的学习情况进行教师、同伴与学生三方的评价(如表11)。不是以学生的某次成绩对学生进行终结性评价,而是跟踪学生在一段时间内课堂表现、作业情况、学习习惯、学习进步、参加各种校内校外活动等情况进行过程性评价、综合性评价和增值性评价。广州市智慧阳光评价指标逐渐融入"向阳"生长评价手册其他方面,逐渐融入教育教学管理、融入课堂教学、融入班级管理、融入家校共育等方方面面。

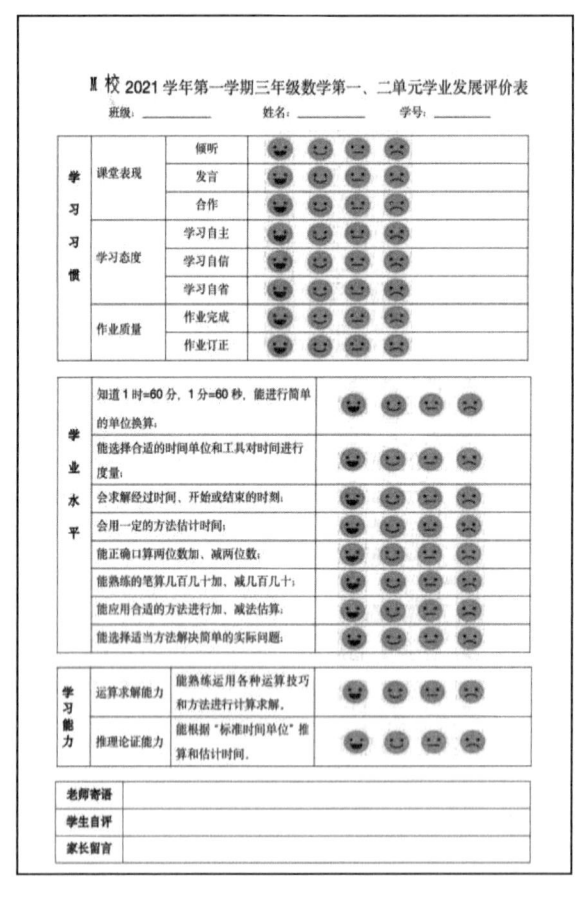

图11　M校数学与英语学科向阳学业发展评价表

(二)理清变革教学方式与"中等生(中等教师)"成长之间的关系

"双减"政策颁布,义务教育"新方案""新课标"出台,预示着素养导向下,新一轮课程与教学正在课堂现场进行着一场学与教方式的深刻变革。单元学案作为一种新教案、单元设计方案,是教师基于学生立场,围绕某一学习单元,从"学会什么"出发,一体化设计的帮助学生自主建构或社会建构经验或知识的专业方案。近两年来,我校以"单元学历案"的设计与实施为抓手推动学校教育教学高质量发展:一方面,促进教师转变教育观念,改变教学方式,形成良好师生关系,提升学生素养。另一方面,引导教师开展课例研究,经常学习与交流,审视和总结自己的教学经验,借鉴利用他人教学经验,提升教学评估能力,自主成长。但本次我校测评数据反映出,无论是教师群体还是班级学生群体,人数最多的"中等生"在这一场变革过程中还是有被忽略的现象。"中等生"受积极因素推动就会不断进步,相反,就容易退步。因此,下一阶段,学校在教师研修、校本教研、班级文化建设、读书分享以及课题研究等多方面积极搭建"中等教师"成长的平台,行政团队要以更耐心、更善意、更敏锐的目光捕捉"中等教师"的思考点,帮助他们在学校教育里赢得点滴成就,帮助他们建立"其实我也可以做得到"的自我身份认同。以此类推,班主任与科任老师要高度重视"中等学生"教育方法:多了解和尊重学生的性格差异,多看"中等生"身上的"闪光点",多给予适当的帮助与鼓励,努力帮助"中等生"建立所在班级的自我身份认同,从而提升学校认同水平。此外,链接"向阳"生长评价手册,持续多维度评选"美德首富""科学小院士""小小演奏家""劳动小能手""运动小健将""悦读娃""善思娃"等特色学生,多角度评选"向阳班级""书香班级""科学工作站"等特色班级,促进"中等生(中等教师)"不断向更高水平发展。

(三)理清学校教育与家庭教育之间的关系

"双减"背景下,学校教育与家庭教育必须携手共进,才能走出"校内减负校外增负"的困境,才能全面修复教育生态,保障每一位学生身心健康成长。我校一贯重视家校共育,不仅每学期召开1次家长会,开展2次"绿色作业"与"作息习惯"的家长问卷,还创立了"M校家长大学堂":一是定期邀请家庭教育方面的专家、心理学专家以及在家庭教育方面有成功案例的家长开展系列专题讲座。如《良好习惯是给孩子最大的财富》《很多事情比关注孩子学习重要》等,同步在学校微信公众号上推送。二是定期邀请家长、学生与专家参与"M校有约"的系列活动当中,一起话"双减",一起聊"睡眠",一起为学校管理出谋划策。三是每班做好家委会的建设,班级教师与家委会一起积极推进班级文化建设,开展"正面教育"等有意义的活动,帮助家长形成正确的教育观,减少焦虑,保证孩子睡眠时间,降低期望值。

总之,进一步深化教育评价改革,促使评价过程可视化、数据化,评价历程成为全体学生共创生成的一个新学习场,是发展智慧评价的初衷。基于2021年广州市智慧阳光评价数据以及追踪数据的变化,我校在找准关键问题、关联数据、分析成因的过程中,对学校的教育教学工作是一次"以小见大"的把脉诊断,在盘点成因、理清关系、形成改进策略的过程中,对学校的高质量发展是一次"以评促建"的全盘思考。

(广州市天河区 M 校　赖艳)

案例四

持续默读对小学高年级学生英语阅读理解的影响研究

——以广州市越秀区 Z 校为例

【摘要】 教育评价事关教育发展方向,广州市以智慧阳光评价为抓手,精准突破,持续推进教育高质量发展。依托 2019 中小学教育质量阳光评价学校报告反馈,针对 Z 校五年级学生英语学科能力发展分析结果进行教学实验。利用蓝思(Lexile)阅读平台辅助小学高年级学生进行课前持续默读(Sustained Silent Reading)活动,旨在提升英语阅读理解水平,培养阅读素养。结果表明,蓝思阅读平台辅助下的持续默读,能有效提高英语阅读理解。其中,低水平组学生在区县统一的阅读学业评价,特别是理解与分析类题型中,进步更显著;中、高水平组在蓝思阅读评价中体现更明显。论文为丰富小学英语阅读教学与评价,充分利用信息技术探索增值评价,全面提升学生核心素养提供参考。

【关键词】 持续默读;蓝思阅读平台;阅读理解;智慧阳光评价

一、引言

2020 年 10 月,中共中央、国务院印发《深化新时代教育评价改革总体方案》,要求系统推进教育评价改革。广州市作为全国中小学教育质量综合评价改革实验区之一,积极构建智慧阳光评价立体体系(以下简称"智慧阳光评价"),综合考查品德发展、学业发展、身心健康、艺术素质、学业负担和学校认同,促进学生全面发展。自 2014 年智慧阳光评价改革以来,已有研究关注其评价机制、评价模型构建及大数据应用等方面,为深化科学多元的教育评价提供了基础。然而,现有研究相对较少且更关注区域这一宏观层面,各实验校有必要就智慧阳光评价对校级、班级及个体的反馈进一步开展实证研究,因势利导,转化成果,优化教育教学,加快推动教育高质量发展。因此,依托智慧阳光评价,针对存在不足,Z 校结合自身教学实际,积极开展教学研究,在英语科进行阅读教学实验,以贯彻落实《义务教育英语课程标准》要求,丰富阅读教学模式,并基于过程性学习数据更好地了解阅读的影响因素,为教育评价及其应用提供新的角度。

二、研究概况

(一)研究缘起

智慧阳光评价的学业发展维度,突出考查五年级学生六项英语能力,即识别基础词汇、理解简单描述、理解日常交际对话、理解复杂陈述和综合语言运用。据 2019 年中小学教育质量阳光评价学校报告反馈，Z 校五年级两个抽样班级英语学科总得分率分别为 72.29 及 67.93，对比区县得分率 66.25 及全市得分率 55.56 有一定优势，表明 Z 校学生有较好的英语学习基础。然而，在英语六项能力发展上，Z 校学生发展并不均衡。如图 1 所示，对于识别—理解—运用三个层级，学生识别基础词汇能力最强，综合语言运用能力最弱；仅针对理解能力而言，学生理解基本交际用语和简单描述的能力较强，而理解日常交际对话和复杂陈述的能力较弱。这一测评结果表明，必须持续夯实阅读教学，重视小学高年级学生高阶阅读能力的培养，提高综合运用语言能力。

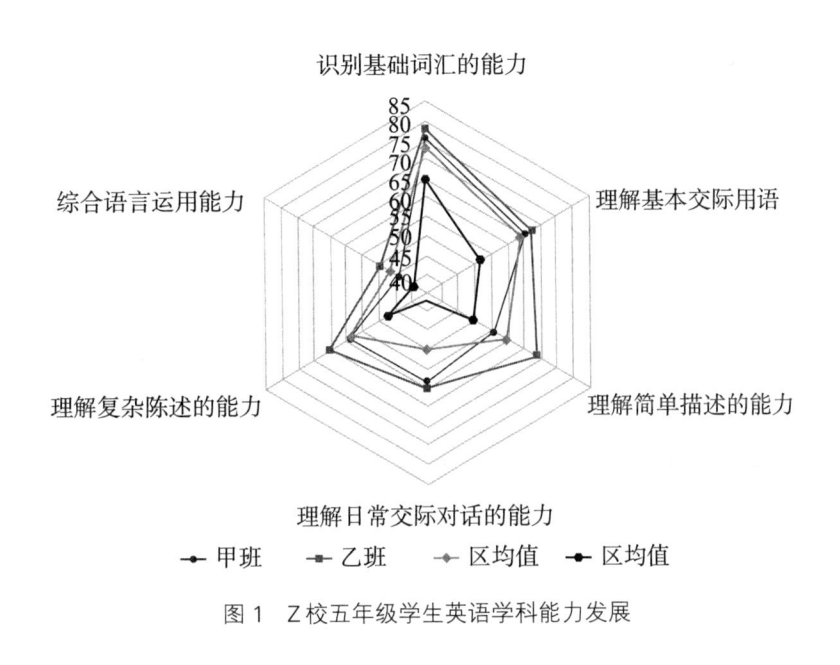

图 1　Z 校五年级学生英语学科能力发展

近来，持续默读（Sustained Silent Reading）的英语学习模式日益受到关注。它是指师生有规律地在一段固定时间内自选书目作静默式阅读且不附带额外的读后任务。国内外均有研究支持其对阅读、词汇、写作等方面的积极影响。《义务教育英语课程标准》（2022 版）亦明确提出，应"指导学生坚持课外阅读……满足差异化需求，辅导并支持学生开展如持续默读等活动"。然而，前期校内调研发现，Z 校学生独立阅读的情况并不乐观。在选择阅读材料、追踪阅读过程、制定个性化阅读方案及多维度评价阅读效果等方面有不少可探索之处。综合调研情况及前人研究，Z 校借助现代教育技术支持，应用蓝思阅读（Lexile Framework for Reading，简称"蓝思"）辅助小学高年级学生进行课前持续默读活动，旨在提升英语阅读理解，培养阅读素养。

（二）研究问题

蓝思在线阅读平台辅助下的持续默读对各水平六年级学生英语阅读理解有何影响？

（三）研究对象

广州市越秀区 Z 校六年级学生，共 83 名（46 男，37 女），分为实验组和对照组。其中，实验组 41 人，对照组 42 人。两组的英语任教老师、教学内容、课时和课堂组织形式均一致。分析五年级第二学期四次区县统一英语模块水平评价反馈，两组英语学业水平无显著差异（$t_{(81)}=-1.955,p=0.054>0.05$）。根据被试五年级第二学期区县统一英语期末学业评价的成绩排序，每组前27%为高水平组（实验组10人，对照组11人），后27%为低水平组（两组均为10人），其余为中水平组（两组均为11人）。

（四）研究工具

本研究利用蓝思阅读评价和区县统一的英语阅读学业评价比较两组学生的阅读理解，并且利用问卷调查，收集两组学生对各自参与的阅读活动的意见。

1. 蓝思阅读评价

蓝思是最广泛使用的分级系统之一，它使用共轭标尺衡量文本的难度和读者能力，能迅速匹配读者与读物。它的多功能在线阅读平台能为持续默读的全过程提供支持。与智慧阳光评价相似，蓝思阅读评价是基于项目反应理论（Item Response Theory）下 Rasch 模型（Rasch Model）的应用。每次测试从 20 万道题的数据库中提取 25—30 道选择题，借助计算机自适应技术（self-adaptive computing），即试题的难度随着答题正确率而变化，从而测出阅读理解力。蓝思阅读评价测试的结果以"数字+L"的形式表示，数字越大则能力越强；对于入门级别的读者，结果显示为"BR 数字+L"（Beginning Reader），数字越小则能力越强。通过比较研究对象前测和后测的结果，可以看出阅读理解力的变化。

2. 区域标准化阅读学业评价

为进一步了解持续默读的影响，研究者还对比研究对象在区域标准化阅读学业评价的答题情况。前测试题是越秀区 2017、2018 和 2019 学年第二学期五年级英语期末学业评价的阅读部分，共 31 小题。后测试题是越秀区 2017、2018 和 2019 学年第一学期六年级英语期末学业评价的阅读部分，共 58 小题。测试题型主要为选择题、判断题、选词或选句填空。

3. 问卷调查

实验结束后，用问卷调查来收集研究对象对进行持续默读或传统阅读练习的看法。问卷由两部分组成。第一部分是关于人口统计学数据，第二部分是关于阅读实验的陈述，旨在了解学生的总体感受、对阅读练习效果的评价，以及今后继续阅读的意愿。研究对象需要对 11 项陈述做出回应，勾选"非常不同意、不同意、不清楚、同意或非常同意"之一，对应分值为 1-5。11 项陈述涉及阅读的乐趣（第 1-2 项）、持续默读或常规阅读理解练习的效果（第 3-5 项）、阅读时的投入程度（第 6-7 项）以及今后继续课外阅读的意愿（第 8-11 项）。

（五）实验过程

实验分为准备、实施、数据收集和数据分析四个阶段。

在实验准备期，研究对象被随机分为实验组和对照组，各组按学业评价测试结果划分为低、中、高三类水平。研究者为实验组注册阅读平台的个人账号，为对照组选定阅读练习册的习题。

安排阅读理解测试前测,记录研究对象蓝思阅读评价前测结果和区县统一的阅读学业评价前测得分及答题情况。

实验时,两组的阅读材料、阅读任务、阅读时间和阅读监测等安排如下。

实验组进行持续 3 个月(每周三次,每次 15 分钟)蓝思辅助下的持续默读,即集中在电子阅览室,各自在平台选择感兴趣的、难度适当的书安静、专心地阅读。老师同时也默读,不作巡视或指导。每读完一本,要完成一次含 7—10 道选择题的小测,确保真正阅读(小测例题如图 2)。平台自动记录个人和班级的阅读数据,学生账号显示个人阅读档案,如 Lexile 读者能力起始值和当前值、通过的小测的书本数、有效阅读的字数、浏览的总字数、小测的平均得分、阅读兴趣和推荐的书籍等等。平台还生成各类班级阅读统计,方便教师掌握整体情况。

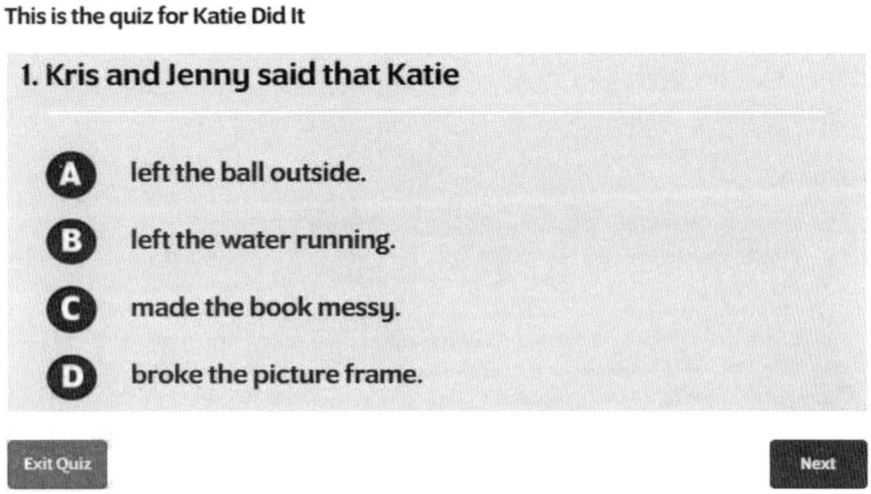

图 2　蓝思平台阅读小测例题

在实验组进行持续默读时,对照组采用传统的阅读理解训练方式,仅完成教材配套练习册《阳光学业评价》(广州教育研究院,2015)的阅读练习,此外,不作任何课外阅读要求。有别于实验组能自选阅读内容,对照组的阅读练习是根据每个单元所学的话题、目标单词和句型以及语言难度设计的。每个练习含一篇约 100—150 个单词的短文,题目类型主要是选择题、判断题、填上正确的词/句(例题如图 3、4 所示)。每个单元大约有 4—5 个阅读练习。研究对象对此类练习形式较为熟悉。除阅读形式和阅读材料不同外,两组阅读目的也不同,实验组在相对悠闲的环境中按自己的节奏阅读。对照组的任务是正确地完成练习题。此外,老师在对照组监督学生按时完成、批改练习题,并在课上讲评。

8. 阅读短文，判断下列句子是否符合短文内容。如符合，在括号内写"T"，否则写"F"。

Hi, I'm Ben. I'm a student of Dongfang School. I want to tell you the differences between my new school and the old one. My new school is very big. We have a big garden now. In the garden there are many big tall trees and flowers. It's very comfortable to sit under the trees. The new playground is big and beautiful. On the playground of the old school, we could only play badminton or table tennis. But now, we can play basketball or football. The classrooms are big and bright (明亮的). There are fifty classrooms in my new school. In the old school, we had no library. But now, there is a big library. The new library has many books. We like doing some reading there. We all love our new school.

(　　) (1) Ben teaches English in Dongfang School.
(　　) (2) There are many trees and flowers in Ben's new school.
(　　) (3) Ben can play football in his new school.
(　　) (4) There are 40 classrooms in Ben's new school.
(　　) (5) Ben had a small library in his old school.
(　　) (6) Children like reading books in the new library.

图 3 《阳光学业评价》练习册阅读判断题例题

7. 阅读短文，选择正确的答案填空，把其英文大写字母编号写在括号内。

The Spring Festival is the Chinese New Year. There is an animal name for each Chinese year. We may call it the year of the tiger, the year of the monkey or the dragon. Before the Spring Festival, people go shopping and clean their house. On New Year's Eve, there is a big family dinner. After dinner, the family stays up late (睡得很晚) to welcome the New Year. On the first day of the New Year, people put on their new clothes and go to visit their friends. They wish each other a happy Spring Festival. People also watch dragon dance and lion dance at the Spring Festival. People usually have a very good time during the festival.

(　　) (1) How many Chinese festivals is the passage(段落) about?
　　　　A. One.　　　　B. Two.　　　　C. Three.
(　　) (2) What kind of name does each Chinese year have?
　　　　A. A tree name.　　B. An animal name.　　C. A flower name.
(　　) (3) Chinese people usually _____ on New Year's Eve.
　　　　A. visit their friends　B. go to bed early　　C. have a big dinner
(　　) (4) What do people watch at the Spring Festival?
　　　　A. Dragon boat races.
　　　　B. Dragon dance and lion dance.
　　　　C. The moon.
(　　) (5) This passage is about _____.
　　　　A. animals　　　B. food　　　C. a festival

图 4 《阳光学业评价》练习册阅读选择题例题

实验后，两组进行阅读理解后测并参加问卷调查。收集实验组在阅读平台的过程性数据及对照组阅读练习的答题数据。把所得数据编码，利用 SPSS.24 软件进行多因素方差分析。

三、结果与分析

（一）阅读理解结果与分析

研究对象阅读理解的变化从蓝思阅读评价和区县统一的英语阅读学业评价两个方面呈现。

1. 蓝思阅读评价

实验组和对照组在蓝思阅读评价的前测、后测的描述统计结果如表 1 所示。以蓝思阅读评价结果为因变量,做 2(实验组别:实验组/对照组)×2(测试类型:前测/后测)×3(学生英语水平:低/中/高)的三因素方差分析。

结果显示,测试类型与实验组别之间交互作用显著($F(1,77)=8.158, p=0.006<0.01, \eta_p^2=0.096$)。简单效应检验结果显示,实验组内后测成绩显著高于前测($p=0.012<0.05$),而对照组后测成绩与前测成绩无显著差异($p=0.140$);后测内实验组成绩显著高于对照组成绩($p=0.046>0.05$),而前测内两组成绩无显著差异($p=0.683$)。

通过对表 1 中前、后测试的平均分数的比较,实验组低、中、高水平学生的变化分别为－8.44%、366.50%和 45.04%,这说明大多数学生从持续默读中受益,其中,中等水平的学生收获最大,高水平次之。反之,对照组低、中、高水平学生的变化分别为－37.87%、－295.68%和 2.11%,中水平学生退步较大。后测时实验组占据明显优势,尤其对中水平学生,实验组 366.5%的升幅与对照组 295.68%的降幅对比强烈。上述数据表明,蓝思辅助下的持续默读有助提高学生阅读理解,前人研究也得出相关结论。

这一结果是维果斯基(Vygotsky)最近发展区理论和克拉生(Krashen)输入假说理论的体现。阅读理解能力的培养是一个动态的过程,教师应采用发展的观点,借助教育技术持续而精准地定位学生的最近发展区。在确定了当前和目标水平后,仅靠非常有限的课内知识复现是远远不够的。教师应为学生提供充足的可理解而有趣的语言输入,以有效培养阅读理解能力。由此,在持续激励下,学生不断达到下一个潜在的发展区。除了精准定位及大量输入,就小学生而言,情感因素不容忽视,智慧阳光评价也有关于情绪感受的量表。这一观点与持续默读的原则之一,由学生自选阅读书目,不谋而合。真正做到从学生出发,充分尊重个体差异,有助于加强情感连接,激发学习动机。另外,在阅读评价方式上,除阅读品位被肯定,学生也不会因阅读速度快慢、正确率高低而被评价,没有读后感等课后作业、没有被考核的压力,学生能充分享受阅读的乐趣,回归阅读本身。在阅读过程中,不必逐词测试,学生更有可能优先连贯理解整体内容,更多关注故事的大意和逻辑,而不是纠结于新单词和部分细节。持续默读的过程不是对某些阅读策略进行机械强化,而是对阅读策略整合运用,达到更加灵活和全面,从而更有利于阅读能力的提高。根据蓝思平台的过程性阅读数据显示,实验组读书数量和书目平均难度增大、小测通过率提高、理解的程度也大多上升。过程性数据支持,实验组通过持续默读在阅读理解方面取得了进步。这一结果对大胆改革阅读评价方式提供参考。

表 1　蓝思阅读评价描述性统计结果（平均分±标准差）

实验组别	英语水平 低 前测	低 后测	中 前测	中 后测	高 前测	高 后测
实验组 ($n=41$)	−247.70± 168.52	−268.60± 141.76	−14.24± 252.75	37.95± 259.80	180.30± 296.05	261.50± 291.70
对照组 ($n=42$)	−297.10± 178.07	−409.60± 152.96	−27.33± 267.20	−108.14± 300.73	171.82± 268.20	175.45± 326.55

2. 区县统一的阅读学业评价

进一步对比两组学生在区域标准化学业评价中阅读部分的表现，先比较总得分，再观测其在不同类型阅读理解题上的得分情况。

（1）区县统一的阅读学业评价总分

阅读部分的分数以 100 为总分转换，再以总分作为因变量，做 2（实验组别：实验组/对照组）×2（测试类型：前测/后测）×3（学生英语水平：低/中/高）的三因素方差分析，阅读总得分描述统计结果如表 2 所示。

表 2　区域统一阅读学业评价描述性统计结果（平均分±标准差）

实验组别	英语水平 低 前测	低 后测	中 前测	中 后测	高 前测	高 后测
实验组 ($n=41$)	68.71± 23.16	76.38± 9.13	93.24± 7.90	90.72± 7.70	94.19± 5.65	95.51± 3.27
对照组 ($n=42$)	83.23± 8.71	81.21± 12.60	91.85± 8.82	93.27± 5.69	98.24± 2.65	97.65± 2.35

结果显示，测试类型和实验组别之间没有显著的交互作用（$F(1,77)=1.159, p=0.285>0.05, \eta_p^2<0.015$），说明两组在前测和后测的差异不显著。

然而，实验组低水平学生有很大提高。结果显示，三个因素交互作用边缘显著（$F(2,77)=3.041, p=0.054, \eta_p^2=0.073$）。简单效应分析显示，两组低水平学生在前测中存在显著差异（$p=0.003<0.01$），实验组起始时处于劣势，而后测时两组已无显著差异。实验组低水平学生前、后测差异显著（$p=0.02<0.05$）。此外，两组中、高水平无显著差异。具体来说，两组各水平在区域统一阅读测试平均分如图 5 所示，对照组各水平学生在实验前后都没有明显的差异，这说明仅依赖有限的常规阅读练习不能充分提高阅读理解能力。尽管实验组起始时处于劣势，但通过持续默读，低水平学生的阅读理解能力明显提高，平均分从 68.71 大幅提升至 76.38，提高了 11.16%。并且，两组各水平学生在后测中已没有统计学上的显著差异。

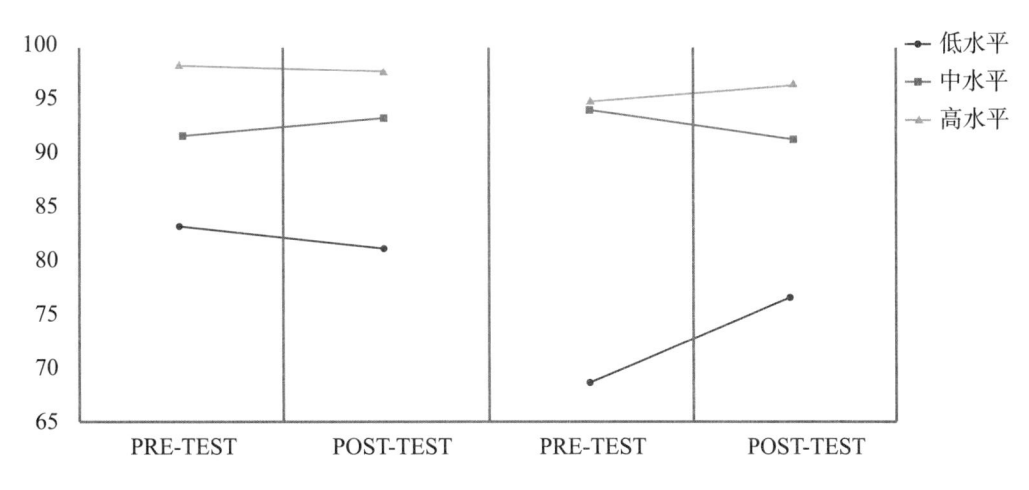

图 5　区域统一阅读学业评价平均分

根据智慧阳光评价的反馈,Z校五年级抽样学生对浅层理解掌握较好,深层理解能力相对薄弱。有见及此,实验进一步分析学生在不同类型阅读题中的得分情况,有针对性地弥补不足。区域统一阅读学业评价的题目类型分为理解、理解与分析、理解与运用三类。以下是对学生在不同题目类型的表现分析,各类题目得分以 1 为总分转换。

(2) 区县统一的阅读学业评价理解类题型得分

对理解类题目,以理解类得分为因变量,做 2(实验组别:实验组/对照组)×2(测试类型:前测/后测)×3(学生英语水平:低/中/高)的三因素方差分析,理解类得分描述统计结果如表 3 所示。

结果表明,测试类型与实验组别的交互作用不显著($F(1,77)=2.163, p=0.145>0.05, \eta_p^2=0.027$),测试类型与学生英语水平的交互作用不显著($F(2,77)=2.561, p=0.084>0.05, \eta_p^2=0.062$)。三因素的交互作用不显著($F(2,77)=0.134, p=0.874>0.05, \eta_p^2=0.003$)。两组在理解类题目中,得分无显著差异。

表 3　区域统一阅读学业评价理解类题目描述性统计结果(平均分±标准差)

实验组别	英语水平					
	低		中		高	
	前测	后测	前测	后测	前测	后测
实验组 (n=41)	0.87± 0.02	0.79± 0.03	0.99± 0.12	0.95± 0.02	1.00± 0.02	0.99± 0.03
对照组 (n=42)	0.91± 0.02	0.87± 0.03	0.97± 0.02	0.97± 0.02	1.00± 0.02	1.00± 0.02

(3) 区县统一的阅读学业评价理解与运用类题型得分

对理解与运用类题目,由于前测没此类题目,因此,以理解与运用类得分为因变量,做 2(实验组别:实验组/对照组组)×3(学生英语水平:低/中/高)的两因素方差分析,理解与运用类得分描述统计结果如表4所示。

结果显示,实验组别主效应不显著($F(1,77)=1.955, p=0.166>0.05$),两组在理解与运用类题目上,得分无显著差异。实验组别和学生英语水平之间有显著的交互作用($F(1,77)=3.221, p=0.011<0.05, \eta_p^2=0.173$)。简单效应检验显示,对于中等水平的学生来说,两组之间存在着明显的差异($p=0.040<0.05$),对照组的得分高于实验组,他们更善于解决理解和运用类问题。

表4 区域统一阅读学业评价理解与运用类题目描述性统计结果(平均分±标准差)

实验组别	英语水平		
	低	中	高
实验组 ($n=41$)	0.82±0.20	0.91±0.14	0.94±0.14
对照组 ($n=42$)	0.84±0.16	0.96±0.10	1.00±0.00

(4) 区县统一的阅读学业评价理解与分析类题型得分

对理解与分析类题目,以理解与分析类得分为因变量,做2(实验组别:实验组/对照组)×2(测试类型:前测/后测)×3(学生英语水平:低/中/高)的三因素方差分析,理解与分析类得分描述统计结果如表5所示。

结果显示,实验组别主效应显著,($F(1,77)=6.003, p=0.017<0.05$),对照组优于实验组。三因素交互作用显著,($F(2,77)=3.638, p=0.031<0.05, \eta_p^2=0.086$),简单效应检验显示,低水平学生在前测时两组之间有显著差异($p=0.003<0.01$),在后测时无($p=0.0427$)。实验组低水平学生在后测和前测之间有显著差异($p=0.003<0.01$),平均得分上升,而对照组则无($p=0.534$),这说明实验组低水平学生在理解与分析上有很大的进步。此外,两组中、高水平学生前、后测均无显著差异。尽管对照组整体表现更好,但实验组低水平学生在解决理解与分析类问题方面取得了明显的进步,平均得分从0.6大幅提至0.74。

表5 区域统一阅读学业评价理解与分析类题目描述性统计结果(平均分±标准差)

实验组别	英语水平					
	低		中		高	
	前测	后测	前测	后测	前测	后测
实验组 ($n=41$)	0.60±0.31	0.74±0.08	0.91±0.12	0.87±0.11	0.91±0.08	0.94±0.06
对照组 ($n=42$)	0.80±0.10	0.77±0.12	0.90±0.11	0.90±0.08	0.97±0.04	0.96±0.04

综上所述,区域标准化阅读学业评价也印证持续默读能提高阅读理解能力。其作用对于低

水平学生尤为明显,虽然实验组低水平学生在蓝思阅读评价后测中还没有明显提升,但确实从持续默读中获益匪浅,体现为其在区域标准化阅读学业评价中平均分从C级(68.71)大幅提升至B级(76.38),进步了一个级别。而针对不同的题目类型,持续默读在提高理解与分析的能力方面更为有效,这为发展更高阶能力打下基础。在日常教学中,受实际教学时间和教学任务的平衡、阅读资源的获取、阅读生态的营造等种种限制,仍有教师存有课堂时间宝贵,不能"浪费"在放手让学生自由阅读上的观念。阅读教学出现教得多而读得少,课堂一味讲授,期待学生校外会自觉实践,实际效果参差、可控性低。如阅读课堂重导读、轻体验,甚至把正确完成阅读理解题等同阅读,制约了阅读素养的养成。阅读本身是一个主动探究的过程,是学生个性化的行为,不应以分析代替阅读实践,不应因对阅读理解检测正确率的片面追求牺牲阅读过程和阅读体验。区域标准化阅读学业评价支持持续默读能提高阅读理解能力,因此,要更快更深转变阅读教学理念,保障阅读质量,紧密联系课内教学与课外阅读,丰富阅读教学模式,改进阅读教学方式方法。

(二)阅读活动问卷调查结果与分析

为破解"唯分数"论的思想,智慧阳光评价实现综合评价,关注学生素养养成,体现新课标理念。除学业测试外,智慧阳光评价还运用问卷调查和非学业量表等工具。受此启发,在推动阅读教学探索时,不仅要关注学生阅读理解能力,亦要关照阅读品格的养成。在活动结束后,对两组进行反馈调查,收集学生对两种阅读模式的总体感受、对阅读练习效果的评价,以及今后继续阅读的意愿等意见并进行分析。

两组学生对阅读活动反馈结果如图6所示,实验组大部分学生能达到持续默读基本要求,认可其作用,喜欢并愿意继续持续默读。87.80%的学生表示"喜欢本学期的英语课外阅读";78.05%的学生认为"对提高课外阅读兴趣的帮助很大";63.41%的学生认为"对提高阅读理解水平的帮助很大";65.85%的学生认为"对扩大词汇量的帮助很大";70.73%的学生认为"对养成阅读习惯的帮助很大";75.61%的学生表示"能够持续、安静地进行英语课外阅读";80.49%的学生表示"能够认真专注地投入阅读当中";82.93%的学生表示"如有机会,希望能继续参与类似的课外阅读活动";78.05%的学生表示"这个寒假,会尝试阅读英语课外书(包括纸质、电子书)"。综合来看,超过60%的学生认为持续默读是有意义且有效果的,并愿意继续学习下去。

对照组的反馈显示,54.76%的学生表示"喜欢完成本学期《评》的英语课外阅读";45.24%的学生认为"对提高课外阅读兴趣的帮助很大";54.76%的学生认为"对提高阅读理解水平的帮助很大";38.10%的学生认为"对扩大词汇量的帮助很大";47.62%的学生认为"对养成阅读习惯的帮助很大";73.81%的学生表示"能够持续、安静地完成练习";71.43%的学生表示"能够认真专注地投入";54.76%的学生表示"如有机会,希望能继续参与类似的课外阅读活动";66.67%的学生表示"这个寒假,会尝试阅读英语课外书(包括纸质、电子书)"。

总而言之,大多数学生认可持续默读并愿意继续进行课外阅读。尽管两组在阅读投入程度上没有很大差异,均表示能持续、安静和专注地阅读,但在阅读体验、阅读效果评价以及阅读意愿上,持续默读更有优势、更受学生欢迎。因此,在开展阅读教学时,要从学生出发,以学生为主体,满足学生个性化和多样化的学习需求,灵活运用各种模式。在对教学效果进行评价时,要提供全过程的、可测量的、多维度的反馈,应用多元、互动的评价方式,更好地协调"教—学""学—评""教—评"关系。

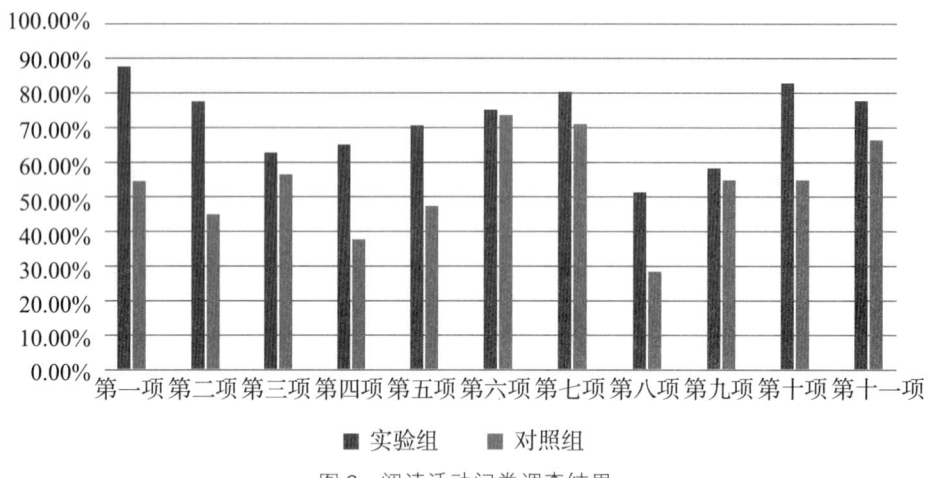

图6 阅读活动问卷调查结果

四、小结

受益于智慧阳光评价对英语教学的正向反拨,Z校有指向性地进行教学研究,并且基于上述结果和分析,得出蓝思阅读平台辅助下的持续默读能有效提高小学高年级学生英语阅读素养的初步结论,细化了其对不同水平学生的影响效果,为改进小学英语阅读教学与评价、深入实施素质教育提供参考。

研究结论启示有三点,首先,要转变观念,在校内提供充分的机会、资源和渠道,放手让学生独立阅读并从中体会阅读的乐趣,以教育数字化深化理念变革,为培养终身阅读者打下基础。其次,要丰富评价方式,多元化评估阅读效果,补充过程性评价,不唯分数论,要以素养的提高为导向,不断提高育人质量。再次,要合理运用大数据积极推进个性化阅读,重视差异化教学和个性化指导,满足多样化的学习需要。

(广州市越秀区Z校　胡文怡)

案例五

广州市智慧阳光评价小学数学测评数据的提取和分析策略

广州市智慧阳光评价的前身为2015年的中小学教育质量阳光评价体系,运作模式是在11个市属区、校中,按一定比例选取实验试点学校,如番禺区在2020年进行测评的中小学为40所。2017年第三期测评为小学四年级和初中七年级的学生,并延续到2019年,连续跟踪3年,从而产生更精准的学生个体、班级、校级测评报告。产生的数据评价具有重要的杠杆作用,通过实施智慧阳光评价,构建起中小学教育质量综合评价改革的广州模式。在教学一线层面,数据能帮助教师诊断和改进教学,提升教学效能,促进教师专业发展。通过评价,反映学生具体学科学习的状况和短板,帮助教师诊断教学中需要改进的教学内容和教学方式,调整教学策略;同时,阳光评价既关注学生学业努力的程度,也关注其时间投入、学习压力和感受,将两者相结合,有利于引导教师实施"高质低负"的教育教学模式,提高课堂教学效率,有效落实"双减"。基于测评数据对教学的导向性作用及结合自身教学实际,本文选取测评模块中的小学数学相关数据进行研究,以期能发现教师教学实施过程中的不足或遗漏及知识广度与深度的拓展面到位与否,发现学生个人素质的强项和短板,做好以强带弱的差异化、个性化学习指引。利用好数据,在传统期末纸质检测卷之外,开展一个唯分数以外的学生数学核心素养的量化评价。教育评价改革,任重而道远。从一开始,阳光评价改革就将矛头指向"唯分数"这个顽瘴痼疾,坚持正确导向,落实立德树人根本任务,促进学生全面发展。

一、智慧阳光评价本土化教学数据的优势

在大数据应用时代,并不是简单的数据叠加和组合,而是对数据的清晰呈现、准确分析和透彻解读。因此,本地化教学大数据应该有其独特的风格和应用前景。一方面,基于大数据统计的教学分析能够科学、全面、准确地指导教师运用更适合教学对象需求和口味的媒体和手段;另一方面,通过逆向统计分析,可以知道什么样的教学媒体、什么样的练习类型、什么环节可以更好地调动学生的感官,促使学生集中精力学习,从而提高教育教学的质量和效果。

吴汉荣和张怀英在《中国不同地区小学生数学能力发展水平差异研究》一文中指出,南部沿海区小学生数学能力各领域均高于北部沿海区,而北中部区小学生数学能力大部分领域都高于南中部区,西北区小学生的数学能力也是在大部分领域均高于西南区。这可能与经济发达地区注重教育,对教育投资多,提高了教育的软、硬件设备,为学生提供了良好的教学环境有关。此外,经济发达地区的父母接受教育程度更高,其对孩子的榜样作用以及对教育的重视促进儿童数学能力的发展。所以,对于网络上繁复的、来源于不同区域的大数据,大家要考虑地域差异,甄别对待和借鉴,而通过本区域、本校长期累计的大数据有更高的使用价值,能逐渐成为学校教学大数据的"富矿"和核心资源。

作为第一批测评试点学校,N校积累了多年的测评数据,测评结果对小学数学教学的导向和充分发挥杠杆作用提供了厚实的数据支撑来源。数据库来源于学校每年一百多位的测评学生,从早期的四到六年级追踪三年,到后来的三年级到六年级,共四年的测评数据。所以生成的数据具有鲜明的本土特征和广谱代表性,为后面的数据提取分析提供了原生支持和便捷渠道。这是本土数据的优势所在。

二、数学测评模块数据的提取

每年的3月,智慧阳光评价的测评数据以图文可框选的PDF格式发布,为后期的提取和二次分析提供了便捷性。

(一)数据从静态文本格式向动态数值格式的转换

由于PDF格式中的数据以文本形式存在,并不能用于软件的运算、分析、生成图表等,因此必须转换为数值格式,才能满足数据分析的需求。这个过程,类似excel中数据的文本格式向数值格式转换。

1. 直接的复制粘贴

利用PDF阅读器软件,或者WPS、PDF等软件,打开测评报告后,对数学测评模块的数据先选定就可以进行复制和粘贴了。一般情况下,中文分析描述文字,可以粘贴到WPS文字或Microsoft word中。而表格数据,由于不含表格属性,直接粘贴到excel或WPS表格中,则丢失了排版格式,并不可取。见图1、2。

图1 测试报告中的数据表格

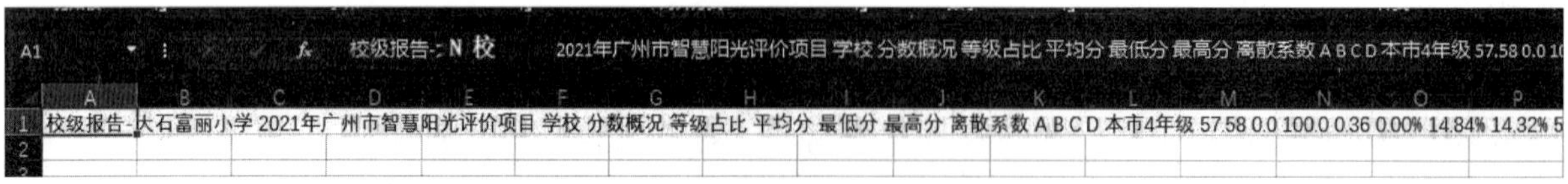

图2 直接粘贴后表格排版丢失

因此必须采用其他方式,来获取完整的数据,并保留原始的表格和排版格式,例如格式转化。

2. 格式转化

一种方式是用 Microsoft word 直接打开报告的 PDF 文件,取决于电脑的性能,一般几十秒到几分钟后,就会顺利打开,你可以另存为 doc 格式。效果如图 3。

学校	分数概况				等级占比			
	平均分	最低分	最高分	离散系数	A	B	C	D
本市 4 年级	57.58	0.0	100.0	0.36	0.00%	14.84%	14.32%	58.80%
本区 4 年级	52.77	0.0	100.0	0.34	0.00%	10.06%	14.11%	69.35%
本校 4 年级	50.36	16.0	82.5	0.26	0.00%	10.53%	12.78%	76.69%
1 班	48.97	26.0	82.5	0.26	0.00%	13.33%	2.22%	84.44%
3 班	54.7	30.5	80.5	0.25	0.00%	15.56%	24.44%	60.00%
5 班	47.29	16.0	75.5	0.25	0.00%	2.33%	11.63%	86.05%

图 3　通过 word 转换的效果

另外一种方式,是使用专用工具软件,如 PDF-XChange Editor,你可以直接转化为 word 或 excel 文档,由于牵涉到数据分析、自我需要的图表建立等,优先导出为 xls 格式。注意,PDF 的每一页,导出后,一页对应 xls 文件的一个 sheet。所以转化后,需要手工选取数学的相关数据进行整合。见图 4、5。

图 4　PDF-XChange Editor 转换界面

	A	B	C	D	E	F	G	H	I	J	K	L	M
1	2021年广州市智慧阳光评价项目												
2	校级报告- N 校												
3	学校	分数概况					等级占比						
4		平均分	最低分	最高分	离散系数			A	B		C		D
5	本市4年级	57.58	0	100	0.36			0.00%	14.84%		14.32%		58.80%
6	本区4年级	52.77	0	100	0.34			0.00%	10.06%		14.11%		69.35%
7	本校4年级	50.36	16	82.5	0.26			0.00%	10.53%		12.78%		76.69%
8	1班	48.97	26	82.5	0.26			0.00%	13.33%		2.22%		84.44%
9	3班	54.7	30.5	80.5	0.25			0.00%	15.56%		24.44%		60.00%
10	5班	47.29	16	75.5	0.25			0.00%	2.33%		11.63%		86.05%

图 5 转化为 xls 的效果

(二)删除多余空格、软回车、单元格格式转换等

通过大量的实践和观察,从图 5 可以看出,后期的数据分析,更多是表格中的数据,但部分数据被转换为文本格式,要对齐框选,并转换为数据格式,才能成为动态分析可用的数据,有些情况还要进行软回车和多余半角空格的删除,可用替换的方法解决。在"查找内容"中输入"^l"或者空格,单击"全部替换",就可以删除多余的软回车或者空格了。见图 6。

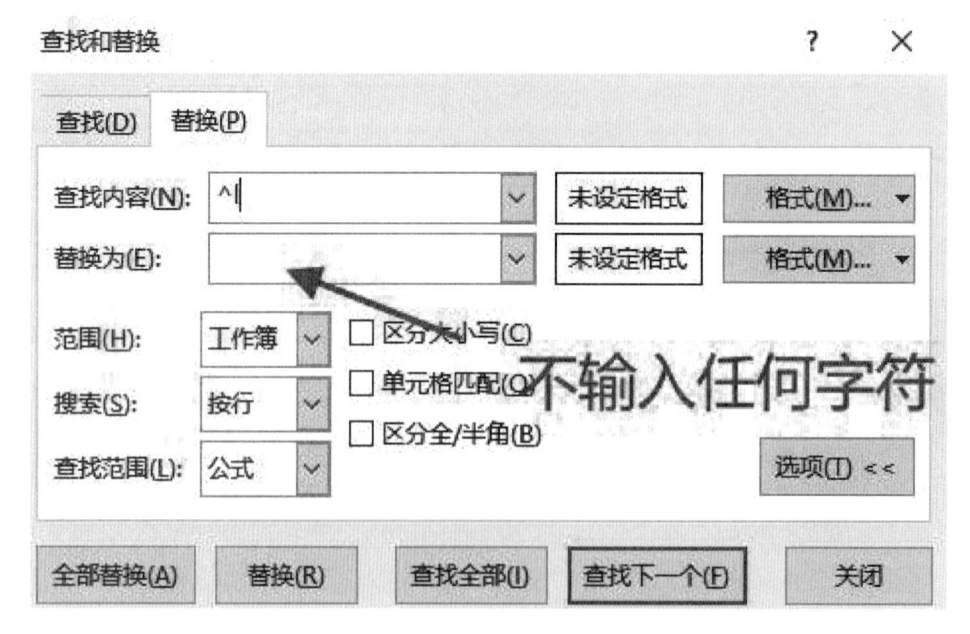

图 6 删除多余字符

(三)小学数学相关数据的提取整合

测评报告数据的整合,建议按年份、模块整合在同一张电子表格上,形成连续的数据链,或数据流,用于后面的分析。

如近2年的数据,2020—2021年的报告通过格式转换后,每一页PDF文件会对应变成excel文件的单一页(sheet),根据数学模块所在页,挑选对应的sheet,复制到新的文件中,然后根据内容,将同一份数据或表格被跨页分割的单元格,重新复制粘贴到同一页中。如图7和图8所示。

图7　数学模块所在页面

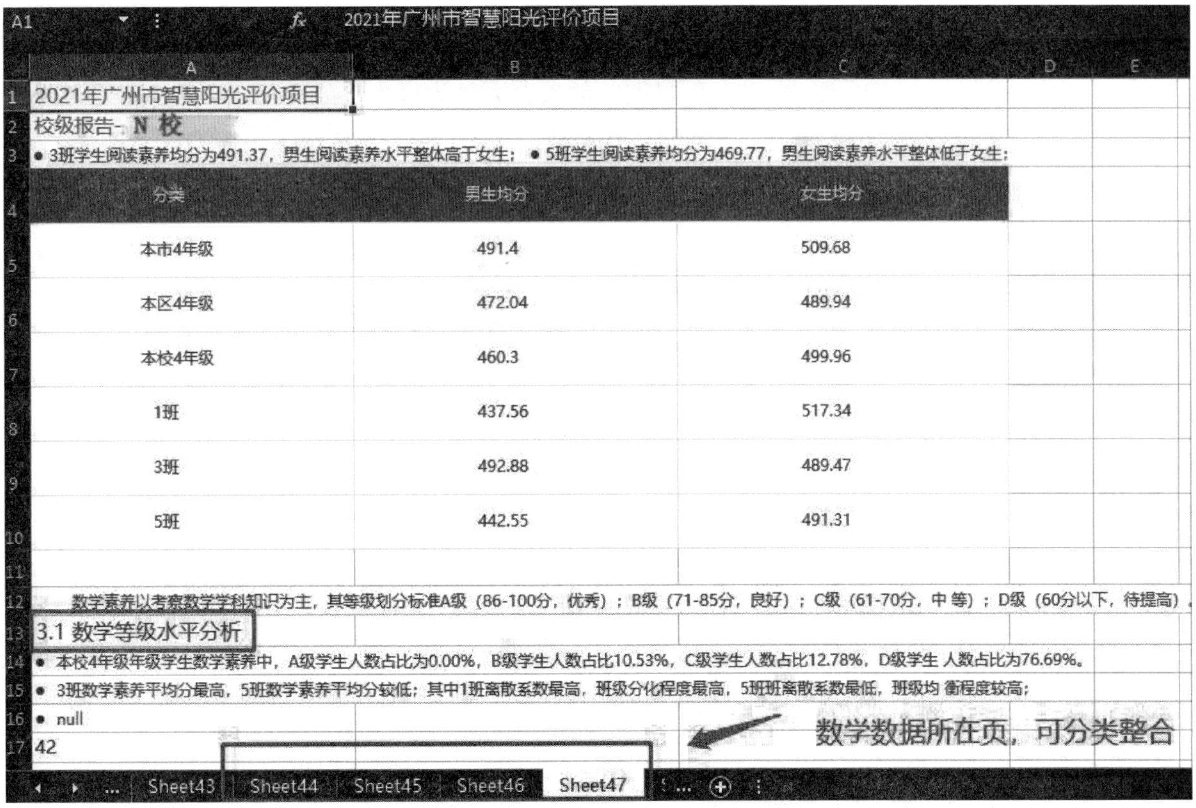

图8　数学模块数据要进一步分类整合或删除多余行

数据按年整合后,可以独立保存为单一xls文件。然后再按照同一模块,将2到3年的同类数据复制粘贴到同一页中,根据自己的电脑水平和分析喜好,生成跨年横向的数据分析统计图或者数据透视表。这样参测班级的指标走向就一目了然。如图9所示。

图 9　两年数据的对比

三、数学测评模块数据的分析策略

此处以智慧阳光评价测试为例进行阐述。数据背景为：广州作为教育部中小学教育质量综合评价改革国家实验区，按照教育部颁布的《关于推进中小学教育质量综合评价改革的意见》（教基二〔2013〕2号）改革目标的要求，以全面贯彻党的教育方针为根本出发点，践行社会主义核心价值观，已构建广州市中小学教育质量阳光评价体系。评价项目旨在结合体现广州特色，根据《教育部关于进一步推进高中阶段学校考试招生制度改革的指导意见》（教基二〔2016〕4号）、《中小学教育质量综合评价指标框架》以及教育部公布的中国学生发展核心素养研究成果，进一步对原有广州中小学教育质量阳光评价体系进行完善和调整，形成体现素质教育要求、落实立德树人根本任务、扭转单纯以学生学业考试成绩和学校升学率评价中小学教育质量的倾向，以学生发展为核心、科学多元的广州市中小学综合素质评价体系，形成一套在一线教育教学实践中更具可操作性的评价方式和方法。力争做到既要掌握全市宏观规律，也要把握各参测学校具体情况；测评数据既要为教育管理者提供决策参考，又要成为一线教育工作者的教研教学工具；通过学生能力发展水平具体分析，既要为教师教学水平发展方向提供精准指向，又要逐步为学生建立基于科学数据的个人成长档案。在此基础上探索建立具有广州特色的中小学教育评价体系，为推进高中阶段学校考试招生制度改革和学生健康成长的常态化评价奠定基础。

在测评中具体到小学数学模块中，从理解、应用两大模块，细分到根据"计算推理、计算技能、算理理解、图文阅读、文字阅读"这五个维度而设置了相应的数据采集的题目范围，通过具体的题目，根据学生的答题数据的正确与否，最终形成个人的测评分数，再汇聚为校级、区级和市级的数据。详见下图。

测评完成后，运营方后台生成数据后，学校层面就可以下载报告，可以看到学校的数学模块的成绩，以这个分数为参照原点，有了个人、班级、校级、区级和市级的5个层面的数据通过多指标的纵向分析。下面以参测的四年级的数据，展开大数据分析的过程。详见表1。

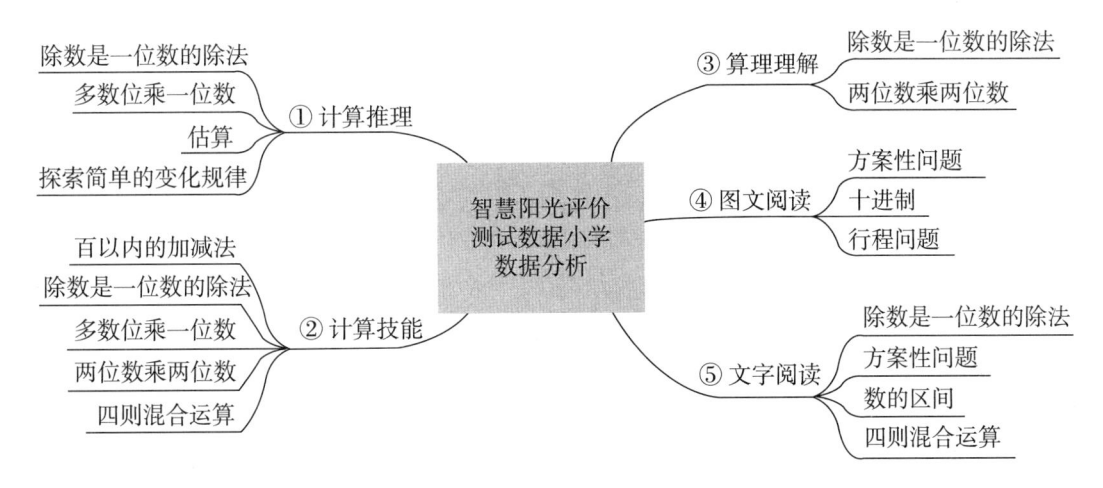

图 10 测评模块构成

表 1 四年级某学生数学各知识点得分率、与各层级数据及难度分析

题号	能力	内容	知识点	题型	分值	学生得分	班级得分率	学校得分率	区县得分率	全市得分率	难度
1	理解	图文阅读	十进制	单选题	4	4	91.11	92.22	91.88	91.18	*
2	应用	文字阅读	数的区间	单选题	4	4	93.33	85.56	89.35	87.78	*
3	应用	计算技能	百以内的加减法	单选题	4	4	95.56	95.56	94.04	92.93	*
4	应用	计算技能	百以内的加减法	单选题	4	4	88.89	88.89	87.45	86.92	*
5	应用	计算技能	多数位乘一位数	单选题	4	4	77.78	78.89	77.74	78.29	*
6	应用	计算推理	多数位乘一位数	单选题	5	5	84.44	81.11	81.49	80.51	*
7	理解	算理理解	两位数乘两位数	单选题	5	5	66.67	66.67	52.95	63.22	*
8	应用	计算技能	两位数乘两位数	单选题	5	5	51.11	47.78	64.98	63.98	*
9	应用	计算技能	除数是一位数的除法	单选题	5	0	37.78	38.89	44.67	43.15	* * *
10	应用	计算技能	除数是一位数的除法	单选题	5	0	48.89	54.44	69.94	66.37	*
11	理解	算理理解	除数是一位数的除法	单选题	5	5	53.33	53.33	71.57	66.25	*
12	应用	计算推理	除数是一位数的除法	单选题	5	5	60	61.11	69.3	67.85	*
13	应用	文字阅读	除数是一位数的除法	单选题	5	0	37.78	38.89	55.27	52.82	* *
14	应用	计算技能	四则混合运算	单选题	5	0	42.22	40	51.42	50.58	* *
15	应用	文字阅读	四则混合运算	单选题	5	5	75.56	70	78.74	76.47	*
16	应用	计算推理	估算	单选题	6	0	24.44	26.67	35.92	34.11	* * * *
17	应用	图文阅读	方案性问题	单选题	6	6	66.67	66.67	70.36	64.69	*
18	应用	文字阅读	方案性问题	单选题	6	0	57.78	57.78	58.18	59.14	* *
19	应用	图文阅读	行程问题	单选题	6	6	35.56	26.67	33.49	30.97	* * * *
20	应用	计算推理	探索简单的变化规律	单选题	6	0	40	37.78	50.21	48.43	* * *

（一）表中参测学生的数据分析

先来分析参测学生的优势。从表1可以看出，该生在图文阅读上的理解和应用能力、算理理解的理解能力都远高于班级、学校、区、市的平均水平。对应的5个小题，合计26分全部答对，连难度系数为四颗 * 的行程问题都答对了。可见学生的图文阅读理解能力远超文字阅读，图形思维强于文字思维，善于观察与辨别，能够较好地对图形进行观察、抽象推理，识别事物变化特点及其内在规律。所以在以后的学习中，几何部分的学习效果会强于代数部分的学习。如果放在就业导向上，可能更适合于设计师，而不适合于文本管理量很大的程序员或文书类的工作。

第二步分析学生的劣势方面，该参测学生在应用层面的文字阅读和计算技能都需要加强，明显低于班级等其他层面的平均水平。共失分38分，"除数是一位数的除法"错3题，失分15分；"四则混合运算"错1题，失分5分；"估算""方案性问题""探索简单的变化规律"各错1题，每题6分，共失分18分。计算能力和逻辑思维要重点强化。要家校联动，在校内有限教学时间和练习时间的基础上，争取在家庭教育时间内，强化学生的计算能力，通过适度的练习量，提高其笔算能力。校内的教学活动可以增加早午读或课堂前3分钟的计算小卡片练习时间，既可以稳定学生情绪和状态，也可以通过日积月累的碎片化时间，提高整体的数学计算能力。

最后指出，对学生的全面分析，不能片面以数学模块数据进行单一的评估分析，要从整份个人报告中，分析学生的情感体验、记忆力、注意力等多因素，方能较中肯客观地体现学生的综合能力。学生的内部个体因素，即学习基础和学习能力，对知识能力的差距影响是最大的，也是造成这些差距的主要原因。本文仅针对数学模块，对其他因素和测试结果不作展开。

（二）表中例子所在年级的数据分析

分析图11，在整个班级层面，班级均值在应用层面的"文字阅读"和"图文阅读"上，都略高于学校均值，其他四个方面都与学校均值持平。具体在"数的区间、多数位乘一位数、两位数乘两位数"，即整体水平略高于学校平均值，但均低于区平均水平和市平均水平，由此可见，无论是班级层面还是学校层面，学生的计算技能和计算推理两大方面还有较大的进步空间和强化需求。结合表1可以看出，"两位数乘两位数、除数是一位数的除法"与区、市的差距较大，在日常教学中，应该狠抓算理和算法的教学，勤加练习笔算乘法和笔算除法，提高笔算的速度和准确度。另外，教师应该组织学生建立和积累错题本，有针对性地记录自己的易错题型和具体题目，归纳错误易发点，总结原因，提升运算能力。除了学生自己的整理归纳外，教师还可以尝试错例教学法来提高教学效果，在学生掌握基础知识的基础上，教师可以设置典型的、普遍的错题，有的放矢让学生再次巩固相应的练习题目，要求学生认真研究错例的计算全过程，找出其中的错误点，指出错误原因并进行改正。教师利用"错误样例"，可以显著提高学生计算能力以及对知识点的理解能力。

数学能力（内容）

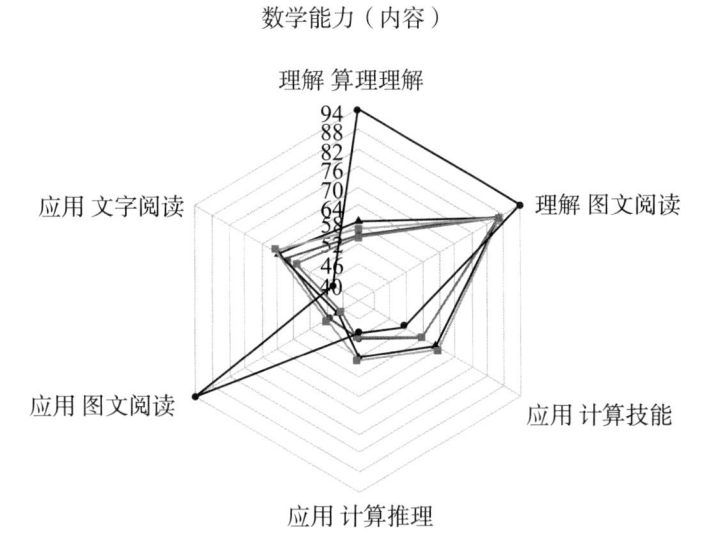

理解 算理理解
理解 图文阅读
应用 计算技能
应用 计算推理
应用 图文阅读
应用 文字阅读

→ 参测学生　→ 班级均值　→ 学校均值　→ 区县均值　→ 市均值

图11　数学能力(内容)

（三）表中学校层面的数据分析

综合表2和图11的数据，接着对比本区的数据和市级的数据，从这里可以看到，学校的情况是得分、达标率、优秀率三个指标均低于本区平均水平，尤其是拔尖学生所在的优秀率，排除稳定的教师队伍和授课质量等因素，一定程度上显示生源水平和学生数学素养及家庭教育方面出现了滑坡的现象。

表2　四年级知识技能各学科年级分析

知识技能	得分 本校	得分 本区	达标率 本校	达标率 本区	优秀率 本校	优秀率 本区
语文（阅读专项能力）	57.2	60.4	55.1%	58.6%	0.0%	1.3%
数学	58.2	64.5	43.3%	61.8%	6.7%	13.6%
英语	72.2	73.4	85.6%	82.7%	16.7%	26.0%

建议将幼小衔接环节前置，针对招生地段所属的幼儿园家长，通过园方做好学习宣传发动工作，在幼儿的日常生活中，有意识地增加数感的接触，并通过具体的生活场景，增加生活经验，融入一些简单的数理逻辑和10以内的简单加减法应用。学生会渐渐明白生活中处处有数学，以消除对数学学科的陌生感，提高学习数学的兴趣。

另外，2022年1月1日开始正式实施《中华人民共和国家庭教育促进法》，家庭教育从"家事"上升到"国事"，父母们开启了"依法带娃"的时代。实施该法旨在引导父母在家庭教育中更多关注未成年子女品德、科学探索精神和创新意识的培养以及良好学习习惯、行为习惯、生活习惯的培养。期待该法深入实施后，在源头上增强家长们的教育意识，为学校输送更多好苗子，提高生源水平。

四、结论

参照广州市中小学综合素质评价,主要包含六大方面,分别为品德社会化水平、艺术素质、身心发展水平、学业发展水平、学业负担和学校认同。而本文仅以学业发展水平中的数学一个学科的相关数据作为分析对象,通过大量由学生生成的学业水平大数据,从不同的题型得分指标中,可以清晰地找到班级与校级,学校层面和上级区、市级的优势和劣势,发扬长处和弥补短板,促进教育、学业水平的均衡健康发展。整个分析过程,高度依赖于数学学习相关的六大核心指标,配合具体的题型得分情况,就可以准备分析出学生个人、班级、校级的学生水平,为教学施行准确指出努力的方向。只有根据评价需求与内涵找准观测点数据加以采集分析,才能保障评价结果的实效性。经过多年的累积,就能形成本校、本地区的庞大教学大数据,能充分利用好这些一手数据,提高教育教学的科学性,提供准确的数字证据和支撑。

(广州市番禺区大石街 N 校　梁耀坤)

第六章 问题与反思

学业质量综合评价改革无论在理论上还是在实践上都是目前教育综合改革的重点和难点之一。通过在广州市11个行政区开展基于核心素养的中小学生教育质量综合测评,同时进行持续追踪,结合实地调研,发现广州市在中小学生教育质量提升的各项工作方面取得了一定成绩,并结合本次测评分析结果,提出进一步推动广州中小学生教育全面、均衡发展建议。

一、实施经验

作为推进教育综合治理改革的突破口,从申报国家中小学教育质量综合评价改革实验区之日起,广州市一直坚持做好顶层设计和统筹实施,项目实施为广州市今后阳光评价工作的常态化积累了宝贵的经验,也为国家推进中小学生教育质量综合评价改革提供了宝贵的探索,创新了自上而下的引领和自下而上的创新相结合的实验工作区域推进模式。主要经验如下:

1. 做好顶层设计,建立了行政部门主导、业务机构实施、高校协同创新的工作机制

广州市教育局成立领导小组负责实验工作的统筹、领导,广州市教育研究院设立专门工作小组负责组织实施,各区参照设立了相应的组织和工作机构。同时通过招标等方式,广州市教育局与华南师范大学、广东省心理学会等单位组织或建立合作关系,协同推进测评工具的开发、云平台的建设、数据的处理和分析等环节的工作。

2. 坚持科研引领、上下联动、点面结合的实验策略

以科研项目带动,将"广州推进'阳光评价'的理论与实施研究"纳入广州市教育科学"十二五"规划2015年度重大课题,凝聚全市中小学和科研机构以及高校的力量,促进重大理论和实践问题的解决。鼓励先行先试,全市各区结合本区实际,有重点地开展评价实验,例如,天河区在小学试验综合素质测评,海珠区运用阳光评价的理念和指标开展现代学校评估,花都区关注学生减负,黄埔区和增城区关注阳光体育,番禺区关注学生的文化认同等。阳光评价工作实现了市区上下联动、区域重点突破、以点带面、点面结合的有效推进。

3. 培养专兼相结合的评价队伍,着力解决实验推进所需的专业基础能力建设和队伍保障

广州市依托华南师范大学、广州市教育研究院、广州市特级教师协会等专业机构,强化专业培训,逐步培养和建设一支具有先进评价理念、掌握评价专业技术、专兼职相结合的专业化评价

队伍。截至2016年4月,全市完成了六次市本级培训,参训人数达700人,覆盖所有的市和区直属学校,参与实验的教育行政人员、管理人员和业务骨干基本上接受了市本级的培训。此外,各个区和部分学校还组织了面向校长和全体教师的区一级培训和校本培训。在实验推进中,我们始终坚持教育部门顶层设计和统筹实施的主导地位,各项工作并不是完全委托和依赖第三方机构,而是派出人员与第三方机构深度合作、密切研讨、共同推进,从而达到锻炼自身队伍的目的。

二、研究启示

1. 学业评价要更关注全面育人的达成度

落实立德树人根本任务,要树立科学的质量观和学生观,评价要破除"唯分数论"和"唯升学论"。学业评价必须从单纯关注学科学业水平到关注全面育人的达成度,相应的,学业评价体系,要有利于引导学生逐步形成适应个人终生发展和社会发展需要的必备品格与关键能力,不仅要关注学科知识掌握情况,而且要关注学生核心素养的达成度。

首先,学科学业评价也要走出传统的囿于经验、过于关注知识点分解的做法,而是按照学科核心素养的思路来界定学业质量标准,在科学界定知识技能的基础上,进一步明确和细化情感态度价值观的评价,进一步加强对科学思想方法、实践能力和创新意识的测量,这一点也恰恰是这一次国家中小学教育质量综合评价改革值得关注的地方。

其次,基于学生核心素养加强不同学段、不同学科之间的垂直衔接和横向整合,更加注重培养跨学科的、与社会适应相关的素养及其表现和评价。

最后,要改变传统的过于突出学科三维目标评价的倾向,通过教育质量综合评价改革,坚持立德树人、促进学生的全面发展的根本取向,更加关注学生的非学业素养。一定程度上,目前中小学生的品德与社会化水平、身心发展水平、兴趣特长潜能等非学业素养,恰恰是学生发展的短板,也是在学业质量评价标准中需要补齐的短板。

2. 学业评价要进一步拓展到归因分析

本研究的主要目的是正确发挥科学评价的杠杆作用,为区域教育质量的发展把脉问计。因此,必须坚持综合育人的全面质量观。学业发展水平在重视基础知识和基本技能的同时,更加关注学生终身发展和应对未来挑战所需要的科学思想方法、实践能力和创新意识等基本素养和基本活动经验。

在现有基于学习内容、关注学生体验的学科能力标准的学业评价基础上,不仅仅要关注学生品德发展水平、身心发展水平、兴趣特长潜能、学业负担状况、师生关系以及家校关系等方面内容,更要关注这些要素与学生基于学科课程的学习之间的相关性,综合解释学业成绩背后的多重因素,为学生的高效学习提供精准指导。

3. 关于从学校和区域评价转向学生个体综合素质评价

中高考的改革,目前已进入深水区,要按照学业成绩加综合素质评价的方式录取学生(高考是"两依据、一参考",中考是"一依据、一参考"),学生综合素质将成为升学的重要依据或参考,真正扭转考试评价只重视学业的知识技能而忽视综合素质的片面性。

中小学教育质量综合评价改革(品德发展水平、学业发展水平、身心发展水平、兴趣特长养成、学业负担状况等方面)和中高考关于学生个体的综合素质评价(思想品德、学业水平、身心健康、艺术素养、社会实践)的五大维度,除了个别表述之外,指标实质上是完全一致的,都是强调全面发展 和个性特长,以及实践创新等。前者是评估团体和区域的教育质量,后者是表征学生个体的综合素质,但是最终在反馈到学生的发展结果上。因此,如何在前期对学校和区域综合评价的基础上,升级到学生个体的综合素质评价,并统筹起来,在统筹上先行先试,是值得的。课题组正在2017、2018年实现"一套指标体系两种用途"的尝试。为学校和教师如何指导学生全面发展自己的综合素质,形成科学规 范的成长档案记录,提供了科学的依据。

4. 完善促进区域教育发展的学业质量评价的实施保障机制

以评价促发展是本研究的核心价值观。广州这样一座特大型城市,由于教育体量大,区间和校际发展差距较大,面临着从有书读到读好书的高质量发展的迫切需求。学业质量仍然是当前和未来很长时期中小学教育质量的核心指标,如何以学业评价为抓手,建立一套高效的区域教育质量保障机制,需要在以下几方面下功夫:建立以学生全面发展综合评价视角下的学业质量标准和常模并实现动态调整;建立以数据为核心、基于实证的学业质量表达模式,并提升教师解读教育质量数据的能力;建立基于实证改进教学的决策模型;形成改进教学的效果评估机制。

三、研究局限

本研究以构建促进区域教育发展的学业质量评价体系为出发点,从研究教育质量综合评价改革的方针政策,建立一套科学系统的评价指标体系,形成一套可操作的评价标准,开发一套科学专业的评价工具等方面展开,在理论和实践中不断地摸索,开展广州市中小学教育质量阳光评价改革,促进区域教育质量优质、均衡发展。但评价是世界性的理论和实践难题,教育质量综合评价改革更是开创性的事业,没有现成的成功经验可以套用,而且教育是一种复杂的社会活动,要在实践中不断地探索研究。我们对评价指标的界定、对教育数据的挖掘解释、对以评价促进教育实践的改进等方面还有待深入,对区域性的教育质量评价体系的特色还有待进一步提炼。我们也希望本研究为开展教育质量综合评价改革,促进广州区域教育质量提升发挥更大的作用。

四、研究展望

广州市作为国家中小学教育质量综合评价改革实验区之一,在推进广州市中小学教育质量评价改革工作中勇于创新探索,积累了丰富的宝贵经验,树立了新型的质量观、评价观和发展观。根据教育部关于推进中小学教育质量综合评价改革的意见,中共广州市委贯彻落实《中共中央关于全面深化改革若干重大问题的决定》的意见,广州市教育事业发展"十三五"规划,为深化广州市中小学教育质量阳光评价改革,发挥评价杠杆对提升基础教育质量、促进中小学生全面发展的积极作用,广州市中小学教育质量阳光评价工作将常态化。

在前期实验的基础上,综合考虑广州基础教育发展的实际,进一步完善体现素质教育要求、落实立德树人根本任务、以学生发展为核心、科学多元的中小学教育质量阳光评价体系,该体系包括学生品德与社会化水平、学业发展水平、身心发展水平、兴趣特长潜能、学业负担状况、学校认同等方面;形成一套科学、可操作的阳光评价方式和方法,包括学业和非学业等方面;建立服务教育决策、指导教育实践、促进教学相长的评价结果运用机制;充分发挥各方面的积极性,建立起行政领导、业务实施、第三方服务的工作机制,统筹推进阳光评价工作的常态化。具体而言:

1. 进一步完善指标体系

要求对照指标体系(框架),结合前期实验的数据及结论,充分尊重有关专家的建议,融合学生发展核心素养的最新研究成果,进一步完善阳光评价指标体系。

要求适应小学、初中、普通高中教育不同学段的特点,分解出具体的观测点,进而细化为可测量的操作定义,用规范的行为动词表征外显的行为,对每一个观测点列出具体的操作建议、指引和示范,具体说明测试对象、测评手段、测评时间、测评要求、结果呈现、结果的使用。

要制定广州市中小学教育质量阳光评价实施指南并下发中小学,科学回答评价实施的操作要领、程序和要求,为各区和学校推进阳光评价工作的常态化提供指导。

2. 健全工具体系

进一步加强非学业测量工具的研发,提高测量的信度与效度。一方面要依托学术机构的专业力量,另一方面要充分调动广大一线教师参与的热情,充分发挥其智慧。

要汲取广州市开展义务教育阶段学科学业质量评价标准研制与实践的宝贵经验,借鉴国际上测试的模式,紧跟中高考改革的要求,融入基于核心素养的课程改革发展趋势,强化对学生学习能力的科学诊断和归因分析,探索提升区域教学质量、促进均衡发展的有效措施。

建立一套综合评价学生全面发展和个性特长的量表和问卷工具。通过测试和问卷调查辅以必要的现场观察、个别访谈、资料查阅等方法进行评价。通过直接考查学生群体的发展情况,全面反映学生的发展状况、进步程度和学校的教育质量。

建立科学简洁的评价方法。遵循教育评价的基本要求,坚持评价内容和评价方法科学合理、评价过程严谨有序、评价结果真实有效,将定量评价与定性评价、形成性评价与终结性评价、内部评价与外部评价结合起来。测评结果不直接针对学生个体,不组织面向全体学生的区级及区级以上统考统测。

3. 建立综合素质评价常态化测评机制

一方面,推进信息技术与教育数据的深度融合,完善阳光评价技术平台,提升测量的科学性与数据解释的准确性。另一方面,要着手建立追踪学校和学生个体发展的教育质量大数据,实施年度常态化测评,以三年为一个学段,为每届学生提供一次阳光评价测试,作为服务教育决策、指导学校改进、满足公众知情权的常态化工作。

4. 完善评价结果应用链条

2016年广州市中小学教育质量阳光评价第二期测试中提出转向个体的综合素质评价的思考,本次测评基于对前期测评思考的探索与尝试,将评价结果深入到个体报告,以期将教育评价的顶层设计逐步落到学生个体应用层面,提高一线教师以及家长对综合素质评价的认知,联动教育各个环节共同促动中小学生综合素质评价闭环运用,如何结合个体评价报告与教学结合,与家庭教育结合,与家校共育结合需要进一步落实应用。

5. 优化中小学生综合素质评价平台

新高考制度"两依据、一参考"政策,提出需要参考学生综合素质评价,实施评价应形成常态化成长记录及成长分析,评价主体多元化,家长、教师、同学、自己、教育管理者等都可作为评价者对个体成长过程参与评价,评定方式实施多元化,阶段追踪测评,日常表现,集体表现,活动表现,自我总结等方面都可被记录汇集成发展档案。从区域教育管理到学校实施教学,以及家校共育都可参与其中,优化完善动态监管、实时记录、实施评价多位一体管理应用平台。

提高教育治理能力,深化教育领域综合改革迫切需要加快评价改革,顺应世界评价改革趋势迫切需要打造具有中国特色的教育质量评价体系。我们将认真总结经验、坚定信心、大胆探索,扎实做好阳光评价改革工作,努力办好人民满意的广州教育!